මහමෙව්නාවේ බෝධිඥාන ත්‍රිපිටක ග්‍රන්ථ මාලා 20

සූත්‍ර පිටකයට අයත්

ආශ්චර්යවත් ශ්‍රී සද්ධර්මය

ඛුද්දක නිකායේ

විමාන වස්තු පාළි

සහ

ප්‍රේත වස්තු පාළි

පරිවර්තනය

පූජ්‍ය කිරිබත්ගොඩ ඥාණානන්ද ස්වාමීන් වහන්සේ

ප්‍රකාශනය

මහාමේඝ ප්‍රකාශකයෝ

වඩුවාව, යටිගල්ඔළුව, පොල්ගහවෙල.

දුර : 037 2053300, 076 8255703

ඊ-මේල් : mahameghapublishers@gmail.com

ශ්‍රී. බු.ව. 2549 ව්‍යවහාර වර්ෂ : 2005

මහමෙව්නාවේ බෝධිඥාන ත්‍රිපිටක ග්‍රන්ථ මාලාව - 20

සූත්‍ර පිටකයට අයත් ආශ්චර්යවත් ශ්‍රී සද්ධර්මය

ඛුද්දක නිකාය

(විමාන වත්ථු පාළි සහ ප්‍රේත වත්ථු පාළි)

පරිවර්තනය : පූජ්‍ය කිරිබත්ගොඩ ඥාණානන්ද ස්වාමීන් වහන්සේ

© සියලුම හිමිකම් ඇවිරිණි.

ISBN : 978 955 0614 45 5

ප්‍රථම මුද්‍රණය : ශ්‍රී බුද්ධ වර්ෂ 2549/ ව්‍යවහාරික වර්ෂ 2005

- පරිගණක අකුරු සැකසුම සහ ප්‍රකාශනය -

මහාමේඝ ප්‍රකාශකයෝ
වඩුවාව, යටිගල්ඔළුව, පොල්ගහවෙල.
දුර : (+94) 37 20 53 300, (+94) 76 82 55 703
ඊ-මේල් : mahameghapublishers@gmail.com

Mahamevnawa Bodhiñāna Tripitaka Series, Volume 20

The Wonderful Dhamma in the Suttantapitaka
VIMĀNAVATTHU PALI

AND

PETAVATTHU PALI

OF

KHUDDAKA NIKĀYA
(THE SMALLER SECTIONS OF DISCOURES OF THE TATHĀGATA SAMMĀSAMBUDDHA)

Translated
By

VEN. KIRIBATHGODA ÑĀNĀNANDA BHIKKHU

PUBLISHED BY:

Mahamegha Publishers
Waduwawa, Yatigal-oluwa, Polgahawela, Sri Lanka.
Tel : (+94) 37 20 53 300, (+94) 76 82 55 703

e-mail : mahameghapublishers@gmail.com

B. E. 2549   C.E. 2005

"ධම්මෝ හි වාසෙට්ඨා, සෙට්ඨෝ ජනේතස්මිං
දිට්ඨේ චේව ධම්මේ, අභිසම්පරායේච."

වාසෙට්ඨයෙනි, මෙලොවෙහි ත්, පරලොවෙහි ත් ජනයා අතර
ධර්මය ම ශ්‍රේෂ්ඨ වෙයි !

- අපගේ ශාස්තෘන් වහන්සේ

පටුන

විමානවත්ථු පාළි

1. පීඨ වර්ගය

1.1.	පළමු පීඨ විමානය	17
1.2.	දෙවෙනි පීඨ විමානය	18
1.3.	තුන්වෙනි පීඨ විමානය	19
1.4.	හතරවෙනි පීඨ විමානය	20
1.5.	කුඤ්ජර විමානය	21
1.6.	පළමු නාවා විමානය	23
1.7.	දෙවෙනි නාවා විමානය	24
1.8.	තුන්වෙනි නාවා විමානය	25
1.9.	දීප විමානය	27
1.10.	තිලදක්ඛිණා විමානය	28
1.11.	පතිබ්බතා විමානය	29
1.12.	දෙවෙනි පතිබ්බතා විමානය	30
1.13.	පළමු සුණිසා විමානය	31
1.14.	දෙවෙනි සුණිසා විමානය	32
1.15.	උත්තරා විමානය	33
1.16.	සිරිමා විමානය	35
1.17.	කේසකාරී විමානය	37

2. චිත්තලතා වර්ගය

2.1.	දාසී විමානය	39
2.2.	ලඛුමා විමානය	40
2.3.	ආචාමදායිකා විමානය	42
2.4.	චණ්ඩාලී විමානය	43

7

2.5.	භද්දිත්ථි විමානය	45
2.6.	සෝණදින්නා විමානය	46
2.7.	උපෝසථා විමානය	48
2.8.	සද්ධා විමානය	50
2.9.	සුනන්දා විමානය	51
2.10.	භික්ඛදායිකා විමානය	52
2.11.	දෙවෙනි භික්ඛදායිකා විමානය	53

3. පාරිච්ඡත්තක වර්ගය

3.1.	උළාර විමානය	55
3.2.	උච්ඡුදායිකා විමානය	56
3.3.	පල්ලංක විමානය	58
3.4.	ලතා විමානය	59
3.5.	ගුත්තිල විමානය	61
3.6.	දද්දල්ල විමානය	65
3.7.	සේසවතී විමානය	68
3.8.	මල්ලිකා විමානය	70
3.9.	විසාලක්ඛී විමානය	71
3.10.	පාරිච්ඡත්තක විමානය	72

4. මඤ්ජෙට්ඨක වර්ගය

4.1.	මඤ්ජෙට්ඨක විමානය	74
4.2.	පභස්සර විමානය	75
4.3.	නාග විමානය	76
4.4.	අලෝමා විමානය	76
4.5.	කඤ්ජිකදායිකා විමානය	77
4.6.	විහාර විමානය	79
4.7.	චතුරිත්ථී විමාන	82
	(ඉන්දීවරදායිකා, නීලුප්පදායිකා, ඕදාතමූලදායිකා, සුමනාමකුළදායිකා)	
4.8.	අම්බ විමානය	85
4.9.	පීත විමානය	86
4.10.	උච්ඡු විමානය	87
4.11.	චන්දන විමානය	89
4.12.	රජ්ජුමාලා විමානය	90

8

5. මහාරථ වර්ගය

5.1.	මණ්ඩකදේවපුත්ත විමානය	94
5.2.	රේවතී විමානය	94
5.3.	ඡත්තමාණවක විමානය	97
5.4.	කක්කටකරසදායක විමානය	100
5.5.	ද්වාරපාලක විමානය	101
5.6.	කරණීය විමානය	102
5.7.	දෙවෙනි කරණීය විමානය	103
5.8.	සූචි විමානය	105
5.9.	දෙවෙනි සූචි විමානය	106
5.10.	නාග විමානය	107
5.11.	දෙවෙනි නාග විමානය	108
5.12.	තුන්වෙනි නාග විමානය	109
5.13.	චූළරථ විමානය	109
5.14.	මහාරථ විමානය	113

6. පායාස වර්ගය

6.1.	අගාරිය විමානය	118
6.2.	දෙවෙනි අගාරිය විමානය	119
6.3.	ඵලදායිකා විමානය	119
6.4.	පළමු උපස්සයදායක විමානය	121
6.5.	දෙවෙනි උපස්සයදායක විමානය	121
6.6.	භික්ඛදායක විමානය	122
6.7.	යවපාලක විමානය	123
6.8.	පළමු කුණ්ඩලී විමානය	124
6.9.	දෙවෙනි කුණ්ඩලී විමානය	125
6.10.	උත්තර විමානය	126

7. සුනික්ඛිත්ත වර්ගය

7.1.	චිත්තලතා විමානය	128
7.2.	නන්දන විමානය	129
7.3.	මණිථූන විමානය	129

9

7.4.	සුවණ්ණ විමානය	130
7.5.	අම්බ විමානය	132
7.6.	ගෝපාල විමානය	133
7.7.	කන්ථක විමානය	135
7.8.	අනේකවණ්ණ විමානය	137
7.9.	මට්ටකුණ්ඩලී විමානය	138
7.10.	සේරිස්සක විමානය	141
7.11.	සුනික්ඛිත්ත විමානය	147

විමාන වස්තු පාළි නිමා විය.

ප්‍රේත වස්තු පාළි

1. උරග වර්ගය

1.1.	ඛෙත්තූපම පේත වත්ථුව	149
1.2.	සූකරමුඛ පේත වත්ථුව	150
1.3.	පූතිමුඛ පේත වත්ථුව	150
1.4.	පිට්ඨධීතලික පේත වත්ථුව	151
1.5.	තිරෝකුඩ්ඩ පේත වත්ථුව	151
1.6.	පඤ්චපුත්තඛාදක පේත වත්ථුව	153
1.7.	සත්තපුත්තඛාදක පේත වත්ථුව	154
1.8.	ගෝණ පේත වත්ථුව	155
1.9.	මහාපේසකාර පේත වත්ථුව	156
1.10.	ඛල්ලාටිය පේත වත්ථුව	156
1.11.	නාග පේත වත්ථුව	158
1.12.	උරග පේත වත්ථුව	160

2. උබ්බරී වර්ගය

2.1.	සංසාරමෝචක පේත වත්ථුව	162
2.2.	සාරිපුත්තථේරස්ස මාතු පේත වත්ථුව	164
2.3.	මත්තා පේත වත්ථුව	166
2.4.	නන්දා පේත වත්ථුව	169
2.5.	මට්ටකුණ්ඩලී පේත වත්ථුව	171
2.6.	කණ්හ පේත වත්ථුව	173

10

2.7.	ධනපාල පේත වත්ථුව	176
2.8.	චුල්ලසෙට්ඨි පේත වත්ථුව	178
2.9.	අංකුර පේත වත්ථුව	179
2.10.	උත්තරමාතු පේත වත්ථුව	187
2.11.	සුත්ත පේත වත්ථුව	188
2.12.	කණ්ණමුණ්ඩ පේත වත්ථුව	189
2.13.	උබ්බරි පේත වත්ථුව	191

3. චූල වර්ගය වර්ගය

3.1.	අභිජ්ජමාන පේත වත්ථුව	194
3.2.	සානුවාසී පේත වත්ථුව	196
3.3.	රථකාර පේත වත්ථුව	200
3.4.	භුස පේත වත්ථුව	201
3.5.	කුමාර පේත වත්ථුව	202
3.6.	සේරණී පේත වත්ථුව	203
3.7.	මිගලුද්දක පේත වත්ථුව	205
3.8.	දෙවෙනි මිගලුද්දක පේත වත්ථුව	206
3.9.	කූටවිනිච්ඡයික පේත වත්ථුව	207
3.10.	ධාතුවිවණ්ණක පේත වත්ථුව	208

4. මහා වර්ගය

4.1.	අම්බසක්ඛර පේත වත්ථුව	210
4.2.	සේරිස්සක පේත වත්ථුව	220
4.3.	නන්දක පේත වත්ථුව	226
4.4.	රේවතී පේත වත්ථුව	232
4.5.	උච්ඡු පේත වත්ථුව	234
4.6.	කුමාර පේත වත්ථුව	236
4.7.	රාජපුත්ත පේත වත්ථුව	237
4.8.	ගූථඛාදක පේත වත්ථුව	238
4.9.	ගූථඛාදක පේතී පේත වත්ථුව	239
4.10.	ගණ පේත වත්ථුව	240
4.11.	පාටලීපුත්ත පේත වත්ථුව	241
4.12.	පොක්ඛරණී පේත වත්ථුව	242

11

4.13.	අම්බරුක්ඛ පේත වත්ථුව	242
4.14.	භෝගසංහරණ පේත වත්ථුව	242
4.15.	සෙට්ඨිපුත්ත පේත වත්ථුව	243
4.16.	සට්ඨිකූටසහස්ස පේත වත්ථුව	243

ප්‍රේතවස්තු පාළි නිමා විය.

දසබලසේලප්පභවා නිබ්බානමහාසමුද්දපරියන්තා
අට්ඨංග මග්ගසලිලා ජිනවචනනදී චිරං වහතූති

දසබලයන් වහන්සේ නමැති ශෛලමය පර්වතයෙන් පැන නැගී
අමා මහ නිවන නම් වූ මහා සාගරය අවසන් කොට ඇති
ආර්ය අෂ්ටාංගික මාර්ගය නම් වූ සිහිල් දිය දහරින් හෙබි
උතුම් ශ්‍රී මුඛ බුද්ධ වචන ගංගාව (ලෝ සතුන්ගේ සසර දුක් නිවාලමින්)
බොහෝ කල් ගලාබස්නා සේක්වා !

(සළායතන සංයුත්තය - උද්දාන ගාථා)

සූත්‍ර පිටකයට අයත්
විමාන වස්තු පාළි
සහ
ප්‍රේත වස්තු පාළි

නමෝ තස්ස භගවතෝ අරහතෝ සම්මාසම්බුද්ධස්ස
ඒ භාග්‍යවත් අරහත් සම්මා සම්බුදුරජාණන් වහන්සේට නමස්කාර වේවා!

සූත්‍ර පිටකයට අයත්

විමාන වස්තු පාළි

1. පීඨ වර්ගය

1.1.

01. පින්වත් දෙව්දුව, ඔබ පැළඳගෙන ඉන්න ඔය දිව්‍ය සළුපිළි, දිව්‍ය මල්මාලා හරිම ලස්සනයි. ඔබ ඔය වාඩි වී ඉන්න ආසනයත් හරිම උදාරයි. රත්තරනින් කළ එකක්. ඔබ කැමැති දිශාවටයි මේ ආසනය සිතේ වේගයෙන් ගමන් කරන්නේ. එතකොට ඔබ බබලනවා. වළාකුළු ඇතුළෙන් දිලිසෙන විදුලිය වගේ.

02. ඇත්තෙන්ම ඔබට මෙවැනි ලස්සනක් ලැබුනේ කොහොමද? මොන වගේ පිනකින්ද ඔබට මේවා ලැබුනේ? සිතට ප්‍රිය උපදවන මේ සැප සම්පත් ලැබුනේ මොන වගේ පිනකින්ද?

03. මහානුභාව ඇති පින්වත් දෙව්දුව, මිනිස් ලෝකෙ ඉන්න කාලෙදී මොන වගේ පිනක්ද ඔබ කළේ? ආනුභාව සම්පන්නව ඔය බැබලි බැබලී ඉන්න පින මොකක්ද? ඔබේ සිරුරෙන් විහිදෙන එළියෙන් හැම දිශාවම බබලනවා.

04. මොග්ගල්ලාන මහරහතන් වහන්සේ තමයි මේ ප්‍රශ්න ඇහුවේ. ඒ ගැන ඒ දෙව්දුව ගොඩාක් සතුටු වුනා. මොන වගේ පින්කම්වලින්ද මේ සැප ලැබුණේ කියන ප්‍රශ්නයට ඇය මෙහෙමයි පිළිතුරු දුන්නේ.

05. (පින්වත් ස්වාමීන් වහන්ස,) මං ඒ කාලෙ මිනිස් ලෝකෙ හිටියේ. එදා ආගන්තුක ස්වාමීන් වහන්සේ නමක් වැඩම කළා. මං උන්වහන්සේට වැඩසිටින්න ආසනයක් පිළියෙල කළා. වන්දනා කළා. නමස්කාර කළා. මට පුළුවන් හැටියට දානයත් පූජා කරගත්තා.

06. ඒ පිනෙන් තමයි මෙවැනි ලස්සනක් මට ලැබුනේ. ඒ පිනෙන්මයි මේ සම්පත් ලැබුනේ. සිතට ප්‍රීතිය උපදවන මේ සැප සම්පත් ඔක්කොම ලැබුනේ ඒ නිසාමයි.

07. මහානුභාව සම්පන්න වූ ස්වාමීන් වහන්ස, මිනිස් ලෝකෙදී ඔය පින තමයි මං කරගත්තේ. ආනුභාව සම්පන්නව බැබලි බැබලී ඉන්න පින ඕක තමයි. මගේ සිරුරෙන් විහිදෙන එළියෙන් හැම දිශාවම බබලනවා.

පළවෙනි පීඨ විමානයයි.

සාදු! සාදු!! සාදු!!!

1.2.

08. පින්වත් දෙව්දුව, ඔබ පැළඳගෙන ඉන්න ඔය දිව්‍ය සළුපිළි, දිව්‍ය මල්මාලා හරිම ලස්සනයි. ඔබ ඔය වාඩි වී ඉන්න ආසනයත් හරිම උදාරයි. වෛරෝඩි මාණික්‍යයෙන් කළ එකක්. ඔබ කැමැති දිශාවටයි මේ ආසනය සිතේ වේගයෙන් ගමන් කරන්නේ. එතකොට ඔබ බබලනවා. වළාකුළු ඇතුළෙන් දිලිසෙන විදුලිය වගේ.

09. ඇත්තෙන්ම ඔබට මෙවැනි ලස්සනක් ලැබුනේ කොහොමද? මොන වගේ පිනකින්ද ඔබට මේවා ලැබුනේ? සිතට ප්‍රිය උපදවන මේ සැප සම්පත් ලැබුනේ මොන වගේ පිනකින්ද?

10. මහානුභාව ඇති පින්වත් දෙව්දුව, මිනිස් ලෝකෙ ඉන්න කාලෙදී මොන වගේ පිනක්ද ඔබ කළේ? ආනුභාව සම්පන්නව ඔය බැබලි බැබලී ඉන්න පින මොකක්ද? ඔබේ සිරුරෙන් විහිදෙන එළියෙන් හැම දිශාවම බබලනවා.

11. මොග්ගල්ලාන මහරහතන් වහන්සේ තමයි මේ ප්‍රශ්න ඇහුවේ. ඒ ගැන ඒ දෙව්දුව ගොඩාක් සතුටු වුනා. මොන වගේ පින්කම්වලින්ද මේ සැප ලැබුනේ කියන ප්‍රශ්නයට ඇය මෙහෙමයි පිළිතුරු දුන්නේ.

12. (පින්වත් ස්වාමීන් වහන්ස,) මං ඒ කාලෙ මිනිස් ලෝකෙ හිටියේ. එදා ආගන්තුක ස්වාමීන් වහන්සේ නමක් වැඩම කළා. මං උන්වහන්සේට වැඩසිටින්න ආසනයක් පිළියෙල කළා. වන්දනා කළා. නමස්කාර කළා. මට පුළුවන් හැටියට දානයත් පූජා කරගත්තා.

13. ඒ පිනෙන් තමයි මෙවැනි ලස්සනක් මට ලැබුනේ. ඒ පිනෙන්මයි මේ සම්පත් ලැබුනේ. සිතට ප්‍රීතිය උපදවන මේ සැප සම්පත් ඔක්කොම ලැබුණේ ඒ නිසාමයි.

14. මහානුභාව සම්පන්න වූ ස්වාමීන් වහන්ස, මිනිස් ලෝකෙදී ඔය පින තමයි මං කරගත්තේ. ආනුභාව සම්පන්නව බැබලි බැබලී ඉන්න පින ඕක තමයි. මගේ සිරුරෙන් විහිදෙන එළියෙන් හැම දිශාවම බබලනවා.

දෙවෙනි පීඨ විමානයයි.

සාදු! සාදු!! සාදු!!!

1.3.

15. පින්වත් දෙව්දුව, ඔබ පැළඳගෙන ඉන්න ඔය දිව්‍ය සළුපිළි, දිව්‍ය මල්මාලා හරිම ලස්සනයි. ඔබ ඔය වාඩි වී ඉන්න ආසනයත් හරිම උදාරයි. රත්තරනින් කළ එකක්. ඔබ කැමැති දිශාවටයි මේ ආසනය සිතේ වේගයෙන් ගමන් කරන්නේ. එතකොට ඔබ බබලනවා. වළාකුළු ඇතුළෙන් දිලිසෙන විදුලිය වගේ.

16. ඇත්තෙන්ම ඔබට මෙවැනි ලස්සනක් ලැබුනේ කොහොමද? මොන වගේ පිනකින්ද ඔබට මේවා ලැබුනේ? සිතට ප්‍රිය උපදවන මේ සැප සම්පත් ලැබුනේ මොන වගේ පිනකින්ද?

17. මහානුභාව ඇති පින්වත් දෙව්දුව, මිනිස් ලෝකෙ ඉන්න කාලෙදී මොන වගේ පිනක්ද ඔබ කළේ? ආනුභාව සම්පන්නව ඔය බැබැලි බැබලී ඉන්න පින මොකක්ද? ඔබේ සිරුරෙන් විහිදෙන එළියෙන් හැම දිශාවම බබලනවා.

18. මොග්ගල්ලාන මහරහතන් වහන්සේ තමයි මේ ප්‍රශ්න ඇහුවේ. ඒ ගැන ඒ දෙව්දුව ගොඩාක් සතුටු වුනා. මොන වගේ පින්කම්වලින්ද මේ සැප ලැබුනේ කියන ප්‍රශ්නයට ඇය මෙහෙමයි පිළිතුරු දුන්නේ.

19. (පින්වත් ස්වාමීන් වහන්ස,) මං කලින් ජීවිතයක කරගත්තු යම්කිසි පිනක් තියෙනවා. ඒ පිනෙන් තමයි මෙවැනි ආනුභාවයකින් මාව දිළිසෙන්නේ. කලින් මනුස්ස ජීවිතයේදී මං කරගත්තේ ඉතා පොඩි පිනක්.

20. මට භික්ෂූන් වහන්සේ නමක් දැකගන්න ලැබුනා. උන්වහන්සේ කිසි කැළඹීමක් නැති භික්ෂුවක්. පුදුමාකාර ශාන්තභාවයක් තිබුනේ. කෙලෙස් රහිත සිත් ඇති කෙනෙක්. මගේ සිත ගොඩාක් පැහැදුනා. මගේ දෑතින්ම උන්වහන්සේට වැඩසිටින්නට මං පුටුවක් දුන්නා.

21. ඒ පිනෙන් තමයි මෙවැනි ලස්සනක් මට ලැබුනේ. ඒ පිනෙන්මයි මේ සම්පත් ලැබුනේ. සිතට ප්‍රීතිය උපදවන මේ සැප සම්පත් ඔක්කොම ලැබුණේ ඒ නිසාමයි.

22. මහානුභාව සම්පන්න වූ ස්වාමීන් වහන්ස, මිනිස් ලෝකෙදී ඔය පින තමයි මං කරගත්තේ. ආනුභාව සම්පන්නව බැබලි බැබලී ඉන්න පින ඕක තමයි. මගේ සිරුරෙන් විහිදෙන එළියෙන් හැම දිශාවම බබලනවා.

තුන්වෙනි පීඨ විමානයයි.

සාදු! සාදු!! සාදු!!!

1.4.

23. පින්වත් දෙව්දුව, ඔබ පැළඳගෙන ඉන්න ඔය දිව්‍ය සළුපිළි, දිව්‍ය මල්මාලා හරිම ලස්සනයි. ඔබ ඔය වාඩි වී ඉන්න ආසනයත් හරිම උදාරයි. වෛරෝඩි මාණික්‍යයෙන් කළ එකක්. ඔබ කැමැති දිශාවටයි මේ ආසනය සිතේ වේගයෙන් ගමන් කරන්නේ. එතකොට ඔබ බබලනවා. වළාකුළු ඇතුළෙන් දිලිසෙන විදුලිය වගේ.

24. ඇත්තෙන්ම ඔබට මෙවැනි ලස්සනක් ලැබුනේ කොහොමද? මොන වගේ පිනකින්ද ඔබට මේවා ලැබුනේ? සිතට ප්‍රිය උපදවන මේ සැප සම්පත් ලැබුනේ මොන වගේ පිනකින්ද?

25. මහානුභාව ඇති පින්වත් දෙව්දුව, මිනිස් ලෝකෙ ඉන්න කාලෙදී මොන වගේ පිනක්ද ඔබ කළේ? ආනුභාව සම්පන්නව ඔය බැබලි බැබලී ඉන්න පින මොකක්ද? ඔබේ සිරුරෙන් විහිදෙන එළියෙන් හැම දිශාවම බබලනවා.

26. මොග්ගල්ලාන මහරහතන් වහන්සේ තමයි මේ ප්‍රශ්න ඇහුවේ. ඒ ගැන ඒ දෙව්දුව ගොඩාක් සතුටු වුනා. මොන වගේ පින්කම්වලින්ද මේ සැප ලැබුණේ කියන ප්‍රශ්නයට ඇය මෙහෙමයි පිළිතුරු දුන්නේ.

27. (පින්වත් ස්වාමීන් වහන්ස,) මං කලින් ජීවිතයක කරගත්තු යම්කිසි පිනක් තියෙනවා. ඒ පිනෙන් තමයි මෙවැනි ආනුභාවයකින් මාව දිළිසෙන්නේ. කලින් මනුස්ස ජීවිතයේදී මං කරගත්තේ ඉතා පොඩි පිනක්.

28. මට භික්ෂූන් වහන්සේ නමක් දකගන්න ලැබුනා. උන්වහන්සේ කිසි කැළඹීමක් නැති භික්ෂුවක්. පුදුමාකාර ශාන්තභාවයක් තිබුනේ. කෙලෙස් රහිත සිත් ඇති කෙනෙක්. මගේ සිත ගොඩාක් පැහැදුනා. මගේ දෑතින්ම උන්වහන්සේට වැඩසිටින්නට මං පුටුවක් දුන්නා.

29. ඒ පිනෙන් තමයි මෙවැනි ලස්සනක් මට ලැබුනේ. ඒ පිනෙන්මයි මේ සම්පත් ලැබුනේ. සිතට ප්‍රීතිය උපදවන මේ සැප සම්පත් ඔක්කොම ලැබුනේ ඒ නිසාමයි.

30. මහානුභාව සම්පන්න වූ ස්වාමීන් වහන්ස, මිනිස් ලෝකෙදී ඔය පින තමයි මං කරගත්තේ. ආනුභාව සම්පන්නව බැබලි බැබලී ඉන්න පින ඕක තමයි. මගේ සිරුරෙන් විහිදෙන එළියෙන් හැම දිශාවම බබලනවා.

හතරවෙනි පීඨ විමානයයි.

සාදු! සාදු!! සාදු!!!

1.5.

31. පින්වත් දෙව්දුව, ඔබේ මේ ඇත් වාහනය උත්තම එකක්. නොයෙක් මැණික්වලින් මේ ඇතාව සරසලයි තියෙන්නේ. හරිම සිත්කලුයි. ශක්ති සම්පන්නයි. වේගවත් ගමනක් තියෙන්නේ. අහසින් ගමන් කරන්නේ.

32. පින්වත් දෙව්දුව, ඔබේ ඇස් පවා නෙළුම් පෙති වගේ. මේ ඇතා බබලන්නෙත් නෙළුම්, මහනෙල් පාටිනුයි. නෙළුම් රේණුවලින් මේ ඇතාගේ ඇඟ වැහෙනකම්ම සැරසිලා තියෙනවා. රනින් කළ නෙළුම් මල් මාලාවන් මේ ඇතා පැළඳගෙන ඉන්නවා.

33. මේ ඇතා ගමන් කරන්නේ නෙළුම් පිරුණු මාවතක. ඒ නෙළුම් පත්වලින් මේ මාවත බබලනවා. සුන්දර විදිහට මේ ඇතා පා තබමින් යන හැටි හරිම අපූරුයි.

34. ඒ ඇත් වාහනය ගමන් කරද්දී මිහිරි නාදය පැතිරෙනවා. රනින් කළ සීනුවලිනුයි ඒ නාදය පැතිරෙන්නේ. පංචාංගික තූර්ය නාදය වගේම එය සුන්දරයි.

35. මේ ඇත් රජාගේ පිට උඩ ඉන්න ඔබ දිව්‍ය සළුපිළිවලින් ලස්සනට සැරසිලයි ඉන්නේ. ඔබව පිරිවරාගත් අනෙක් දිව්‍ය අප්සරාවන්ටත් වඩා සුන්දරත්වයෙන් බබලන්නේ ඔබමයි.

36. ඔබේ මේ පුණ්‍ය විපාකය ලැබුවේ දානයක් පූජා කරලාද? එහෙම නැත්නම් උතුම් සීලයක් රැකලාද? එහෙමත් නැත්නම් ඇඳිලි බැඳ වන්දනා කොට රැස් කළ පිනක්ද? මේ අහන කරුණට පිළිතුරු දෙනු මැනැව.

37. මොග්ගල්ලාන මහරහතන් වහන්සේ තමයි මේ ප්‍රශ්න ඇහුවේ. ඒ ගැන ඒ දෙව්දුව ගොඩාක් සතුටු වුණා. මොන වගේ පින්කම්වලින්ද මේ සැප ලැබුනේ කියන ප්‍රශ්නයට ඇය මෙහෙමයි පිළිතුරු දුන්නේ.

38. මං සත්පුරුෂයන් වහන්සේ නමක් දැක්කා. උන්වහන්සේ ගුණ සම්පන්නයි. ධ්‍යාන වඩනවා. ධ්‍යානයෙහි ඇලී වසනවා. ඉතින් මං ලස්සනට මල් අතුරලා අලුත් පිරුවටයකින් සරසලා ආසනයක් පිළියෙල කරලා උන්වහන්සේට පූජා කළා.

39. ඒ ආසනය වටේ බිම ලස්සනට නෙළුම් මල් මාලාවන් තැන්පත් කළා. නෙළුම් මල් පෙති ලස්සනට විසිරුවා දැම්මෙත් මේ අත්වලින්මයි.

40. ඒ කුසල කර්මයේ විපාක වශයෙන් තමයි මෙවැනි සම්පතක් ලැබුනේ. දූන් දෙවිවරු මට සත්කාර කරනවා. ගෞරව කරනවා. පුදනවා.

41. ඇත්තෙන්ම යම්තාක් අවබෝධයෙන්ම කෙලෙසුන්ගෙන් නිදහස් වුන ශාන්ත ජීවිත ඇති බ්‍රහ්මචාරීන් වහන්සේලා කෙරෙහි සිත පහදවා ගන්නවා නම්, ආසනයක් පූජා කරගන්නවා නම්, එබඳු කෙනෙකුට මට වගේම දිව්‍ය සම්පත් ලබාගෙන සතුටු වෙන්න පුළුවනි.

42. අන්න ඒ නිසා තමන්ගේ යහපත කැමැති පුණ්‍ය විපාක ලබන්න මහත් ආශා ඇති කෙනා අන්තිම දේහ දරා වැඩසිටින ඒ රහතන් වහන්සේලාට ආසනයක්මයි පූජා කරගන්න ඕන.

පස්වෙනි කුඤ්ජර විමානයයි.

සාදු! සාදු!! සාදු!!!

1.6.

43. පින්වත් දෙව්දුව, රත්තරනින් නිම කළ ලස්සන වහලක් ඇති නැවකයි ඔබ ඉන්නේ. දිව්‍ය වූ නෙළුම් මල් පිපුණ පොකුණකට බැහැලා අතින් නෙළුම් නෙලමින් නේද ඉන්නේ?

44. ඇත්තෙන්ම ඔබට මෙවැනි ලස්සනක් ලැබුනේ කොහොමද? මොන වගේ පිනකින්ද ඔබට මේවා ලැබුනේ? සිතට ප්‍රිය උපදවන මේ සැප සම්පත් ලැබුනේ මොන වගේ පිනකින්ද?

45. මහානුභාව ඇති පින්වත් දෙව්දුව, මිනිස් ලෝකෙ ඉන්න කාලෙදී මොන වගේ පිනක්ද ඔබ කළේ? ආනුභාව සම්පන්නව ඔය බැබලි බැබලී ඉන්න පින මොකක්ද? ඔබේ සිරුරෙන් විහිදෙන එළියෙන් හැම දිශාවම බබලනවා.

46. මොග්ගල්ලාන මහරහතන් වහන්සේ තමයි මේ ප්‍රශ්න ඇහුවේ. ඒ ගැන ඒ දෙව්දුව ගොඩාක් සතුටු වුනා. මොන වගේ පින්කම්වලින්ද මේ සැප ලැබුණේ කියන ප්‍රශ්නයට ඇය මෙහෙමයි පිළිතුරු දුන්නේ.

47. ඒ කලින් ජීවිතයේ මං හිටියේ මනුස්ස දුවක් වෙලා. එදා මං පිපාසයෙන් කලන්තේ හැදිලා වැටිල හිටිය ස්වාමීන් වහන්සේලා කිහිපනමක් දැක්කා. මං ඉක්මනට නැගිටලා උන්වහන්සේලාට වළඳන්න පැන් ටිකක් පූජා කරගත්තා.

48. ඉතින් කවුරු හරි කෙනෙක් පිපාසයෙන් කලන්තේ හැදිලා වැටිලා ඉන්න කෙනෙකුට ඉක්මනින්ම වළඳන්න පැන් ටිකක් දුන්නොත් ඒ කෙනාට සීතල දියදහර පිරී ගිය, ලස්සන මල් ගොඩාක් පිරුණ සුදු නෙලුම් පිපිලා තිබෙන ගංගාවන් පහළ වෙනවා.

49. එතකොට ඒ දිව්‍ය විමානය වටකරගෙන ලස්සන සුදු වැලි තලාව හැදෙනවා. ඒ මතින් තමයි සිහිල් දිය දහරා ඇති ලස්සන ගංගාවන් හැම තිස්සේම ගලාගෙන බසින්නේ. ඉතින් ඒ හැමතැනම මල් පිපුණු අඹ ගස් තියෙනවා. සල් ගස් තියෙනවා. තිලක ගස් තියෙනවා. දඹ ගස් තියෙනවා. ඇහැල ගස් තියෙනවා. පලොල් ගස් තියෙනවා.

50. එවැනි බිම් පෙදෙස්වල තමයි දිව්‍ය විමාන පහළ වෙන්නේ. ඒ ශ්‍රේෂ්ඨ දිව්‍ය විමාන පුදුම විදිහේ සුන්දරත්වයෙන් යුක්තයි. ඉතින් ස්වාමීනී, එදා මා කළ ඒ පින්කමින් තමයි මේ විපාකය ලැබුනේ. පින්කළ අයට තමයි මේ වගේ සම්පත් ලැබෙන්නේ.

51. ඒ පිනෙන් තමයි මෙවැනි ලස්සනක් මට ලැබුනේ. ඒ පිනෙන්මයි මේ සම්පත් ලැබුනේ. සිතට ප්‍රීතිය උපදවන මේ සැප සම්පත් ඔක්කොම ලැබුනේ ඒ නිසාමයි.

52. මහානුභාව සම්පන්න වූ ස්වාමීන් වහන්ස, මිනිස් ලෝකෙදී ඔය පින තමයි මං කරගත්තේ. ආනුභාව සම්පන්නව බැබලි බැබලී ඉන්න පින ඕක තමයි. මගේ සිරුරෙන් විහිදෙන එළියෙන් හැම දිශාවම බබලනවා.

පළමුවෙනි නාවා විමානයයි.

සාදු! සාදු!! සාදු!!!

1.7.

53. පින්වත් දෙව්දුව, රත්තරනින් නිම කළ ලස්සන වහලක් ඇති නැවකයි ඔබ ඉන්නේ. දිව්‍ය වූ නෙළුම් මල් පිපුණු පොකුණට බැහැලා අතින් නෙළුම් නෙලමින් නේද ඉන්නේ?

54. ඇත්තෙන්ම ඔබට මෙවැනි ලස්සනක් ලැබුනේ කොහොමද? මොන වගේ පිනකින්ද ඔබට මේවා ලැබුනේ? සිතට ප්‍රිය උපදවන මේ සැප සම්පත් ලැබුනේ මොන වගේ පිනකින්ද?

55. මහානුභාව ඇති පින්වත් දෙව්දුව, මිනිස් ලෝකෙ ඉන්න කාලෙදී මොන වගේ පිනක්ද ඔබ කළේ? ආනුභාව සම්පන්නව ඔය බැබලි බැබලී ඉන්න පින මොකක්ද? ඔබේ සිරුරෙන් විහිදෙන එළියෙන් හැම දිශාවම බබලනවා.

56. මොග්ගල්ලාන මහරහතන් වහන්සේ තමයි මේ ප්‍රශ්න ඇහුවේ. ඒ ගැන ඒ දෙව්දුව ගොඩාක් සතුටු වුනා. මොන වගේ පින්කම්වලින්ද මේ සැප ලැබුණේ කියන ප්‍රශ්නයට ඇය මෙහෙමයි පිළිතුරු දුන්නේ.

57. ඒ කලින් ජීවිතයේ මං හිටියේ මනුස්ස දුවක් වෙලා. එදා මං පිපාසයෙන් කලන්තේ හැදිලා වැටිල හිටිය ස්වාමීන් වහන්සේ නමක් දැක්කා. මං ඉක්මනට නැගිටලා උන්වහන්සේට වළඳන්න පැන් ටිකක් පූජා කරගත්තා.

58. ඉතින් කවුරු හරි කෙනෙක් පිපාසයෙන් කලන්තේ හැදිලා වැටිලා ඉන්න කෙනෙකුට ඉක්මනින්ම වළඳන්න පැන් ටිකක් දුන්නොත් ඒ කෙනාට

සීතල දියදහර පිරී ගිය, ලස්සන මල් පිරුණු සුදු නෙලුම් පිපිලා තිබෙන ගංගාවන් පහළ වෙනවා.

59. එතකොට ඒ දිව්‍ය විමානය වටකරගෙන ලස්සන සුදු වැලි තලාව හැදෙනවා. ඒ මතින් තමයි සිහිල් දිය දහරා ඇති ලස්සන ගංගාවන් හැම තිස්සේම ගලාගෙන බසින්නේ. ඉතින් ඒ හැමතැනම මල් පිපුණු අඹ ගස් තියෙනවා. සල් ගස් තියෙනවා. තිලක ගස් තියෙනවා. දඹ ගස් තියෙනවා. ඇහැල ගස් තියෙනවා. පලොල් ගස් තියෙනවා.

60. එවැනි බිම් පෙදෙස්වල තමයි දිව්‍ය විමාන පහළ වෙන්නේ. ඒ ශ්‍රේෂ්ඨ දිව්‍ය විමාන පුදුම විදිහේ සුන්දරත්වයෙන් යුක්තයි. ඉතින් ස්වාමීනී, එදා මා කළ ඒ පින්කමින් තමයි මේ විපාකය ලැබුනේ. පින්කළ අයට තමයි මේ වගේ සම්පත් ලැබෙන්නේ.

61. ඒ පිනෙන් තමයි මෙවැනි ලස්සනක් මට ලැබුනේ. ඒ පිනෙන්මයි මේ සම්පත් ලැබුනේ. සිතට ප්‍රීතිය උපදවන මේ සැප සම්පත් ඔක්කොම ලැබුනේ ඒ නිසාමයි.

62. මහානුභාව සම්පන්න වූ ස්වාමීන් වහන්ස, මිනිස් ලෝකෙදී ඔය පින තමයි මං කරගත්තේ. ආනුභාව සම්පන්නව බැබලි බැබලී ඉන්න පින ඕක තමයි. මගේ සිරුරෙන් විහිදෙන එළියෙන් හැම දිශාවම බබලනවා.

දෙවෙනි නාවා විමානයයි.

සාදු! සාදු!! සාදු!!!

1.8.

63. "පින්වත් දෙව්දුව, රත්තරනින් නිම කළ ලස්සන වහලක් ඇති නැවකයි ඔබ ඉන්නේ. දිව්‍ය වූ නෙළුම් මල් පිපුණ පොකුණට බැහැලා අතින් නෙළුම් නෙලමින් නේද ඉන්නේ?

64. ඒ ඔබේ දිව්‍ය විමානයේ සුවිශාල මන්දිර තියෙනවා. හරි අපූරුවට කාමර වශයෙන් බෙදලා තියෙනවා. හාත්පස සතර දිග්භාගයේම ඒ විමානය දිළිසෙනවා.

65. ඇත්තෙන්ම ඔබට මෙවැනි ලස්සනක් ලැබුනේ කොහොමද? මොන වගේ පිනකින්ද ඔබට මේවා ලැබුනේ? සිතට ප්‍රිය උපදවන මේ සැප සම්පත් ලැබුනේ මොන වගේ පිනකින්ද?

66. මහානුභාව ඇති පින්වත් දෙව්දුව, මිනිස් ලෝකෙ ඉන්න කාලෙදී මොන වගේ පිනක්ද ඔබ කළේ? ආනුභාව සම්පන්නව ඔය බැබලි බැබලී ඉන්න පින මොකක්ද? ඔබේ සිරුරෙන් විහිදෙන එළියෙන් හැම දිශාවම බබලනවා.

67. සම්බුදුරජාණන් වහන්සේ තමයි මේ ප්‍රශ්න ඇහුවේ. ඒ ගැන ඒ දෙව්දුව ගොඩාක් සතුටු වුනා. මොන වගේ පින්කම්වලින්ද මේ සැප ලැබුනේ කියන ප්‍රශ්නයට ඇය මෙහෙමයි පිළිතුරු දුන්නේ.

68. ඒ කලින් ජීවිතයේ මං හිටියේ මනුස්ස දුවක් වෙලා. එදා මං පිපාසයෙන් කලන්තේ හැදිලා වැටිල හිටිය ස්වාමීන් වහන්සේලා කිහිප නමක් දැක්කා. මං ඉක්මනට නැගිටලා උන්වහන්සේලාට වළඳන්න පැන් ටිකක් පූජා කරගත්තා.

69. ඉතින් කවුරු හරි කෙනෙක් පිපාසයෙන් කලන්තේ හැදිලා වැටිලා ඉන්න කෙනෙකුට ඉක්මනින්ම වළඳන්න පැන් ටිකක් දුන්නොත් ඒ කෙනාට සීතල දියදහර පිරී ගිය, ලස්සන මල් පිරුන, සුදු නෙලුම් පිපිලා තිබෙන ගංගාවන් පහළ වෙනවා.

70. එතකොට ඒ දිව්‍ය විමානය වටකරගෙන ලස්සන සුදු වැලි තලාව හැදෙනවා. ඒ මතින් තමයි සිහිල් දිය දහරා ඇති ලස්සන ගංගාවන් හැම තිස්සේම ගලාගෙන බසින්නේ. ඉතින් ඒ හැමතැනම මල් පිපුණු අඹ ගස් තියෙනවා. සල් ගස් තියෙනවා. තිලක ගස් තියෙනවා. දඹ ගස් තියෙනවා. ඇහැල ගස් තියෙනවා. පලොල් ගසුත් තියෙනවා.

71. එවැනි බිම් පෙදෙස්වල තමයි දිව්‍ය විමාන පහළ වෙන්නේ. ඒ දිව්‍ය විමාන පුදුම විදිහේ සුන්දරත්වයෙන් යුක්තයි. ඉතින් ස්වාමීනී, එදා මා කළ ඒ පින්කමින් තමයි මේ විපාකය ලැබුනේ. පින්කළ අයට තමයි මේ වගේ සම්පත් ලැබෙන්නේ.

72. ඒ මගේ දිව්‍ය විමානයේ සුවිශාල මන්දිර තියෙනවා. හරි අපූරුවට කාමර බෙදලා තියෙනවා. හාත්පස සතර දිග්භාගයේම ඒ විමානය දිළිසෙනවා.

73. ඒ පිනෙන් තමයි මෙවැනි ලස්සනක් මට ලැබුනේ. ඒ පිනෙන්මයි මේ සම්පත් ලැබුනේ. සිතට ප්‍රීතිය උපදවන මේ සැප සම්පත් ඔක්කොම ලැබුනේ ඒ නිසාමයි.

74. මහානුභාව සම්පන්න වූ ස්වාමීන් වහන්ස, මිනිස් ලෝකෙදී ඔය පින

තමයි මං කරගත්තේ. ආනුභාව සම්පන්නව බැබළි බැබළී ඉන්න පින ඕක තමයි. මගේ සිරුරෙන් විහිදෙන එළියෙන් හැම දිශාවම බබලනවා.

තුන්වෙනි නාවා විමානයයි.

සාදු! සාදු!! සාදු!!!

1.9.

75. පින්වත් දෙව්දුව, ඔබ ඔය සුන්දර රූපෙන් බැබලෙමින් ඉන්නේ හැම දිශාවක්ම බබුළුවන ඕසධී තාරුකාවක් වගේ.

76. ඇත්තෙන්ම ඔබට මෙවැනි ලස්සනක් ලැබුනේ කොහොමද? මොන වගේ පිනකින්ද ඔබට මේවා ලැබුනේ? සිතට ප්‍රිය උපදවන මේ සැප සම්පත් ලැබුනේ මොන වගේ පිනකින්ද?

77. පින්වත් දෙව්දුව, ඔබේ සිරුරෙන් විහිදෙන එළිය හරිම නිර්මලයි. මොන වගේ පිනකින්ද ඔය තරම් බබලන්නේ? ඔබේ සුන්දර වූ සියලු අඟපසඟින් විහිදෙන එළියෙන් හැම දිශාවම බබලන්නේ මොන වගේ පිනකින්ද?

78. මහානුභාව ඇති පින්වත් දෙව්දුව, මිනිස් ලෝකෙ ඉන්න කාලෙදී මොන වගේ පිනක්ද ඔබ කළේ? ආනුභාව සම්පන්නව ඔය බැබලි බැබලී ඉන්න පින මොකක්ද? ඔබේ සිරුරෙන් විහිදෙන එළියෙන් හැම දිශාවම බබලනවා.

79. මොග්ගල්ලාන මහරහතන් වහන්සේ තමයි මේ ප්‍රශ්න ඇහුවේ. ඒ ගැන ඒ දෙව්දුව ගොඩාක් සතුටු වුනා. මොන වගේ පින්කම්වලින්ද මේ සැප ලැබුනේ කියන ප්‍රශ්නයට ඇය මෙහෙමයි පිළිතුරු දුන්නේ.

80. මං ඒ අතීත ජීවිතයේ මිනිස් ලොවේ මනුස්ස දුවක් වෙලයි හිටියේ. මහා ඝන අන්ධකාරයක් තිබුනා. පහන් ආලෝකයක් අවශ්‍යම වෙච්ච වෙලාවක්. ඉතින් මම ඒ පහන් ලබා දුන්නා.

81. කවුරු හරි කෙනෙක් ඝන අන්ධකාරය පවතින විට පහන් ආලෝකය අත්‍යවශ්‍ය වන ඒ වෙලාවට පහන් පූජා කරනවා නම් අන්න ඒ කෙනාට ජෝතිරස කියන දිව්‍ය විමානයේ උපදින්නට පුළුවනි. ඒ විමානයේ ගොඩාක් ලස්සන මල්වර්ග තියෙනවා. සුදු නෙළුම් තියෙනවා.

82. ඒ පිනෙන් තමයි මෙවැනි ලස්සනක් මට ලැබුනේ. ඒ පිනෙන්මයි මේ සම්පත් ලැබුනේ. සිතට ප්‍රීතිය උපදවන මේ සැප සම්පත් ඔක්කොම ලැබුනේ ඒ නිසාමයි.

83. ඒ නිසා මගේ සිරුරෙන් විහිදෙන එළිය හරිම නිර්මලයි. ඒ පින නිසාමයි මෙතරම් බබලන්නේ. ඒ පින නිසාමයි මගේ සුන්දර වූ සියලු අඟපසඟින් විහිදෙන එළියෙන් හැම දිශාවම බබලන්නේ.

84. මහානුභාව සම්පන්න වූ ස්වාමීන් වහන්ස, මිනිස් ලෝකෙදී ඔය පින තමයි මං කරගත්තේ. ආනුභාව සම්පන්නව බැබලි බැබලී ඉන්න පින ඕක තමයි. මගේ සිරුරෙන් විහිදෙන එළියෙන් හැම දිශාවම බබලනවා.

දීප විමානයයි.

සාදු! සාදු!! සාදු!!!

1.10.

85. පින්වත් දෙව්දුව, ඔබ ඔය සුන්දර රූපෙන් බැබලෙමින් ඉන්නේ හැම දිශාවක්ම බබුළුවන ඕසධී තාරුකාවක් වගේ.

86. ඇත්තෙන්ම ඔබට මෙවැනි ලස්සනක් ලැබුනේ කොහොමද? මොන වගේ පිනකින්ද ඔබට මේවා ලැබුනේ? සිතට ප්‍රිය උපදවන මේ සැප සම්පත් ලැබුනේ මොන වගේ පිනකින්ද?

87. මහානුභාව ඇති පින්වත් දෙව්දුව, මිනිස් ලෝකෙ ඉන්න කාලෙදී මොන වගේ පිනක්ද ඔබ කළේ? ආනුභාව සම්පන්නව ඔය බැබලි බැබලී ඉන්න පින මොකක්ද? ඔබේ සිරුරෙන් විහිදෙන එළියෙන් හැම දිශාවම බබලනවා.

88. මොග්ගල්ලාන මහරහතන් වහන්සේ තමයි මේ ප්‍රශ්න ඇහුවේ. ඒ ගැන ඒ දෙව්දුව ගොඩාක් සතුටු වුනා. මොන වගේ පින්කම්වලින්ද මේ සැප ලැබුණේ කියන ප්‍රශ්නයට ඇය මෙහෙමයි පිළිතුරු දුන්නේ.

89. ඒ අතීත ජීවිතයේදී මං මනුස්ස ලෝකයේ මනුස්ස දුවක් වෙලා හිටියා. ඉතින් මට බුදුරජාණන් වහන්සේව දැකගන්නට ලැබුනා. උන්වහන්සේ කැළඹිලා නෑ. අතිශයින්ම ප්‍රසන්නයි. කෙලෙසුන්ගෙන් තොරයි.

90. දන් පැන් ලැබීමට සුදුසු වූ බුදුරජාණන් වහන්සේ ගැන මං පැහැදීමෙන්මයි හිටියේ. දානෙට පූජා කරගන්න මොකවත් තිබුනේ නැතිවුණත් අකමැත්තෙන් නමුත් මං මේ දෑතින් තල දෝතක් පූජා කළා.

91. ඒ පිනෙන් තමයි මෙවැනි ලස්සනක් මට ලැබුනේ. ඒ පිනෙන්මයි මේ සම්පත් ලැබුනේ. සිතට ප්‍රීතිය උපදවන මේ සැප සම්පත් ඔක්කොම ලැබුනේ ඒ නිසාමයි.

92. මහානුභාව සම්පන්න වූ ස්වාමීන් වහන්ස, මිනිස් ලෝකෙදී ඔය පින තමයි මං කරගත්තේ. ආනුභාව සම්පන්නව බැබලි බැබලී ඉන්න පින ඕක තමයි. මගේ සිරුරෙන් විහිදෙන එළියෙන් හැම දිශාවම බබලනවා.

තිලදක්ඛිණා විමානයයි.

සාදු! සාදු!! සාදු!!!

1.11.

93. මේ විමානය හරිම ලස්සනයි. ලස්සන මල් පිරිලා ඉතිරිලා තියෙනවා. විචිත්‍ර රූප සෝභා ඇති දෙව්වරුන් දිව්‍යාංගනාවන් නිතරම ගැවසෙනවා. කොස්වාලිහිණියන්, දිව්‍ය වූ මොණරුන්, දිව්‍ය හංසයන් පිරිලා ඉන්නවා. කෝකිලයන්ගේ මධුර වූ හඬ හැමතැනම පැතිරෙනවා.

94. පින්වත් දෙව්දුව, ඔබ මහානුභාව සම්පන්නයි. එක එක විදිහේ ස්වරූප ඇති ඉර්ධි ප්‍රාතිහාර්යය දක්වනවා. ඔබව වටකර සිටින ඒ දිව්‍ය අප්සරාවන් නටනවා. ගී ගයනවා. සතුටු කරවනවා.

95. මහානුභාව ඇති පින්වත් දෙව්දුව, ඔබ ඉර්ධිමත් කෙනෙක්. මිනිස් ලෝකෙ ඉන්න කාලෙ මොන වගේ පිනක්ද ඔබ කළේ? ආනුභාව සම්පන්නව ඔය බැබලි බැබලී ඉන්න පින මොකක්ද? ඔබේ සිරුරෙන් විහිදෙන එළියෙන් හැම දිශාවම බබලනවා."

96. මොග්ගල්ලාන මහරහතන් වහන්සේ තමයි මේ ප්‍රශ්න ඇහුවේ. ඒ ගැන ඒ දෙව්දුව ගොඩාක් සතුටු වුනා. මොන වගේ පින්කම්වලින්ද මේ සැප ලැබුනේ කියන ප්‍රශ්නයට ඇය මෙහෙමයි පිළිතුරු දුන්නේ.

97. මං අතීත ජීවිතයේදී මිනිස් ලෝකයේ මනුස්ස දුවක් වෙලා හිටියා. මං කවදාවත් වෙනත් පුරුෂයෙකුට ඇලුම් කළේ නෑ. පතිව්‍රතාව රැකගත්තා.

අම්මා කෙනෙක් දරුවෙකුව රකිනවා වගේ මං මගේ ස්වාමියාව රැකගත්තා. මට කේන්ති ගිය වෙලාවත් තිබුනා. නමුත් මං නපුරු වචනයක් කිව්වේ නෑ.

98. මං ඇත්තමයි කතා කළේ. බොරු කීම දුරුකරලයි හිටියේ. දන් දෙන්න මං හරි කැමැතියි. අනුන්ට සංග්‍රහ කරන ගතිය මා තුළ පිහිටලාම තිබුනා. දන් පැන් පූජා කරන්නේ සිත පහදවා ගෙනමයි. බොහෝම පිළිවෙලට මං මහා දන් දීලා තියෙනවා.

99. ඒ පිනෙන් තමයි මෙවැනි ලස්සනක් මට ලැබුනේ. ඒ පිනෙන්මයි මේ සම්පත් ලැබුනේ. සිතට ප්‍රීතිය උපදවන මේ සැප සම්පත් ඔක්කොම ලැබුනේ ඒ නිසාමයි.

100. මහානුභාව සම්පන්න වූ ස්වාමීන් වහන්ස, මිනිස් ලෝකෙදී ඔය පින තමයි මං කරගත්තේ. ආනුභාව සම්පන්නව බැබලි බැබලී ඉන්න පින ඕක තමයි. මගේ සිරුරෙන් විහිදෙන එළියෙන් හැම දිශාවම බබලනවා.

පළමු පතිබ්බතා (පතිව්‍රතා) විමානයයි.

සාදු! සාදු!! සාදු!!!

1.12.

101. මහානුභාව ඇති පින්වත් දෙව්දුව, ඔබේ දිව්‍ය විමානයේ වෛරෝඩි මාණික්‍යවලින් කරපු ලස්සන කැටයම් තියෙනවා. හරිම සිත්කළුයි. ප්‍රභාස්වරයි. ඒ විමානයට නැගගත් ඔබ සිතු සිතු පරිද්දෙන් එක එක විදිහේ ඉර්ධි ප්‍රාතිහාර්යයන් දක්වනවා. ඔබව වටකරගෙන සිටින මේ දිව්‍ය අප්සරාවන් නටනවා. සිංදු කියනවා. සතුටු කරවනවා.

102. මහානුභාව ඇති පින්වත් දෙව්දුව, ඔබ ඉර්ධිමත් කෙනෙක්. මිනිස් ලෝකෙ ඉන්න කාලෙදී මොන වගේ පිනක්ද ඔබ කළේ? ආනුභාව සම්පන්නව ඔය බැබලි බැබලී ඉන්න පින මොකක්ද? ඔබේ සිරුරෙන් විහිදෙන එළියෙන් හැම දිශාවම බබලනවා.

103. මොග්ගල්ලාන මහරහතන් වහන්සේ තමයි මේ ප්‍රශ්න ඇහුවේ. ඒ ගැන ඒ දෙව්දුව ගොඩාක් සතුටු වුනා. මොන වගේ පින්කම්වලින්ද මේ සැප ලැබුණේ කියන ප්‍රශ්නයට ඇය මෙහෙමයි පිළිතුරු දුන්නේ.

104. මං අතීත ජීවිතයේදී මනුස්ස ලෝකෙ මනුස්ස දුවක් වෙලා හිටියා. මං ඒ සදහම් ඇස් ඇති බුදුරජාණන් වහන්සේගේ ශ්‍රාවිකාවක් වූ උපාසිකාවක් වෙලා හිටියා. මං සතුන් මැරීමෙන් වැළකුනා. ලෝකයෙහි සොරකම කියන දෙය මං දුරු කළා.

105. මං මත්වෙන දේවල් පාවිච්චි කරපු කෙනෙක් නොවෙයි. බොරු කියපු කෙනෙකුත් නොවෙයි. මං සතුටු වුනේ මගේ ස්වාමියත් එක්ක විතරයි. මං දන් පැන් පූජා කරන්නේ පහන් සිතින්මයි. පිළිවෙලකට මහා දාන මං දීලා තියෙනවා.

106. ඒ පිනෙන් තමයි මෙවැනි ලස්සනක් මට ලැබුනේ. ඒ පිනෙන්මයි මේ සම්පත් ලැබුනේ. සිතට ප්‍රීතිය උපදවන මේ සැප සම්පත් ඔක්කොම ලැබුනේ ඒ නිසාමයි.

107. මහානුභාව සම්පන්න වූ ස්වාමීන් වහන්ස, මිනිස් ලෝකෙදී ඔය පින තමයි මං කරගත්තේ. ආනුභාව සම්පන්නව බැබලි බැබලී ඉන්න පින ඕක තමයි. මගේ සිරුරෙන් විහිදෙන එළියෙන් හැම දිශාවම බබලනවා.

දෙවෙනි පතිබ්බතා (පතිව්‍රතා) විමානයයි.

සාදු! සාදු!! සාදු!!!

1.13.

108. පින්වත් දෙව්දුව, ඔබ ඔය සුන්දර රූපයෙන් බැබලෙමින් ඉන්නේ හැම දිශාවක්ම බබුලුවන ඕසධී තාරුකාවක් වගෙයි.

109. ඇත්තෙන්ම ඔබට මෙවැනි ලස්සනක් ලැබුනේ කොහොමද? මොන වගේ පිනකින්ද ඔබට මේවා ලැබුනේ? සිතට ප්‍රිය උපදවන මේ සැප සම්පත් ලැබුනේ මොන වගේ පිනකින්ද?

110. මහානුභාව ඇති පින්වත් දෙව්දුව, මිනිස් ලෝකෙ ඉන්න කාලෙදී මොන වගේ පිනක්ද ඔබ කළේ? ආනුභාව සම්පන්නව ඔය බැබලි බැබලී ඉන්න පින මොකක්ද? ඔබේ සිරුරෙන් විහිදෙන එළියෙන් හැම දිශාවම බබලනවා.

111. මොග්ගල්ලාන මහරහතන් වහන්සේ තමයි මේ ප්‍රශ්න ඇහුවේ. ඒ ගැන

ඒ දෙව්දුව ගොඩාක් සතුටු වුනා. මොන වගේ පින්කම්වලින්ද මේ සැප ලැබුනේ කියන ප්‍රශ්නයට ඇය මෙහෙමයි පිළිතුරු දුන්නේ.

112. ඒ අතීත ජීවිතයේදී මං මනුස්ස ලෝකයේ මනුස්ස දුවක් වෙලා මාමණ්ඩියගේ ගෙදර ලේලිය හැටියටයි හිටියේ. ඉතින් මට ස්වාමීන් වහන්සේ නමක් දැකගන්න ලැබුනා. උන්වහන්සේ කැළඹිලා නෑ. අතිශයින්ම ප්‍රසන්නයි. කෙලෙසුන්ගෙන් තොරයි.

113. මං උන්වහන්සේ ගැන ගොඩාක් පැහැදුනා. මගේ අතින්ම කැවුමක් පූජා කරගත්තා. මං මේ නන්දන වනයෙහි සතුටු වෙවී ඉන්නෙ මට ලැබුන කොටසින් භාගයක් පූජා කරලයි.

114. ඒ පිනෙන් තමයි මෙවැනි ලස්සනක් මට ලැබුනේ. ඒ පිනෙන්මයි මේ සම්පත් ලැබුනේ. සිතට ප්‍රීතිය උපදවන මේ සැප සම්පත් ඔක්කොම ලැබුනේ ඒ නිසාමයි.

115. මහානුභාව සම්පන්න වූ ස්වාමීන් වහන්ස, මිනිස් ලෝකෙදී ඔය පින තමයි මං කරගත්තේ. ආනුභාව සම්පන්නව බැබලි බැබලී ඉන්න පින ඕක තමයි. මගේ සිරුරෙන් විහිදෙන එළියෙන් හැම දිශාවම බබලනවා.

සුණිසා විමානයයි.

සාදු! සාදු!! සාදු!!!

1.14.

116. "පින්වත් දෙව්දුව, ඔබ ඔය සුන්දර රූපයෙන් බැබලෙමින් ඉන්නේ හැම දිශාවක්ම බබුලුවන ඕසධී තාරුකාවක් වගෙයි.

117. ඇත්තෙන්ම ඔබට මෙවැනි ලස්සනක් ලැබුනේ කොහොමද? මොන වගේ පිනකින්ද ඔබට මේවා ලැබුනේ? සිතට ප්‍රිය උපදවන මේ සැප සම්පත් ලැබුනේ මොන වගේ පිනකින්ද?

118. මහානුභාව ඇති පින්වත් දෙව්දුව, මිනිස් ලෝකෙ ඉන්න කාලෙදී මොන වගේ පිනක්ද ඔබ කළේ? ආනුභාව සම්පන්නව ඔය බැබලි බැබලී ඉන්න පින මොකක්ද? ඔබේ සිරුරෙන් විහිදෙන එළියෙන් හැම දිශාවම බබලනවා.

119. මොග්ගල්ලාන මහරහතන් වහන්සේ තමයි මේ ප්‍රශ්න ඇහුවේ. ඒ ගැන ඒ දෙව්දුව ගොඩාක් සතුටු වුනා. මොන වගේ පින්කම්වලින්ද මේ සැප ලැබුනේ කියන ප්‍රශ්නයට ඇය මෙහෙමයි පිළිතුරු දුන්නේ.

120. ඒ අතීත ජීවිතයේදී මං මනුස්ස ලෝකයේ මනුස්ස දුවක් වෙලා මාමණ්ඩියගේ ගෙදර ලේලිය හැටියටයි හිටියේ. ඉතින් මට ස්වාමීන් වහන්සේ නමක් දකගන්න ලැබුනා. උන්වහන්සේ කැළඹිලා නෑ. අතිශයින්ම ප්‍රසන්නයි. කෙලෙසුන්ගෙන් තොරයි.

121. මං උන්වහන්සේ ගැන ගොඩාක් පැහැදුනා. මගේ අතින්ම පැණි පිට්ටුවක් පූජා කරගත්තා. මං මේ නන්දන වනයෙහි සතුටු වෙවී ඉන්නෙ පැණිපිට්ටුවෙන් භාගයක්ක් පූජා කරලයි.

122. ඒ පිනෙන් තමයි මෙවැනි ලස්සනක් මට ලැබුනේ. ඒ පිනෙන්මයි මේ සම්පත් ලැබුනේ. සිතට ප්‍රීතිය උපදවන මේ සැප සම්පත් ඔක්කොම ලැබුනේ ඒ නිසාමයි.

123. මහානුභාව සම්පන්න වූ ස්වාමීන් වහන්ස, මිනිස් ලෝකෙදී ඔය පින තමයි මං කරගත්තේ. ආනුභාව සම්පන්නව බැබලි බැබලී ඉන්න පින ඕක තමයි. මගේ සිරුරෙන් විහිදෙන එළියෙන් හැම දිශාවම බබලනවා.

සුණිසා විමානයයි.

සාදු! සාදු!! සාදු!!!

1.15.

124. පින්වත් දෙව්දුව, ඔබ ඔය සුන්දර රූපයෙන් බැබලෙමින් ඉන්නේ හැම දිශාවක්ම බබුලුවන ඕසධී තාරුකාවක් වගෙයි.

125. ඇත්තෙන්ම ඔබට මෙවැනි ලස්සනක් ලැබුනේ කොහොමද? මොන වගේ පිනකින්ද ඔබට මේවා ලැබුනේ? සිතට ප්‍රිය උපදවන මේ සැප සම්පත් ලැබුනේ මොන වගේ පිනකින්ද?

126. මහානුභාව ඇති පින්වත් දෙව්දුව, මිනිස් ලෝකෙ ඉන්න කාලෙදී මොන වගේ පිනක්ද ඔබ කළේ? ආනුභාව සම්පන්නව ඔය බැබලි බැබලී ඉන්න පින මොකක්ද? ඔබේ සිරුරෙන් විහිදෙන එළියෙන් හැම දිශාවම බබලනවා.

127. මොග්ගල්ලාන මහරහතන් වහන්සේ තමයි මේ ප්‍රශ්න ඇහුවේ. ඒ ගැන ඒ දෙව්දුව ගොඩාක් සතුටු වුනා. මොන වගේ පින්කම්වලින්ද මේ සැප ලැබුනේ කියන ප්‍රශ්නයට ඈය මෙහෙමයි පිළිතුරු දුන්නේ.

128. මං ගිහි ජීවිතය ගත කළේ. නමුත් කාටවත් ඉරිසියා කළේ නෑ. මා සතු දෙයින් තව කෙනෙක් සැප විඳිනවාට ඇති අකමැත්ත කියන මසුරුකම මා තුළ තිබුනේ නෑ. මං ඒකට එක කළෙත් නෑ. මං ස්වාමියාට කීකරුව හිටියේ ක්‍රෝධ නැති සිතින්මයි. මං අප්‍රමාදීව, ඒ කියන්නේ හැමදෙයටම වඩා මුල් තැන දුන්නේ නිතරම උපෝසථ සිල් රකින්නමයි.

129. චාතුද්දසී දවසට, පුන්පොහෝ දවසට, අටවක පොහොයට, පාටිහාරිය පක්ෂයේ පොහොය දවස්වලට මං අටසිල් සමාදන්වෙලා හොඳින් ආරක්ෂා කළා.

130. මං හොඳින් උපෝසථ සිල් රැකගත්තා. හැමදාම සිල්පදවල සංවර වුනා. ඉඳුරන් සංවර කරගත්තා. කාටත් දන්පැන් බෙදා දුන්නා. මං ඒ විදිහටයි ගෙදර ජීවත් වුනේ.

131. සතුන් මැරීමෙන් වැළකුනා. බොරු කීමෙනුත් වැළකිලා වචනය සංවර කරගත්තා. හොරකම් කළේ නෑ. ස්වාමියා ඉක්මවා දුරාචාරයේ හැසිරුනේ නෑ. මත්පැන් පානය කළෙත් නෑ.

132. සිල්පද පහ රැකගත්තේ කැමැත්තෙන්මයි. චතුරාර්ය සත්‍යය ධර්මය තේරුම්ගන්න තරම් මා තුළ දක්ෂකමක් තිබුනා. ඒ නිසාමයි පැතුරුණු යශෝරාවය ඇති සදහම් ඇස් ඇති ගෞතම බුදුරජාණන් වහන්සේගේ ශ්‍රාවිකාවක් වුනේ.

133. ඉතින් ඒ මම මගේ සීලය නිසා, යසස නිසා වඩ වඩාත් කීර්තිමත් වුනා. මං මේ අනුභව කරන්නේ මගේ පිනමයි. ලෙඩක් දුකක් නැතුව සැපසේමයි දැන් මං ඉන්නේ.

134. ඒ පිනෙන් තමයි මෙවැනි ලස්සනක් මට ලැබුනේ. ඒ පිනෙන්මයි මේ සම්පත් ලැබුනේ. සිතට ප්‍රීතිය උපදවන මේ සැප සම්පත් ඔක්කොම ලැබුනේ ඒ නිසාමයි.

135. මහානුභාව සම්පන්න වූ ස්වාමීන් වහන්ස, මිනිස් ලෝකෙදී ඔය පින තමයි මං කරගත්තේ. ආනුභාව සම්පන්නව බැබලි බැබලී ඉන්න පින ඕක තමයි. මගේ සිරුරෙන් විහිදෙන එළියෙන් හැම දිශාවම බබලනවා.

පින්වත් ස්වාමීන් වහන්ස, මාගේ වචනයෙනුත් ඒ භාග්‍යවතුන් වහන්සේගේ උතුම් සිරිපා කමල් සිරසින් වන්දනා කළ මැනැව. ස්වාමීනී, උත්තරා නම් වූ උපාසිකාව භාග්‍යවතුන් වහන්සේගේ උතුම් සිරිපා කමල් වන්දනා කරන්නී කියා. ස්වාමීනී, භාග්‍යවතුන් වහන්සේ මා පිළිබඳව යම්කිසි මාර්ගඵලයක් වදාළ සේක් නම් ඒ ගැන මං පුදුම වෙන්නේ නෑ. ස්වාමීනී, මං සකදාගාමී ඵලයට පත් වූ බව භාග්‍යවතුන් වහන්සේ මට වදාළා.

උත්තරා විමානයයි.

සාදු! සාදු!! සාදු!!!

1.16.

136. පින්වත් දෙව්දුව, ඔබේ අශ්වරථය හරිම ලස්සනයි. ඒ අශ්වයන්වත් දිව්‍යමය ආභරණවලින් ලස්සනට සරසලා තියෙන්නේ. ඒ අශ්වයන් මුහුණ පහළට හරවාගෙනයි ඉන්නේ. අහසින් යන්නේ. හරි බලවන්තයි. වේගවත් ගමන් තියෙනවා. ඔබේ පිනෙන් නේද ඔය අශ්වරථ පන්සියයම පහළ වුනේ? රියැදුරෙක් හොඳින් මෙහෙයවන අශ්වයන් වගේ මේ අසුන් ඔබේ සිතැඟි අනුවයි යන්නේ.

137. ලස්සන දිව්‍ය ආභරණවලින් සැරසිලා උතුම් දිව්‍යරථයේ ඔබ වාඩිවී සිටිද්දී බබලන්නේ සුන්දර ගිනිසිළුවක් වගේ. මහා එළිය දෙන දෙයක් වගේ. අලාමක පෙනුම ඇති උතුම් දිව්‍ය කායක් දරා සිටින තැනැත්තී, බුදුරජාණන් වහන්සේව බැහැදකින්නට ඔබ ආවේ කවර නම් දිව්‍ය ලෝකයකින්ද?

138. ඒ දිව්‍යලෝකය කාම සැපයෙන් අග්‍ර තැනක්. අනුත්තර වූ දෙව්ලොවක්. එහි දෙවිවරුන් තමන් කැමති කැමති දිව්‍ය සැප මවා ගනිමින් එහි ඇලෙමින් සතුටු වෙනවා. මං දිව්‍ය අප්සරාවක්. මං ඉන්නෙත් මා කැමැති දිව්‍ය රූප මවාගෙනයි. මං ඒ ලෝකයේ ඉඳලයි බුදුරජාණන් වහන්සේව වන්දනා කරගන්න මෙහි පැමිණුනේ.

139. පින්වත් දෙව්දුව, ඔබ අතීතයේදී මොනවගේ සුචරිතයකද හැසිරුනේ? අප්‍රමාණ කීර්තිය ඇති සැපසේ ජීවත් වෙන ඔබ මේ සැප ලැබුවේ මොන වගේ පිනකින්ද? ඔබ ඉර්ධිමත්. ඔබ උතුම්. ඔබ අහසින් යනවා. ඔබේ ආලෝකයෙන් දසදිශාවම එළිය කරනවා.

140. පින්වත් දෙව්දුව, ඔබව දෙව්වරුන් පිරිවරාගෙන ඉන්නවා. සත්කාර කරනවා. ඔබ මේ සුගතියෙහි ඉපදුනේ කවර ලොවකින් චුත වෙලාද? ඔබ කවර ශාස්තෘවරයෙකුගේ ධර්මය අනුගමනය කරන කෙනෙක්ද? යම් හෙයකින් ඔබ බුද්ධශ්‍රාවිකාවක් නම් එය මා හට පවසනු මැනැව.

141. පංච පර්වතයන් අතරයි ඒ උතුම් නගරය ලස්සනට මවලා තිබුනේ. ඒ ශ්‍රීමත් වූ බිම්සර රජාණන්ගේ මහේසිකාවක් වෙලා මං හිටියා. ඒ කාලේ මං ලස්සනට නටනවා. සිංදුත් කියනවා. රජගහනුවර කවුරුත් මාව දැනගෙන හිටියේ 'සිරිමා' කියලා.

142. බුදුරජාණන් වහන්සේ මහා ඉසිවරයෙක්. දෙව් මිනිසුන්ව නිවන් මගේ හික්මවන මහා මුනිවරයෙක්. උන්වහන්සේ තමයි මට මේ දුකේ හටගැනීමත්, මේ දුකත්, අනිත්‍යයි කියා වදාළේ. සනාතන වූ අසංඛත වූ දුක්ඛ නිරෝධය වන ඒ අමා නිවනත් මට වදාළා. සුන්දර වූත් ඇද නැති වූත් මේ ආර්ය අෂ්ටාංගික මාර්ගයත් මට වදාළා.

143. මං ඒ අසංඛත වූ අමාමහ නිවන ගැන, ඒ තථාගත වූ උතුම් බුදුරජුන්ගේ බුදු සසුන ගැන, හොඳින් අසාගත්තා. නරෝත්තම වූ ඒ බුදුරජාණන් වහන්සේ විසින් වදාරණ ලද ධර්මයෙහි මං පිහිටියා. මාත් සිල්වත් වුනා. පුදුම විදිහට මං සංවර වුනා.

144. ඒ නිකෙලෙස් වූ අසංඛත වූ නිවන ගැනත් තථාගත වූ උතුම් බුදුරජුන්ගේ සසුන ගැනත් මං අවබෝධ කරගත්තා. ඒ නිවන් මගෙහි පිහිටලා සමථ භාවනාවෙන් මං සමාධිය ස්පර්ශ කළා. ඒ සමාධියමයි මගේ නිවන් මාර්ගයේ උතුම් නිවන් මග වුනේ.

145. මං ඒ අතිඋත්තම වූ අමාමහ නිවන අවබෝධ කරගත්තා. චතුරාර්ය සත්‍යය ධර්මයෙහි අවබෝධයට පැමිණුනා. සැක රහිත වුනා. බොහෝ දෙනෙක් මට පූජා සත්කාර කරනවා. මං අපමණ වූ සැපසම්පත් විඳිමින් දිව්‍ය ක්‍රීඩාවෙහි යෙදෙනවා.

146. මම ඒ උතුම් වූ තථාගත බුදුරජුන්ගේ ශ්‍රාවිකාවක්. ඒ වගේම ඒ අමා නිවන දකින දෙව්දුවක්. චතුරාර්ය සත්‍යය ධර්මය දැකගත්තු කෙනෙක්. ප්‍රථම ඵලය වන සෝවාන් ඵලයට පත් වූ කෙනෙක්. මට නම් දුගතියක් නෑ.

147. ඒ මම බුදුරජාණන් වහන්සේව වන්දනා කරගන්නයි පැමිණුනේ. ඒ භික්ෂූන් වහන්සේලාත් දුටුවන් පහදිනවා. කුසලයානය තුළයි ඉන්නේ.

ශ්‍රීමත් වූ ධර්මරාජයන් වහන්සේගේ සොඳුරු ශ්‍රමණ සමාගම ගෞරවයෙන් නමස්කර කරන්නයි මං පැමිණුනේ.

148. නරෝත්තම වූ පුරිසදම්මසාරථී වූ තථාගත වූ මුනීන්ද්‍රයන් වහන්සේ දකින කොට නෙත් පිනා යනවා. සිතට හරිම ප්‍රීතියි. උන්වහන්සේ තණ්හාව මුලින්ම සිඳලයි ඉන්නේ. අමා නිවනටයි ඇලුම් කරන්නේ. ලෝකවිනායකයන් වහන්සේ පරම හිතානුකම්පාවෙන් යුක්තයි. මං ඒ තථාගතයන් වහන්සේ වන්දනා කරනවා.

සිරිමා විමානයයි.

සාදු! සාදු!! සාදු!!!

1.17.

149. මේ දිව්‍ය විමානය හරිම සිත්කළුයි. ප්‍රභාෂ්වරයි. වෛරෝඩි මාණික්‍යවලින් තමයි මේ විමානයේ කණු හැදිලා තියෙන්නේ. සුන්දර නිර්මාණයක්. රනින් කළ වෘක්ෂයන්ගෙන් හැමතැනම සුන්දර වෙලා තියෙනවා. මගේ පුණ්‍ය කර්මයක විපාකයක් හැටියටයි මේ විමානය පහළ වුනේ.

150. කලින්ම මේ විමානයෙහි දිව්‍ය අප්සරාවන් ලක්ෂයක් පමණ පහළ වෙලයි ඉන්නේ. ඒ පිරිවර ඇතිව ඔබත් මෙහි පහළ වුණේ තමන්ගේ පුණ්‍යකර්මයේ ආනුභාවයක්මයි. ඒ කලින් උපන් දිව්‍ය අප්සරාවන් පිරිවරාගෙන ඔබ බැබලෙමින් ඉන්නවා.

151. සුපුන් සඳ රැස්විහිදා බබලනවා. එතකොට තරු එළියෙන් වැඩක් නෑ. ඒ නැකැත් රාජයා වන සඳමයි බබලන්නේ. ඔබත් ඒ වගේමයි. මේ අප්සරාවන් පිරිවරාගෙන දිළිහි දිළිහී යසසින් බබලනවා.

152. පින්වත් දෙව්දුව, ඔබේ දර්ශනය අලාමකයි. මේ විමානයේ ඔබ පහළ වුණේ කවර ලෝකයකින් චුත වෙලාද? තව්තිසා දෙව්ලොව සක්දෙව් පිරිවරාගත් දෙවිවරුන් බ්‍රහ්මරාජයා දිහා එක දිගට බලාගෙන ඉන්නවා. සෑහීමකට පත්වීමක් නෑ. ඒ වගේමයි සියලු දෙනා ඔබ දිහා කොයිතරම් බලාහිටියත් සෑහීමකට පත්වීමක් නෑ.

153. සක් දෙව්දුනි, දැන් ඔබ මගෙන් ඇසුවේ මේ දෙව්ලොවට මං ආවේ කරව ලෝකයකින් චුතවෙලාද කියලනේ. කසී රට බරණැස කියල නගරයක් තියෙනවා. අන්න ඒ නගරයේ මං කේසකාරිකා නමින් ඉපදිලා හිටියා.

154. බුදුරජාණන් වහන්සේ ගැනත්, ඒ ශ්‍රී සද්ධර්මය ගැනත් භාග්‍යවතුන් වහන්සේගේ ශ්‍රාවක සංඝරත්නය ගැනත් මගේ සිතේ ලොකු පැහැදීමක් තිබුණා. ඒ ශ්‍රද්ධාව ස්ථිරසාර එකක්. මං සැක රහිතවයි හිටියේ. නොකඩ කොට සිල්පද රැක්කා. සෝවාන්ඵලයට පත්වෙලයි හිටියේ. මං නියත වශයෙන්ම නිවන අවබෝධ කරන කෙනෙක්.

155. බුදුරජාණන් වහන්සේ ගැනත් ඒ ශ්‍රී සද්ධර්මය ගැනත් භාග්‍යවතුන් වහන්සේගේ ශ්‍රාවක සංඝරත්නය ගැනත් ඔබේ සිතේ ලොකු පැහැදීමක් තිබෙනවා. ඒ ශ්‍රද්ධාව ස්ථිරසාර එකක්. ඔබ සැක රහිතවයි ඉන්නේ. නොකඩ කොට සිල්පදත් රැකගෙන තියෙනවා. ඔබ සෝවාන් ඵලයට පත්වෙලයි ඉන්නේ. ඔබ නියත වශයෙන්ම නිවන අවබෝධ කරන කෙනෙක්. පින්වත් දෙව්දුව, ධර්මය නිසාත් පිරිවර නිසාත් ඔබ බබලනවා. අපි ඔබේ මේ පැමිණීම සතුටින් පිළිගන්නවා. මෙය ඔබට සුන්දර ආගමනයකි.

කේසකාරී විමානයයි.

පළමුවෙනි පීඨ වර්ගය නිමා විය.

සාදු! සාදු!! සාදු!!!

- **එහි පිළිවෙල උද්දානයයි:**

පීඨ විමාන වස්තු පසකි. නාවා විමාන වස්තු තුනකි. දීපතිලක්ඛිණා විමාන දෙකකි. පතිව්‍රතා විමාන වස්තු දෙකකි. සුණිසා විමාන වස්තු දෙකකි. උත්තරා, සිරිමා, කේසකාරිකා යන විමාන වස්තුවලින් සමන්විත වූ වර්ගයයැයි කියනු ලැබේ.

2. චිත්‍රලතා වර්ගය

2.1.

156. පින්වත් දෙව්දුව, ඔබ ඉන්නෙ මේ සොඳුරු චිත්‍රලතා වනයේ. දිව්‍යාංග නාවන් පිරිවරාගෙන ඉන්නවා. ඕසධී තාරුකාව වගෙයි. හැම දිශාවක්ම බබලවනවා. ඔබ දේවේන්ද්‍ර වූ ශක්‍රයා වගෙයි.

157. ඇත්තෙන්ම ඔබට මෙවැනි ලස්සනක් ලැබුනේ කොහොමද? මොන වගේ පිනකින්ද ඔබට මේවා ලැබුනේ? සිතට ප්‍රිය උපදවන මේ සැප සම්පත් ලැබුනේ මොන වගේ පිනකින්ද?

158. මහානුභාව ඇති පින්වත් දෙව්දුව, මිනිස් ලෝකෙ ඉන්න කාලෙදී මොන වගේ පිනක්ද ඔබ කළේ? ආනුභාව සම්පන්නව ඔය බැබලි බැබලී ඉන්න පින මොකක්ද? ඔබේ සිරුරෙන් විහිදෙන එළියෙන් හැම දිශාවම බබලනවා.

159. මොග්ගල්ලාන මහරහතන් වහන්සේ තමයි මේ ප්‍රශ්න ඇහුවේ. ඒ ගැන ඒ දෙව්දුව ගොඩාක් සතුටු වුනා. මොන වගේ පින්කම්වලින්ද මේ සැප ලැබුනේ කියන ප්‍රශ්නයට ඇය මෙහෙමයි පිළිතුරු දුන්නේ.

160. මං අතීත ජීවිතයේ මිනිස් දූවක් වෙලා හිටියේ. මං ඒ කාලෙ දාසියක්. අනුන්ගේ ගෙවල්වල බැලමෙහෙවරකම් කළා. සදහම් ඇස් ඇති මහා යශෝරාවයක් ඇති ගෞතම බුදුරජාණන් වහන්සේගේ ශ්‍රාවිකාවක් බවට මං පත්වුනා. අටලෝ දහමින් කම්පා නොවන ඒ බුදුරජුන්ගේ ශාසනයෙහිම සසරෙන් නිදහස් වෙන්නයි මට ඕන වුනේ.

161. ඒකාන්තයෙන්ම මේ කය බිඳිල ගියාවේ. මේ ධර්මය අවබෝධ කරගන්න මං ගන්න උත්සාහය ලිහිල් කරගන්නේ නෑ. ලොව්තුරු සැප සලසන සුන්දර වූ නිවනට ඇති මාර්ගය මේ පන්සිල්වලින් යුක්තයි.

162. මේ මාර්ගයේ කෙලෙස් කටුකොහොල් නෑ. කෙලෙස් පඳුරු නෑ. ඍජුයි. බුද්ධාදී සත්පුරුෂයන් වහන්සේලා විසිනුයි මේ නිවන් මග පෙන්වා දෙන්නේ. මං ස්ත්‍රියක්. නමුත් යම් මාර්ගයකින් මේ දහම් මාවතේ ගමන් කරනවාද, ඒ මගේ උත්සාහයේ ප්‍රතිඵල ඔබටත් දකින්න පුළුවනි.

163. සියල්ල මැඬලන සක්දෙව් රජිඳුන්ගේ මධුර අල්ලාප සල්ලාපයන්ට මාවත් කැඳවනවා. මාව සතුටින් පුබුදුවන්න හැට දහසක් තූර්ය භාණ්ඩ වාදනය වෙනවා.

164. ආලම්බ දිව්‍යපුත්‍රයා, ඒ වගේම ගග්ගර, භීම, සාධුවාදී, සංසය, පොක්ඛර, සුඵස්ස යන දිව්‍යපුත්‍රයන්ද, වීණාමොක්ඛා දිව්‍යාංගනාවද,

165. ඒ වගේම නන්දා, සුනන්දා, සෝණදින්නා, සුචිම්භිතා, අලම්බුසා, මිස්සකේසී, පුණ්ඩරීකා, අතිදාරුණී යන දිව්‍යාංගනාවන්ද,

166. ඒණිඵස්සා, සුඵස්සා, සුභද්දා, මුදුවාදිනී යන දිව්‍යාංගනාවන්ද, සංගීතයෙන් මාව සතුටු කරවන අය අතර ප්‍රශංසනීයයි.

167. ඒ දේවතාවෝ මා කැමැති වෙලාවට මා ඉදිරියට පැමිණෙනවා. අපි දැන් නටමු. අපි සිංදු කියමු. අපි ඔබව සතුටු කරනවා කියලා කියනවා.

168. පින් නොකළ උදවියට මේ වගේ දිව්‍ය විමාන ලැබෙන්නේ නෑ. පින් කරපු අයටමයි සෝක නැති තව්තිසා දෙවියන්ගේ මේ රම්‍ය වූ නන්දන මහ වනය ලැබෙන්නේ.

169. පින් නොකළ උදවියට මෙලොව සැපයකුත් නෑ. පරලොව සැපයකුත් නෑ. එනමුත් පින්කළ උදවියට නම් මෙලොව වගේම පරලොවත් සැප ලැබෙනවා.

170. තව්තිසා දෙව්ලොව දෙවියන් හා එක්වෙන්න කවුරු හරි කමැති නම් බොහෝ සෙයින්ම කුසල් රැස්කරගන්න ඕන. පින්කළ උදවියමයි දෙව්ලොව ඉපදිලා සැප සම්පත් ලබලා සතුටු වෙන්නේ.

සාදු! සාදු!! සාදු!!!

දාසී විමානයයි.

2.2.

171. පින්වත් දෙව්දුව, ඔබ ඔය සුන්දර රූපයෙන් බැබලෙමින් ඉන්නේ හැම දිශාවක්ම බබුලුවන ඕසධී තාරුකාවක් වගේ.

172. ඇත්තෙන්ම ඔබට මෙවැනි ලස්සනක් ලැබුනේ කොහොමද? මොන වගේ පිනකින්ද ඔබට මේවා ලැබුනේ? සිතට ප්‍රිය උපදවන මේ සැප සම්පත් ලැබුනේ මොන වගේ පිනකින්ද?

173. මහානුභාව ඇති පින්වත් දෙව්දුව, මිනිස් ලෝකෙ ඉන්න කාලෙදී මොන වගේ පිනක්ද ඔබ කළේ? ආනුභාව සම්පන්නව ඔය බැබලි බැබලී ඉන්න පින මොකක්ද? ඔබේ සිරුරෙන් විහිදෙන එළියෙන් හැම දිශාවම බබලනවා.

174. මොග්ගල්ලාන මහරහතන් වහන්සේ තමයි මේ ප්‍රශ්න ඇහුවේ. ඒ ගැන ඒ දෙව්දුව ගොඩාක් සතුටු වුනා. මොන වගේ පින්කම්වලින්ද මේ සැප ලැබුනේ කියන ප්‍රශ්නයට ඇය මෙහෙමයි පිළිතුරු දුන්නේ.

175. මගේ නිවස තිබුනේ මාළු අල්ලන මිනිසුන් ගම් දොරින් නික්මෙන තැන. ඒ පැත්තට මහා ඉසිවර බුදුරජුන්ගේ ශ්‍රාවකයන් වහන්සේලා පිණ්ඩපාතයේ වඩිනවා.

176. ඉතින් මං උන්වහන්සේලාට බත් වෑංජන, පැණිපිට්ටු, පලාකොළ, ලෝණසෝවීරක පූජා කරනවා. නිවන් මගෙහි සිත ඍජු කරගෙන සිටින උන්වහන්සේලාට මං පූජා කරන්නෙ බලවත් පැහැදීමෙන් යුක්ත සිතින්මයි.

177. චාතුද්දසී දවසට, පුන්පොහෝ දවසට, අටවක පොහොයට, පාටිහාරිය පක්ෂයේ පොහොය දවස්වලට මං අටසිල් සමාදන්වෙලා හොඳින් ආරක්ෂා කළා.

178. මං හොඳින් උපෝසථ සිල් රැකගත්තා. හැමදාම සිල්පදවල සංවර වුනා. ඉඳුරන් සංවර කරගත්තා. කාටත් දන්පැන් බෙදා දුන්නා. මං ඒ විදිහටයි ගෙදර ජීවත් වුනේ.

179. සතුන් මැරීමෙන් වැළකුනා. බොරු කීමෙනුත් වැළකිලා වචනය සංවර කරගත්තා. හොරකම් කළේ නෑ. ස්වාමියා ඉක්මවා දුරාචාරයේ හැසිරුනේ නෑ. මත්පැන් පානය කළෙත් නෑ.

180. සිල්පද පහ රැකගත්තේ කැමැත්තෙන්මයි. චතුරාර්ය සත්‍යය ධර්මය තේරුම්ගන්න තරම් මා තුළ දක්ෂකමක් තිබුනා. ඒ නිසාමයි පැතුරුණු යශෝරාවය ඇති සදහම් ඇස් ඇති ගෞතම බුදුරජාණන් වහන්සේගේ ශ්‍රාවිකාවක් වුනේ.

181. ඒ පිනෙන් තමයි මෙවැනි ලස්සනක් මට ලැබුනේ. ඒ පිනෙන්මයි මේ සම්පත් ලැබුනේ. සිතට ප්‍රීතිය උපදවන මේ සැප සම්පත් ඔක්කොම ලැබුනේ ඒ නිසාමයි.

182. මහානුභාව සම්පන්න වූ ස්වාමීන් වහන්ස, මිනිස් ලෝකෙදී ඔය පින තමයි මං කරගත්තේ. ආනුභාව සම්පන්නව බැබලි බැබලී ඉන්න පින ඕක තමයි. මගේ සිරුරෙන් විහිදෙන එළියෙන් හැම දිශාවම බබලනවා.

පින්වත් ස්වාමීන් වහන්ස, මාගේ වචනයෙනුත් ඒ භාග්‍යවතුන් වහන්සේගේ උතුම් සිරිපා කමල් සිරසින් වන්දනා කළ මැනැව. ස්වාමීනී, ලඛුමා නම් වූ උපාසිකාව භාග්‍යවතුන් වහන්සේගේ උතුම් සිරිපා කමල් වන්දනා කරන්නී කියා. ස්වාමීනී, භාග්‍යවතුන් වහන්සේ මා පිළිබඳව යම්කිසි මාර්ගඵලයක් වදාළ සේක් නම් ඒ ගැන මං පුදුම වෙන්නේ නෑ. ස්වාමීනී, මං සකදාගාමී ඵලයට පත් වූ බව භාග්‍යවතුන් වහන්සේ මට වදාළා.

සාදු! සාදු!! සාදු!!!

ලඛුමා විමානයයි.

2.3.

183. ස්වාමීනී, ඔබවහන්සේ පිණ්ඩපාතේ වැඩලා එක්තරා නිවසක් ළඟ නිශ්ශබ්දව වැඩසිටිද්දී ඒ ගෙදර ස්ත්‍රියක් හිටියා. හරිම දිළිඳුයි. දීනයි. අනුන්ගේ නිවෙස්වලිනුයි යැපෙන්නේ.

184. ඇය ඔබවහන්සේ ගැන සිත පහදවා ගත්තා. ඔබවහන්සේට ඇගේ අතින්ම දන්කුඩ බතක් පූජා කළා. දැන් ඇය මිනිස් සිරුර අත්හැර ගිහින්. ඇය ගියේ කොයි දිශාවටද?

185. සක්දෙව් රජුනි, මං පිණ්ඩපාතෙ වැඩලා ගෙයක් ඉදිරිපිට නිශ්ශබ්දව හිටියා තමයි. ඒ ගෙදර ස්ත්‍රියකුත් හිටියා තමයි. ඇය හරිම දිළිඳුයි. දීනයි. අනුන්ගේ නිවෙස්වලිනුයි යැපෙන්නේ.

186. ඇය මා කෙරෙහි සිත පහදවා ගත්තා. මා හට ඇගේ අතින්ම දන්කුඩ බතක් පූජා කළා. දැන් ඇය මිනිස් සිරුර අත්හැර ගිහින්. ඇය චුත වුනේ ඒ දුක්ඛිත මිනිස් ජීවිතයෙන් නිදහස් වෙලයි.

187. මහා ඉර්ධිමත් දෙව්වරු ඉන්න නිම්මාණරතී කියන දෙව්ලොවක් තියෙනවා. දන්කුඩ පූජා කළ ඒ ස්ත්‍රිය දැන් එහි ඉපදිලා සුවසේ සතුටින් ඉන්නවා.

188. ඇත්තෙන්ම හරිම අසිරිමත්! ඒ දුප්පත් කාන්තාව මහාකස්සප මහරහතන් වහන්සේ කෙරෙහි ඉතා හොඳින් දානය පිළිගන්වලා තියෙනවා. ඒ දානය පූජා කරගත්තෙත් අනුන්ගේ නිවෙස්වල හිඟමනේ ගිහින් සොයාගත්තු දෙයිනුයි. ඒ දානය සමෘද්ධිමත් වුනා. හරි පුදුමයි!

189. සියලු අඟපසඟින් සුන්දර වූ ස්ත්‍රියක් ඉන්නවා. තමන්ගේ ස්වාමියාට ඇගේ දැක්මත් අලාමකයි. ඇය සක්විති රජුගේ අගමෙහෙසිය බවට පත්වෙනවා. ඒ වුණාට ඒ සම්පත් මේ දන්කුඩ දාන විපාකයෙන් සොළොස්වෙනි කලාවෙන් කලාවක් තරම්වත් වටින්නේ නෑ.

190. ලක්ෂයක් රන් කහවණු, ලක්ෂයක් අශ්වයන්, අශ්ව වෙළඹුන් යොදවපු ලක්ෂයක් අශ්වරථ, සුන්දර මිණිකොඬොල් ආභරණවලින් සැරසුණු ලක්ෂයක් කන්‍යාවන් කියන මේ කිසිදෙයක් දන්කුඩ දාන විපාකයෙන් සොළොස්වෙනි කලාවෙන් කලාවක් තරම්වත් වටින්නේ නෑ.

191. හේමවත කියන වටිනා ඇත්තු ජාතියක් ඉන්නවා. ඒ ඇත්තුන්ට උතුම් රථරෝදයේ හැඩයට කරකැවී ගිය ඇත් දළ තියෙනවා. රනින් කරපු ආභරණවලින් ඒ ඇතුන්ගේ බෙල්ල සරසලා තියෙනවා. එබඳු සෝභමාන වූ ඇතුන් සියයක් ලැබුනත් දන්කුඩ දාන විපාකයෙන් සොළොස්වෙනි කලාවෙන් කලාවක් තරම්වත් වටින්නේ නෑ.

192. මේ ලෝකයෙහි කවුරු හරි කෙනෙක් සිව්මහා දිවයිනට අධිපති වෙලා සක්විති රජපදවියට පත්වෙනවා නම් දන්කුඩ දාන විපාකයෙන් සොළොස්වෙනි කලාවෙන් කලාවක් තරම්වත් වටින්නේ නෑ.

සාදු! සාදු!! සාදු!!!

ආචාමදායිකා විමානයයි.

2.4.

193. පින්වත් චණ්ඩාල ස්ත්‍රිය, මේ වැඩඉන්නේ ගෞතම බුදුරජාණන් වහන්සේයි. උන්වහන්සේ මහා කීර්තිමත්. දැන් ඔබ උන්වහන්සේගේ සිරිපා යුග වැඳපුදා ගන්න. කල්ප සියයක් ඇතුළත පහළ වී වදාළ සත්වෙනි ඍෂිවරයාණන් වහන්සේ ඔබ කෙරෙහි අනුකම්පාවෙන්මයි මේ වැඩඉන්නේ.

194. රහතන් වහන්සේ කියන්නේ අටලෝ දහමින් කම්පා නොවන කෙනෙක්. සිත පහදවා ගන්න. ඉක්මනින්ම ඇඳිලි බැඳ වන්දනා කරගන්න. තව බොහෝම ටික වෙලාවයි ඔබට ජීවත් වෙන්න තියෙන්නේ.

195. දියුණු කරපු සිතක් ඇති අන්තිම සිරුරක් දරණ උත්තම මුනිඳාණන් වහන්සේ විසින් ඒ සැඩොල් ස්ත්‍රියව පිනට පෙළඹෙව්වා. ඉතින් ඒ සැඩොලියත් මහා කීර්තිමත් ගෞතම බුදුරජාණන් වහන්සේගේ සිරිපා යුග වන්දනා කරගත්තා.

196. මේ ලෝකය අවිද්‍යා අන්ධකාරයෙන් කළුවර වෙලා තියෙන්නේ. චතුරාර්ය සත්‍ය නැමැති හිරු එළියෙන් විතරයි ඒ ලෝකය එළිය වෙන්නේ. ඉතින් ඒ එළිය ලබාදෙන සම්බුදුරජාණන් වහන්සේට වන්දාන කරපු සැඩොලිය ඒ අයුරින්ම වැඳගෙන බුදුරජුන් වඩින මග බලාගෙන හිටගෙන හිටියා. එතකොට ගවදෙනක් ඇවිදින් ඒ ස්ත්‍රියව ඇනල මැරුවා.

197. මහානුභාව ඇති බුද්ධ වීරයන් වහන්ස, ඛීණාශ්‍රවයාණෙනි, නිකෙලෙස් මුනිඳුනි, තණ්හා නැති මුනිඳුනි, හුදෙකලාවේම වන මැද භාවනා කරන මුනිඳුනි, මං දෙව්ලොව ඉපදුනා. මං ඔබවහන්සේට වන්දනා කරනවා.

198. පින්වත් දෙව්දුව, ඔබ රන්වන් පාටයි. දිළිසෙනවා. මහා පිරිවර ඉන්නවා. නොයෙක් විසිතුරු දිව්‍ය අප්සරාවන් පිරිවරාගෙන ඉන්නවා. දිව්‍ය විමානයෙන් බැහැලා මට වන්දනා කරන ඔබ කොයි දිව්‍යාංගනාවද?

199. ස්වාමීනී, මම චණ්ඩාල ස්ත්‍රියක්. මහාවීර වූ ඔබවහන්සේ මාව පෙළඹෙව්වා. ඉතින් මමත් කීර්තිමත් ගෞතම නම් වූ අරහත් වූ බුදුරජුන්ගේ පාකමල් වන්දනා කරගත්තා.

200. ඒ මං බුදුරජුන්ගේ සිරිපා යුග වන්දනා කරගෙන සැඩොල් යෝනියෙන් චුත වුනා. නන්දන වනයෙහි දිව්‍යවිමනයක උපන්නා. මේ විමානය හැම අතින්ම ලස්සනයි.

201. දිව්‍ය අප්සරාවන් ලක්ෂයක පිරිවරක් මට ඉන්නවා. ඒ සියලු දෙනා අතරින් ශරීර සෝභාවෙන්, යසසින්, ආයුෂයෙන් ඒ හැම දෙනාටම වඩා උතුම් කෙනෙක් වුනා.

202. යහපත් දේවල් ගොඩාක් මං රැස්කළා. සිහිනුවණ පිහිටුවාගෙන සිටියා. ඉතින් ස්වාමීනී, ලෝකයෙහි මහා කාරුණික මුනින්ද්‍රයන් වහන්සේ බැහැදකලා වැඳපුදා ගන්නටයි මං ආවේ.

203. ඒ චණ්ඩාලී දෙවඟන කෙලෙහි ගුණ දන්නවා. කෙලෙහි ගුණ සිහිකරනවා. ඉතින් ඇය ඔය විදිහට පවසලා අරහත් මුනින්ද්‍රයන් වහන්සේගේ පා කමල් වන්දනා කරලා එතැනම නොපෙනී ගියා.

සාදු! සාදු!! සාදු!!!

චණ්ඩාලී විමානයයි.

2.5.

204. පින්බර නුවණැති දේවදූව, නිල්පාට, කහපාට, කළුපාට, තැඹිලිපාට, රතුපාට ආදී නොයෙක් නොයෙක් පාටවලින් යුතු මල් රේණුවලින් ලස්සනට පිරිලා තියෙනවා.

205. ඉතින් ඒ මල් රේණු පිරුණු මදාරා මල් මාලාවක් ඔබ හිසේ පැළඳගෙනයි ඉන්නේ. වෙනත් දිව්‍යලෝකවල මෙතරම් ලස්සන සොඳුරු වෘක්ෂයන් දකින්න ලැබෙන්නේ නෑ.

206. යසස් ඇති දෙව්දූව, මොන වගේ පිනකින්ද, ඔබ මේ තව්තිසාවේ උපන්නේ. ඒ කරුණ අසන අපට මොන වගේ පුණ්‍යවිපාකයක්ද කියල පහදල දෙන්න.

207. මගේ නම භද්දිත්ථි. මං කිම්බිලා නගරයේ හිටපු උපාසිකාවක්. මට තෙරුවන් කෙරෙහි අචල ශ්‍රද්ධාවක් තිබුනා. මම සිල් රැක්කා. හැම තිස්සේම දන් දෙන්නමයි කැමති වුනේ.

208. ඍජු සිත් ඇති ආර්යයන් වහන්සේලා ගැන මගේ හිතේ තිබුනේ බලවත් පැහැදීමක්. ඉතින් මම වස්ත්‍ර දන් දුන්නා. ඒ වගේම ආහාරපාන, සේනාසන, තෙල්පහන් පූජා කරගත්තා.

209. චාතුද්දසී දවසට, පුන්පොහෝ දවසට, අටවක පොහොයට, පාටිහාරිය පක්ෂයේ පොහොය දවස්වලට මං අටසිල් සමාදන්වෙලා හොඳින් ආරක්ෂා කළා.

210. මං හොඳින් උපෝසථ සිල් රැකගත්තා. හැමදාම සිල්පදවල සංවර වුනා. ඉඳුරන් සංවර කරගත්තා. කාටත් දන්පැන් බෙදා දුන්නා. මං ඒ විදිහටයි ගෙදර ජීවත් වුනේ.

211. සතුන් මැරීමෙන් වැළකුනා. බොරු කීමෙනුත් වැළකිලා වචනය සංවර කරගත්තා. හොරකම් කළේ නෑ. ස්වාමියා ඉක්මවා දුරාචාරයේ හැසිරුනේ නෑ. මත්පැන් පානය කළෙත් නෑ.

212. සිල්පද පහ රැකගත්තේ කැමැත්තෙන්මයි. චතුරාර්ය සත්‍යය ධර්මය තේරුම්ගන්න තරම් මා තුළ දක්ෂකමක් තිබුනා. ඒ නිසාමයි පැතුරුණු යශෝරාවය ඇති සදහම් ඇස් ඇති ගෞතම බුදුරජාණන් වහන්සේගේ ශ්‍රාවිකාවක් වුනේ.

213. තපස්වීන් වහන්සේලා යුගල වන දෑගසව්වන් වහන්සේලා පරම හිතානුකම්පාවෙන් යුක්තයි. මහා මුනිවරු නෙව. ඉතින් මං පිඬුසිඟා වඩින මේ උත්තමයන් වහන්සේලාට සාදරයෙන් දන් පැන් පූජා කරගත්තා. මං යහපත කරගත්තා. පින් කරගත්තා. මිනිස් ලොවින් චුතවෙලා නන්දන උයනෙහි හැසිරෙන මගේ සිරුරෙන් රශ්මිය විහිදෙනවා.

214. අප්‍රමාණ සැප ලබාදෙන අෂ්ටාංගික උපෝසථ සීලය මං නිතර නිතර සමාදන් වුණා. මං යහපතත් කරගත්තා. පින් කරගත්තා. මිනිස් ලොවින් චුතවෙලා නන්දන උයනෙහි හැසිරෙන මගේ සිරුරෙන් රශ්මිය විහිදෙනවා.

සාදු! සාදු!! සාදු!!!

භද්දිත්ථි විමානයයි.

2.6.

215. පින්වත් දෙව්දුව, ඔබ ඔය සුන්දර රූපයෙන් බැබලෙමින් ඉන්නේ හැම දිශාවක්ම බබුලුවන ඕසධී තාරුකාවක් වගෙයි.

216. ඇත්තෙන්ම ඔබට මෙවැනි ලස්සනක් ලැබුනේ කොහොමද? මොන වගේ පිනකින්ද ඔබට මේවා ලැබුනේ? සිතට ප්‍රිය උපදවන මේ සැප සම්පත් ලැබුනේ මොන වගේ පිනකින්ද?

217. පින්වත් දෙව්දුව, ඔබේ සිරුරෙන් විහිදෙන එළිය හරිම නිර්මලයි. මොන වගේ පිනකින්ද ඔය තරම් බබලන්නේ? ඔබේ සුන්දර වූ සියලු අඟපසඟින් විහිදෙන එළියෙන් හැම දිශාවම බබලන්නේ මොන වගේ පිනකින්ද?

218. මහානුභාව ඇති පින්වත් දෙව්දුව, මිනිස් ලෝකෙ ඉන්න කාලෙදී මොන වගේ පිනක්ද ඔබ කළේ? ආනුභාව සම්පන්නව ඔය බැබලි බැබලී ඉන්න පින මොකක්ද? ඔබේ සිරුරෙන් විහිදෙන එළියෙන් හැම දිශාවම බබලනවා.

219. මොග්ගල්ලාන මහරහතන් වහන්සේ තමයි මේ ප්‍රශ්න ඇහුවේ. ඒ ගැන ඒ දෙව්දුව ගොඩාක් සතුටු වුනා. මොන වගේ පින්කම්වලින්ද මේ සැප ලැබුනේ කියන ප්‍රශ්නයට ඇය මෙහෙමයි පිළිතුරු දුන්නේ.

220. මං ගැන කවුරුත් දන්නේ සෝණදින්නා කියලයි. මං නාලන්දාවේ හිටපු උපාසිකාවක්. මට තෙරුවන් කෙරෙහි අචල ශ්‍රද්ධාවක් තිබුනා. මං සිල් රැක්කා. හැම තිස්සේම දන් දෙන්නමයි කැමති වුනේ.

221. ඍජු සිත් ඇති ආර්යයන් වහන්සේලා ගැන මගේ සිතේ තිබුනේ බලවත් පැහැදීමක්. ඉතින් මං වස්ත්‍ර දන් දුන්නා. ඒ වගේම ආහාරපාන, සේනාසන, තෙල්පහන් පූජා කරගත්තා.

222. චාතුද්දසී දවසට, පුන්පොහෝ දවසට, අටවක පොහොයට, පාටිහාරිය පක්ෂයේ පොහොය දවස්වලට මං අටසිල් සමාදන් වෙලා හොඳින් ආරක්ෂා කළා.

223. මං හොඳින් උපෝසථ සිල් රැකගත්තා. හැමදාම සිල්පදවල සංවර වුනා. ඉඳුරන් සංවර කරගත්තා. කාටත් දන්පැන් බෙදා දුන්නා. මං ඒ විදිහටයි ගෙදර ජීවත් වුනේ.

224. සතුන් මැරීමෙන් වැළකුනා. බොරු කීමෙනුත් වැළකිලා වචනය සංවර කරගත්තා. හොරකම් කළේ නෑ. ස්වාමියා ඉක්මවා දුරාචාරයේ හැසිරුනේ නෑ. මත්පැන් පානය කළෙත් නෑ.

225. සිල්පද පහ රැකගත්තේ කැමැත්තෙන්මයි. චතුරාර්ය සත්‍යය ධර්මය තේරුම්ගන්න තරම් මා තුළ දක්ෂකමක් තිබුනා. ඒ නිසාමයි පැතුරුණු යශෝරාවය ඇති සදහම් ඇස් ඇති ගෞතම බුදුරජාණන් වහන්සේගේ ශ්‍රාවිකාවක් වුනේ.

226. ඒ පිනෙන් තමයි මෙවැනි ලස්සනක් මට ලැබුනේ. ඒ පිනෙන්මයි මේ සම්පත් ලැබුනේ. සිතට ප්‍රීතිය උපදවන මේ සැප සම්පත් ඔක්කොම ලැබුනේ ඒ නිසාමයි.

226. මහානුභාව සම්පන්න වූ ස්වාමීන් වහන්ස, මිනිස් ලෝකෙදී ඔය පින තමයි මං කරගත්තේ. ආනුභාව සම්පන්නව බැබලි බැබලී ඉන්න පින

ඕක තමයි. මගේ සිරුරෙන් විහිදෙන එළියෙන් හැම දිශාවම බබලනවා.

සාදු! සාදු!! සාදු!!!

සෝණදින්නා විමානයයි.

2.7.

228. පින්වත් දෙව්දුව, ඔබ ඔය සුන්දර රූපයෙන් බැබලෙමින් ඉන්නේ හැම දිශාවක්ම බබුලුවන ඕසධී තාරුකාවක් වගෙයි.

229. ඇත්තෙන්ම ඔබට මෙවැනි ලස්සනක් ලැබුනේ කොහොමද? මොන වගේ පිනකින්ද ඔබට මේවා ලැබුනේ? සිතට ප්‍රිය උපදවන මේ සැප සම්පත් ලැබුනේ මොන වගේ පිනකින්ද?

230. මහානුභාව ඇති පින්වත් දෙව්දුව, මිනිස් ලෝකෙ ඉන්න කාලෙදී මොන වගේ පිනක්ද ඔබ කළේ? ආනුභාව සම්පන්නව ඔය බැබලි බැබලී ඉන්න පින මොකක්ද? ඔබේ සිරුරෙන් විහිදෙන එළියෙන් හැම දිශාවම බබලනවා.

231. මොග්ගල්ලාන මහරහතන් වහන්සේ තමයි මේ ප්‍රශ්න ඇහුවේ. ඒ ගැන ඒ දෙව්දුව ගොඩාක් සතුටු වුනා. මොන වගේ පින්කම්වලින්ද මේ සැප ලැබුනේ කියන ප්‍රශ්නයට ඇය මෙහෙමයි පිළිතුරු දුන්නේ.

232. මං ගැන කවුරුත් දන්නේ උපෝසථා කියලයි. මං සාකේත නුවර හිටපු උපාසිකාවක්. මට තෙරුවන් කෙරෙහි අචල ශ්‍රද්ධාවක් තිබුනා. මං සිල් රැක්කා. හැම තිස්සේම දන් දෙන්නමයි කැමති වුනේ.

233. සෘජු සිත් ඇති ආර්යයන් වහන්සේලා ගැන මගේ සිතේ තිබුනේ බලවත් පැහැදීමක්. ඉතින් මං වස්ත්‍ර දන් දුන්නා. ඒ වගේම ආහාරපාන, සේනාසන, ගිලන්පස, තෙල්පහන් පූජා කරගත්තා.

234. චාතුද්දසී දවසට, පුන්පොහෝ දවසට, අටවක පොහොයට, පාටිහාරිය පක්ෂයේ පොහොය දවස්වලට මං අටසිල් සමාදන්වෙලා හොඳින් ආරක්ෂා කළා.

235. මං හොඳින් උපෝසථ සිල් රැකගත්තා. හැමදාම සිල්පදවල සංවර වුනා. ඉඳුරන් සංවර කරගත්තා. කාටත් දන්පැන් බෙදා දුන්නා. මං ඒ විදිහටයි ගෙදර ජීවත් වුනේ.

236. සතුන් මැරීමෙන් වැළකුනා. බොරු කීමෙනුත් වැළකිලා වචනය සංවර කරගත්තා. හොරකම් කළේ නෑ. ස්වාමියා ඉක්මවා දුරාචාරයේ හැසිරුනේ නෑ. මත්පැන් පානය කළෙත් නෑ.

237. සිල්පද පහ රැකගත්තේ කැමැත්තෙන්මයි. චතුරාර්ය සත්‍යය ධර්මය තේරුම්ගන්න තරම් මා තුළ දක්ෂකමක් තිබුනා. ඒ නිසාමයි පැතුරුණු යශෝරාවය ඇති සදහම් ඇස් ඇති ගෞතම බුදුරජාණන් වහන්සේගේ ශ්‍රාවිකාවක් වුනේ.

238. ඒ පිනෙන් තමයි මෙවැනි ලස්සනක් මට ලැබුනේ. ඒ පිනෙන්මයි මේ සම්පත් ලැබුනේ. සිතට ප්‍රීතිය උපදවන මේ සැප සම්පත් ඔක්කොම ලැබුනේ ඒ නිසාමයි.

239. මහානුභාව සම්පන්න වූ ස්වාමීන් වහන්ස, මිනිස් ලෝකෙදී ඔය පින තමයි මං කරගත්තේ. ආනුභාව සම්පන්නව බැබලි බැබලී ඉන්න පින ඕක තමයි. මගේ සිරුරෙන් විහිදෙන එළියෙන් හැම දිශාවම බබලනවා.

240. මේ නන්දන උයන ගැන මට නිතර නිතර අහන්න ලැබුනා. ඉතින් මටත් ආශාවක් ඇතිවුනා මෙහි උපදින්න ඕන කියලා. මං තව්තිසාවෙහි සිත පිහිටුවා ගත්තු නිසයි මෙහෙ උපන්නේ.

241. මාගේ ශාස්තෘන් වහන්සේ හිරු ගොත් වංශයෙහි උපන්නේ. ඒ බුදුරජාණන් වහන්සේගේ වචනය මං අනුගමනය කළේ නෑ නෙව. මේ හීන කාමලෝකයෙහි හිත පිහිටුවා ගත්තු නිසා මං දැන් පසුතැවිලි වෙනවා.

242. පින්වත් උපෝසථා දෙව්දුව, ඔබ මේ දිව්‍ය විමානයෙහි කොච්චරකල් ඉන්නවාද? දැන් අපි අහන්නේ ඔබේ ආයුෂ ගැනයි. ඒ ගැන දන්නවා නම් කියන්න.

243. මාහා මුනීන්ද්‍රයන් වහන්ස, අවුරුදු තුන්කෝටි හැටදහසක් මට ආයුෂ තියෙනවා. ඊට පස්සේ මං චුත වෙලා මිනිස් ලෝකයේ උපදිනවා.

244. පින්වත් උපෝසථා, මොනවට බය වෙනවාද? ඔබ සෝවාන් ඵලයට පත්වුණ කෙනෙක් කියල සම්මා සම්බුදුරජාණන් වහන්සේ වදාරලා නෙව තියෙන්නේ. ඔබේ දුගතිය ප්‍රහාණය වෙලානේ තියෙන්නේ.

සාදු! සාදු!! සාදු!!!

උපෝසථා විමානයයි.

2.8.

245. පින්වත් දෙව්දුව, ඔබ ඔය සුන්දර රූපයෙන් බැබලෙමින් ඉන්නේ හැම දිශාවක්ම බබුලුවන ඕසධී තාරුකාවක් වගෙයි.

246. ඇත්තෙන්ම ඔබට මෙවැනි ලස්සනක් ලැබුනේ කොහොමද? මොන වගේ පිනකින්ද ඔබට මේවා ලැබුනේ? සිතට ප්‍රිය උපදවන මේ සැප සම්පත් ලැබුනේ මොන වගේ පිනකින්ද?

247. මහානුභාව ඇති පින්වත් දෙව්දුව, මිනිස් ලෝකෙ ඉන්න කාලෙදී මොන වගේ පිනක්ද ඔබ කළේ? ආනුභාව සම්පන්නව ඔය බැබලි බැබලී ඉන්න පින මොකක්ද? ඔබේ සිරුරෙන් විහිදෙන එළියෙන් හැම දිශාවම බබලනවා.

248. මොග්ගල්ලාන මහරහතන් වහන්සේ තමයි මේ ප්‍රශ්න ඇහුවේ. ඒ ගැන ඒ දෙව්දුව ගොඩාක් සතුටු වුනා. මොන වගේ පින්කම්වලින්ද මේ සැප ලැබුනේ කියන ප්‍රශ්නයට ඇය මෙහෙමයි පිළිතුරු දුන්නේ.

249. මං ගැන කවුරුත් දන්නේ සද්ධා කියලයි. මං රජගහ නුවර හිටපු උපාසිකාවක්. මට තෙරුවන් කෙරෙහි අචල ශ්‍රද්ධාවක් තිබුනා. මං සිල් රැක්කා. හැම තිස්සේම දන් දෙන්නමයි කැමති වුනේ.

250. ඍජු සිත් ඇති ආර්යයන් වහන්සේලා ගැන මගේ සිතේ තිබුනේ බලවත් පැහැදීමක්. ඉතින් මං වස්ත්‍ර දන් දුන්නා. ඒ වගේම ආහාරපාන, සේනාසන, තෙල්පහන් පූජා කරගත්තා.

251. චාතුද්දසී දවසට, පුන්පොහෝ දවසට, අටවක පොහොයට, පාටිහාරිය පක්ෂයේ පොහොය දවස්වලට මං අටසිල් සමාදන් වෙලා හොඳින් ආරක්ෂා කළා.

252. මං හොඳින් උපෝසථ සිල් රැකගත්තා. හැමදාම සිල්පදවල සංවර වුනා. ඉඳුරන් සංවර කරගත්තා. කාටත් දන්පැන් බෙදා දුන්නා. මං ඒ විදිහටයි ගෙදර ජීවත් වුනේ.

253. සතුන් මැරීමෙන් වැළකුනා. බොරු කීමෙනුත් වැළකිලා වචනය සංවර කරගත්තා. හොරකම් කළේ නෑ. ස්වාමියා ඉක්මවා දුරාචාරයේ හැසිරුනේ නෑ. මත්පැන් පානය කළෙත් නෑ.

254. සිල්පද පහ රැකගත්තේ කැමැත්තෙන්මයි. චතුරාර්ය සත්‍යය ධර්මය තේරුම්ගන්න තරම් මා තුළ දක්ෂකමක් තිබුනා. ඒ නිසාමයි පැතුරුණු යශෝරාවය ඇති සදහම් ඇස් ඇති ගෞතම බුදුරජාණන් වහන්සේගේ ශ්‍රාවිකාවක් වුනේ.

255. ඒ පිනෙන් තමයි මෙවැනි ලස්සනක් මට ලැබුනේ. ඒ පිනෙන්මයි මේ සම්පත් ලැබුනේ. සිතට ප්‍රීතිය උපදවන මේ සැප සම්පත් ඔක්කොම ලැබුනේ ඒ නිසාමයි.

256. මහානුභාව සම්පන්න වූ ස්වාමීන් වහන්ස, මිනිස් ලෝකෙදී ඔය පින තමයි මං කරගත්තේ. ආනුභාව සම්පන්නව බැබලි බැබලී ඉන්න පින ඕක තමයි. මගේ සිරුරෙන් විහිදෙන එළියෙන් හැම දිශාවම බබලනවා.

සාදු! සාදු!! සාදු!!!

සද්ධා විමානයයි.

2.9.

257. පින්වත් දෙව්දුව, ඔබ ඔය සුන්දර රූපයෙන් බැබලෙමින් ඉන්නේ හැම දිශාවක්ම බබුලුවන ඕසධී තාරුකාවක් වගෙයි.

258. ඇත්තෙන්ම ඔබට මෙවැනි ලස්සනක් ලැබුනේ කොහොමද? මොන වගේ පිනකින්ද ඔබට මේවා ලැබුනේ? සිතට ප්‍රිය උපදවන මේ සැප සම්පත් ලැබුනේ මොන වගේ පිනකින්ද?

259. මහානුභාව ඇති පින්වත් දෙව්දුව, මිනිස් ලෝකෙ ඉන්න කාලෙදී මොන වගේ පිනක්ද ඔබ කළේ? ආනුභාව සම්පන්නව ඔය බැබලි බැබලී ඉන්න පින මොකක්ද? ඔබේ සිරුරෙන් විහිදෙන එළියෙන් හැම දිශාවම බබලනවා.

260. මොග්ගල්ලාන මහරහතන් වහන්සේ තමයි මේ ප්‍රශ්න ඇහුවේ. ඒ ගැන ඒ දෙව්දුව ගොඩාක් සතුටු වුනා. මොන වගේ පින්කම්වලින්ද මේ සැප ලැබුනේ කියන ප්‍රශ්නයට ඇය මෙහෙමයි පිළිතුරු දුන්නේ.

261. මං ගැන කවුරුත් දන්නේ සුනන්දා කියලයි. මං රජගහ නුවර හිටපු උපාසිකාවක්. මට තෙරුවන් කෙරෙහි අචල ශ්‍රද්ධාවක් තිබුනා. මං සිල් රැක්කා. හැම තිස්සේම දන් දෙන්නමයි කැමති වුනේ.

262. ඍජු සිත් ඇති ආර්යයන් වහන්සේලා ගැන මගේ සිතේ තිබුනේ බලවත් පැහැදීමක්. ඉතින් මං වස්ත්‍ර දන් දුන්නා. ඒ වගේම ආහාරපාන, සේනාසන, තෙල්පහන් පූජා කරගත්තා.

263. චාතුද්දසී දවසට, පුන්පොහෝ දවසට, අටවක පොහොයට, පාටිහාරිය පක්ෂයේ පොහොය දවස්වලට මං අටසිල් සමාදන්වෙලා හොඳින් ආරක්ෂා කළා.

264. මං හොඳින් උපෝසථ සිල් රැකගත්තා. හැමදාම සිල්පදවල සංවර වුනා. ඉඳුරන් සංවර කරගත්තා. කාටත් දන්පැන් බෙදා දුන්නා. මං ඒ විදිහටයි ගෙදර ජීවත් වුනේ.

265. සතුන් මැරීමෙන් වැළකුනා. බොරු කීමෙනුත් වැළකිලා වචනය සංවර කරගත්තා. හොරකම් කළේ නෑ. ස්වාමියා ඉක්මවා දුරාචාරයේ හැසිරුණේ නෑ. මත්පැන් පානය කළෙත් නෑ.

266. සිල්පද පහ රැකගත්තේ කැමැත්තෙන්මයි. චතුරාර්ය සත්‍යය ධර්මය තේරුම්ගන්න තරම් මා තුළ දක්ෂකමක් තිබුනා. ඒ නිසාමයි පැතුරුණු යශෝරාවය ඇති සදහම් ඇස් ඇති ගෞතම බුදුරජාණන් වහන්සේගේ ශ්‍රාවිකාවක් වුනේ.

267. ඒ පිනෙන් තමයි මෙවැනි ලස්සනක් මට ලැබුනේ. ඒ පිනෙන්මයි මේ සම්පත් ලැබුනේ. සිතට ප්‍රීතිය උපදවන මේ සැප සම්පත් ඔක්කොම ලැබුනේ ඒ නිසාමයි.

268. මහානුභාව සම්පන්න වූ ස්වාමීන් වහන්ස, මිනිස් ලෝකෙදී ඔය පින තමයි මං කරගත්තේ. ආනුභාව සම්පන්නව බැබලි බැබලී ඉන්න පින ඕක තමයි. මගේ සිරුරෙන් විහිදෙන එළියෙන් හැම දිශාවම බබලනවා.

සාදු! සාදු!! සාදු!!!

සුනන්දා විමානයයි.

2.10.

269. පින්වත් දෙව්දුව, ඔබ ඔය සුන්දර රූපයෙන් බැබලෙමින් ඉන්නේ හැම දිශාවක්ම බබුලුවන ඕසධී තාරුකාවක් වගෙයි.

270. ඇත්තෙන්ම ඔබට මෙවැනි ලස්සනක් ලැබුනේ කොහොමද? මොන වගේ පිනකින්ද ඔබට මේවා ලැබුනේ? සිතට ප්‍රිය උපදවන මේ සැප සම්පත් ලැබුනේ මොන වගේ පිනකින්ද?

271. මහානුභාව ඇති පින්වත් දෙව්දුව, මිනිස් ලෝකෙ ඉන්න කාලෙදී මොන වගේ පිනක්ද ඔබ කළේ? ආනුභාව සම්පන්නව ඔය බැබලි බැබලී ඉන්න පින මොකක්ද? ඔබේ සිරුරෙන් විහිදෙන එළියෙන් හැම දිශාවම බබලනවා.

272. මොග්ගල්ලාන මහරහතන් වහන්සේ තමයි මේ ප්‍රශ්න ඇහුවේ. ඒ ගැන ඒ දෙව්දුව ගොඩාක් සතුටු වුනා. මොන වගේ පින්කම්වලින්ද මේ සැප ලැබුනේ කියන ප්‍රශ්නයට ඇය මෙහෙමයි පිළිතුරු දුන්නේ.

273. මං අතීත ජීවිතයේදී මිනිස් ලෝකයේ මනුස්ස දුවක් වෙලා හිටියා. එදා මං බුදුරජාණන් වහන්සේව දැක්කා උන්වහන්සේට නොකැළඹුණු හිතක් තියෙනවා. හරිම ප්‍රසන්නයි. කෙලෙස් නෑ. මගේ දෑතින්ම බුදුරජාණන් වහ්නසේ ගැන සිත පහදවා ගෙන පිණ්ඩපාතය පූජා කරගත්තා.

274. ඒ පිනෙන් තමයි මෙවැනි ලස්සනක් මට ලැබුනේ. ඒ පිනෙන්මයි මේ සම්පත් ලැබුනේ. සිතට ප්‍රීතිය උපදවන මේ සැප සම්පත් ඔක්කොම ලැබුනේ ඒ නිසාමයි.

275. මහානුභාව සම්පන්න වූ ස්වාමීන් වහන්ස, මිනිස් ලෝකෙදී ඔය පින තමයි මං කරගත්තේ. ආනුභාව සම්පන්නව බැබලි බැබලී ඉන්න පින ඕක තමයි. මගේ සිරුරෙන් විහිදෙන එළියෙන් හැම දිශාවම බබලනවා.

සාදු! සාදු!! සාදු!!!

භික්ඛාදායිකා විමානයයි.

2.11.

276. පින්වත් දෙව්දුව, ඔබ ඔය සුන්දර රූපයෙන් බැබලෙමින් ඉන්නේ හැම දිශාවක්ම බබුලුවන ඕසධී තාරුකාවක් වගෙයි.

277. ඇත්තෙන්ම ඔබට මෙවැනි ලස්සනක් ලැබුනේ කොහොමද? මොන වගේ පිනකින්ද ඔබට මේවා ලැබුනේ? සිතට ප්‍රිය උපදවන මේ සැප සම්පත් ලැබුනේ මොන වගේ පිනකින්ද?

278. මහානුභාව ඇති පින්වත් දෙව්දුව, මිනිස් ලෝකෙ ඉන්න කාලෙදී මොන වගේ පිනක්ද ඔබ කළේ? ආනුභාව සම්පන්නව ඔය බැබලි බැබලී ඉන්න පින මොකක්ද? ඔබේ සිරුරෙන් විහිදෙන එළියෙන් හැම දිශාවම බබලනවා.

279. මොග්ගල්ලාන මහරහතන් වහන්සේ තමයි මේ ප්‍රශ්න ඇහුවේ. ඒ ගැන ඒ දෙව්දුව ගොඩාක් සතුටු වුනා. මොන වගේ පින්කම්වලින්ද මේ සැප ලැබුනේ කියන ප්‍රශ්නයට ඇය මෙහෙමයි පිළිතුරු දුන්නේ.

280. මං අතීත ජීවිතයේදී මිනිස් ලෝකයේ මනුස්ස දුවක් වෙලා හිටියා. එදා මං බුදුරජාණන් වහන්සේව දැක්කා උන්වහන්සේට නොකැළඹුණු හිතක් තියෙනවා. හරිම ප්‍රසන්නයි. කෙලෙස් නෑ. මගේ දෑතින්ම බුදුරජාණන් වහන්සේ ගැන සිත පහදවා ගෙන පිණ්ඩපාතය පූජා කරගත්තා.

281. ඒ පිනෙන් තමයි මෙවැනි ලස්සනක් මට ලැබුණේ. ඒ පිනෙන්මයි මේ සම්පත් ලැබුනේ. සිතට ප්‍රීතිය උපදවන මේ සැප සම්පත් ඔක්කොම ලැබුනේ ඒ නිසාමයි.

282. මහානුභාව සම්පන්න වූ ස්වාමීන් වහන්ස, මිනිස් ලෝකෙදී ඔය පින තමයි මං කරගත්තේ. ආනුභාව සම්පන්නව බැබලි බැබලී ඉන්න පින ඕක තමයි. මගේ සිරුරෙන් විහිදෙන එළියෙන් හැම දිශාවම බබලනවා.

සාදු! සාදු!! සාදු!!!

දෙවෙනි භික්ඛාදායිකා විමානයයි.

දෙවෙනි චිත්තලතා වර්ගය නිමා විය.

- **එහි පිළිවෙල උද්දානයයිඃ**

දාසී විමාන වස්තු, ලඛුමා, ආචාමදායිකා, චණ්ඩාලී, භද්දිත්ථී, සෝණදින්නා, උපෝසථා, ඒ වගේම නන්දා, සුනන්දා, භික්ෂාදායිකා විමාන වස්තු දෙක යන මෙයින් මේ වර්ගය කියනු ලැබේ.

3. පාරිච්ඡත්තක වර්ගය

3.1.

283. පින්වත් දෙව්දුව, ඔබේ යසස නම් හරි උදාරයි. ඔය සොඳුරු පැහැය හැම දිශාවක්ම එළිය කරනවා. දිව්‍ය අප්සරාවන් වගේම දිව්‍ය පුත්‍රයනුත් අලංකාර දිව්‍යාභරණවලින් සැරසිලා නටනවා. සිංදු කියනවා.

284. පින්වත් දෙව්දුව, ඔබව සතුටු කරන්නයි ඒ උදවිය ඔය පිරිවරාගෙන ඉන්නේ. ඔබේ දිව්‍ය විමානය හරිම සුන්දරයිනේ. රත්තරනින් හැදිලා තියෙන්නේ.

285. මේ පංච කාම සැපයෙන් සමෘද්ධිමත් වෙලා හැමදේටම අධිපති වෙලා ඉන්නෙ ඔබයි. ඔබ නම් මහානුභාව ඇති උපතක් ලබාගෙනයි ඉන්නේ. පින්වත් දෙව්දුව, මේ දිව්‍ය නිකාය ගැන ඔබ ගොඩක් සතුටු වෙනවා නේද? අපි මේ ඔබෙන් අහන්නේ මේ ලැබුනේ මොන වගේ පිනක විපාකයක්ද‍යි කියන්න කියලයි.

286. ඇත්තෙන්ම ඔබට මෙවැනි ලස්සනක් ලැබුනේ කොහොමද? මොන වගේ පිනකින්ද ඔබට මේවා ලැබුනේ? සිතට ප්‍රිය උපදවන මේ සැප සම්පත් ලැබුනේ මොන වගේ පිනකින්ද?

287. මහානුභාව ඇති පින්වත් දෙව්දුව, මිනිස් ලෝකෙ ඉන්න කාලෙදී මොන වගේ පිනක්ද ඔබ කළේ? ආනුභාව සම්පන්නව ඔය බැබලි බැබලී ඉන්න පින මොකක්ද? ඔබේ සිරුරෙන් විහිදෙන එළියෙන් හැම දිශාවම බබලනවා.

288. මොග්ගල්ලාන මහරහතන් වහන්සේ තමයි මේ ප්‍රශ්න ඇහුවේ. ඒ ගැන ඒ දෙව්දුව ගොඩාක් සතුටු වුනා. මොන වගේ පින්කම්වලින්ද මේ සැප ලැබුනේ කියන ප්‍රශ්නයට ඇය මෙහෙමයි පිළිතුරු දුන්නේ.

289. මං අතීත ජීවිතයේ මිනිස් ලෝකයේ මනුස්ස දුවක් වෙලයි හිටියේ. මං දුස්සීල පවුලක ලේලියක් වෙලා හිටියා. ඔවුන්ට කිසිම ශ්‍රද්ධාවක් නෑ. හරිම ලෝභයි.

290. ඒ වුනාට මා තුළ අචල ශ්‍රද්ධාවක් තිබුනා. මං සිල් රැක්කා. හැම තිස්සේම දන් දෙන්න ආසා කළා. දවසක් මං මුඹවහන්සේ පිණ්ඩපාතේ වැඩිය වෙලාවේ කැවුමක් පූජා කළා.

291. ඉතින් මං නැන්දාට කිව්වා. 'ශ්‍රමණයන් වහන්සේ නමක් අද මෙහි වැඩියා නෙව. මගේ හිත පැහැදුනා. මාත් උන්වහන්සේට කැවුමක් පූජා කරගත්තේ මගේ අතින්මයි' කියලා.

292. එතකොට ඒ නැන්දා මට පරිභව කළා. 'තී නම් මහා අවිනීත ස්ත්‍රියක්. මං ශ්‍රමණයෙකුට කැවුමක් දෙනවා කියලා මගෙන් අහන්න අකමැති වුනා නේද?' කියලා.

293. මගේ නැන්දණිය හොඳටම කිපුනා. මොහොල් ගහෙන් මට පහර දුන්නා. මගේ උරහිස් කැඩුනා. මං නැසුනා. වැඩිකල් ජීවත් වෙන්න බැරිවුනා.

294. ඉතින් ඒ මං කය බිඳී මරණයට පත්වෙලා ඒ දුකින් නිදහස් වෙලා චුත වුනා. ඊට පස්සේ තමයි මේ තව්තිසාවේ දෙවියන් අතර උපන්නේ.

295. ඒ පිනෙන් තමයි මෙවැනි ලස්සනක් මට ලැබුනේ. ඒ පිනෙන්මයි මේ සම්පත් ලැබුනේ. සිතට ප්‍රීතිය උපදවන මේ සැප සම්පත් ඔක්කොම ලැබුනේ ඒ නිසාමයි.

296. මහානුභාව සම්පන්න වූ ස්වාමීන් වහන්ස, මිනිස් ලෝකයේදී ඔය පින තමයි මං කරගත්තේ. ආනුභාව සම්පන්නව බැබලි බැබලී ඉන්න පින ඕක තමයි. මගේ සිරුරෙන් විහිදෙන එළියෙන් හැම දිශාවම බබලනවා.

සාදු! සාදු!! සාදු!!!

උළාර විමානයයි.

3.2.

297. පින්වත් දෙව්දුව, ඔබ නම් අහසත්, පොළොවත් එළිය කරන ඉරක් හඳක් වගේ. හැබෑවටම බබලනවා. සක් දෙව්ඳු ප්‍රධාන තව්තිසා දෙවියන් පරදවලා බබලන බ්‍රහ්මරාජයෙක් වගේ ඔබත් බබලනවා. සිරියාවෙනුත් ශරීර සෝභාවෙනුත් යසසිනුත් තේජසිනුත් බබලනවා.

298. සුන්දර දෙව්දුව, නිල් මහනෙල් මල් මාලාවන් තමයි ඔබ පැළඳගෙන ඉන්නේ. ඔබට දිළිසෙන රන්වන් සමක් තියෙනවා. ඒ සොඳුරු සිරුර

අලංකාර වස්ත්‍රවලින් සරසාගෙනයි ඉන්නේ. ඇත්තෙන්ම මට වන්දනා කරන ඔබ කවුද?

299. ඔබ කලින් ජාතියකදී මොන වගේ පුණ්‍යකර්මයක්ද කරගත්තේ? හරි අගේට දන් පැන් පුදන්න ඇති නේද? එහෙම නැත්නම් ඉතා හොඳින් සිල් රැකගන්න ඇති. මේ යසස් ඇති සුගතියෙහි උපදින්න හේතු වුනේ මොන වගේ දෙයක්ද? පින්වත් දෙව්දුව, ඔය පුණ්‍යවිපාකය ලැබුණු පුණ්‍යකර්මය ගැන අසන අපට පිළිතුරු දෙන්න.

300. ස්වාමීනී, දූන් මේ ගමේදීමයි ස්වාමීන් වහන්සේ නමක් අපේ නිවසට පිණ්ඩපාතේ වැඩියේ. මගේ හිත පැහැදුනා. පුදුමාකාර ප්‍රීතියක් ඇතිවුනා. ඉතින් මං උක් දණ්ඩක් රැගෙන මුඹවහන්සේට පූජා කළා.

301. පස්සෙදි නැන්දා මගෙන් ඇහුවා, "ලෙහෙලියේ, උක් දණ්ඩ කොහෙද තිබ්බේ?" කියලා. මං එතකොට මෙහෙම කිව්වා. "මං ඒක වීසි කළේ නෑ. කෑවෙත් නෑ. ශාන්ත විහරණ ඇති ස්වාමීන් වහන්සේ නමකට මං ඒක පූජා කළා" කියලා.

302. "අහා! එතකොට මේ ගෙදර ප්‍රධානියා තීද? එහෙම නැත්නම් මං ද?" කියලා නැන්දා මට පරිභව කළා. එතැන තිබුණු පුටුව අරගෙන මට පහර දුන්නා. මං මැරුනා. එයින් චුත වෙලා තමයි මං දෙව්දුවක් වුනේ.

303. මං කරගත්තේ ඒ කුසල කර්මය විතරයි. තමන් කරගත්තු ඒ කුසල කර්මය නිසා මං දූන් සැප විඳිනවා. දෙව්වරුන් පිරිවරාගෙන හැසිරෙනවා. දිව්‍ය වූ පස්කම් සැපතින් සතුටු වෙනවා.

304. මං කරගත්තේ ඒ කුසල කර්මය විතරයි. තමන් කරගත්තු ඒ කුසල කර්මය නිසා මං දූන් සැප විඳිනවා. සක් දෙවිඳුන් තමයි මේ තව්තිසාව රකින්නේ. ඒ දෙව්වරු තමයි මාව රකින්නේ. එනිසා මං දිව්‍ය වූ පස්කම් සැපතින් සතුටු වෙනවා.

305. මෙබඳු වූ උක්දඬු පූජාවකින් වුනත් මහා පුණ්‍යවිපාක තියෙනවා. මේ ලැබුණු පුණ්‍යඵලය අල්ප දෙයක් නම් නොවෙයි. මං දෙව්වරුන් පිරිවරාගෙන හැසිරෙනවා. දිව්‍ය වූ පස්කම් සැපතින් සතුටු වෙනවා.

306. මෙබඳු වූ උක්දඬු පූජාවකින් වුනත් මහා පුණ්‍යවිපාක තියෙනවා. මේ ලැබුනු පුණ්‍යඵලය අල්ප දෙයක් නම් නොවෙයි. සක් දෙවිඳුන් තමයි මේ තව්තිසාව රකින්නේ. ඒ දෙව්වරු තමයි මාව රකින්නේ. ඒ නිසා මං සක්දෙවිඳුන් වගේ සැපතින් සතුටු වෙනවා.

307. ස්වාමීනී, මහත් අනුකම්පා ඇති ඤාණවන්ත වූ මුඹවහන්සේ ළඟට මං ආවා. වන්දනා කළා. සැප සනීප ඇහුවා. ඉතින් මම සිත පහදවාගෙන මහත් ප්‍රීතියකින් තමයි මුඹවහන්සේට උක්දණ්ඩ පූජා කරගත්තේ.

සාදු! සාදු!! සාදු!!!

උච්ඡුදායිකා විමානයයි.

3.3.

308. මහානුභාව ඇති දෙව්දුව, ඔය ආසනය ශ්‍රේෂ්ඨ එකක්. මැණික්වලින් රත්තරන්වලින් සරසලා තියෙනවා. සුවඳ මල් පුරවලා තියෙනවා. මේක උදාර වූ යහනක්. ඉතින් මේ යහනේ ඉඳගෙන ඔබ එක එක විදිහේ ඉර්ධි ප්‍රාතිහාර්යය දක්වනවා.

309. ඔබව වට කරගත්තු මේ අප්සරාවන් නටනවා. සිංදු කියනවා. ඔබව සතුටු කරවනවා. ඔබ මහත් ආනුභාව ඇති දිව්‍ය වූ අධිපතිබව දරනවා. මනුස්ස ලෝකයේ ඉන්න කාලේ මොන වගේ පිනක්ද කළේ? මොන වගේ පිනකින්ද මෙතරම් ආනුභාවයෙන් දිලෙන්නේ? ඔබේ ශරීරයේ එළියෙන් හැම දිශාවක්ම බබලනවා.

310. මිනිස් ලෝකයේ මං හිටියේ මනුස්ස දුවක් වෙලා. මං හරි ධනවත් පවුලක ලේලියක් වුනා. මගේ ස්වාමියා ක්‍රෝධ කරන්නේ නෑ. ඉතින් මං එයාට කීකරු වෙලා හිටියා. අප්‍රමාදීව උපෝසථ සිල් ආරක්ෂා කළා.

311. මිනිස් ලෝකයේ හිටිය මං යොවුන් වියේදීම පතිවත රකින කෙනෙක් වුනා. මං පහන් සිතින්මයි මගේ සැමියා සතුටුවෙන හැටියට ජීවත් වුනේ. දිවා රාත්‍රී දෙකේම මං හැසිරුනේ හිතේ සතුට ඇතිවෙන විදිහටයි. මං ඉස්සර හිටන්ම සිල්වත් කෙනෙක්.

312. මං හිටියේ සතුන් මැරීමෙන් වෙන්වෙලයි. ඒ වගේම මං හෙරක් නොවෙයි. පිරිසිදු කායික ක්‍රියා තිබුනා. පිරිසිදු විදිහට බඹසර රැක්කා. මත්පැන් බිව්වේ නෑ. බොරු කිව්වේ නෑ. මං සිල්පද සම්පූර්ණ කරමින් හිටිය කෙනෙක්.

313. චාතුද්දසී දවසට, පුන් පොහෝ දවසට, අටවන පොහොයට, පාටිහාරීය පක්ෂයේ පොහොය දවස්වලට මං අටසිල් සමාදන් වෙලා හොඳින්

ආරක්ෂා කරගත්තේ පහන් සිතින්මයි. උපෝසථ සිල් රකින කොට හිතට හරිම ප්‍රීතියක් දැනෙනවා.

314. මේ උතුම් ආර්ය අෂ්ටාංගික මාර්ගය සැප විපාක ලබාදෙනවා. මං ඒ කුසලය සමාදන් වුනා. ස්වාමියාටත් යහපත සැළසෙන විදිහටයි කීකරුව ජීවත් වුනේ. මං ඉතින් ඉස්සර ඉඳන්ම සුගතයන් වහන්සේගේ ශ්‍රාවිකාවක් නෙව.

315. මං මිනිස් ලෝකෙදී මරණින් මත්තේ විශේෂභාගී වන ඔය වගේ පින්කම් තමයි කරගත්තේ. කය බිඳී මැරුණට පස්සේ සුගතියෙහි ඉපදිලා මේ දෙව්ලොව ප්‍රධානත්වයට පත්වුනා.

316. මේ මනෝරම්‍ය වූ උතුම් දිව්‍ය ප්‍රාසාදයන් හරිම සුන්දරයි. අප්සරාවන් ගොඩාක් පිරිවරාගෙනයි ඉන්නේ. ශරීරාලෝකය විහිදෙන මාව දෙව්වරු සතුටු කරනවා. මං මේ පැමිණුනේ දීර්ඝායුෂ ඇති දිව්‍ය විමානයකටයි.

සාදු! සාදු!! සාදු!!!

පල්ලංක විමානයයි.

3.4.

317. ශ්‍රීමත් සක්දෙවිඳුන්ටත් වෙසමුණි දෙව් රජුටත් දිව්‍ය දෝණිලා ඉන්නවා. ඔවුන්ගේ සිරුරු බබලනවා. ලතා, සජ්ජා, පවරා, අච්චිමුඛී, සුතා ආදී දිව්‍යාංගනාවන් යහපත් ගතිගුණ නිසාමයි බබලන්නෙ.

318. දවසක් මේ දිව්‍යාංගනාවන් පස් දෙනා හිමාල පෙදෙසේ සුන්දර නදියකට දිය නෑමට ගියා. ඒ නදියේ වතුර හරිම සීතලයි. නිලුපුල් පිපිල තියෙනවා. ඉතින් ඒ දිව්‍යාංගනාවන් ඒ නදියෙන් වතුර නෑවා. සතුටු වුනා. නැටුවා. සිංදු කිව්වා. එතකොට සුතා දෙව්දුව ලතා දෙව්දූට මෙහෙම කිව්වා.

319. පින්වතී, ඔයාට රන්වන් සමක් තියෙනවා. රන්වන් මලින් සැරසිලා ඉන්නවා. මහනෙල් මල් මාලාවන් පැළඳ ඉන්නවා. තඹ පාට ලස්සන ඇස් දෙකක් තියෙනවා. සරත් කාලයෙහි ආකාසේ වගේ ලස්සනයි. දීර්ඝායුෂ තියෙනවා. ඇත්තෙන්ම ලතා ඔයාට මේ යසස් ලැබුනේ මොන වගේ පිනක් කරලද?

320. සුන්දරී, තම ස්වාමියාට එතරම්ම ප්‍රිය මනාප වුනේ මොන වගේ පිනක් කරලාද? ඔයාගේ රූප සෝභාව නම් අතිවිශිෂ්ටයි. නැටුම් ගැයුම් වැයුම්වලට හැබෑම හපනියක්. දෙව්වරු දිව්‍යාංගනාවන් ඔයාගෙන් අහන දේ අපට කියන්න.

321. මං ඒ කාලෙ මනුස්ස ලෝකෙ මිනිස් දුවක් වෙලා හිටියේ. මං හරි ධනවත් පවුලක ලේලියක් වෙලා හිටියා. මං ක්‍රෝධ කළේ නෑ. ස්වාමියාට කීකරු වුනා. උපෝසථ සිල් රකින්ට පමා වුනේ නෑ.

322. ඉතින් ඒ මනුස්ස දුවගෙ කාලෙ හොඳ යෞවන වයසේදී පතිවත රැක්කා. පහන් සිතින් ස්වාමියා සතුටු වෙන හැටියට ජීවත් වුනා. ඒ වගේම පවුලේ වැඩිහිටියන් නැදිමයිලන් දූසි දස්සන් හැමෝම සතුටු කළා. එහෙදි තමයි මං මේ පින් කළේ.

323. ඉතින් මං ඒ කුසල කර්ම නිසා ආයු වර්ණ සැප බල කියන කරුණු හතරින් අග්‍ර වුනා. මං දැන් අප්‍රමාණ දිව්‍ය ක්‍රීඩාවලින් සතුටු වෙනවා.

324. මේ ලතාවෝ මේ කියන කරුණ කලින් අහලා තිබුණෙ නැද්ද? හැබැයි ඉතින් අපි අහපු කරුණු ඇය හොඳට පැවසුවා. උතුම් කාන්තාවන් වන අපට ස්වාමිවරුන් ගේ වටිනාකම හරි අගේට තේරෙනවා. එයාල තමයි අපේ උතුම් දෙව්වරු.

325. අපේ ස්වාමිවරුන් කෙරෙහි අපි හැමෝම තුළ පතිභක්තිය තියෙනවා. ඒ නිසාමයි අපි පතිවත සුරකින ස්ත්‍රීන් වුනේ. අපි හැමෝම මේ ලතා කියන හැටියටයි පතිවත රැකලා සැප ලබන්නේ.

326. කඳු මිටියාවත්වල සිංහයා ගොදුරු හොයනවා. ඉතින් ඒ සිංහයා ඒ පර්වත මිටියාවත්වල හැසිරෙමින් අනෙක් සිව්පාවන් මැඬගෙන දඩයම් කරනවා. මාංස භෝජනය කර ගන්නෙ දුර්වල සතුන්වයි.

327. ඒ වගේම තමයි ශ්‍රද්ධාවන්ත ආර්ය ශ්‍රාවිකාවක් වෙලා ධම්මචාරීව ජීවත් වෙනවා නම්, ස්වාමියා නිසාම පතිවත රකිමින් ඉන්නවා නම් ක්‍රෝධය යටපත් කරනවා නම්, මසුරුකම යටපත් කරනවා නම්, ඇය සතුටු වෙන්නෙ ස්වර්ගයේ ඉපදිලයි.

සාදු! සාදු!! සාදු!!!

හතරවෙනි ලතා විමානයයි.

3.5.

328. පින්වත් සක් දෙවිඳුනි, මං වීණාවෙහි සත්සර පිරිමදිමින් මධුර නාදය කණ්කළු නාදය ඇති ඒ වීණා වාදනය ඔහුට ඉගැන්වුවා. නමුත් දැන් ඔහු රඟමඬලෙහි මට වාදෙට කතා කරනවා. අනේ මට පිහිට වෙන්න.

329. ඔව්, මං ඔබට පිහිට වෙනවා. මං ගුරුවරුන් පුදන කෙනෙක්. ශිෂ්‍යයාට ජය ගන්න ලැබෙන්නෙ නෑ. ගුරුවරයා තමයි ශිෂ්‍යයාව පරදවලා ජය ගන්නෙ.

330. පින්වත් දෙව්දුව, ඔබ ඔය සුන්දර රූපෙන් බැබලෙමින් ඉන්නෙ හැම දිසාවක්ම බබුළුවන ඕසධී තාරුකාවක් වගේ.

331. ඇත්තෙන්ම ඔබට මෙවැනි ලස්සනක් ලැබුනේ කොහොමද? මොන වගේ පිනකින්ද ඔබට මේවා ලැබුනේ? සිතට ප්‍රිය උපදවන මේ සැප සම්පත් ලැබුනේ මොන වගේ පිනකින්ද?

332. මහානුභාව ඇති පින්වත් දෙව්දුව, මිනිස් ලෝකෙ ඉන්න කාලෙදි මොන වගේ පිනක්ද ඔබ කළේ? ආනුභාව සම්පන්නව ඔය බැබලි බැබලී ඉන්න පින මොකක්ද? ඔබේ සිරුරෙන් විහිදෙන එළියෙන් හැම දිසාවම බබලනවා.

333. මොග්ගල්ලාන මහරහතන් වහන්සේ තමයි මේ ප්‍රශ්න ඇහුවේ. ඒ ගැන ඒ දෙව්දුව ගොඩාක් සතුටු වුනා. මොන වගේ පින්කම්වලින්ද මේ සැප ලැබුනේ කියන ප්‍රශ්නයට ඇය මෙහෙමයි පිළිතුරු දුන්නේ.

334. උතුම් වස්ත්‍ර දන් දෙන ස්ත්‍රියක් ඉන්නවා. ඕ තමයි ස්ත්‍රී පුරුෂයන් අතරින් උතුම් වෙන්නෙ. ඔය විදිහට ප්‍රිය දේවල් දන් දෙන කෙනා දෙව්ලොව උපදිනවා. සිත සතුටු කරන දිව්‍ය සැප ලබනවා.

335. ඒ මගේ මේ දිව්‍ය විමානය දිහා බලන්න. මම අප්සරාවක්. කැමති කැමති රූපයන් මට මවාගන්න පුළුවන්. පිනේ විපාකය බලන්න. මං දාහක් අප්සරාවන්ට උතුම් කෙනෙක්.

336. ඒ පිනෙන් තමයි මෙවැනි ලස්සනක් මට ලැබුනේ. ඒ පිනෙන්මයි මේ සම්පත් ලැබුනේ. සිතට ප්‍රීතිය උපදවන මේ සැප සම්පත් ඔක්කොම ලැබුනේ ඒ නිසාමයි.

337. මහානුභාව සම්පන්න වූ ස්වාමීන් වහන්ස, මිනිස් ලෝකෙදි ඔය පින තමයි මං කර ගත්තෙ. ආනුභාව සම්පන්නව බැබලි බැබලී ඉන්න පින ඕක තමයි. මගේ සිරුරෙන් විහිදෙන එළියෙන් හැම දිසාවම බබලනවා.

(මේ විමානය ගැන යම් විස්තරයක් පැවසුවාද ඉදිරියේ දී හැම විමානයක් ගැනම විස්තර කළ යුත්තේ ඒ විදිහටයි.)

338-341. සරීර සෝභාවයෙන් ඉතාම සුන්දරයි ....(පෙ).... ඔබේ සිරුරෙහි පැහැය හැම දිසාවන් ම බබුළුවනවා.

342. උතුම් මල් දන් දෙන ස්ත්‍රියක් ඉන්නවා. ඕ තමයි ස්ත්‍රී පුරුෂයන් අතරින් උතුම් වෙන්නෙ. ඔය විදිහට ප්‍රිය දේවල් දන් දෙන කෙනා දෙව්ලොව උපදිනවා. සිත සතුටු කරන දිව්‍ය සැප ලබනවා.

343. ඒ මගේ දිව්‍ය විමානය දිහා බලන්න. මම අප්සරාවක්. කැමති කැමති රූපයන් මට මවා ගන්න පුළුවන්. පිනේ විපාකය බලන්න. මං දාහක් අප්සරාවන්ට උතුම් කෙනෙක්.

344.-349. ඒ නිසයි මට මෙවැනි ශරීර වර්ණයක් ලැබුනේ. ....(පෙ).... මේ ශරීර වර්ණය හැම දිසාවක්ම බබලුවනවා.

350-373. උතුම් සුවඳ දන් දෙන ස්ත්‍රියක් ඉන්නවා. ඕ තමයි ස්ත්‍රී පුරුෂයන් අතරින් උතුම් වෙන්නෙ. ....(පෙ).... උතුම් එලවැල දන් දෙන ස්ත්‍රියක් ඉන්නවා ....(පෙ).... උතුම් රස දන් දෙන ස්ත්‍රියක් ඉන්නවා ....(පෙ)....

374-381. කාශ්‍යප බුදුරජාණන් වහන්සේගේ ස්තූපයට පස් ආකාර සුවඳ වර්ග පූජා කළා. ඒ මගේ දිව්‍ය විමානය බලනු මැනැව ....(පෙ).... මගේ සිරුරේ වර්ණයෙන් හැමදිසාවම බබලනවා.

382-389. මාවතේ වඩින භික්ෂූන්ද භික්ෂුණීන්ද මට දැකගන්න ලැබුනා. මං උන්වහන්සේලාගෙන් ධර්මය අසාගත්තා. එක දවසක් උපෝසථ සිල් ආරක්ෂා කළා. ඒ මගේ විමානය බලනු මැනව ....(පෙ).... මගේ සිරුරෙන් විහිදෙන එළිය හැම දිශාවම බබුලුවනවා.

390-397. මං හිටියේ වතුරෙ. ස්වාමීන් වහන්සේ නමකට පහන් සිතින් පැන් ටිකක් පූජා කරගත්තා. ඒ මගේ විමානය බලනු මැනව ....(පෙ).... මගේ සිරුරෙන් විහිදන එළිය හැම දිසාවම බබුලුවනවා.

398-405. මගේ නැන්දාත් මාමණ්ඩියත් චණ්ඩයි. ක්‍රෝධ කරනවා. එරුසයි.

ඛුද්දක නිකාය (විමාන වත්ථු පාළි - 3. පාරිච්ඡත්තක වර්ගය) 63

නමුත් මං දොස් කිව්වෙ නෑ. අප්‍රමාදීව සිල් ආරක්ෂා කළා. උන්දැලාට හොඳින් උපස්ථාන කළා.

406-413. මං අනුන්ට බැලමෙහෙවරකම් කළා. කීයක් හරි හොයා ගන්ට කම්මැලි නැතිව මහන්සි වුනා. මං දාසියක්. මා ක්‍රෝධ කළේ නෑ. මාන්නයක් ඇති කර ගත්තෙ නෑ. මට ලැබුන දෙයින් බෙදා හදාගෙන සතුටු වුනා.

414-421. ස්වාමීන් වහන්සේ නමක් පිඬුසිඟා වැඩියා. මං උන්වහන්සේට කිරිබතක් පූජා කළා. ඔය විදිහටයි මං පින්කම් කළේ. දැන් සුගතියේ ඉපදිලා සතුටු වෙනවා. ....(පෙ)....

422-409. මං උක්සකුරු ටිකක් පූජා කරගත්තා ....(පෙ)....

මං උක් දණ්ඩක් පූජා කරගත්තා ....(පෙ)....

මං තියඹරා ටිකක් පූජා කරගත්තා ....(පෙ)....

මං සීනි කැකිරි පූජා කරගත්තා ....(පෙ)....

මං මහකැකිරි පූජා කරගත්තා ....(පෙ)....

මං වැල්වල පූජා කරගත්තා ....(පෙ)....

මං බොරළු දමුනු ටිකක් පූජා කරගත්තා ....(පෙ)....

මං ගිනිකබලක් පූජා කරගත්තා ....(පෙ)....

මං පලාකොළ මිටක් පූජා කරගත්තා ....(පෙ)....

මං මල් මිටක් පූජා කරගත්තා ....(පෙ)....

මං මුලපලා මිටක් පූජා කරගත්තා ....(පෙ)....

මං කොහොඹ කොළ මිටක් පූජා කරගත්තා ....(පෙ)....

මං ඇඹුල් කැඳ ටිකක් පූජා කරගත්තා ....(පෙ)....

මං තලමුරු වටක් පූජා කරගත්තා ....(පෙ)....

මං ඉණපටියක් පූජා කරගත්තා ....(පෙ)....

මං අංසකඩයක් පූජා කරගත්තා ....(පෙ)....

මං ආයෝගපට්ටයක් පූජා කරගත්තා ....(පෙ)....

මං විජිනිපතක් පූජා කරගත්තා ....(පෙ)....

මං තල් වටක් පූජා කරගත්තා ....(පෙ)....

මං මොණරපිල් වටාපතක් පූජා කරගත්තා ....(පෙ)....

මං කුඩයක් පූජා කරගත්තා ....(පෙ)....

මං සෙරෙප්පු ජෝඩුවක් පූජා කරගත්තා ....(පෙ)....

මං කැවුමක් පූජා කරගත්තා ....(පෙ)....

මං අග්ගලාවක් පූජා කරගත්තා ....(පෙ)....

610. පින්වත් දෙව්දුව, ඔබ ඔය සුන්දර රූපෙන් බැබලෙමින් ඉන්නෙ හැම දිසාවක්ම බබුලුවන ඕසධී තාරුකාවක් වගේ.

611. ඇත්තෙන්ම ඔබට මෙවැනි ලස්සනක් ලැබුනේ කොහොමද? මොන වගේ පිනකින්ද ඔබට මේව ලැබුනේ? සිතට ප්‍රිය උපදවන මේ සැප සම්පත් ලැබුනේ මොන වගේ පිනකින් ද?

612. මහානුභාව ඇති පින්වත් දෙව්දුව, මිනිස් ලෝකෙ ඉන්න කාලෙදි මොන වගේ පිනක්ද ඔබ කළේ? ආනුභාව සම්පන්නව ඔය බැබලි බැබලී ඉන්න පින මොකක් ද? ඔබේ සිරුරෙන් විහිදෙන එළියෙන් හැම දිසාවම බබලනවා.

613. මොග්ගල්ලාන මහරහතන් වහන්සේ තමයි මේ ප්‍රශ්න ඇහුවේ. ඒ ගැන ඒ දෙව්දුව ගොඩාක් සතුටු වුනා. මොන වගේ පින්කම්වලින්ද මේ සැප ලැබුනේ කියන ප්‍රශ්නයට ඇය මෙහෙමයි පිළිතුරු දුන්නේ.

614. ස්වාමීන් වහන්සේ නමක් පිඬුසිඟා වැඩියා. මං උන්වහන්සේට උක්සකුරුවලින් කළ කැවිලි පූජා කළා. ඔය විදිහටයි මං පින්කම් කළේ. දැන් සුගතියේ ඉපදිලා සතුටු වෙනවා.

615. ඒ මගේ මේ දිව්‍ය විමානය දිහා බලන්න. මම අප්සරාවක්. කැමති කැමති රූපයන් මට මවාගන්න පුළුවන්. පිනේ විපාකය බලන්න. මං දාහක් අප්සරාවන්ට උතුම් කෙනෙක්.

616. ඒ පිනෙන් තමයි මෙවැනි ලස්සනක් මට ලැබුනේ. ඒ පිනෙන්මයි මේ සම්පත් ලැබුනේ. සිතට ප්‍රීතිය උපදවන මේ සැප සම්පත් ඔක්කොම ලැබුනේ ඒ නිසාමයි.

617. මහානුභාව සම්පන්න වූ ස්වාමීන් වහන්ස, මිනිස් ලෝකෙදි ඔය පින තමයි මං කර ගත්තේ. ආනුභාව සම්පන්නව බැබලි බැබලී ඉන්න පින ඕක තමයි. මගේ සිරුරෙන් විහිදෙන එළියෙන් හැම දිසාවම බබලනවා.

618. ඒකාන්තයෙන්ම අසිරිමත්! මගේ පැමිණීම යහපත්මය. අද සොඳුරු උදෑසනකි. අද මට සොඳුරු පිබිදීමකි. තමන් කැමති රූ මවාගෙන සිටින අප්සරාවන්ව මං දැකගත්තා.

619. මොවුන්ගෙන් මං බණ ඇසුවා. මං බොහෝ පින් කරනවා. දානය, සිල් රැකීම, සංයමය, දමනය පුරුදු කරනවා. යම් තැනකට ගිහින් ශෝක නො කර ඉන්නවා නම් මං අන්න එතැනට යනවා.

සාදු! සාදු!! සාදු!!!

පස්වෙනි ගුත්තිල විමානයයි.

3.6.

620. යසස් ඇති දෙව්දුව, ඔබ හරිම ලස්සනයි. ගොඩාක් දිළිසෙනවා. මහා පිරිවර ඉන්නවා. සියලු තව්තිසා වැසි දෙවියන්ගේ සුන්දරත්වය පරදවා බබලනවා.

621. මීට කලින් මං ඔබ දැකලා නෑ. ඉස්සෙල්ලාම දැක්කෙ දැනුයි. කොයි වගේ දිව්‍ය ලෝකයකින්ද ආවෙ. ඔබ දැන් මාව නමින් අමතා කතා කරනවානෙ.

622. සුන්දරී, මං ඉස්සර මිනිස් ලෝකෙදි සුභද්‍රා කියන නමින් හිටියේ. මං ඔබේ බාල නංගි. අපි ස්වාමියාට සමභාර්යාවන් වෙලා හිටියා.

623. ඒ මං මැරුණට පස්සෙ මනුස්ස ජීවිතයෙන් නිදහස් වෙලා එයින් චුත වුනා. ඊට පස්සෙ තමයි මේ නිම්මාණරතී දෙවියන් අතර ඉපදුනේ.

624. බොහෝ පින් දහම් කරගත්තු උදවිය තමයි නිම්මාණරතියට එන්නෙ. සුභද්‍රා, එතකෙට ඔබත් ඔය දැන් කතා කරන්නෙ නිම්මාණරතී දෙවියන් මැද උපත ලබා නේද?

625. යසස් ඇති දෙව්දුව, ඔබට කවුද මේ ගැන කියා දුන්නෙ? මොන වගේ දානයක්ද ඔබ දුන්නෙ? මොන වගේ සිල්වත් බවක්ද ඔබ ඇති කර ගෙන හිටියෙ?

626. ඔය විදිහේ යසසක්, ඔය විදිහේ මහා සැප සම්පත් ලැබුවේ කොහොමද? පින්වත් දෙව්දුව, දැන් අපි අහන්නෙ ඒ ගැනයි. අපට කියා දෙන්න මේ කවර පින්කමක ඵලයක්ද කියල.

627. ඉස්සර මං මනුස්ස ලෝකෙදි දන් පැන් ලබන්ට සුදුසු සංඝරත්නය ගැන පැහැදුණු සිතින් හිටියා. මං මේ දෑතින්ම උන්වහන්සේලාට පිණ්ඩපාත අටක් පූජා කරගත්තා.

628. ඒ පිනෙන් තමයි මෙවැනි ලස්සනක් මට ලැබුනේ. ඒ පිනෙන්මයි මේ සම්පත් ලැබුනේ. සිතට ප්‍රීතිය උපදවන මේ සැප සම්පත් ඔක්කොම ලැබුනේ ඒ නිසාමයි.

629. මහානුභාව සම්පන්න වූ ස්වාමීන් වහන්ස, මිනිස් ලෝකෙදි ඔය පින තමයි මං කර ගත්තෙ. ආනුභාව සම්පන්නව බැබලි බැබලී ඉන්න පින ඕක තමයි. මගේ සිරුරෙන් විහිදෙන එළියෙන් හැම දිසාවම බබලනවා.

630. ඒ සංවර වූ බ්‍රහ්මචාරී වූ භික්ෂූන් වහන්සේලා ගැන මමත් පැහැදීමෙන් නෙ හිටියෙ. ඔබ වගේ නෙවෙයි මං මේ දෑතින්ම බොහෝ භික්ෂූන්ට දන් පැන් පූජා කරගෙන තියෙනවා. ඔබට වඩා බොහෝ දන් දීලත් මං ඉපදුනේ පහත් දිව්‍ය ලෝකයකයි.

631. පින්වත් දෙව්දුව, බොහෝම චුට්ටක් දානෙ දීල මහත් සැප සම්පත් ලබාගත්ත නේද? අපි අහන්නෙ මේකයි. ඔබට ඔය ලැබුනේ මොන වගේ පින්කමක විපාකයක්ද?

632. මං ඉස්සර ඒ සිතේ සතුට ඇති කරවන ස්වාමීන් වහන්සේ නමක් ගැන දැනගෙන හිටියා. ඒ රේවත ස්වාමීන් වහන්සේ ඇතුළු ස්වාමීන් වහන්සේලා අට නමකට මං දානයට ආරාධනා කළා.

633. ඒ රේවත ස්වාමීන් වහන්සේ මගේ යහපත පිණිස මට අනුකම්පා කළා. උන්වහන්සේ මට වදාළේ ඒ දානය අට නමකට නොව සංඝයා උදෙසා පූජා කරන්න කියලයි. මමත් උන්වහන්සේගේ වචනයට අනුවමයි කටයුතු කළේ.

634. ඒක සංඝගත දක්ෂිණාවක් වුනා. ප්‍රමාණ රහිත ගුණ ඇති ආර්ය සංඝයා කෙරෙහි මගේ දානය මනාව පිහිටියා. ඔබ දානය පූජා කරගෙන තිබෙන්නෙ පෞද්ගලික වශයෙනුයි. ඒක නිසයි ඔබේ දානය මහත්ඵල නැති වුනේ.

635. සංඝයා උදෙසා පූජා කරගන්න දානයෙන් මහත්ඵල ලැබෙන බව අනේ මං දැනුයි දන්නෙ. එහෙනම් මං ආයෙමත් මිනිස් ලොවට යනවා.

සඟරුවනෙහි අවශ්‍යතා දන්න කෙනෙක් වෙනවා. මසුරුමළ නැති කෙනෙක් වෙනවා. ප්‍රමාද වෙන්නෙ නෑ. යළි යළිත් සංඝරත්නයට දන් පූජා කර ගන්නවා.

636. භද්‍රා දෙව්දුව, දූන් ඔයත් එක්ක ඔය කතා කර කර ඉන්න දෙව්දුව තව්තිසාවේ සියලු දෙව්වරුන්ගේ සෝභාව ඉක්මවා බබලනවා. මෑ කවර දෙව්දුවක්ද?

637. පින්වත් සක්දෙවිඳුනි, ඉස්සර මිනිස් ලෝකෙදි ඇය මිනිස් දුවක්. ඇය මගේ බාල නංගි. මගේ සැමියාගේ සමබිරිඳ. ඇය සාංඝික දානයක් පූජා කරගෙන තියෙනවා. ඇය පින් කරපු එකියක්. ඒ නිසයි ඇය බබලන්නේ.

638. භද්‍රා දෙව්දුව, ඔබේ නංගි දානය පූජා කරගෙන තිබෙන්නෙ ප්‍රමාණ රහිත ගුණ ඇති ආර්ය සංඝයාට නෙව. ඒ නිසා තමයි ඔයාට වඩා ඇය ඔතරම්ම බබලන්නෙ.

639. ගිජුකුළු පර්වතයෙහි බුදුරජාණන් වහන්සේ වැඩසිටියා. ඔය කාරණය උන්වහන්සේගෙන් මං විමසුවා. යම් කිසි කෙනකුට දානයක් පූජා කර ගත්තහම මහත්ඵල මහානිසංස ලබාදෙන්නෙ කවරෙකුට දුන්නොත්ද කියල.

640. දන් පැන් දෙන මිනිස්සු ඉන්නවා. පින් අපේක්ෂාවෙන්මයි ඔවුන් දන් දෙන්නෙ. මත්තෙහි සැප විපාක ලබාදෙන පින්ම කළ මැනැව. යම් ඒ ආර්ය සංඝයාට දෙන දානය තමයි මහත්ඵල විපාක ලබාදෙන්නෙ.

641. ලෝකයෙහි සියලු කර්ම විපාක ගැන අවබෝධයෙන් යුතු බුදුරජාණන් වහන්සේ ඔය කාරණාව මට වදාළා. යම් ඒ ආර්ය සංඝයාට දෙන දානය තමයි මහත්ඵල විපාක ලබා දෙන්නෙ.

642. ආර්ය අෂ්ටාංගික මාර්ගයෙහි ගමන් කරන පුද්ගලයන් හතර දෙනෙක් ඉන්නවා. ඵලයට පත් වූ පුද්ගලයනුත් හතර දෙනෙක් ඉන්නවා. මේ ආර්ය සංඝයා ඍජු සිත් ඇති පිරිසයි. ප්‍රඥා සම්පන්නයි. සීලසම්පන්නයි. සමාහිත සිතින් යුක්තයි.

643. දන් පැන් දෙන මිනිස්සු ඉන්නවා. පින් අපේක්ෂාවෙන්මයි ඔවුන් දන් දෙන්නෙ. මත්තෙහි සැප විපාක ලබා දෙන පින්ම කළ මැනැව. යම් ඒ ආර්ය සංඝයාට දෙන දානය තමයි මහත්ඵල විපාක ලබා දෙන්නෙ.

644. මේ ආර්ය සංඝයා වනාහී මහානීය ගුණයෙන් යුක්තයි. මිණිය නොහැකි ගුණයෙන් යුක්තයි. සාගර ජලය වගේ. නරවීරයන් වහන්සේගේ ශ්‍රාවක

වූ මේ පිරිසමයි ශ්‍රේෂ්ඨ. ධර්මය බෙදා හරිමින් ලෝකය එළිය කරන්නෙ ඔවුන් තමයි.

645. අන්න ඒ ආර්ය සංඝයාට දන් පැන් පූජා කරගත්තොත් නිසි තැනට පූජා කළා වෙනවා. ඒක තමයි හරි විදිහට දීපු දේ. ඒක තමයි නියමාකාරයෙන් කරගත්තු යාගය. ලෝකවිදූ වූ බුදුරජාණන් වහන්සේ විසින් වර්ණනා කරල තියෙනවා ආර්ය සංඝයාට පූජා කරන දක්ෂිණාව මහත්ඵල ලබා දෙනවා කියල.

646. එවැනි ආර්ය සංඝයා උදෙසා දෙන දානය සිහි කරන්ට ඕන. එතකොට එයාලාට හරි සතුටක් ඇති වෙනවා. මසුරුමළ මුලින්ම දුරු කරලා ලෝකයේ ජීවත් වෙන්න පුළුවනි. නින්දා රහිත වූ ස්වර්ග ලොවෙහි උපදින්ටත් පුළුවනි.

සාදු! සාදු!! සාදු!!!

හයවෙනි දද්දල්ල විමානයයි.

3.7.

647. මේක හරිම ලස්සන විමානයක්. පළිඟු මැණික්වලින් තමයි බිත්ති හැදිල තියෙන්නෙ. රන් රිදී දැල් වටේට එල්ලෙනවා. සුරම්‍ය වූ විචිත්‍ර වූ මුදුන් තියෙන තොරණ් හදල තියෙන විදිහත් හරිම අපූරුයි. මිදුල පුරා රන්වන් වැලි විසිරිලා තියෙනවා.

648. සරත් කාලයේ අහස් කුස හිරු නැඟෙනවා. එතකොට දස දිසාවම හරි එළියයි. දහසක් හිරු රැසින් අඳුර දුරුවෙලයි තියෙන්නෙ. ඔබේ විමානයත් ඒ වගේ. ඒ විදිහටම රැස් විහිදෙනවා. රෑ අහස් කුසේ දිළිහි දිළිහී තියෙන ගිනි දැල්ලක් වගේ.

649. අහසෙහි පිහිටල තියෙන ඔබේ ඔය විමානය විදුලි එළියක් දකිනවා වගේ. දෙනෙත් මුසපත් කරවනවා. මේ විමානයේ වීණා, මිහිඟු බෙර, අත්පොළන හඬ, කස්තල නාදවලින් ගිගුම් දෙනවා. සියලු සැපය පිරුණු ඉන්ද්‍ර පුරය වගේ.

650. ඔය දිව්‍ය විමානයේ නෙළුම්, කුමුදු, මහනෙල්, රතුමහනෙල්, ආදී මල්වර්ගත් තියෙනවා. සීනිද්ද මල්, බඳුවදමල් ආදියත් තියෙනවා. සල් මල්, අසෝක මල් පිරුණු ගසුත් තියෙනවා. හැමතැනම හමන්නේ උතුම් ගස්වලින් එන සුවඳයි.

651. යසස් ඇති දෙව්දුව, ඔබට පහළ වෙලා තියෙනවා සුන්දර පැන් පොකුණු. ඒ පොකුණු ඉවුරෙහි හොර ගස්, දෙල්ගස්, හුජක ගස් පලතුරු පිරුණු ගස් වර්ග ලස්සන වැල් වර්ග පිරිල තියෙනවා. පොකුණෙහි පැන් පෙනෙන්නෙත් නිල් මැණික් දළක් වගේ.

652. වතුරෙහි හටගන්න හැම මල් ජාතියක්ම මෙහි තියෙනවා. පොළොවේ හැදෙන හැම රුක් ජාතියක්ම තියෙනවා. මිනිස් ලොවේ ඇති නොමිනිස් ලොවේ ඇති දෙව්ලොවේ ඇති හැමදෙයක්ම ඔබේ විමානයෙහි පහළ වෙලා තියෙනවා.

653. පින්වත් දෙව්දුව, මොන වගේ සංවරකමක්ද, මොන වගේ ඉන්ද්‍රිය දමනයක්ද මේ පුණ්‍යවිපාකයට හේතු වුනේ. ඔබට කොහොමද මෙවැනි දිව්‍ය විමානයක් පහළ වුනේ? කොහොමද මෙතරම් උදාර වූ සැප සම්පත් ලැබුනේ කියල අපට කියනවද?

654. මගේ මේ දිව්‍ය විමානයේ කොස්වා ළිහිණියනුත් ඉන්නවා. මොණර රංචුත් ඉන්නවා. ඇටිකුකුළු රංචුත් ඉන්නවා. දිව්‍යමය වූ දියකාවොත් ඉන්නවා. හංසරාජයොත් ඉන්නවා. කොවුලන්ගේ මිහිරි නාදයෙන් හැම විටම සුන්දර වෙනවා.

655. නොයෙක් වර්ගයේ විසිතුරු මල් වර්ග, ගස් වර්ග ඒ වගේම පලොල් දඹ අසෝක ආදී ගසුත් පිරිල තියෙනවා. මට මෙවැනි සුන්දර විමානයක් තමයි පහළ වෙලා තියෙන්නෙ. පින්වත් ස්වාමීනි, මං දැන් ඒ ගැන ඔබ වහන්සේට කියන්නම්. අසනු මැනැව.

656. පින්වත් ස්වාමීනි, මගධ රටෙහි පෙරදිග පැත්තට වෙන්ට නාලක කියල ගමක් තියෙනවා. මං ඉස්සර හිටියේ ඒ නාලක ගමේ. මං ඒ ගමේ හිටපු ලේලියක්. ඒ කාලෙ මට කිව්වෙ සේසවතී කියල.

657. සැරියුත් මහරහතන් වහන්සේ පිරිනිවන් පෑවා. ඒ ගුණස්කන්ධය නම් අප්‍රමාණයි. දෙවිමිනිසුන් උන්වහන්සේව පුද දුන්නා. බුහුමන් කළා. ධර්ම අර්ථ විග්‍රහ කරන්න අතිශයින්ම දක්ෂයි. ඒ ගුණය ගැන මං හරියට සතුටු වුනා. උන්වහන්සේගේ ඒ සිරුරට මං සුවඳ මල් පූජා කළා.

658. උන්වහන්සේ අන්තිමදේහ දරුවා. උදාර සෘෂිවරයෙක්. අනුපාදිසේස පරිනිර්වාණයට පත්වුනා. මං උන්වහන්සේට මල් පූජා කරලයි මිනිස් සිරුර අත්හැර මේ තව්තිසාවට ආවෙ.

සාදු! සාදු!! සාදු!!!

හත්වෙනි සේසවතී විමානයයි.

3.8.

659. ඔබට ස්වර්ණ වර්ණ වූ දිවසළු තියෙනවා. රන්වන් කොඩි ලෙල දෙනවා. රන් ආභරණවලින් බබලනවා. ඔබ හරිම සුන්දරයි. රන්වන් වස්ත්‍ර නැතුවත් සුන්දරයි.

660. රන්වළලු පැළඳ ඉන්නවා. රනින් කළ මල් කළඹක් හිස දරා ඉන්නවා. රන්වන් දැලකින් සිරුර වසා ඉන්නවා. මැනික් මාලයක් පැළඳ ඉන්නවා. කවුද ඔබ?

661. විවිධ මාලයන් දරාගෙන ඔබ විචිත්‍ර වෙලා ඉන්නවා. ඔබ පැළඳ ඉන්නවා රන්වන් මල් මාලා, පත්මරාග මැණික් මාලා, මුතුමාලා, වෛරෝඩි මල් මාලා, මැසිරිගල් මාලා, රතුමැණික් මාලා, පරෙවි ඇස් වැනි මැණික් මාලා ඔබ පැළඳ ඉන්නවා.

662. මේ මැණික් මාලාවලින් හරි අපූරු නාද දෙනවා. ඇතැම් මාලාවලින් මොණරුන්ගේ නාදය, ඇතැම් මාලාවලින් හංසයන්ගේ ගිගිරි නාද දෙනවා. ඇතැම් මාලාවලින් කෝකිල කූජන නාද දෙනවා. ඒ මනහර නාද ඇහෙන්නේ පංචාංගික තූර්ය නාදයක් වගේ.

663. ඔබේ දිව්‍ය යානාවත් විවිධ විචිත්‍ර මැණික්වලින් සරසලා තියෙනවා. මනස්කාන්තයි. සෝභාසම්පන්නයි. ඒ ඒ සැරසිල්ලට ඒ ඒ පාටට ගැලපෙන විදිහට ලස්සනට බෙදලා නිසා සෝභමානයි.

664. ස්වර්ණ බිම්බයක් වන් ඒ සොඳුරු දිව්‍ය රථයේ ඔබ ඉන්න කොට මේ පළාතම බබලනවා. පින්වත් දෙව්දුව, දැන් අපි අහන්නෙ මේකයි. මෙවැනි පුණ්‍ය විපාකයක් ලබන්ට මොන වගේ පුණ්‍යකර්මයක්ද ඔබ කළේ?

665. අප්‍රමාණ ගුණස්කන්ධයක් තියෙන ගෞතම සම්බුදුරජාණන් වහන්සේ පිරිනිවන් පෑවට පස්සෙ මං සිත පහදවා ගෙන රන් දැලක් සකස් කළා. රන්රුවනින් සැරසුවා. මුතු පැළැන්දුවා. ඊට පස්සෙ මං ඒ රන් දැල බුදුරජාණන් වහන්සේට පූජා කළා.

666. බුදුරජාණන් වහන්සේ විසින් වර්ණනා කරන ලද ඒ කුසල් තමයි මං කළේ. ඒ නිසයි සෝකයක් නැතුව ලෙඩක් නැතුව සැප සේ මං දැන් සතුටු වෙන්නෙ.

සාදු! සාදු!! සාදු!!!

අටවෙනි මල්ලිකා විමානයයි.

3.9.

667. ලොකු ඇස් ඇති සුන්දර දෙව්දුව, ඔබේ නම මොකක්ද? දිව්‍ය අප්සරාවන් පිරිවරා ගෙන මේ රම්‍ය වූ චිත්‍රලතා වනයෙහි ඔබ ලස්සනට ඇවිදිනවා.

668. තව්තිසාවැසි දෙවිවරුන් මේ චිත්‍රලතා වනයට එනවා. එතකොට ඒ දෙවිවරු තමන්ගේ යානාවන් දිව්‍ය රථ ඒ සෑම දෙයක්ම සමග විචිත්‍ර වෙලා යනවා.

669. මේ චිත්‍රලතා වනෝද්‍යානයෙහි හැසිරෙන ඔබගේ ශරීරයෙහි රන්මල් ආදී විසිතුරු දේවල් පිහිටලා නෑ. ඔබේ සිරුර මෙතරම්ම සුන්දර වුනේ කොහොමද? පින්වත් දෙව්දුව, අපි අහන්නෙ මේකයි. මේ ලැබුනේ කවර පින්කමක විපාකයක්ද?

670. පින්වත් දේවේන්ද්‍රය, මගේ මේ සොඳුරු රූ සපුවත් මගේ මේ සොඳුරු උපතත් මේ ඉර්ධියත් මේ ආනුභාවයත් ලැබුනේ යම්කිසි පිනක් නිසයි. සක් දෙවිඳුනි, ඒ ගැන මැනවින් අසනු මැනව.

671. මං ඉස්සර හිටියේ රම්‍ය වූ රජගහ නුවරයි. මං උපාසිකාවක්. මගේ නම සුනන්දා. මට හොඳ ශ්‍රද්ධාවක් තිබුනා. හොඳ සිලයකුත් තිබුනා. හැම තිස්සෙම ආසා කළේ දන් දෙන්ටමයි.

672. ඍජු සිත් ඇති ආර්යයන් වහන්සේලා ගැන මගේ හිතේ තිබුනේ බලවත් පැහැදීමක්. ඉතින් මම වස්ත්‍ර දන් දුන්නා. ඒ වගේම ආහාරපාන, සේනාසන, තෙල්පහන් පූජා කරගත්තා.

673. චාතුද්දසී දවසට, පුන්පොහෝ දවසට, අටවක පොහොයට, පාටිහාරීය පක්ෂයේ පොහොය දවස්වලට මං අටසිල් සමාදන් වෙලා හොඳින් ආරක්ෂා කළා.

674. මං හොඳින් උපෝසථ සිල් රැකගත්තා. හැමදාම සිල්පදවල සංවර වුනා. ඉඳුරන් සංවර කරගත්තා. කාට ත් දන්පැන් බෙදා දුන්නා. මං ඒ විදිහටයි ගෙදර ජීවත් වුනේ.

675. සතුන් මැරීමෙන් වැළකුනා. බොරු කීමෙනුත් වැළකිලා වචනය සංවර කරගත්තා. හොරකම් කළේ නෑ. ස්වාමියා ඉක්මවා දුරාචාරයේ හැසිරුනේ නෑ. මත්පැන් පානය කළෙත් නෑ.

676. සිල්පද පහ රැකගත්තේ කැමැත්තෙන්මයි. චතුරාර්ය සත්‍ය ධර්මය තේරුම් ගන්න තරම් මා තුළ දක්ෂකමක් තිබුනා. ඒ නිසාමයි පැතිරුණු යසස්

ඇති සදහම් ඇස් ඇති ගෞතම බුදුරජාණන් වහන්සේගේ සසුනෙහි ශ්‍රාවිකාවක් වුනේ.

677. මට දිනපතාම නැදැයෙකුගේ දාසියක් මල්මාලා අරගෙන එනවා. මං ඒ මල්මාලා සියල්ලම භාග්‍යවත් බුදුරජාණන් වහන්සේගේ ස්ථූපයට ශ්‍රද්ධාවෙන් පූජා කළා.

678. උපෝසථ දවසටත් මං ස්ථූප වන්දනාවට යනවා. පහන් සිතින්ම මේ දෑතින්ම මල් සුවඳ විළවුන් ස්ථූපයට පූජා කළා.

679. පින්වත් දෙවිඳුනි, මගේ මේ සොඳුරු රූ සපුවත් මගේ මේ සොඳුරු උපතත් මේ ඉර්ධියත් මේ ආනුභාවයත් ලැබුනේ මං කරගත්තු මේ මල් මාලා පූජාව නිසයි.

680. මං සිල්වත් තැනැත්තියක්ව සිටියා. තවම ඒ පින විපාක දීල නෑ. පින්වත් සක්දෙවිඳුනි, මගේ හිතේ ලොකු ආශාවක් තියෙනවා. ඒ සකදාගාමී වීම ගැනයි.

සාදු! සාදු!! සාදු!!!

නව වෙනි විසාලක්ඛි විමානයයි.

3.10.

681. පින්වත් දෙවිඳුව, මේ පරසතු රැක හරි මනස්කාන්තයි. සුරම්‍යයයි. ඒ කොබෝලීල මලින් ඔබ දිව්‍ය මල් මාලා ගොතමින් ගී ගයමින් සතුටු වෙනවා නේද?

682. ඔබ නටද්දී ඔබේ මේ සියලු අඟපසඟින් ඉතා කන්කළු වූ මනරම් වූ දිව්‍ය නාදයන් නිකුත් වෙනවා.

683. ඔබ නටද්දී ඔබේ මේ සියලු අඟපසඟින් ඉතා මනරම් වූ දිව්‍ය සුගන්ධයන් නිකුත් වෙනවා.

684. නටන ඔබේ සිරුර ලෙලදෙන විට ඔය කේශකලාපයෙහි ඇති සුන්දර පළඳනාවලිනුත් මිහිරි නාදය ඇහෙන්නෙ පංචාංගික තූර්යය නාදයක් වගේ.

685. ඔබේ හිසේ මුදුන් මල් කළඹක් තියෙනවා. මද සුළඟින් ඒ මුදුන් මල් කළඹ සැළෙද්දි එයිනුත් මිහිරි නාදය ඇහෙන්නෙ පංචාංගික තූර්යය නාදයක් වගේ.

686. ඔබේ හිසෙහි පැළඳගෙන ඉන්න මල්දම හරිම ලස්සනයි. හරිම සුවඳයි. ඒ සුවඳ පැතිරිලා යන්නෙ පිපී සුවඳ හමන මඤ්ජූස්සක වෘක්ෂයක් වගේ.

687. මේ සොඳුරු සුගන්ධය ඔබේ නාසයට දැනෙනවා නේද? මේ දිව්‍ය රූපය ඔබට පෙනෙනවා නේද? පින්වත් දෙව්දුව, අපි අහන්නෙ මේක යි. ඔබට මේ වගේ සම්පත් ලැබුනේ මොන වගේ කර්මයක විපාකයක් හැටියටද?

688. ඒ අසෝක මල් මාලාව හරිම ප්‍රභාස්වරයි. කාන්තිමත්. පැහැයයි සුවඳයි දෙකම එක වගේ. මං ඒ මාලා දාමය බුදුරජාණන් වහන්සේට පූජා කළා.

689. බුදුරජාණන් වහන්සේ විසින් වර්ණනා කරන ලද කුසල කර්ම තමයි මං කරගත්තේ. ඒ නිසාමයි සෝකයක් නැති ලෙඩ දුක් නැති මේ දිව්‍ය සැප ලබාගෙන මං සතුටු වෙන්නෙ.

සාදු! සාදු!! සාදු!!!

දසවෙනි පාරිච්ඡත්තක විමානයයි.

තුන්වෙනි පාරිච්ඡත්තක වර්ගය නිමා විය.

- එහි පිළිවෙල උද්දානයයි:

උළාර විමාන වස්තුව, ඒ වගේම උච්ඡුදායිකා, පල්ලංකදායිකා, ගුත්තිල වගේම ලතා, දද්දල්ලමානා, සේසවතී, මල්ලිකා, විසාලක්ඛී, පාරිච්ඡත්තක විමාන යන මෙයින් මේ වර්ගය කියනු ලැබේ.

4. මඤ්ජෙට්ඨක වර්ගය

4.1.

690. ඔබේ විමානය තද තැඹිලි පාටයි. මිදුලේ අතුරලා තිබෙන්නේ රන්වන් වැලි. පංචාංග තූර්ය නාදය හරි අගේට වාදනය වෙනවා නෙව. ඔබ එයට ඇලෙන්නෙ සතුටින්.

691. මැණික්වලින් හැදුන ඒ දිව්‍ය විමානයෙන් ඔබ බහිනවා. හැම කාලෙකම ලස්සන මල් පිපුන සල් වනයටයි ඔබ එන්නෙ.

692. පින්වත් දෙව්දුව, ඔබ යම්ම සල්රුක් මුලකට ගියොත් හරි අපූරු දෙයක් වෙනවා. ඒ උතුම් සල් රුක් පහළට නැමිල ඔබ මත මල් හෙළනවා.

693. ඒ සාලවනයේ සල් රුක් සුළඟින් සෙළවෙන්නෙ ලතාවකටයි. ලස්සන කුරුල්ලන් ඒ හැමතැනම ඉන්නවා. දස දිසාවටම සුවඳ හමා යන්නෙ මඤ්ජුස්සක රුකක් වගේ.

694. මේ සොඳුරු සුගන්ධය ඔබේ නාසයට දැනෙනවා නේද? මේ දිව්‍ය රූපය ඔබට පෙනෙනවා නේද? පින්වත් දෙව්දුව, අපි අහන්නෙ මේකයි. ඔබට මේ වගේ සම්පත් ලැබුනේ මොන වගේ කර්මයක විපාකයක් හැටියටද?

695. මං ඉස්සර මිනිස් ලෝකෙ මනුස්ස දුවක් වෙලා හිටියෙ. ස්වාමියාගේ නිවසේම මම දාසියක් වුනා. අපේ නිවසට වැඩිය බුදුරජාණන් වහන්සේ දැකල සල් මල් විසුරුවල උන්වහන්සේට පූජා කළා.

696. මගේ හිත හරියට පැහැදුනා. ඉතින් මං සල් මල්වලින් ගොඩාක් ලස්සනට මුදුන් මල් කළඹක් හැදුවා. මං ඒක මගේ දෑතින්ම බුදුරජාණන් වහන්සේට පූජා කරගත්තා.

697. බුදුරජාණන් වහන්සේ විසින් වර්ණනා කරන ලද ඒ කුසල් තමයි මං කළේ. ඒ නිසයි සෝකයක් නැතුව ලෙඩක් නැතුව සැප සේ මං දැන් සතුටු වෙන්නෙ.

සාදු! සාදු!! සාදු!!!

පළමු වෙනි මඤ්ජෙට්ඨක විමානයයි.

4.2.

698. සුන්දර දෙව්දුව, ඔබ ප්‍රභාස්වරයි. උතුම් වර්ණයෙන් බබලනවා. තද රතු පාටින් දිළෙන දිවසළු පොරොවාගෙන ඉන්නවා. මහා ඉර්ධිමත්. සඳුන් තැවරුවාක් වැනි සිරුරක් තියෙනවා. මා හට වන්දනා කරන ඔබ කවුද?

699. ඔබේ ඔය ආසනයත් හරි වටිනා එකක්. නානා මැණික් වර්ගවලින් පුදුම විදිහට අලංකාර වෙලා තියෙනවා. ඔබ ඔය ආසනයෙහි වාඩිවෙලා ඉන්න කොට බබලන්නෙ නන්දන වනයෙහි සිටින සක්දෙවිඳු වගේ.

700. සුන්දරී, ඔබ මොන වගේ සුචරිතවත් ජීවිතයක්ද ගත කළේ. මේ දෙව් ලොවදී ඔය අනුභව කරන්නේ මොන වගේ පුණ්‍ය කර්මයක විපාකයක්ද? පින්වත් දෙව්දුව, අපි අහන්නෙ මේකයි. මෙවැනි පුණ්‍ය ඵලයක් ලබන්ට මොන වගේ පුණ්‍ය කර්මයක්ද කළේ?

701. ස්වාමීනි, එදා ඔබවහන්සේ පිණ්ඩපාතෙ වැඩම කළා. එතකොට මං දෑසමන් මල් මාලාවකුත් උක් හකුරු පැනිත්තකුත් ඔබ වහන්සේට පූජා කළා. ඒ කර්මයේ විපාක වශයෙන් තමයි දිව්‍ය ලෝකයේ මේ සැප විඳින්නේ.

702. නමුත් ස්වාමීනි, මට ලොකු පසුතැවිල්ලක් තියෙනවා. මට වැරදුනා. මගේ අතින් කෙරුනේ වැරැද්දක්. ධර්මරාජයන් වහන්සේ විසින් මැනවින් වදාරණ ලද ඒ ශ්‍රී සද්ධර්මයට මං සවන් දුන්නෙ නෑ.

703. ස්වාමීනි, ඔබවහන්සේට මං මේ කියන්නෙ. යම් කෙනෙකුට මං ගැන අනුකම්පාවක් තියෙනවා නම් අනේ ඒ කවුරු හරි කෙනෙක් ධර්මය රාජයන් වහන්සේ විසින් මැනැවින් වදාරණ ලද ඒ ශ්‍රී සද්ධර්මය තුළ මාව සමාදන් කරවන්න.

704. ඇතැම් දෙව්වරුන්ට බුදුරජාණන් වහන්සේ ගැනත්, ධර්මය ගැනත්, ආර්ය සංඝරත්නය ගැනත් ශ්‍රද්ධාවක් තියෙනවා. අන්න ඒ දෙව්වරුන් ආයුෂයෙන් යසසින් සිරියාවෙන් මාව ඉක්මවා ලස්සනට බබලනවා.

705. අනිත් මහා ඉර්ධිමත් දෙව්වරු වර්ණයෙන් හරි ප්‍රතාපවත්. උත්තරීතරයි. මට වඩා සැප තියෙනවා.

සාදු! සාදු!! සාදු!!!

දෙවැනි පභස්සරා විමානයයි.

4.3.

706. පින්වත් දෙව්දුව, අහස් ගමන් ඇති උතුම් හස්තියෙකුගේ පිට නැගලා අහසින්ම නේ ඔබ මේ ආවේ. ඇතාව සරසලා තිබෙන හැටි නම් හරි සුන්දරයි. රන් මැණික් සැරසූ රන් දැලකින් විචිත්‍රවත් කරලයි මේ ඇතාව තියෙන්නෙ.

707. මේ ඇතාගේ දළ දෙක මත නිල්වන් ජලය තියෙන, පිපුන නෙළුම් තියෙන ලස්සන පොකුණු දෙකක් පහළ වෙලා. ඒ පිපුණු නෙළුම් මත පංචාංගික තූර්යනාද මිහිරට නාද වෙද්දි මේ මනහර දිව්‍ය අප්සරාවන් ලස්සනට නටනවා.

708. මහානුභාව ඇති දෙව්දුව, දිව්‍ය අධිපති බවටයි දැන් ඔබ පත්වෙලා ඉන්නෙ. මිනිස් ලෝකෙ ඉන්න කාලෙදි මොන වගේ පිනක්ද ඔබ කළේ? ආනුභාව සම්පන්නව ඔය බැබලි බැබලී ඉන්න පින මොකක්ද? ඔබේ සිරුරෙන් විහිදෙන එළියෙන් හැම දිසාවම බබලනවා.

709. බරණැස් නුවරදී මං බුදුරජාණන් වහන්සේව බැහැදකින්ට ගියා. වස්ත්‍ර දෙකක් පූජා කරගත්තා. ඒ සිරිපා යුග වන්දනා කරගත්තා. බිම වාඩි වුනා. මට හරි සතුටුයි. මං වැඳගෙන හිටියා.

710. ඒ බුදුරජාණන් වහන්සේ තනි රත්තරන් පාටයි. උන්වහන්සේ මට දුක හට ගන්න හැටිත්, දුකත් මේ අනිත්‍යතාවත් වදාළා. ඒ වගේම මේ අසංඛත වූ සනාතන වූ දුක් නැති තැන වන නිවන ගැනත් වදාළා. කෙලෙස් දුරුවෙන ඒ ආර්ය අෂ්ටාංගික මාර්ගය ගැනත් වදාළා.

711. මට ආයුෂ තිබුණේ ටිකයි. මං මැරුනා. ඒ ලෝකෙන් චුත වුනා. ඊට පස්සෙ තමයි මේ තව්තිසාවේ දෙවියන් අතර යසස් ඇතිව උපන්නෙ. දැන් මං සක් දෙවිඳුගේ බිරිඳක්. මගේ නම හැමතැනම පැතිරිලා තියෙන්නෙ. මම යසුත්තරා.

තුන්වෙනි නාග විමානයයි.

සාදු ! සාදු !! සාදු !!!

4.4.

712. පින්වත් දෙව්දුව, ඔබ ඔය සුන්දර රූපෙන් බැබලෙමින් ඉන්නෙ හැම දිසාවක්ම බබුලුවන ඕසධී තාරුකාවක් වගේ.

713. ඇත්තෙන්ම ඔබට මෙවැනි ලස්සනක් ලැබුනේ කොහොමද? මොන වගේ පිනකින්ද ඔබට මේව ලැබුනේ? සිතට ප්‍රිය උපදවන මේ සැප සම්පත් ලැබුනේ මොන වගේ පිනකින්ද?

714. මහානුභාව ඇති පින්වත් දෙව්දුව, මිනිස් ලෝකෙ ඉන්න කාලෙදි මොන වගේ පිනක්ද ඔබ කළේ? ආනුභාව සම්පන්නව ඔය බැබලි බැබලී ඉන්න පින මොකක්ද? ඔබේ සිරුරෙන් විහිදෙන එළියෙන් හැමදිසාවම බබලනවා.

715. මොග්ගල්ලාන මහරහතන් වහන්සේ තමයි මේ ප්‍රශ්න ඇහුවේ. ඒ ගැන ඒ දෙව් දුව ගොඩාක් සතුටු වුනා. මොන වගේ පින්කම්වලින් ද මේ සැප ලැබුනේ කියන ප්‍රශ්නයට ඇය මෙහෙමයි පිළිතුරු දුන්නේ.

716. මං බරණැස් නුවරදී හිරු ගොත් වංශයේ ඥාතිවරයා වන බුදුරජාණන් වහන්සේට පහන් සිතින් යුතුව මගේ දෑතින්මයි වියලි පිට්ටුවක් පූජා කළේ.

717. ඒ පිට්ටුව වියලි එකක්. ලුණු තිබුනෙත් නෑ. එබඳු දානයෙහි පවා විපාකය බලන්න. එබඳු දෙයකට මෙබඳු සැපවත් දෙව්ලොවක ඉන්න මේ අලෝමා දෙව්දුව දැක දැකත් පින් නොකරන්නෙ කවුද?

718. ඒ පිනෙන් තමයි මෙවැනි ලස්සනක් මට ලැබුනේ. ඒ පිනෙන්මයි මේ සම්පත් ලැබුනේ. සිතට ප්‍රීතිය උපදවන මේ සැප සම්පත් ඔක්කොම ලැබුනේ ඒ නිසාමයි.

719. මහානුභාව සම්පන්න වූ ස්වාමීන් වහන්ස, මිනිස් ලෝකෙදි ඔය පින තමයි මං කරගත්තෙ. ආනුභාව සම්පන්නව බැබලි බැබලී ඉන්න පින ඕක තමයි. මගේ සිරුරෙන් විහිදෙන එළියෙන් හැම දිසාවම බබලනවා.

සාදු ! සාදු !! සාදු !!!

හතර වෙනි අලෝමා විමානයයි.

4.5.

720. පින්වත් දෙව්දුව, ඔබ ඔය සුන්දර රූපෙන් බැබලෙමින් ඉන්නෙ හැම දිසාවක්ම බබුලුවන ඕසධී තාරුකාවක් වගේ.

721. ඇත්තෙන්ම ඔබට මෙවැනි ලස්සනක් ලැබුනේ කොහොමද? මොන වගේ පිනකින්ද ඔබට මේවා ලැබුනේ? සිතට ප්‍රිය උපදවන මේ සැප සම්පත් ලැබුනේ මොන වගේ පිනකින්ද?

722. මහානුභාව ඇති පින්වත් දෙව්දුව, මිනිස් ලෝකෙ ඉන්න කාලෙදි මොන වගේ පිනක්ද ඔබ කළේ? ආනුභාව සම්පන්නව ඔය බැබලි බැබලී ඉන්න පින මොකක්ද? ඔබේ සිරුරෙන් විහිදෙන එළියෙන් හැම දිසාවම බබලනවා.

723. මොග්ගල්ලාන මහරහතන් වහන්සේ තමයි මේ ප්‍රශ්න ඇහුවේ. ඒ ගැන ඒ දෙව්දුව ගොඩාක් සතුටු වුනා. මොන වගේ පින්කම්වලින්ද මේ සැප ලැබුනේ කියන ප්‍රශ්නයට ඇය මෙහෙමයි පිළිතුරු දුන්නේ.

724. මං අන්ධකවින්ද රටේදි තමයි ආදිච්චබන්ධු වූ බුදුරජාණන් වහන්සේට කැඳක් පූජා කරගත්තේ. ඒක හොඳ හැටියට තෙම්පරාදු කරපු බෙහෙත් කොළ කැඳක්.

725. ඒකට මං තිප්පිලි දැම්මා. සුදු ළූණු දැම්මා. සැවැන්දරා දැම්මා. ඍජු සිත් ඇති බුදුරජාණන් වහන්සේ ගැන චිත්තප්පසාදයෙන්මයි මං ඒ බෙහෙත් කැඳ පූජා කරගත්තේ.

726. සියලු අඟපසඟින් සුන්දර වූ ස්ත්‍රියක් ඉන්නවා. තමන්ගේ ස්වාමියාට ඇගේ දැක්මත් අලාමකයි. ඇය සක්විති රජුගේ අගමෙහෙසිය බවට පත්වෙනවා. ඒ වුනාට ඒ සම්පත් මේ බෙහෙත් කැඳ දාන විපාකයෙන් සොළොස්වෙනි කලාවෙන් කලාවක් තරම්වත් වටින්නෙ නෑ.

727. ලක්ෂයක් රන්කහවණු, ලක්ෂයක් අශ්වයන්, අශ්වෙළඹුන් යොදවපු ලක්ෂයක් අශ්වරථ, සුන්දර මිනිකොඬොල් ආභරණවලින් සැරසුණු ලක්ෂයක් කණ්‍යාවන් කියන මේ කිසිදෙයක් බෙහෙත් කැඳ දාන විපාකයෙන් සොලොස්වෙනි කලාවෙන් කලාවක් තරම්වත් වටින්නෙ නෑ.

728. හේමවත කියන වටිනා ඇත්තු ජාතියක් ඉන්නවා. ඒ ඇතුන්ට උතුම් රථරෝදයේ හැඩයට කරකැවී ගිය ඇත් දළ තියෙනවා. රනින් කරපු ආභරණවලින් ඒ ඇතුන්ගෙ බෙල්ල සරසලා තියෙනවා. එබඳු සෝභමාන වූ ඇතුන් සියයක් ලැබුනත් බෙහෙත් කැඳ දාන විපාකයෙන් සොළොස්වෙනි කලාවෙන් කලාවක් තරම්වත් වටින්නෙ නෑ.

729. මේ ලෝකයෙහි කවුරු හරි කෙනෙක් සිව්මහ දිවයිනට අධිපති වෙලා සක්විති රජපදවියට පත්වෙනවා නම් බෙහෙත් කැඳ දාන විපාකයෙන් සොළොස්වෙනි කලාවෙන් කලාවක් තරම්වත් වටින්නෙ නෑ.

සාදු ! සාදු !! සාදු !!!

පස් වෙනි කඤ්ජිකාදායිකා විමානයයි.

4.6.

730. පින්වත් දෙව්දුව, ඔබ ඔය සුන්දර රූපෙන් බැබලෙමින් ඉන්නෙ හැම දිසාවක්ම බබුලුවන ඕසධී තාරුකාවක් වගේ.

731. ඔබ නටද්දී ඔබේ මේ සියලු අඟපසඟින් ඉතා කන්කලු වූ මනරම් වූ දිව්‍ය නාදයන් නිකුත් වෙනවා.

732. ඔබ නටද්දී ඔබේ මේ සියලු අඟපසඟින් ඉතා මනරම් වූ දිව්‍ය සුගන්ධයන් නිකුත් වෙනවා.

733. නටන ඔබේ සිරුර ලෙලදෙන විට ඔය කේශකලාපයෙහි ඇති සුන්දර පළඳනාවලිනුත් මිහිරි නාදය ඇහෙන්නෙ පංචාංගික තූර්යය නාදයක් වගේ.

734. ඔබේ හිසේ මුදුන් මල් කළඹක් තියෙනවා. මද සුළඟින් ඒ මුදුන් මල් කළඹ සැළෙද්දි එයිනුත් මිහිරි නාදය ඇහෙන්නෙ පංචාංගික තූර්යය නාදයක් වගේ.

735. ඔබේ හිසෙහි පැළඳගෙන ඉන්න මල්දම හරිම ලස්සනයි. හරිම සුවඳයි. ඒ සුවඳ පැතිරිලා යන්නෙ පිපී සුවඳ හමන මඤ්ජුස්සක වෘක්ෂයක් වගේ.

736. මේ සොඳුරු සුගන්ධය ඔබේ නාසයට දැනෙනවා නේද? මේ දිව්‍ය රූපය ඔබට පෙනෙනවා නේද? පින්වත් දෙව්දුව, අපි අහන්නෙ මේකයි. ඔබට මේ වගේ සම්පත් ලැබුනේ මොන වගේ කර්මයක විපාකයක් හැටියටද?

737. ස්වාමීනි, සැවැත් නුවර මගේ යෙහෙළියක් හිටියා. ආර්ය සඟරුවන උදෙසා ඇය මහ විහාරයක් කෙරෙව්වා. මං ඒ ගැන ගොඩාක් සතුටු වුනා. මං ඒ පින අනුමෝදන් වුනා. ඒ ප්‍රාසාදය මං දැක්කා. මටත් ඒ සඟ රුවන ගැන හරි ප්‍රියක් තියෙන්නෙ.

738. මං මේ පින අනුමෝදන් වුනේ පිරිසිදු සිතින්මයි. දර්ශනීය වූ මේ පුදුම සහගත දිව්‍ය විමානය පහළ වුනේ ඒ නිසාමයි. මගේ පුණ්‍ය ඉර්ධියෙන් අහසේ සොළොස් යොදුනක් පුරා මේ විමානය ගමන් කරනවා.

739. ඒ මගේ දිව්‍ය විමානයේ සුවිසාල මන්දිර තියෙනවා. හරි අපූරුවට කාමර බෙදලා තියෙනවා. හාත්පස සතර දිග්භාගයේම ඒ විමානය දිළිසෙනවා.

740. මෙහෙ ලස්සන පොකුණු තියෙනවා. පතුලෙ තියෙන්නෙ රත්රන් වැලි. වතුර ටික හරිම අගෙයි. හොඳට පැදිලා තියෙන්නෙ. දිව්‍ය මාළු රංචු මෙහි පීනනවා.

741. ඒ පොකුණේ ලස්සන ලස්සන නෙළුම් පිපෙනවා. සුදු නෙළුම් පිපිල හැම තැනම තියෙනවා. සිනිඳු සුළඟ හමා ගෙන යද්දි හරිම සුවඳයි.

742. එහි ජම්බු තියෙනවා. කොස් තියෙනවා. තල්පොල් තියෙනවා. කවුරුවත් හිටවලා නෑ. නමුත් ඒ විමානයේ එක එක විදිහේ ගස් ජාති පහළ වෙලා තියෙනවා.

743. නා නා තූර්යය වාදනවලින් මිහිරි සංගීතය පැතිරෙනවා. අප්සරාවන් පිරිවරා ගෙන ඉන්නවා. ඉතින් යම් කෙනෙක් මාව සිහිනෙන්වත් දැක්කොත් ඒ මනුස්සයාට ප්‍රීතියක්මයි ඇති වෙන්නෙ.

744. මේ විදිහේ පුදුමාකාර දර්ශනීය හැම අතින්ම ආලෝකමත් විමානයක් මට ලැබුණේ මං කරගත්තු පින්වලින්මයි. ඒ නිසා පින් කිරීමමයි හොඳ.

745. ඔබේ ඒ පිරිසිදු පුණ්‍යානුමෝදනාවෙන්ම තමයි මේ පුදුමාකාර දර්ශනීය විමානය ලැබුනේ. ඉතින් ඒ විහාරදානය දීපු ස්ත්‍රිය කොහේද උපදින්න ඇත්තෙ? ඇගේ ගතිය කියනවාද?

746. ස්වාමීනි, එයා මගේ යෙහෙළිය නෙව. එයා නෙ ආර්ය සංඝයාට ඒ මහා විහාරය හදවලා පූජා කළේ. චතුරාර්ය සත්‍ය ධර්මය ගැන අවබෝධයක් ඇතුවයි ඈ දන් දුන්නේ. ඇය උපන්නෙ නිම්මාණරතියෙ දෙවියන් අතරයි.

747. දැන් ඈ සුනිම්මිත දෙව්රජුගේ බිරින්දෑ වෙලා ඉන්නේ. ඇගේ පුණ්‍ය විපාකය නම් සිතින් සිතා ගන්ටවත් බෑ. ඇය කොහේද උපන්නෙ කියල නේ මගෙන් ඇහුවෙ. මං ඔබ ඔබවහන්සේට කිව්වෙ ඇති සැටියෙන්මයි.

748. ඒ නිසා අනිත් උදවියවත් කුසල් දහම්වලයි සමාදන් කරවන්ට ඕන. සතුටු සිතින් යුතුව ආර්ය සංඝයාට දන් පූජා කරන්ට ඕන. සිත පහදවා ගෙනමයි බණ අසන්ට ඕන. මේ මනුස්ස ජීවිතයක් ලැබීම කියන්නෙ අතිශයින්ම දුර්ලභ වූ ලැබීමක්.

749. තනි රත්තරන් පාටින් යුතු මධුර වූ බ්‍රහ්මස්වර ඇති බුදුරජාණන් වහන්සේ තමයි මේ ශ්‍රේෂ්ඨ වූ යහපත් මාර්ගය වදාළේ. ඒ නිසා යම් කෙනෙකුට පූජා කරන දානය මහත්ඵල උපදවයිද අන්න ඒ දානය සතුටු සිතින් යුතුව ආර්ය සංඝරත්නයටයි පූජා කරන්ට ඕන.

750. බුද්ධාදි සත්පුරුෂයන් වහන්සේලා ප්‍රශංසා කරන ආර්ය පුද්ගලයන් අට දෙනෙක් ඉන්නවා. යුගල වශයෙන් ගත්තොත් යුගල හතරක් වෙනවා. සුගතයන් වහන්සේගේ ශ්‍රාවකයන් වන ඒ ආර්යයන් වහන්සේලා දන් පැන් ලැබීමට සුදුසු යි. උන්වහන්සේලාට පූජා කරන දානය මහත්ඵල ලබාදෙනවා.

751. මාර්ගස්ථ පුද්ගලයන් හතර දෙනයි. ඵලස්ථ පුද්ගලයන් සිටින්නෙත් හතර දෙනයි. මේ තමයි ඍජු සිත් ඇති ආර්ය සංඝරත්නය. උන්වහන්සේලා ප්‍රඥා සම්පන්නයි. සීල සම්පන්නයි. සමාහිත සිතින් යුක්තයි.

752. දන්පැන් දෙන මිනිස්සු ඉන්නවා. පින් අපේක්ෂාවෙන්මයි ඔවුන් දන් දෙන්නෙ. යම් ඒ ආර්ය සංඝයාට දෙන දානය තමයි මහත්ඵල විපාක ලබාදෙන්නෙ.

753. මේ ආර්ය සංඝයා වනාහි මහානීය ගුණයෙන් යුක්ත යි. මිණිය නොහැකි ගුණයෙන් යුක්තයි. සාගර ජලය වගේ. නරවීරයන් වහන්සේගේ ශ්‍රාවක වූ මේ පිරිසම තමයි ශ්‍රේෂ්ඨ. ධර්මය බෙදා දෙමින් ලෝකය එළිය කරන්නෙ ඔවුන් තමයි.

754. අන්න ඒ ආර්ය සංඝයාට දන් පැන් පූජා කර ගත්තොත් නිසි තැනට පූජා කළා වෙනවා. ඒක තමයි හරි විදිහට දීපු දේ. ඒක තමයි නියමාකාරයෙන් කරගත්තු යාගය. ලෝකවිදූ වූ බුදුරජාණන් වහන්සේ විසින් වර්ණනා කරල තියෙනවා ආර්ය සංඝයාට පූජා කරන දක්ෂිණාව මහත්ඵල ලබාදෙනවා කියල.

755. එවැනි ආර්ය සංඝයා උදෙසා දෙන දානය සිහි කරන්ට ඕන. එතකොට එයාලාට හරි සතුටක් ඇති වෙනවා. මසුරුමළ මුලින්ම දුරු කරලා ලෝකයේ ජීවත් වෙන්න පුළුවනි. නින්දා රහිත වූ ස්වර්ග ලොවෙහි උපදින්ටත් පුළුවනි.

සාදු ! සාදු !! සාදු !!!

හයවෙනි විහාර විමානයයි.

4.7

756. පින්වත් දෙව්දුව, ඔබ ඔය සුන්දර රූපෙන් බැබලෙමින් ඉන්නෙ හැම දිසාවක්ම බබුලුවන ඕසධී තාරුකාවක් වගේ.

757. ඇත්තෙන්ම ඔබට මෙවැනි ලස්සනක් ලැබුනේ කොහොමද? මොන වගේ පිනකින්ද ඔබට මේව ලැබුනේ? සිතට ප්‍රිය උපදවන මේ සැප සම්පත් ලැබුනේ මොන වගේ පිනකින්ද?

758. මහානුභාව ඇති පින්වත් දෙව්දුව, මිනිස් ලෝකෙ ඉන්න කාලෙදි මොන වගේ පිනක්ද ඔබ කළේ? ආනුභාව සම්පන්නව ඔය බැබලි බැබලී ඉන්න පින මොකක් ද? ඔබේ සිරුරෙන් විහිදෙන එළියෙන් හැම දිසාවම බබලනවා.

759. මොග්ගල්ලාන මහරහතන් වහන්සේ තමයි මේ ප්‍රශ්න ඇහුවේ. ඒ ගැන ඒ දෙව්දුව ගොඩාක් සතුටු වුනා. මොන වගේ පින්කම්වලින්ද මේ සැප ලැබුනේ කියන ප්‍රශ්නයට ඇය මෙහෙමයි පිළිතුරු දුන්නේ.

760. ඒසිකා කියන රටේ කඳු පෙදෙසක තමයි පණ්ණකත කියන රම්‍ය වූ නගරය තිබුනේ. එහෙ තමයි මං හිටියේ. දවසක් ස්වාමීන් වහන්සේ නමක් පිණ්ඩපාතේ වැඩියා. මං උන්වහන්සේට ඇහැල මල් කළඹක් පූජා කළා.

761. ඒ පිනෙන් තමයි මෙවැනි ලස්සනක් මට ලැබුනේ. ඒ පිනෙන්මයි මේ සම්පත් ලැබුනේ. සිතට ප්‍රීතිය උපදවන මේ සැප සම්පත් ඔක්කොම ලැබුනේ ඒ නිසාමයි.

762. මහානුභාව සම්පන්න වූ ස්වාමීන් වහන්ස, මිනිස් ලෝකෙ දි ඔය පින තමයි මං කරගත්තේ. ආනුභාව සම්පන්නව බැබලි බැබලී ඉන්න පින ඕක තමයි. මගේ සිරුරෙන් විහිදෙන එළියෙන් හැම දිසාවම බබලනවා. (ඉන්දීවරදායිකා)

763. පින්වත් දෙව්දුව, ඔබ ඔය සුන්දර රූපෙන් බැබලෙමින් ඉන්නෙ හැම දිසාවක්ම බබුළුවන ඕසධී තාරුකාවක් වගේ.

764. ඇත්තෙන්ම ඔබට මෙවැනි ලස්සනක් ලැබුනේ කොහොමද? මොන වගේ පිනකින්ද ඔබට මේව ලැබුනේ? සිතට ප්‍රිය උපදවන මේ සැප සම්පත් ලැබුනේ මොන වගේ පිනකින්ද?

765. මහානුභාව ඇති පින්වත් දෙව්දුව, මිනිස් ලෝකෙ ඉන්න කාලෙදි මොන වගේ පිනක්ද ඔබ කළේ? ආනුභාව සම්පන්නව ඔය බැබලි බැබලී ඉන්න

පින මොකක් ද? ඔබේ සිරුරෙන් විහිදෙන එළියෙන් හැම දිසාවම බබලනවා.

766. මොග්ගල්ලාන මහරහතන් වහන්සේ තමයි මේ ප්‍රශ්න ඇහුවේ. ඒ ගැන ඒ දෙව්දුව ගොඩාක් සතුටු වුනා. මොන වගේ පින්කම්වලින්ද මේ සැප ලැබුනේ කියන ප්‍රශ්නයට ඈය මෙහෙමයි පිළිතුරු දුන්නේ.

767. ඒසිකා කියන රටේ කඳු පෙදෙසක තමයි පණ්ණකත කියන රම්‍ය වූ නගරය තිබුනෙ. එහෙ තමයි මං හිටියේ. දවසක් ස්වාමීන් වහන්සේ නමක් පිණ්ඩපාතේ වැඩියා. මං උන්වහන්සේට නිල්මහනෙල් මල් කළඹක් පූජා කළා.

768. ඒ පිනෙන් තමයි මෙවැනි ලස්සනක් මට ලැබුනේ. ඒ පිනෙන්මයි මේ සම්පත් ලැබුනේ. සිතට ප්‍රීතිය උපදවන මේ සැප සම්පත් ඔක්කොම ලැබුනේ ඒ නිසාමයි.

769. මහානුභාව සම්පන්න වූ ස්වාමීන් වහන්ස, මිනිස් ලෝකෙදි ඔය පින තමයි මං කර ගත්තේ. ආනුභාව සම්පන්නව බැබලි බැබලී ඉන්න පින ඕක තමයි. මගේ සිරුරෙන් විහිදෙන එළියෙන් හැම දිසාවම බබලනවා. (නීලුප්පලදායිකා)

770. පින්වත් දෙව්දුව, ඔබ ඔය සුන්දර රූපෙන් බැබලෙමින් ඉන්නෙ හැම දිසාවක්ම බබුලුවන ඕසධී තාරුකාවක් වගේ.

771. ඇත්තෙන්ම ඔබට මෙවැනි ලස්සනක් ලැබුනේ කොහොමද? මොන වගේ පිනකින්ද ඔබට මේව ලැබුනේ? සිතට ප්‍රිය උපදවන මේ සැප සම්පත් ලැබුනේ මොන වගේ පිනකින්ද?

772. මහානුභාව ඇති පින්වත් දෙව්දුව, මිනිස් ලෝකෙ ඉන්න කාලෙදි මොන වගේ පිනක්ද ඔබ කළේ? ආනුභාව සම්පන්නව ඔය බැබලි බැබලී ඉන්න පින මොකක්ද? ඔබේ සිරුරෙන් විහිදෙන එළියෙන් හැම දිසාවම බබලනවා.

773. මොග්ගල්ලාන මහරහතන් වහන්සේ තමයි මේ ප්‍රශ්න ඇහුවේ. ඒ ගැන ඒ දෙව්දුව ගොඩාක් සතුටු වුනා. මොන වගේ පින්කම්වලින්ද මේ සැප ලැබුනේ කියන ප්‍රශ්නයට ඈය මෙහෙමයි පිළිතුරු දුන්නේ.

774. ඒසිකා කියන රටේ කඳු පෙදෙසක තමයි පණ්ණකත කියන රම්‍ය වූ නගරය තිබුනේ. එහෙ තමයි මං හිටියේ. දවසක් ස්වාමීන් වහන්සේ

නමක් පිණ්ඩපාතේ වැඩියා. මං උන්වහන්සේට නෙළුම් මල් කළඹක් පූජා කළා. ඒ නෙළුම්වල සුදු මුල් තියෙනවා. කොළ පැහැති පත්‍ර තියෙනවා. විලේ තමයි ඒවා හැදුනේ.

775. ඒ පිනෙන් තමයි මෙවැනි ලස්සනක් මට ලැබුනේ. ඒ පිනෙන්මයි මේ සම්පත් ලැබුනේ. සිතට ප්‍රීතිය උපදවන මේ සැප සම්පත් ඔක්කොම ලැබුනේ ඒ නිසාමයි.

776. මහානුභාව සම්පන්න වූ ස්වාමීන් වහන්ස, මිනිස් ලෝකෙදි ඔය පින තමයි මං කරගත්තේ. ආනුභාව සම්පන්නව බැබලි බැබලී ඉන්න පින ඕක තමයි. මගේ සිරුරෙන් විහිදෙන එළියෙන් හැම දිසාවම බබලනවා. (ඕදතමූලදායිකා)

777. පින්වත් දෙව්දුව, ඔබ ඔය සුන්දර රූපෙන් බැබලෙමින් ඉන්නෙ හැම දිසාවක්ම බබුළුවන ඕසධී තාරුකාවක් වගේ.

778. ඇත්තෙන්ම ඔබට මෙවැනි ලස්සනක් ලැබුනේ කොහොමද? මොන වගේ පිනකින්ද ඔබට මේව ලැබුනේ? සිතට ප්‍රිය උපදවන මේ සැප සම්පත් ලැබුනේ මොන වගේ පිනකින්ද?

779. මහානුභාව ඇති පින්වත් දෙව්දුව, මිනිස් ලෝකෙ ඉන්න කාලෙදි මොන වගේ පිනක්ද ඔබ කළේ? ආනුභාව සම්පන්නව ඔය බැබලි බැබලී ඉන්න පින මොකක්ද? ඔබේ සිරුරෙන් විහිදෙන එළියෙන් හැම දිසාවම බබලනවා.

780. මොග්ගල්ලාන මහරහතන් වහන්සේ තමයි මේ ප්‍රශ්න ඇහුවේ. ඒ ගැන ඒ දෙව්දුව ගොඩාක් සතුටු වුනා. මොන වගේ පින්කම්වලින්ද මේ සැප ලැබුනේ කියන ප්‍රශ්නයට ඇය මෙහෙමයි පිළිතුරු දුන්නේ.

781. මං සුමනා. ඒසිකා කියන රටේ කඳු පෙදෙසක තමයි පණ්ණකත කියන රම්‍ය වූ නගරය තිබුනේ. එහෙ තමයි මං හිටියේ. දවසක් ස්වාමීන් වහන්සේ නමක් පිණ්ඩපාතේ වැඩියා. මං උන්වහන්සේට ඇත්දළ පාටින් යුතු දෑසමන් මල් කැකුළු පූජා කළා.

782. ඒ පිනෙන් තමයි මෙවැනි ලස්සනක් මට ලැබුනේ. ඒ පිනෙන්මයි මේ සම්පත් ලැබුනේ. සිතට ප්‍රීතිය උපදවන මේ සැප සම්පත් ඔක්කොම ලැබුනේ ඒ නිසාමයි.

783. මහානුභාව සම්පන්න වූ ස්වාමීන් වහන්ස, මිනිස් ලෝකෙදි ඔය පින තමයි මං කර ගත්තෙ. ආනුභාව සම්පන්නව බැබලි බැබලී ඉන්න පින

ඕක තමයි. මගේ සිරුරෙන් විහිදෙන එළියෙන් හැම දිසාවම බබලනවා. (සුමනමකුළදායිකා)

සාදු ! සාදු !! සාදු !!!

හත්වෙනි චතුරිත්ථි විමානයයි.

4.8.

784. පින්වත් දෙව්දුව, ඔබේ දිව්‍යමය අඹ වනය හරිම රමණීයයි. මෙහි විමානයත් හරි විශාලයි නෙව. විවිධාකාර තූර්ය වාදන හඬ ඇහෙනවා. අප්සරාවන්ගේ කතා බහ ඇහෙනවා.

785. මෙහි රනින් හැදුනු මහා පහනක් තියෙනවා. ඒක නිතරම දැල්වෙනවා. වටේට තියෙන ගස්වල තිබෙන්නේ දිව්‍ය සළුපිළිවලින් හැදුනු පලතුරු.

786. ඇත්තෙන්ම ඔබට මෙවැනි ලස්සනක් ලැබුනේ කොහොමද? මොන වගේ පිනකින්ද ඔබට මේවා ලැබුනේ? සිතට ප්‍රිය උපදවන මේ සැප සම්පත් ලැබුනේ මොන වගේ පිනකින්ද?

787. මහානුභාව ඇති පින්වත් දෙව්දුව, මිනිස් ලෝකෙ ඉන්න කාලෙදි මොන වගේ පිනක්ද ඔබ කළේ? ආනුභාව සම්පන්නව ඔය බැබලි බැබලී ඉන්න පින මොකක්ද? ඔබේ සිරුරෙන් විහිදෙන එළියෙන් හැම දිසාවම බබලනවා.

788. මොග්ගල්ලාන මහරහතන් වහන්සේ තමයි මේ ප්‍රශ්න ඇහුවේ. ඒ ගැන ඒ දෙව්දුව ගොඩාක් සතුටු වුනා. මොන වගේ පින්කම්වලින්ද මේ සැප ලැබුනේ කියන ප්‍රශ්නයට ඇය මෙහෙමයි පිළිතුරු දුන්නේ.

789. මං ඉස්සර මනුස්ස ලෝකෙදි මිනිස් දුවක් වෙලා හිටියේ. මං ආර්ය සංඝරත්නයට විහාරයක් කරවලා පූජා කළා. ඒ භූමිය අඹ ගස්වලින් පිරිල තිබුනා.

790. ඒ විහාරයේ වැඩ අවසන් වුනාම විහාර පූජාව සිදුකරන කොට මං ලස්සන රෙදිවලින් පලතුරු ගෙඩි හදවලා ඒ අඹ රුක් සැරසුවා.

791. මං එහි පහනක් දැල්වූවා. උතුම් සංඝයා වහන්සේට දන් වැළඳෙව්වා. මං ඒ විහාරය මේ දෑතින් ම ආර්ය සංඝයාට පූජා කළේ පහන් සිතින්මයි.

792. ඒ නිසයි මේ රමණීය දිව්‍යමය අඹ වනය මට ලැබුනේ. මෙහි විමානයත්

හරි විශාලයි තමයි. විවිධාකාර තූර්ය වාදන හඬ ඇහෙනවා තමයි. අප්සරාවන්ගේ කතාබහ ඇහෙනවා තමයි.

793. මෙහි රනින් හැදුනු මහා පහනකුත් තියෙනවා. ඒක නිතරම දැල්වෙනවා. වටේට තියෙන ගස්වල දිව්‍ය සළුපිළිවලින් හැදුනු පලතුරුත් තියෙනවා.

794. ඒ පිනෙන් තමයි මෙවැනි ලස්සනක් මට ලැබුනේ. ඒ පිනෙන්මයි මේ සම්පත් ලැබුනේ. සිතට ප්‍රීතිය උපදවන මේ සැප සම්පත් ඔක්කොම ලැබුනේ ඒ නිසාමයි.

795. මහානුභාව සම්පන්න වූ ස්වාමීන් වහන්ස, මිනිස් ලෝකෙදි ඔය පින තමයි මං කරගත්තේ. ආනුභාව සම්පන්නව බැබලි බැබලී ඉන්න පින ඕක තමයි. මගේ සිරුරෙන් විහිදෙන එළියෙන් හැම දිසාවම බබලනවා.

සාදු ! සාදු !! සාදු !!!

අටවෙනි අම්බ විමානයයි.

4.9.

796. ඔබට රන්වන් දිවසළු තියෙනවා. රන්කොඩි ලෙල දෙනවා, රන් ආභරණවලින් සැරසිලා ඉන්නවා. රන්වන් පාට සඳුන්වලින් ගත තවරාගෙන ඉන්නවා. රන්වන් පාට මහනෙල් මල් පැළඳගෙන ඉන්නවා.

797. ප්‍රාසාදයත් රන්වන්. සයනාසනත් රන්වන්. රන්බඳුන් තියෙනවා. රන්වන් කුඩ තියෙනවා. දිව්‍ය රථත් රන්වන්. ඒ අශ්වයනුත් රන්වන් පාටයි. ඒ විජිනි පතුත් රන්වන් පාටයි.

798. සුන්දරී, ඔබ ඉස්සර මනුස්ස ලෝකෙදි මොන වගේ කුසල කර්මයක්ද කළේ. පින්වත් දෙව්දුව, අපි මේ ඔබෙන් අහන්නෙ මෙවැනි පුණ්‍ය විපාකයක් ලබන්ට හේතු වුන පුණ්‍ය කර්මය ගැනයි.

799. සක් දෙව්ඳුනි, වැටකොළු නමින් වැල් ජාතියක් තියෙනවා. මං ඒ වැලෙන් මල් හතරක් කඩාගත්තා. මට ලොකු බලාපොරොත්තුවක් තිබුනෙ නෑ. මං ඒ මල්ගෙන බුදු රජුන්ගේ ස්ථූපය කරා ගියා.

800. ශාස්තෘන් වහන්සේ ගේ උතුම් බුදු සිරුර ගැන හිතද්දී මගේ හිතට පුදුමාකාර සතුටක් දැනුනා. මං ඒ ස්ථූපය ගැනමයි සිත සිතා හිටියේ. ඒ ගවදෙන එනවා මං දැක්කෙ නෑ.

801. මට ස්ථූපය ළඟට ගිහින් මල් පූජා කරගන්නා අදහස ඉටුකර ගන්න බැරි වුනා. ගව දෙන ඇනලා මං මැරුනා. ඉතින් මට ඒ පින රැස් කර ගන්න පුළුවන් වුනා නම් මීටත් වඩා උතුම් සැප ලැබෙනවා කියලයි මට හිතෙන්නේ.

802. පින්වත් දේවේන්ද්‍රය, මඝවා නම් වූ උතුම් දෙවිඳ. මං ඒ පුණ්‍ය කර්මයෙන් තමයි මිනිස් ශරීරය අත්හැරලා ඔබ අතරට පැමිණුනේ.

803. තව්තිසා දෙව්ලොවට අධිපති මඝවා නම් වූ ඒ උතුම් දෙවිඳුන් තව්තිසා දෙව්වරුන්ව පැහැදෙන විදිහට මාතලී දිව්‍ය පුත්‍රයාට මෙහෙම කිව්වා.

804. පින්වත් මාතලී, මේ පුණ්‍ය විපාකය දිහා බලන්න. හරි අසිරිමත් නේද? දිය යුතු දේ ඉතා යන්තම් දෙයක් වුනත් ඒ පින මහත්ඵල ඉපදෙව්වා නෙව.

805. තථාගත වූ බුදුරජාණන් වහන්සේ ගැන වේවා, තථාගත ශ්‍රාවකයන් ගැන වේවා සිත පහදවා ගෙන සුළු දෙයක් දුන්නත් ඒ දක්ෂිණාව අල්ප වෙන්නෙ නෑ.

806. පින්වත් මාතලී, එන්න අපිත් තථාගතයන් වහන්සේගේ ධාතූන් වහන්සේලා වඩ වඩාත් පුදමු. පින් කිරීමමයි සැපය කියන්නෙ.

807. බුදුරජාණන් වහන්සේ ජීවමානව වැඩ සිටිද්දීත්, උන්වහන්සේ පිරිනිවන් පෑවට පස්සෙත් සම සිතින්ම යම් පූජාවක් කරනවා නම් සම විපාක ලැබෙනවා. මේ සත්වයන් සුගතියේ උපදින්නෙ සිත පිහිටුවා ගන්නා වූ යහපත් දේ අනුවමයි.

808. යම් කෙනෙකුට පූජා සත්කාර කරන දායකයන් සුගතියේ උපදිනවා නම්, ඒ තථාගතයන් වහන්සේලා ඒකාන්තයෙන්ම ලෝකයට පහළ වන්නේ බොහෝ දෙනාට යහපත උදාකරන්ටමයි.

සාදු ! සාදු !! සාදු !!!

නව වෙනි පීත විමානයයි.

4.10.

809. පින්වත් දෙව්දුව, ඔබ නම් අහසත් පොළොවත් එළිය කරන ඉරක් හඳක් වගේ. හැබෑවටම බබලනවා. සක් දෙවිඳු ප්‍රධාන තව්තිසා දෙවියන්

පරදවලා බබලන බ්‍රහ්මරාජයෙක් වගේ ඔබත් බබලනවා. සිරියාවෙනුත් සරීර සෝභාවෙනුත් යසසිනුත් තේජසිනුත් බබලනවා.

810. සුන්දර දෙව්දුව, නිල් මහනෙල් මල් මාලාවන් තමයි ඔබ පැළඳගෙන ඉන්නෙ. ඔබට දිළිසෙන රන්වන් සමක් තියෙනවා. ඒ සොඳුරු සිරුර අලංකාර වස්ත්‍රවලින් සරසාගෙන ඉන්නෙ. ඇත්තෙන්ම මට වන්දනා කරන ඔබ කවුද?

811. ඔබ කලින් ජාතියකදී මොන වගේ පුණ්‍යකර්මයක්ද කරගත්තෙ? හරි අගේට දන් පැන් පුදන්න ඇති නේද? එහෙම නැත්නම් ඉතා හොඳින් සිල් රැකගන්න ඇති. මේ යසස් ඇති සුගතියෙහි උපදින්න හේතු වුනේ මොන වගේ දෙයක්ද? පින්වත් දෙව්දුව, ඔය පුණ්‍ය විපාකය ලැබුණු පුණ්‍ය කර්මය ගැන අසන අපට පිළිතුරු දෙන්න.

812. ස්වාමීනි, දූන් මේ ගමේදීමයි ස්වාමීන් වහන්සේ නමක් අපේ නිවසට පිණ්ඩපාතෙ වැඩියේ. මගේ හිත පැහැදුනා. පුදුමාකාර ප්‍රීතියක් ඇති වුනා. ඉතින් මං උක් දණ්ඩක් රැගෙන මුඹ වහන්සේට පූජ කළා.

813. පස්සෙදි නැන්දා මගෙන් ඇහුවා "ලෙහෙලියේ, උක් දණ්ඩ කොහෙද තිබ්බේ" කියලා. මං එතකොට මෙහෙම කිව්වා. "මං ඒක වීසි කළේ නෑ. කෑවෙත් නෑ. ශාන්ත විහරණ ඇති ස්වාමීන් වහන්සේ නමකට මං ඒක පූජා කළා" කියල.

814. "අහා! එතකොට මේ ගෙදර ප්‍රධානියා තීද? එහෙම නැත්නම් මං ද?" කියල නැන්දා මට පරිභව කළා. එතැන තිබුණු ගල් කැටයක් අරගෙන මට පහර දුන්නා. මං මැරුනා. එයින් චුත වෙලා තමයි මං දෙව්දුවක් වුනේ.

815. මං කරගත්තෙ ඒ කුසල කර්මය විතරයි. තමන් කරගත්තු ඒ කුසල කර්මය නිසා මං දූන් සැප විඳිනවා. දෙවිවරුන් පිරිවරාගෙන හැසිරෙනවා. දිව්‍ය වූ පස්කම් සැපතින් සතුටු වෙනවා.

816. මං කරගත්තෙ ඒ කුසල කර්මය විතරයි. තමන් කර ගත්තු ඒ කුසල කර්මය නිසා මං දූන් සැප විඳිනවා. සක් දෙව්දුන් තමයි මේ තව්තිසාව රකින්නෙ. ඒ දෙවිවරු තමයි මාව රකින්නෙ. එනිසා මං දිව්‍ය වූ පස්කම් සැපතින් සතුටු වෙනවා.

817. මෙබඳු වූ උක්දඬු පූජාවකින් වුනත් මහා පුණ්‍යවිපාක තියෙනවා.

මේ ලැබුණු පුණ්‍යඵලය අල්ප දෙයක් නම් නෙවෙයි. මං දෙවිවරුන් පිරිවරාගෙන හැසිරෙනවා. දිව්‍ය වූ පස්කම් සැපතින් සතුටු වෙනවා.

818. මෙබඳු වූ උක්දඬු පූජාවකින් වුනත් මහා පුණ්‍යවිපාක තියෙනවා. මේ ලැබුණු පුණ්‍යඵලය අල්ප දෙයක් නම් නෙවෙයි. සක් දෙවිඳුන් තමයි මේ තව්තිසාව රකින්නෙ. ඒ දෙවිවරු තමයි මාව රකින්නෙ. එනිසා මං සක්දෙවිඳුන් වගේ සැපතින් සතුටු වෙනවා.

819. ස්වාමීනි, මහත් අනුකම්පා ඇති ඤාණවන්ත වූ මුඹ වහන්සේ ළඟට මං ආවා. වන්දනා කළා. සැප සනීප ඇහුවා. ඉතින් මම සිත පහදවාගෙන මහත් ප්‍රීතියකින් තමයි මුඹ වහන්සේට උක්දණ්ඩ පූජා කර ගත්තේ.

සාදු ! සාදු !! සාදු !!!

දසවෙනි උච්ඡු විමානය යි.

4.11.

820. පින්වත් දෙව්දුව, ඔබ ඔය සුන්දර රූපෙන් බැබලෙමින් ඉන්නෙ හැම දිසාවක්ම බබුලුවන ඕසධී තාරුකාවක් වගේ.

821. ඇත්තෙන්ම ඔබට මෙවැනි ලස්සනක් ලැබුනේ කොහොමද? මොන වගේ පිනකින්ද ඔබට මේවා ලැබුනේ? සිතට ප්‍රිය උපදවන මේ සැප සම්පත් ලැබුනේ මොන වගේ පිනකින්ද?

822. මහානුභාව ඇති පින්වත් දෙව්දුව, මිනිස් ලෝකෙ ඉන්න කාලෙදි මොන වගේ පිනක්ද ඔබ කළේ? ආනුභාව සම්පන්නව ඔය බැබලි බැබලී ඉන්න පින මොකක් ද? ඔබේ සිරුරෙන් විහිදෙන එළියෙන් හැම දිසාවම බබලනවා.

823. මොග්ගල්ලාන මහරහතන් වහන්සේ තමයි මේ ප්‍රශ්න ඇහුවේ. ඒ ගැන ඒ දෙව්දුව ගොඩාක් සතුටු වුනා. මොන වගේ පින්කම්වලින්ද මේ සැප ලැබුනේ කියන ප්‍රශ්නයට ඇය මෙහෙමයි පිළිතුරු දුන්නේ.

824. ස්වාමීනි, මං ඉස්සර මනුස්ස ලෝකයේ මනුස්ස දුවක් වෙලා හිටියා. මං දැක්කා සිල්වත් ශ්‍රමණයන් වහන්සේලාව. මගේ හිත පැහැදුනා. මං උන්වහන්සේලා ගේ දෙපා වන්දනා කළා. මට හරි සතුටුයි. මං වැඳගෙන හිටියා.

825. ඒ පිනෙන් තමයි මෙවැනි ලස්සනක් මට ලැබුනේ. ඒ පිනෙන්මයි මේ සම්පත් ලැබුනේ. සිතට ප්‍රීතිය උපදවන මේ සැප සම්පත් ඔක්කොම ලැබුනේ ඒ නිසාමයි.

826. මහානුභාව සම්පන්න වූ ස්වාමීන් වහන්ස, මිනිස් ලෝකෙදි ඔය පින තමයි මං කරගත්තේ. ආනුභාව සම්පන්නව බැබලි බැබලී ඉන්න පින ඕක තමයි. මගේ සිරුරෙන් විහිදෙන එළියෙන් හැම දිසාවම බබලනවා.

සාදු ! සාදු !! සාදු !!!

එකළොස්වෙනි වන්දන විමානයයි.

4.12.

827. පින්වත් දෙව්දුව, ඔබ ඔය සුන්දර රූපෙන් බැබලෙමින් ඉන්නෙ හැම දිසාවක්ම බබුලුවන ඕසධී තාරුකාවක් වගේ.

828. ඔබ නටද්දී ඔබේ මේ සියලු අඟපසඟින් ඉතා කණ්කළු වූ මනරම් වූ දිව්‍ය නාදයන් නිකුත් වෙනවා.

829. ඔබ නටද්දී ඔබේ මේ සියලු අඟපසඟින් මනරම් වූ දිව්‍ය සුගන්ධයන් නිකුත් වෙනවා.

830. නටන ඔබේ සිරුර ලෙලදෙන විට ඔය කේශකලාපයෙහි ඇති සුන්දර පළඳනාවලිනුත් මිහිරි නාදය ඇහෙන්නෙ පංචාංගික තූර්යය නාදයක් වගේ.

831. ඔබේ හිසේ මුදුන් මල් කළඹක් තියෙනවා. මඳ සුළඟින් ඒ මුදුන් මල් කළඹ සැළෙද්දි එයිනුත් මිහිරි නාදය ඇහන්නෙ පංචාංගික තූර්යය නාදයක් වගේ.

832. ඔබේ හිසෙහි පැළඳගෙන ඉන්න මල් දම හරිම ලස්සනයි. හරිම සුවඳයි. ඒ සුවඳ පැතිරිලා යන්නෙ පිපී සුවඳ හමන මඤ්ජුස්සක වෘක්ෂයක් වගේ.

833. මේ සොඳුරු සුගන්ධය ඔබේ නාසයට දැනෙනවා නේද? මේ දිව්‍ය රූපය ඔබට පෙනෙනවා නේද? පින්වත් දෙව්දුව, අපි අහන්නෙ මේකයි. ඔබට මේ වගේ සම්පත් ලැබුනේ මොන වගේ කර්මයක විපාකයක් හැටියටද?

834. මං ඉස්සර හිටියේ ගයාවේ. බ්‍රාහ්මණයෙකුගේ නිවසේ දාසියක් වෙලා සිටියා. මට පින් තිබුනෙ නෑ. මං අවාසනාවන්තියක්. මට කවුරුත් කිව්වේ රජ්ජුමාලා කියලා.

835. මට හරියට ආක්‍රෝශ ලැබුනා. වදවේදනා ලැබුනා. තර්ජන ලැබුනා. මට මේ ජීවිතය එපා වුනා. මං කලය අතට ගත්තා. වතුර ගේන්ට යන එකියක් වගේ මං ගෙදරින් නික්මිලා ගියා.

836. යන පාරෙන් ඈතට වෙන්ට කලය තිබ්බා. වන ලැහැබ ඇතුළට ගියා. මම මෙහෙදිම මැරෙනවා. මේ විදියට මගේ ජීවිතෙන් ඇති එලේ මොකක්ද?

837. තොණ්ඩුව හිරවෙන්ට ගැට ගැහුවා. ගහක එල්ලුවා. මේ වනයේ පෙනෙන්ට කවුරුත් ඉන්නවා දැයි කියල මම වටපිට බැලුවා.

838. මං එතකොට දැක්කා. මුළු ලෝකයටම හිතවත් වූ මුනීන්ද්‍රයන් වහන්සේ, බුදුරජාණන් වහන්සේ රුක් සෙවණක භාවනා කරනවා. උන්වහන්සේට නම් කොහෙන්වත් භයක් නෑ.

839. ඒ මට හරිම සංවේගයක් හටගත්තා. මටම පුදුමයි. මගේ ඇගේ මවිල් කෙලින් වුනා. වනාන්තරයේ ඉන්න මේ උත්තමයා කවුද? මිනිහෙක් ද? නැතිනම් දෙවියෙක්ද?

840. දුටු දුටුවන් පහදිනවා. ප්‍රාසාදනීයයි. කෙලෙස් වනයෙන් එළියට ඇවිදින් නිවනට පත් වුනා. උන්වහන්සේව දැක්කට පස්සෙ මගේ හිත පැහැදුනා. මේ උත්තමයා නම් එසේ මෙසේ කෙනෙක් නොවෙයි.

841. ඉඳුරන් රැකගෙනයි ඉන්නෙ. ධ්‍යානයෙහි ඇලිල ඉන්නෙ. නිවන තුළයි හිත තියෙන්නෙ. මුළු ලෝකයටම හිතවත්. මේ නම් බුදුරජාණන් වහන්සේ තමයි.

842. භය තැති ගැනීම් කියන දේවල් උන්වහන්සේට නම් වෙන්නෙ නෑ. ගුහාවක ඉන්න සිංහරාජයෙක් වගේ අතිශයින්ම දුර්ලභ දර්ශනයක්. දිඹුල් මලක් දැක ගැනීමත් ඒ වගේමයි.

843. ඒ තථාගතයන් වහන්සේ මොලොක් වචනවලින් "රජ්ජුමාලා" කියල මට කතා කරල තථාගතයන් වහන්සේව සරණ යන්න කියල වදාළා.

844. ඒ වචනවල කිසි දෝෂයක් නෑ. හරි ම අර්ථවත්. පිරිසිදුයි. මිහිරියි. බුද්ධිමත්. මොලොක්. රසවත්. හැම ශෝකයක්ම දුරුවෙනවා. මං ඒ වචන අහගෙන හිටියා.

845. මගේ සිත පැහැදුනා. පිරිසිදු වුනා. අවබෝධයට සුදුසු පරිදි සකස් වුනා. ඒ බව දැනගත් සකල ලොවට ම හිතැති තථාගතයන් වහන්සේ මට අනුශාසනා කොට වදාළා.

846. 'මේක තමයි දුක. මේක තමයි මේ දුකේ හට ගැනීම. මේක තමයි දුක නිරුද්ධ වීම. ඒ අමා නිවන කරා යන මාර්ගය මේක තමයි' කියල මට වදාළා.

847. ලෝකානුකම්පා ඇති නිවන් මගෙහි දක්ෂ වූ බුදුරජාණන් වහන්සේගේ අවවාදයෙහි මං පිහිටියා. ඒ ශාන්ත වූ අමරණීය වූ අමා මහ නිවන මට තේරුනා.

848. ඒ මං චතුරාර්ය සත්‍ය දර්ශනය නැමැති අවබෝධය නිසා දැඩි ප්‍රේමයක් ඇති වුනා. අකම්පිත වුනා. මුල් බැසගත්තා. මගේ ශ්‍රද්ධාව ස්ථිර වුනා. මං බුදුරජුන් ගේ ළයෙහි උපන් දෝණී කෙනෙක් වුනා.

849. දැන් මං සතුටු වෙනවා. කෙළිසෙල්ලම් කරනවා. ප්‍රීති වෙනවා. සතර අපා භයක් ඇත්තේම නෑ. දිව්‍ය මල් මාලා දරනවා. මධුමද්දව නම් නදියෙන් තමයි පැන් බොන්නෙ.

850. මාව ප්‍රබෝධවත් කරන්ට තූර්ය වාදන හැට දහසක් තියෙනවා. ඒ වගේම ආලම්බ, ගග්ගර, භීම, සාධුවාදී, සංසය,

851. පොක්ඛර, සුඵස්ස කියන දිව්‍ය පුත්‍රයනුත් වීණා, මොක්ඛා, නන්දා, සුනන්දා, සෝණදින්නා, සුචිම්හිතා,

852. අලම්බුසා, මිස්සකේසී, පුණ්ඩරීකා, අතිචාරුණී, ඒනිඵස්සා, සුඵස්සා, සුභද්දා, මුදුවාදිනී,

853. ඔය අප්සරාවනුත් දිව්‍ය සංගීතියෙහි ප්‍රශංසා ලබන සිත් පුබුදු කරවන තව අප්සරාවනුත් ඉන්නවා. එයාල සුදුසු වෙලාව බලල මං ළඟට ඇවිත් මෙහෙම කියනවා.

854. හොඳයි අපි නටමු. සිංදු කියමු. අපි ඔයාව සන්තෝෂ කරනවා. මේ දිව්‍ය විමානය පින් නොකළ උදවියට ලැබෙන්නෙ නෑ. පින්කළ උදවියටමයි මේ ශෝක නැති සිත්කළු තව්තිසාවේ නන්දන වනය ලැබෙන්නෙ.

855. පින් නොකළ උදවියට මෙලොව හෝ පරලොව හෝ සැපයක් ලැබෙන්නෙ නෑ. මෙලොව පරලොව දෙකේම සැප ලැබෙන්නෙ පින්කළ උදවියටමයි.

856. තව්තිසා දිව්‍ය ලෝකෙ යන්න කැමැති උදවිය වැඩි වැඩියෙන් පින් කරන්න ඕන. පින්කරපු උදවිය විතරමයි ස්වර්ගයෙහි ඉපදිලා සැපසම්පත් ලබාගෙන සතුටු වෙන්නෙ.

857. ඒකාන්තයෙන්ම බොහෝ දෙව් මිනිසුන්ට යහපත් පිණිසමයි තථාගතයන් වහන්සේලා පහළ වන්නේ. මිනිසුන්ගේ දන් පැන්වලට සුදුසු පින් කෙත වන ආර්ය ශ්‍රාවකයන්ගේ ආකාරය කියන්නේ බුදුවරයන් වහන්සේලාටයි. යම්බඳු ඒ උතුමන්ට පුද සත්කාර කරලයි දායකයන් සුගතියේ ඉපදිලා සතුටු වන්නේ.

සාදු ! සාදු !! සාදු !!!

දොළොස්වෙනි රජ්ජුමාලා විමානයයි.

හතර වෙනි මඤ්ජෙට්ඨක වර්ගය නිමා විය.

- එහි පිළිවෙල උද්දානයයි:

මඤ්ජෙට්ඨ විමාන වස්තුව, පභස්සර, නාගා, අලෝමා, කඤ්ජිකදායිකා, විහාරදායිකා, චතුරිත්ථි, අම්බා, පීතා, උච්ඡුදායිකා, වන්දනා, රජ්ජුමාලා යන විමානවස්තුවලිනුයි මේ වර්ගය කියන්නෙ.

ස්ත්‍රී විමාන වස්තු සමාප්තයි.

5. මහාරථ වර්ගය

5.1

858. ඔබ ඉර්ධිමත්. යසස් තිබෙනවා. බබලනවා. මනහර රූසපුවෙන් හැම දිසාවක්ම එළිය කරනවා. මගේ පා වන්දනා කරන ඔබ කවුද?

859. මං මීට ඉස්සර ජීවිතයේ උපන්නෙ වතුරේ හැසිරෙන මැඩියෙක් වෙලා. මුඹවහන්සේ දේශනා කරන උතුම් ධර්මය අසද්දි ඒ ගොපල්ලා අතින් (නො දනුවත්ව) මං මැරුනා.

860. මගේ හිත පැහැදුනේ මොහොතයි. ඒ තුළින් මට ලැබුණු ඉර්ධියත් යසසත් බලනු මැනව. මගේ ආනුභාවය බලනු මැනව. මගේ සිරුර පැහැයත්, පැතිරෙන ආලෝකයත් බලනු මැනව.

861. ගෞතමයන් වහන්ස, මුඹවහන්සේ වදාරණ ධර්මය බොහෝ කාලයක් තිස්සේ අහපු අය ඉන්නවා. ඔවුන් යම් තැනකට ගිහින් සෝක නැතුව ඉන්නවා නම් අන්න ඒ මගඵල ලබල ස්ථිර වෙනවා.

සාදු ! සාදු !! සාදු !!!

පළමු වෙනි මණ්ඩූකදේවපුත්ත විමානයයි.

5.2

862. කෙනෙක් බොහෝ කලක් පිටරටක ඉන්නවා. ඉඳල එයා සුවසේ ආපසු එනවා. එතකොට එයාගේ ඥාතිමිත්‍රාදී සුහද අය ඒ ආපු එක්කෙනාව සතුටින් පිළිගන්නවා.

863. අන්න ඒ වගේ තමයි පින් කරපු කෙනෙකුත්, මෙලොවින් පරලොවට ගිය විට පින තමයි එයාව පිළිගන්නෙ. දුර ඉඳල එන කෙනෙක්ව පිළි ගන්න නෑදැයෙක් වගේ.

864. එම්බා රේවතී, නුඹ පාපී කෙනෙක්. දන් නොදෙන කෙනෙක්. තිට අපායෙහි දොර විවෘත වුනා. දැන් ඉතින් නැගිටපන්. දුගතියෙහි ඉපදුනාම නිරා දුකින් පෙළි පෙළී නිරි සතුන් තීව ඇදගෙන යන්නෙ යම් තැනකටද එතැනට අපි තීව අරගෙන යනවා.

865. ඒ යක්ෂයෝ දෙන්නාම යම දූතයෝ. ඇස් ගෙඩි ලේ පාටයි. ඔවුන් රේවතීට එහෙම කියල වෙන වෙනම රේවතීගේ අත්වලින් අල්ලා ගත්තා. තව්තිසා දිව්‍ය ලෝකයේ දිව්‍ය පිරිස ළඟට ගියා.

866. හිරුරැස් වගේ සිත් කළුයි. ප්‍රභාස්වරයි. සුන්දරයි. රත්තරන් දැලෙන් නිර්මිතයි. සූරිය රැස් වගේ බබලන දිව්‍ය ජනයා පිරුණු මේ විමානය කාගේද?

867. සුවඳ සඳුන් තැවරූ සිරුරු ඇති දිව්‍ය අප්සරාවන් නිසා ඒ විමානයේ ඇතුළතත් පිටත් ලස්සන වෙනවා. හිරු මඬලේ එළියට සමාන එළියක් ඒ විමානෙන් විහිදෙනවා. දෙව්ලොව ඉපදිලා මේ විමානයට ඇවිදින් සතුටු වෙන කෙනා කවුද?

868. බරණැස් නුවර උපාසකයෙක් හිටියා. එයාගේ නම නන්දිය. ලෝභකමක් නෑ. දානපති කෙනෙක්. ඉල්ලන්න සුදුසු කෙනෙක්. මේ දිව්‍ය ජනයා පිරුණු, හිරු රැස් වගේ බබලන විමානය අන්න එයා ගේ.

869. සුවඳ සඳුන් තැවැරූ සිරුරු ඇති දිව්‍ය අප්සරාවන් නිසා ඒ විමානයේ ඇතුළතත් පිටතත් ලස්සන වෙනවා. හිරු මඬලේ එළියට සමාන එළියක් ඒ විමානෙන් විහිදෙනවා. දෙව් ලොව ඉපදිලා මේ විමානයට ඇවිදින් සතුටුවෙන කෙනා එයා තමයි.

870. හා! මං තමයි ඒ නන්දියගේ බිරිඳ. ඒ සියලු පවුල්වලටම ඉසුරුමත් ගෘහණිය වුනේ මමයි. මං දැන් ඒ මගේ ස්වාමියාගේ විමානයේ තමයි ඉන්න කැමැති. නිරය නම් මං දකින්නවත් පතන්නෙ නෑ.

871. එම්බා, පාපී තැනැත්තිය, අර තියෙන්නෙ තිගේ නිරයයි. තී මනුස්ස ලෝකෙදි කිසි පිනක් කළේ නෑ. මසුරු අය, අනුන්ව කුපිත කරවන අය, පව්ටු ජීවිත ඇති අය දෙවියන් එක්ක එකතු වෙලා ඉන්ට වාසනාව ලබන්නෙ නෑ.

872. මොනවද මේ? අසූචි, මූත්‍රා මහා ජරාව නේ පෙනෙන්නෙ. මොකක්ද මේ ගඳ? මේ හමා ගෙන එන අසූචි ගඳ මොකක්ද?

873. එම්බා රේවතී, මේක තමයි සංසවක කියන නිරය. මේක හරි ජඹුරයි. මිනිසුන් සියයකට වඩා ජඹුරයි. යම් තැනක අවුරුදු දාහක් තී පැහෙනවාද, මේ එතැන තමයි.

874. ඇයි? මං කයෙන් වචනයෙන් මනසින් නරක දේවල් කරල තියෙනවාද? සියයක් පුරුෂයන්ගේ ජඹුර ඇති සංසවක නිරයේ පැහෙන්ට මං කළ වරද මොකක්ද?

875. ශ්‍රමණයන් වහන්සේලා, බ්‍රාහ්මණයන්, තව අනෙකුත් යාචකයන් වගේ උදවියට තී බොරුවෙන් වංචා කළා. ඒ පාපය රැස් කළේ තී නෙව.

876. එම්බා රේවතී, ඒ නිසයි තිට මේ සියක් පුරුෂයන් ගැඹුරු ඇති සංසවක නිරය ලැබුනේ. දූන් ඉතින් දහසක් අවුරුදු තී මෙහි පැහේවි.

877. එහෙ අත් කපල දානවා. පාදත් කපල දානවා. කනුත් කපල දානවා. නාසාත් කපල දානවා. ඒ වගේම කපුටන් රංචු ගැහිලා තුඩෙන් විද විද මස් කනවා.

878. අනේ මාව ත් ආපසු මනුස්ස ලෝකෙට අරගෙන යන්න. මං වැඩි වැඩියෙන් පින් කරනවා. දන් දෙනවා. චරිතවත් වෙනවා. සිල් රකිනවා. ඉඳුරන් දමනය කරගන්නවා. යමක් කරල සැපවත් වෙනවා නම් පසුතැවෙන්නෙ නැත්නම් අන්න ඒ පින් කරනවා.

879. තී ඉස්සර ප්‍රමාද වුනා. දූන් ඉතින් වැළපියං. තමන් කරපු දේවල්වලට අනුව තමයි විපාක විඳින්න ලැබෙන්නෙ.

880. දිව්‍ය ලෝකයෙන් මනුස්ස ලෝකයට ගිහින් මං ඔය කරුණ ගැන අසද්දි කවුරු නම් උත්තර දේවිද? දඬු මුගුරු අත් හළ සිල්වතුන්ට දන් දෙන්ට ඕන. වස්ත්‍ර පූජා කරන්ට ඕන. සෙනසුන් දෙන්ට ඕන. දන් පැන් පූජා කරන්ට ඕන. ඔය මසුරු උදවිය කිපෙන උදවිය පව්වු ගති ඇති උදවිය දෙව්ලොව යන්නෙ නෑ කියල කවුරු නම් කියාවිද?

881. ඒකාන්තයෙන්ම මං මේ ලෝකෙන් චුත වෙලා මනුස්ස ලෝකෙ උපදිනවා. එතකොට මං අනුන් විසින් මගෙන් ඉල්ලන්ට සුදුසු කෙනෙක් වෙනවා. සිල්වත් වෙනවා. දන් දෙනවා. චරිතවත් වෙනවා. සිල්වත්ව ඉන්ද්‍රිය දමනයෙන් යුක්ත වෙනවා. වැඩියෙන් පින් කරනවා.

882. දුෂ්කර මං මාවත්වල ඒදඬු පාලම් හදනවා. ගස්වැල් රෝපණය කරනවා. පිංතාලි හදනවා. පැන් පොකුණු හදනවා. සතුටු සිතින්මයි මං ඒවා කරන්නෙ.

883. එතකොට මං තුදුස්වක පසළොස්වක අටවක පාටිහාරියපක්ෂයේ පෝයවල්වල මං අටසිල් සමාදන් වෙනවා.

884. මං හොඳට උපෝසථය රකිනවා. හැම දාම සිල්වත්ව සංවර වෙනවා. දන් දෙන්න පමා වන්නේ නෑ. දූන් මං පින්වල විපාක ඇස් දෙකෙන්ම දූක්කා.

885. ඔය විදිහට රේවතී නන් දොඩවන්න පටන් ගත්තා. හොඳටම තැති අරගෙන බියෙන් සැලෙන්න වුනා. එතකොට යමපල්ලන් රේවතීගේ දෙපයින් අල්ලා යටිකුරු කළා. ඝෝර වූ සංසවක නිරයට හෙළුවා.

886. මං ඉස්සර හරිම මසුරුයි. ශ්‍රමණ බ්‍රාහ්මණයින්ට මං හරියට බැණවදිනවා. බොරු කිය කියා ස්වාමියාව රවටනවා. දූන් මං මේ භයානක වූ සංසවක නිරයට වැටිලා පැහෙනවා.

සාදු ! සාදු !! සාදු !!!

දෙවන රේවතී විමානයයි.

5.3.

887. කතා බස් කරන මනුෂ්‍ය වර්ගයා අතර උත්තම වූ යම් කෙනෙක් ඉන්නවා. උන්වහන්සේ තමයි නිවන් මග සම්පූර්ණ කළ ශාක්‍ය මුනින්ද්‍ර වූ භාග්‍යවතුන් වහන්සේ. තමන් වහන්සේගේ ප්‍රඥා බලමහිමයත් චතුරංග සමන්වාගත වීර්යයත් නිසා සංසාරෙන් එතෙරට වැඩියා. අන්න ඒ සුගතයන් වහන්සේව සරණ යන්න.

888. ධර්මයක් තියෙනවා. ඒ ධර්මයෙන් රාගය දුරු කරනවා. තෘෂ්ණාව නැති, ශෝක නැති, පිළිකුල් රහිත වූ අසංඛත නිවනයි ඒ ධර්මය. මේ ධර්මය මධුරයි. හොඳින් ප්‍රගුණ වෙනවා. විස්තර විභාග සහිතයි. මේ ධර්මයත් සරණ යන්න.

889. යම් ආර්ය සඟ පිරිසකට දානයක් පූජා කළ විට මහත්ඵල ලැබෙනවා කියලා කියනවා නම් උන්වහන්සේලා පාරිශුද්ධ පුරුෂ යුගල හතරකින් යුක්තයි. ධර්මයේ පිහිටි උන්වහන්සේලා පුද්ගල වශයෙන් අට දෙනෙක් වෙනවා. මේ ආර්ය සංඝයාද සරණ යන්න.

890. මේ දිව්‍ය විමානය අහසෙහි බබලන හැටි බැලුවහම හිරු මඬලවත් මේ තරම් බබලන්නෙ නෑ. සඳ මඬලවත් මේ තරම් බබලන්නෙ නෑ. ඵුස කියන තාරුකාව පවා මේ තරම් බබලන්නෙ නෑ. එතරම්ම සුවිශාලයි. ප්‍රභාෂ්වරයි. දෙව්ලොවින් මෙලොවට පැමිණි ඔබ කවුද?

891. ඒ විමානෙන් විහිදෙන ආලෝකය හිරු රැස් පවා පරදවනවා. යොදුන් විස්සක් විතර දුරට රැස් විහිදෙනවා. දවල් කාලෙ වගේම රෑටත් රැස් විහිදෙනවා. ඒ විමානය පිරිසිදුයි. නිර්මලයි. සුන්දරයි.

892. විචිත්‍ර වූ සුදු නෙළුම් රතු නෙළුම් වගේ බොහෝ නෙළුම් තියෙනවා. නොයෙක් වර්ගයේ මල් පිරිල තියෙනවා. නොයෙක් විසිතුරු කැටයම් තියෙන ඉතා පිරිසිදු රත්තරනින් හැදුණු දැල් විමානේ වටේට තියෙනවා. හිරු මඬලක් වගෙයි අහසේ බබලන්නෙ.

893. රතුපාට, කහපාට දිවසළුවලින් සරසලා තියෙන්නෙ. අගිල්, පුවඟු, සඳුන් වගේ සුවඳින් යුක්තයි. රන්වන්පාටින් බබලන දිව්‍ය අප්සරාවන් පිරුණු මේ විමානය පෙනෙන්නෙ තාරුකාවන් පිරිවරා ගත් ගගන තලය වගේ.

894. මෙහි ඉන්න දිව්‍ය ස්ත්‍රී පුරුෂයන් එක එක පැහැයෙන් යුක්තයි. මල්වලින් සැරසිලා දිව්‍යාභරණවලින් සැරසිලා සතුටු සිතින් ඉන්නෙ. ඒ දිව්‍ය ස්ත්‍රී පුරුෂයන් බොහෝ දෙනෙකුගේ කේශකලාපයන් ලස්සනට සරසලයි තියෙන්නෙ. මඳ සුළඟින් සෙලවෙන රන්වන් මල්වලින් සුවඳ විහිදෙනවා.

895. මේ පුණ්‍ය විපාක ලැබුනේ මොන වගේ සංවරකමක් දමනය වීමක් නිසාද? මෙහි ඔබ උපන්නෙ මොන වගේ පුණ්‍ය විපාකයකින් ද?

896. එක්තරා මාණවකයෙක් මහමග යමින් සිටියා. ශාස්තෘන් වහන්සේ ඔහුට මුණ ගැහිලා අනුශාසනා කළා. ඒ මහානීයරත්නය වන මුඹවහන්සේගේ ධර්මය අසා පිළිපදිනවා කියල ඒ ඡත්ත මාණවක කිව්වා.

897. ස්වාමීනි, පරමොත්තම වූ ජිනයන් වහන්සේ සරණ යන්න. ධර්මයත් භික්ෂු සංඝයාත් සරණ යන්න කියල වදාළ වෙලාවේ මං පළමුව කිව්වේ ඒ ගැන දන්නෙ නෑ කියලයි. පස්සෙ තමයි මුඹවහන්සේගේ වචනය අහලා තෙරුවන් සරණ ගියේ.

898. ඒ අපිරිසිදු වූ නානාප්‍රකාර ප්‍රාණඝාත කරන්න එපා. ප්‍රාණීන් කෙරෙහි සංයමය නැති අය ගැන නුවණැත්තන් වර්ණනා කරන්නෙ නෑ කියල වදාළ වෙලාවේ ස්වාමීනි, මං පළමුව කිව්වේ ඒ ගැන දන්නෙ නෑ කියලයි. පස්සෙ තමයි මුඹවහන්සේගේ වචනය අහලා ඒ විදිහට කළේ.

899. අනුන් විසින් රකින දේවල් තමන්ට දීල නැත්නම් ඒ නොදුන් දේවල් ගන්න හිතන්න එපා කියල වදාළ වෙලාවේ ස්වාමීනි, මං පළමුව කිව්වේ ඒ ගැන දන්නෙ නෑ කියලයි. පස්සෙ තමයි මුඹවහන්සේගේ වචනය අහලා ඒ විදිහට කළේ.

900. අනුන් විසින් ආරක්ෂා කරන කාන්තාවන් ඉන්නවා. ඔවුන් කරා යන්න එපා. ඒක පහත් දෙයක් කියල වදාළ වෙලාවේ ස්වාමීනි, මං පළමුව කිව්වේ ඒ ගැන දන්නෙ නෑ කියලයි. පස්සෙ තමයි මුඹවහන්සේගේ වචනය අහළ ඒ විදිහට කළේ.

901. අසත්‍ය බව දන දනත් කියන්න එපා. බොරු කීම නුවණැත්තන් වර්ණනා කරන දෙයක් නොවෙයි කියල වදාළ වෙලාවේ ස්වාමීනි, මං පළමුව කිව්වේ ඒ ගැන දන්නෙ නෑ කියලයි පස්සෙ තමයි මුඹවහන්සේගේ වචනය අහලා ඒ විදිහට කළේ.

902. පුරුෂයෙකුගේ හොඳ සිහිය නැති වෙන්නෙ යම් බීමත්කමකින් නම් ඒ සෑම මද්‍යපානයක්ම දුරින්ම දුරු කරන්න කියල වදාළ වෙලාවේ ස්වාමීනි, මං පළමුව කිව්වේ ඒ ගැන දන්නෙ නෑ කියලයි. පස්සෙ තමයි මුඹවහන්සේගේ වචනය අහලා ඒ විදිහට කළේ.

903. ඒ මං පන්සිල් රැක ගත්තා. තථාගතයන් වහන්සේ වදාළ ධර්මය පිළිපැද්ද. දෙමංසංධියකට ආපු වෙලාවෙදි මාව හොරුන්ට මැදි වුනා. ඔවුන් වස්තුව ගන්ට හිතාගෙන මාව මැරුවා.

904. පිනක් හැටියට මෙච්චරයි සිහි කරන්න තිබුනේ. එයින් බැහැර වෙලා මට වෙන පිනක් නෑ. ඒ සුචරිත කර්මයෙහි විපාක වශයෙන් මං කැමති කම් සැප තිබෙන තව්තිසාවෙහි ඉපදුනා.

905. සීල සංවරය ඇති කර ගත්තෙ මොහොතයි. ධම්මානුධම්ම පටිපදාවේ විපාකය බලනු මැනව. යසසින් දිළෙන්නාක් වැනි මාව දකින විට හීන සම්පත් ඇති බොහෝ අය මං වගේ කෙනෙක් වෙන්නයි කැමති වෙන්නෙ.

906. සුළු දේශනාවක අසිරිය බලන්න. මං සුගතියටත් ගියා. සැපත් ලැබුවා. එහෙම එකේ යම් කෙනෙක් නිතර නිතර ධර්මය ඇසුවොත් නම් ඒ අය දුක් බිය රහිත අමා නිවනම ස්පර්ශ කරාවි කියලයි මට හිතෙන්නෙ.

907. තථාගතයන් වහන්සේගේ ධර්මයෙහි පිහිටලා සුළු දෙයක් කළත් මහා විපාක ලැබෙනවා. විපුල ඵල ලැබෙනවා. පින් කරගත්තු ඡත්තමාණවක

දිහා බලන්න. හිරු මඬල පොළොව බබුලුවනවා වගේ එයා දෙව්ලොව බබුලුවනවා.

908. මේ කුසලය මොන වගේ දෙයක්ද? මොන වගේ යහපතකද හැසිරෙන්න ඕන, කියල ඇතැම් දෙව්වරු රැස්වෙලා සාකච්ඡා කරනවා. අපිට ආයෙමත් මනුෂ්‍ය ජීවිතයක් ලැබුනොත් සිල්වත් වෙලා ධර්මයේ හැසිරෙනවා කියල. (මෙයින් අදහස් කරන්නේ ධර්මය ජීවමානව පවතින කාලවලදී දෙව්වරුන් මිනිස් ලොවට පැමිණ ධර්මයේ හැසිරෙන්නට කැමති බවයි.)

909. ශාස්තෘන් වහන්සේ මට බොහෝම උපකාර කොට වදාළා. අනුකම්පා කොට වදාළා. මහ මද්දහනෙ මං ඉන්න තැනට වැඩමවා වදාළා. සත්‍ය නාම වූ ඒ රජුන් කරා මං පැමිණුනා. මට අනුකම්පා කරන සේක්වා! ආයෙමත් මං බණ අහන්නම්.

910. මේ සාසනයෙහි යමෙක් කාමරාගය දුරු කරනවා නම්, භවරාගානුසයත් දුරු කරල මෝහයත් දුරු කෙරුවට පස්සෙ උන්වහන්සේලා ආයෙ කවදාවත් මව්කුසක නිදාගන්න එන්නෙ නෑ. පිරිනිවීමට පත්වෙලා එනිසාම නිවී සිහිල් වෙලා යනවා.

සාදු ! සාදු !! සාදු !!!

තුන්වෙනි ඡත්තමාණවක විමානයයි.

5.4.

911. මේ විමානය හරි උසයි. මැණික්වලින් කරපු කණු තියෙනවා. යොදුන් දොළහක් දුරට පැතිරිලා තියෙනවා. උස් මුදුන් ඇති ගෙවල් හත්සියයක් තියෙනවා. වෛරෝඩි මැණිකෙන් කරපු කණු තියෙනවා. සිත්කළුයි. සුන්දරයි.

912. ඔබ ඒ විමානයේ ඉඳගෙන පානය කරනවා. අනුභව කරනවා. දිව්‍ය වීණාවන්ගෙන් මිහිරි වාදනය ඇහෙනවා. දිව්‍ය වූ රසය තියෙනවා. පංචකාම ගුණත් තියෙනවා. රන් අබරණවලින් සැරසිලා දිව්‍ය අප්සරාවන් නටනවා.

913. ඇත්තෙන්ම ඔබට මෙවැනි ලස්සනක් ලැබුනේ කොහොමද? මොන වගේ පිනකින්ද ඔබට මේවා ලැබුනේ? සිතට ප්‍රිය උපදවන මේ සැප

සම්පත් ලැබුනේ මොන වගේ පිනකින්ද?

914. මහානුභාව ඇති පින්වත් දෙවිය, මිනිස් ලෝකෙ ඉන්න කාලෙදි මොන වගේ පිනක්ද ඔබ කළේ? ආනුභාව සම්පන්නව ඔය බැබලි බැබලී ඉන්න පින මොකක්ද? ඔබේ සිරුරෙන් විහිදෙන එළියෙන් හැම දිසාවම බබලනවා.

915. මොග්ගල්ලාන මහරහතන් වහන්සේ තමයි මේ ප්‍රශ්න ඇහුවේ. ඒ ගැන ඒ දිව්‍යපුත්‍රයා ගොඩාක් සතුටු වුනා. මොන වගේ පින්කම්වලින්ද මේ සැප ලැබුනේ කියන ප්‍රශ්නයට ඔහු මෙහෙමයි පිළිතුරු දුන්නේ.

916. විමාන දොරටුවේ සිහිය උපදවලා දෙන රන් කකුළුවෙක් ඉන්නවා. රත්තරනින් නිමවෙලා තියෙන්නෙ. හරි ලස්සනයි. පාද දහයක් තියෙනවා. ලස්සනට බබලනවා.

917. ඒ පිනෙන් තමයි මෙවැනි ලස්සනක් මට ලැබුනේ. ඒ පිනෙන්මයි මේ සම්පත් ලැබුනේ. සිතට ප්‍රීතිය උපදවන මේ සැප සම්පත් ඔක්කොම ලැබුනේ ඒ නිසාමයි.

918. මහානුභාව සම්පන්න වූ ස්වාමීන් වහන්ස, මිනිස් ලෝකෙදි ඔය පින තමයි මං කරගත්තෙ. ආනුභාව සම්පන්නව බැබලි බැබලී ඉන්න පින ඕක තමයි. මගේ සිරුරෙන් විහිදෙන එළියෙන් හැම දිසාවම බබලනවා.

සාදු ! සාදු !! සාදු !!!

හතර වෙනි කක්කටකරසදායක විමානයයි.

5.5.

919. මේ විමානය හරි උසයි. මැණික්වලින් කරපු කණු තියෙනවා. යොදුන් දොළහක් දුරට පැතිරිලා තියෙනවා. උස් මුදුන් ඇති ගෙවල් හත්සියයක් තියෙනවා. වෛරෝඩි මැණිකෙන් කරපු කණු තියෙනවා. සිත්කළුයි. සුන්දරයි.

920. ඔබ ඒ විමානයේ ඉඳගෙන පානය කරනවා. අනුභව කරනවා. දිව්‍ය වීණාවන්ගෙන් මිහිරි වාදනය ඇහෙනවා. දිව්‍ය වූ රසය තියෙනවා. පංචකාම ගුණත් තියෙනවා. රන් අබරණවලින් සැරසිලා දිව්‍ය අප්සරාවන් නටනවා.

921. ඇත්තෙන්ම ඔබට මෙවැනි ලස්සනක් ලැබුනේ කොහොමද? මොන වගේ පිනකින්ද ඔබට මේව ලැබුනේ? සිතට ප්‍රිය උපදවන මේ සැප සම්පත් ලැබුනේ මොන වගේ පිනකින්ද?

922. මහානුභාව ඇති පින්වත් දෙවිය, මිනිස් ලෝකෙ ඉන්න කාලෙදි මොන වගේ පිනක්ද ඔබ කළේ? ආනුභාව සම්පන්නව ඔය බැබලි බැබලී ඉන්න පින මොකක්ද? ඔබේ සිරුරෙන් විහිදෙන එළියෙන් හැම දිසාවම බබලනවා.

923. මොග්ගල්ලාන මහරහතන් වහන්සේ තමයි මේ ප්‍රශ්න ඇහුවේ. ඒ ගැන ඒ දිව්‍යපුත්‍රයා ගොඩාක් සතුටු වුනා. මොන වගේ පින්කම්වලින්ද මේ සැප ලැබුනේ කියන ප්‍රශ්නයට ඔහු මෙහෙමයි පිළිතුරු දුන්නේ.

924. මට දිව්‍ය වර්ෂවලින් අවුරුදු දාහක් ආයුෂ තියෙනවා. වචනයෙන් යහපත කරල තියෙනවා. සිතින් පැහැදීම ඇති කරගෙන තියෙනවා. පින්කමකට කළේ මෙච්චරයි. ඒ පිනෙන් තමයි මේ දිව්‍ය කාමසම්පත් ලැබුනේ.

925. ඒ පිනෙන් තමයි මෙවැනි ලස්සනක් මට ලැබුනේ. ඒ පිනෙන්මයි මේ සම්පත් ලැබුනේ. සිතට ප්‍රීතිය උපදවන මේ සැප සම්පත් ඔක්කොම ලැබුනේ ඒ නිසාමයි.

926. මහානුභාව සම්පන්න වූ ස්වාමීන් වහන්ස, මිනිස් ලෝකෙදි ඔය පින තමයි මං කර ගත්තේ. ආනුභාව සම්පන්නව බැබලි බැබලී ඉන්න පින ඕක තමයි. මගේ සිරුරෙන් විහිදෙන එළියෙන් හැම දිසාවම බබලනවා.

සාදු ! සාදු !! සාදු !!!

පස් වෙනි ද්වාරපාලක විමානයයි.

5.6.

927. මේ විමානය හරි උසයි. මැණික්වලින් කරපු කණු තියෙනවා. යොදුන් දොළහක් දුරට පැතිරිලා තියෙනවා. උස් මුදුන් ඇති ගෙවල් හත්සියයක් තියෙනවා. වෛරෝඩි මැණිකෙන් කරපු කණු තියෙනවා. සිත්කළුයි. සුන්දර යි.

928. ඔබ ඒ විමානයේ ඉඳගෙන පානය කරනවා. අනුභව කරනවා. දිව්‍ය වීණාවන්ගෙන් මිහිරි වාදනය ඇහෙනවා. දිව්‍ය වූ රසය තියෙනවා.

පංචකාම ගුණත් තියෙනවා. රන් අබරණවලින් සැරසිලා දිව්‍ය අප්සරාවන් නටනවා.

929. ඇත්තෙන්ම ඔබට මෙවැනි ලස්සනක් ලැබුනේ කොහොමද? මොන වගේ පිනකින්ද ඔබට මේවා ලැබුනේ? සිතට ප්‍රිය උපදවන මේ සැප සම්පත් ලැබුනේ මොන වගේ පිනකින්ද?

930. මහානුභාව ඇති පින්වත් දෙවිය, මිනිස් ලෝකෙ ඉන්න කාලෙදී මොන වගේ පිනක්ද ඔබ කළේ? ආනුභාව සම්පන්නව ඔය බැබලි බැබලී ඉන්න පින මොකක් ද? ඔබේ සිරුරෙන් විහිදෙන එළියෙන් හැම දිසාවම බබලනවා.

931. මොග්ගල්ලාන මහරහතන් වහන්සේ තමයි මේ ප්‍රශ්න ඇහුවේ. ඒ ගැන ඒ දිව්‍යපුත්‍රයා ගොඩාක් සතුටු වුනා. මොන වගේ පින්කම්වලින්ද මේ සැප ලැබුනේ කියන ප්‍රශ්නයට ඔහු මෙහෙමයි පිළිතුරු දුන්නේ.

932. තමාගේ යහපත දන්නා නුවණැති උදවිය පින් කරගන්ට ඕන. යහපත් මාර්ගයෙහි වැඩිය බුදුරජාණන් වහන්සේලාට පුදන දානය තමයි මහත්ඵල ලබා දෙන්නෙ.

933. ඒකාන්තයෙන්ම මගේ යහපත පිණිසමයි බුදුරජාණන් වහන්සේ අරණ්‍යයෙන් ගමට වැඩියේ. මං උන්වහන්සේ කෙරෙහි හිත පහදවා ගත්තා. ඒ නිසයි මං තව්තිසා දෙව්ලොවට ආවේ.

934. ඒ පිනෙන් තමයි මෙවැනි ලස්සනක් මට ලැබුනේ. ඒ පිනෙන්මයි මේ සම්පත් ලැබුනේ. සිතට ප්‍රීතිය උපදවන මේ සැප සම්පත් ඔක්කොම ලැබුනේ ඒ නිසාමයි.

935. මහානුභාව සම්පන්න වූ ස්වාමීන් වහන්ස, මිනිස් ලෝකෙදී ඔය පින තමයි මං කරගත්තෙ. ආනුභාව සම්පන්නව බැබලි බැබලී ඉන්න පින ඕක තමයි. මගේ සිරුරෙන් විහිදෙන එළියෙන් හැම දිසාවම බබලනවා.

සාදු ! සාදු !! සාදු !!!

හය වෙනි කරණීය විමානයයි.

5.7.

936. මේ විමානය හරි උසයි. මැණික්වලින් කරපු කණු තියෙනවා. යොදුන් දොළහක් දුරට පැතිරිලා තියෙනවා. උස් මුදුන් ඇති ගෙවල් හත්සියයක්

තියෙනවා. වෛරෝඩි මැණිකෙන් කරපු කණු තියෙනවා. සිත්කළුයි. සුන්දරයි.

937. ඔබ ඒ විමානයේ ඉඳගෙන පානය කරනවා. අනුභව කරනවා. දිව්‍ය වීණාවන් ගෙන් මිහිරි වාදනය ඇහෙනවා. දිව්‍ය වූ රසය තියෙනවා. පංචකාම ගුණත් තියෙනවා. රන් අබරණවලින් සැරසිලා දිව්‍ය අප්සරාවන් නටනවා.

938. ඇත්තෙන් ම ඔබට මෙවැනි ලස්සනක් ලැබුනේ කොහොමද? මොන වගේ පිනකින්ද ඔබට මේව ලැබුනේ? සිතට ප්‍රිය උපදවන මේ සැප සම්පත් ලැබුනේ මොන වගේ පිනකින්ද?

939. මහානුභාව ඇති පින්වත් දෙවිය, මිනිස් ලෝකෙ ඉන්න කාලෙදි මොන වගේ පිනක්ද ඔබ කළේ? ආනුභාව සම්පන්නව ඔය බැබලි බැබලී ඉන්න පින මොකක්ද? ඔබේ සිරුරෙන් විහිදෙන එළියෙන් හැම දිසාවම බබලනවා.

940. මොග්ගල්ලාන මහරහතන් වහන්සේ තමයි මේ ප්‍රශ්න ඇහුවේ. ඒ ගැන ඒ දිව්‍යපුත්‍රයා ගොඩාක් සතුටු වුනා. මොන වගේ පින්කම්වලින්ද මේ සැප ලැබුනේ කියන ප්‍රශ්නයට ඔහු මෙහෙමයි පිළිතුරු දුන්නේ.

941. තමාගේ යහපත දන්නා නුවණැති උදවිය පින් කරගන්ට ඕන. යහපත් මාර්ගයෙහි වැඩිය භික්ෂූන් වහන්සේලාට පුදන දානය තමයි මහත්ඵල ලබාදෙන්නෙ.

942. ඒකාන්තයෙන්ම මගේ යහපත පිණිසමයි භික්ෂූන් වහන්සේ අරණ්‍යයෙන් ගමට වැඩියේ. මං උන්වහන්සේ කෙරෙහි හිත පහදවා ගත්තා. ඒ නිසයි මං තව්තිසා දෙව්ලොවට ආවේ.

943. ඒ පිනෙන් තමයි මෙවැනි ලස්සනක් මට ලැබුනේ. ඒ පිනෙන්මයි මේ සම්පත් ලැබුනේ. සිතට ප්‍රීතිය උපදවන මේ සැප සම්පත් ඔක්කොම ලැබුනේ ඒ නිසාමයි.

944. මහානුභාව සම්පන්න වූ ස්වාමීන් වහන්ස, මිනිස් ලෝකෙදි ඔය පින තමයි මං කරගත්තේ. ආනුභාව සම්පන්නව බැබලි බැබලී ඉන්න පින ඕක තමයි. මගේ සිරුරෙන් විහිදෙන එළියෙන් හැම දිසාවම බබලනවා.

හත්වෙනි දුතිය කරණීය විමානයයි.

සාදු ! සාදු !! සාදු !!!

5.8.

945. මේ විමානය හරි උසයි. මැණික්වලින් කරපු කණු තියෙනවා. යොදුන් දොළහක් දුරට පැතිරිලා තියෙනවා. උස් මුදුන් ඇති ගෙවල් හත්සියයක් තියෙනවා. වෛරෝඩි මැණිකෙන් කරපු කණු තියෙනවා. සිත්කළුයි. සුන්දරයි.

946. ඔබ ඒ විමානයේ ඉඳගෙන පානය කරනවා. අනුභව කරනවා. දිව්‍ය වීණාවන් ගෙන් මිහිරි වාදනය ඇහෙනවා. දිව්‍ය වූ රසය තියෙනවා. පංචකාම ගුණත් තියෙනවා. රන් අබරණවලින් සැරසිලා දිව්‍ය අප්සරාවන් නටනවා.

947. ඇත්තෙන්ම ඔබට මෙවැනි ලස්සනක් ලැබුනේ කොහොමද? මොන වගේ පිනකින්ද ඔබට මේවා ලැබුනේ? සිතට ප්‍රිය උපදවන මේ සැප සම්පත් ලැබුනේ මොන වගේ පිනකින්ද?

948. මහානුභාව ඇති පින්වත් දෙවිය, මිනිස් ලෝකෙ ඉන්න කාලෙදි මොන වගේ පිනක්ද ඔබ කළේ? ආනුභාව සම්පන්නව ඔය බැබලි බැබලී ඉන්න පින මොකක්ද? ඔබේ සිරුරෙන් විහිදෙන එළියෙන් හැම දිසාවම බබලනවා.

949. මොග්ගල්ලාන මහරහතන් වහන්සේ තමයි මේ ප්‍රශ්න ඇහුවේ. ඒ ගැන ඒ දිව්‍යපුත්‍රයා ගොඩාක් සතුටු වුනා. මොන වගේ පින්කම්වලින්ද මේ සැප ලැබුනේ කියන ප්‍රශ්නයට ඔහු මෙහෙමයි පිළිතුරු දුන්නේ.

950. යම්කිසි දෙයක් දුන්නට ඒකෙ විපාකය ඒ විදිහටම ලැබෙන්නෙ නෑ. යම්කිසි දෙයක් දෙනවා නම් ඒ දීමමයි උතුම් වන්නෙ. මං (සිවුරු මහගන්ට) හිඳිකටුවක් පූජා කළා. ඒ හිඳිකටු දානයමයි උතුම් වුනේ.

951. ඒ පිනෙන් තමයි මෙවැනි ලස්සනක් මට ලැබුනේ. ඒ පිනෙන්මයි මේ සම්පත් ලැබුනේ. සිතට ප්‍රීතිය උපදවන මේ සැප සම්පත් ඔක්කොම ලැබුනේ ඒ නිසාමයි.

952. මහානුභාව සම්පන්න වූ ස්වාමීන් වහන්ස, මිනිස් ලෝකෙදි ඔය පින තමයි මං කරගත්තෙ. ආනුභාව සම්පන්නව බැබලි බැබලී ඉන්න පින ඕක තමයි. මගේ සිරුරෙන් විහිදෙන එළියෙන් හැම දිසාවම බබලනවා.

සාදු ! සාදු !! සාදු !!!

අට වෙනි සූචි විමානයයි.

5.9.

953. මේ විමානය හරි උසයි. මැණික්වලින් කරපු කණු තියෙනවා. යොදුන් දොළහක් දුරට පැතිරිලා තියෙනවා. උස් මුදුන් ඇති ගෙවල් හත්සියයක් තියෙනවා. වෛරෝඩි මැණිකෙන් කරපු කණු තියෙනවා. සිත්කළුයි. සුන්දරයි.

954. ඔබ ඒ විමානයේ ඉඳගෙන පානය කරනවා. අනුභව කරනවා. දිව්‍ය වීණාවන් ගෙන් මිහිරි වාදනය ඇහෙනවා. දිව්‍ය වූ රසය තියෙනවා. පංචකාම ගුණත් තියෙනවා. රන් අබරණවලින් සැරසිලා දිව්‍ය අප්සරාවන් නටනවා.

955. ඇත්තෙන්ම ඔබට මෙවැනි ලස්සනක් ලැබුනේ කොහොමද? මොන වගේ පිනකින්ද ඔබට මේව ලැබුනේ? සිතට ප්‍රිය උපදවන මේ සැප සම්පත් ලැබුනේ මොන වගේ පිනකින්ද?

956. මහානුභාව ඇති පින්වත් දෙවිය, මිනිස් ලෝකෙ ඉන්න කාලෙදි මොන වගේ පිනක්ද ඔබ කළේ? ආනුභාව සම්පන්නව ඔය බැබලි බැබලී ඉන්න පින මොකක්ද? ඔබේ සිරුරෙන් විහිදෙන එළියෙන් හැම දිසාවම බබලනවා.

957. මොග්ගල්ලාන මහරහතන් වහන්සේ තමයි මේ ප්‍රශ්න ඇහුවේ. ඒ ගැන ඒ දිව්‍යපුත්‍රයා ගොඩාක් සතුටු වුනා. මොන වගේ පින්කම්වලින්ද මේ සැප ලැබුනේ කියන ප්‍රශ්නයට ඔහු මෙහෙමයි පිළිතුරු දුන්නේ.

958. මං ඉස්සර මනුස්ස ලෝකයේ මිනිසුන් අතර මනුස්සයෙක් වෙලයි ජීවත් වුනේ.

959. මට භික්ෂූන් වහන්සේ නමක් දැකගන්න ලැබුනා. උන්වහන්සේ කිසි කැළඹීමක් නැති භික්ෂුවක්. පුදුමාකාර ශාන්තභාවයක් තිබුනේ. කෙලෙස් රහිත සිත් ඇති කෙනෙක්. මගේ හිත ගොඩාක් පැහැදුනා. මගේ දෑතින්ම උන්වහන්සේට හිඳි කටුවක් පූජා කරගත්තා.

960. ඒ පිනෙන් තමයි මෙවැනි ලස්සනක් මට ලැබුනේ. ඒ පිනෙන්මයි මේ සම්පත් ලැබුනේ. සිතට ප්‍රීතිය උපදවන මේ සැප සම්පත් ඔක්කොම ලැබුනේ ඒ නිසාමයි.

961. මහානුභාව සම්පන්න වූ ස්වාමීන් වහන්ස, මිනිස් ලෝකෙදි ඔය පින තමයි මං කරගත්තෙ. ආනුභාව සම්පන්නව බැබලි බැබලී ඉන්න පින

ඛුද්දක නිකාය (විමාන වත්ථු පාළි - 5. මහාරථ වර්ගය) 107

ඕක තමයි. මගේ සිරුරෙන් විහිදෙන එළියෙන් හැම දිසාවම බබලනවා.

සාදු ! සාදු !! සාදු !!!

නව වෙනි දුතියසූචි විමානයයි.

5.10.

962. පින්වත් දිව්‍ය පුත්‍රය, ඔබ මෙහි ඉන්නෙ අහස් ගමන් ඇති හස්ති රාජයෙකුගේ පිටේ. මේ ඇතා සුදුම සුදුයි. විශාල දළ දෙකක් තියෙනවා. ලස්සනට සරසලා තියෙනවා. ඒ වගේම බලවත්. මහා ජව සම්පන්නයි.

963. මේ ඇතාගේ දළ දෙක මත නිල්වන් ජලය තියෙන, පිපුන නෙළුම් තියෙන ලස්සන පොකුණු දෙකක් පහළ වෙලා. ඒ පිපුණු නෙළුම් මත පංචාංගික තූර්යනාද මිහිරට නාද වෙද්දි මේ මනහර දිව්‍ය අප්සරාවන් ලස්සනට නටනවා.

964. මහානුභාව ඇති පින්වත් දිව්‍ය පුත්‍රය, දිව්‍ය අධිපති බවටයි දැන් ඔබ පත් වෙලා ඉන්නෙ. මිනිස් ලෝකෙ ඉන්න කාලෙදි මොන වගේ පිනක්ද ඔබ කළේ? ආනුභාව සම්පන්න ව ඔය බැබලි බැබලී ඉන්න පින මොකක්ද? ඔබේ සිරුරෙන් විහිදෙන එළියෙන් හැම දිසාවම බබලනවා.

965. මොග්ගල්ලාන මහරහතන් වහන්සේ තමයි මේ ප්‍රශ්න ඇහුවේ. ඒ ගැන ඒ දිව්‍යපුත්‍රයා ගොඩාක් සතුටු වුනා. මොන වගේ පින්කම්වලින්ද මේ සැප ලැබුනේ කියන ප්‍රශ්නයට ඔහු මෙහෙමයි පිළිතුරු දුන්නේ.

966. මහා ඍෂිවරයාණන් වන කාශ්‍යප බුදුරජාණන් වහන්සේ ගේ ස්ථූපයට නටුවෙන් ගිලිහුණු මල් අටක් මේ දෑතින්ම පූජා කරගත්තෙ සිතේ පැහැදීමෙන්මයි.

967. ඒ පිනෙන් තමයි මෙවැනි ලස්සනක් මට ලැබුනේ. ඒ පිනෙන්මයි මේ සම්පත් ලැබුනේ. සිතට ප්‍රීතිය උපදවන මේ සැප සම්පත් ඔක්කොම ලැබුනේ ඒ නිසාමයි.

968. මහානුභාව සම්පන්න වූ ස්වාමීන් වහන්ස, මිනිස් ලෝකෙදි ඔය පින තමයි මං කර ගත්තෙ. ආනුභාව සම්පන්නව බැබලි බැබලී ඉන්න පින ඕක තමයි. මගේ සිරුරෙන් විහිදෙන එළියෙන් හැම දිසාවම බබලනවා.

සාදු ! සාදු !! සාදු !!!

දස වෙනි නාග විමානයයි.

5.11

969. ඇතා නම් සුදුම සුදුයි. හරි විශාල ඇතෙක්. උතුම් හස්තියෙක්. දිව්‍ය අප්සරාවන් පිරිවරා ගෙන ඇතා පිටේ නැගලා බැබලි බැබලී වනයෙන් වනයට යන්නේ හැම දිසාවන්ම එළිය කරන ඕසධී තාරුකාවක් වගේ.

970. ඇත්තෙන්ම ඔබට මෙවැනි ලස්සනක් ලැබුනේ කොහොමද? මොන වගේ පිනකින්ද ඔබට මේවා ලැබුනේ? සිතට ප්‍රිය උපදවන මේ සැප සම්පත් ලැබුනේ මොන වගේ පිනකින්ද?

971. මහානුභාව ඇති පින්වත් දෙවිය, මිනිස් ලෝකෙ ඉන්න කාලෙදි මොන වගේ පිනක්ද ඔබ කළේ? ආනුභාව සම්පන්නව ඔය බැබලි බැබලී ඉන්න පින මොකක්ද? ඔබේ සිරුරෙන් විහිදෙන එළියෙන් හැම දිසාවම බබලනවා.

972. මොග්ගල්ලාන මහරහතන් වහන්සේ තමයි මේ ප්‍රශ්න ඇහුවේ. ඒ ගැන ඒ දිව්‍යපුත්‍රයා ගොඩාක් සතුටු වුනා. මොන වගේ පින්කම්වලින්ද මේ සැප ලැබුනේ කියන ප්‍රශ්නයට ඔහු මෙහෙමයි පිළිතුරු දුන්නේ.

973. මං අතීත ජීවිතයේ මිනිස් ලෝකෙ මනුස්සයෙක් වෙලා හිටියේ. මං ඒ සදහම් ඇස් ඇති බුදුරජාණන් වහන්සේගේ ශ්‍රාවකයෙක් වූ උපාසකයෙක් වෙලා හිටියා. මං සතුන් මැරීමෙන් වැළකුනා. ලෝකයෙහි සොරකම කියන දෙය මං දුරු කළා.

974. මං මත්වෙන දේවල් පාවිච්චි කරපු කෙනෙක් නෙවෙයි. බොරු කියපු කෙනෙකුත් නෙවෙයි. මං සතුටු වුනේ මගේ බිරිඳත් එක්ක විතරයි. මම දන් පැන් පූජා කරන්නෙ පහන් සිතින්මයි. පිළිවෙලකට මහා දාන මම දීල තියෙනවා.

975. ඒ පිනෙන් තමයි මෙවැනි ලස්සනක් මට ලැබුනේ. ඒ පිනෙන්මයි මේ සම්පත් ලැබුනේ. සිතට ප්‍රීතිය උපදවන මේ සැප සම්පත් ඔක්කොම ලැබුනේ ඒ නිසාමයි.

976. මහානුභාව සම්පන්න වූ ස්වාමීන් වහන්ස, මිනිස් ලෝකෙදි ඔය පින තමයි මං කරගත්තෙ. ආනුභාව සම්පන්නව බැබලි බැබලී ඉන්න පින ඕක තමයි. මගේ සිරුරෙන් විහිදෙන එළියෙන් හැම දිසාවම බබලනවා.

සාදු ! සාදු !! සාදු !!!

එකොළොස් වෙනි දුතිය නාග විමානයයි.

5.12.

977. පින්වත් දිව්‍ය පුත්‍රය, මේ දිව්‍යමය වූ ඇත් වාහනය සුදෝ සුදුයි. තූර්ය වාදනවලින් නැඟෙන නාදයෙන් පුදදෙනවා. ඒ හස්තියා පිට නැගලා අහසින් ආපු ඔබ කවුද?

978. දෙවියෙක්ද? ගාන්ධර්වයෙක්ද? එහෙමත් නැත්නම් පුරින්දද කියන ශක්‍රයාද? ඔබ කවුද කියල අපි දන්නෙ නෑ. අපි ඔබෙන් අහන්නෙ ඒක දැනගන්නෙ කොහොමද කියලයි.

979. මං (ඔබ හිතන විදිහේ) දෙවියෙක් නොවෙයි. ගාන්ධර්වයෙකුත් නොවෙයි. පුරින්දද නම් වූ ශක්‍රයාත් නොවෙයි. සුධර්මා කියන නමින් යම් දෙව්වරු කොටසක් ඉන්නවා. මං අන්න එයාලගෙන් එක්කෙනෙක්.

980. සුධර්මා දෙව් නම් වූ ඔබට මං වැඳගෙනයි මේ කාරණය අහන්නෙ. මනුස්ස ලෝකෙදි මොන වගේ කර්මයක් කරලාද ඔබ සුධර්ම කියන දෙවියන් අතර උපන්නෙ.

981. කෙනෙක් ඉන්නවා. එයා උක්දඬුවලින් ගෙයක් හදලා, තණවලිනුත් ගෙයක් හදලා, රෙදිපිළිවලිනුත් ගෙයක් හදලා පූජා කරගන්නවා නම්, මේ ගෙවල් තුනෙන් එකක් දීපු නිසයි සුධර්මා දෙවියන් අතර උපන්නෙ.

සාදු ! සාදු !! සාදු !!!

දොළොස් වෙනි තතිය නාග විමානයයි.

5.13.

982. ඔබේ අතේ දුන්නක් තියෙනවා. හොඳ මෝරපු අරටුවකින් කළ මේ දුන්න හරි දැඩියි. එහි එක් කොනක් පයින් ඔබාගෙන ඉන්නෙ. කවුද ඔබ? ක්ෂත්‍රියයෙක්ද? වෙනත් රාජ කුමාරයෙක්ද? එහෙම නැත්නම් වනාන්තරයේ ඇවිදගෙන යන වැද්දෙක්ද?

983. ස්වාමීනි, මං වනාන්තරයේ ඇවිදිනවා. මං අස්සක රජ්ජුරුවන්ගෙ පුතා. පින්වත් භික්ෂුව, ඔබට මගේ නම කියන්නම්. මං ගැන කවුරුත් දන්නෙ සුජාත කියලයි.

984. මං මේ මුවන්ව හොයා ගෙන යනවා. එහෙමයි මේ වනයේ ඇතුළට ආවේ. මං මුවෙක්ව දැක්කෙ නෑ. මං මේ නැවතුනේ ඔබව දැකලයි.

985. ඔබ මහා පින්වන්තයෙක්. ඔබේ පැමිණීම යහපත් එකක්මයි. ඔබේ පැමිණීම අයහපත් එකක් නම් නොවෙයි. ඔන්න ඔතනින් වතුර අරගෙන ඔබේ පා සෝදා ගන්න.

986. මේ තියෙන්නෙ සීතල වතුර. ඔය පැන් ගෙනාවේ කන්දෙ ගුහාවෙන්. රාජ පුත්‍රය, ඔයින් පැන් ටිකකුත් වළඳලා මේ ඇතිරිල්ලේ වාඩිවෙන්න.

987. මහා මුනීන්ද්‍රයාණෙනි, ඔබේ වචන හරිම සුන්දරයි. කන්කළුයි. කිසි වරදක් නෑ. අර්ථවත්. මධුරයි. තේරුමක් ඇතුවමයි ඔබ කතා බස් කරන්නෙ.

988. ශ්‍රේෂ්ඨ සෘෂිතුමනි, මේ වනයෙහි වාසය කරන්නෙ මොන වගේ දේකට ඇළුම් කරලද? මං මේ අහන්නෙ ඒ ගැනයි. ඔබවහන්සේගේ වචනය අහලා අර්ථ දැනගෙන ධර්මය දැනගෙන අපි පිළිපදින්න කැමතියි.

989. පින්වත් කුමාරය, හැම සත්වයන් කෙරහිම අහිංසාව පැතිරීමයි අපේ රුචිකත්වය. ඒ වගේම හොරකම් කරන්නෙ නෑ. අසීලාචාර දේ නෑ. මත් පැන් බීමක් නෑ.

990. ඕවායින් වැළකී ඉන්න එක, ධර්මයෙහි හැසිරෙන එක, බහුශ්‍රැතභාවය ඇති කරගන්න එක, කෙළෙහි ගුණදන්න එක මෙලොවදීම ප්‍රශංසාව ලැබෙන කාරණා. ඇත්තෙන්ම මේව තමයි ප්‍රශංසා ලැබිය යුතු දේ.

991. රාජ පුත්‍රය, තව මාස පහකින් මෙපිට ඔබේ මරණය සිද්ධ වෙනවා. ඊට කලින් තමන්ව අපා දුකින් මුදවා ගන්න.

992. ඒ මං කොයි ජනපදයටද යන්නෙ? මොන වගේ දෙයක්ද කරන්නෙ? මොන වගේ පුරුෂ කාර්යයක්ද කරන්නෙ? මොන වගේ විද්‍යාවකින්ද මේ ජරා මරණවලින් නිදහස් වෙන්න පුළුවන් වෙන්නෙ?

993. රාජ පුත්‍රය, කෙනෙක් යම් තැනකට ගිහින් ජරාමරණවලින් නිදහස් වෙනවා නම්, ඒ විදිහේ තැනක්. ඒ විදිහේ විද්‍යාවක්, ඒ විදිහේ පුරුෂ කාර්යයක් දැකගන්ට නෑ.

994. මහාධනවත් උදවිය, මහා භෝග ඇති උදවිය, ක්ෂත්‍රිය වූ රජවරු, තවත් බොහෝ ධනධාන්‍ය ඇති උදවිය යන ඔය කවුරුත් අජරාමර උදවිය නොවේ.

995. ඉදින් ඔබ අහල තියෙනවාද අන්ධක වෙණ්හු පුත්‍ර කියන අය ගැන. එයාල හරී ශූරයි. වීරයි. වික්‍රමාන්විතව සතුරන්ට පහර දෙනවා. හිරු සඳු වගේ. අන්තිමේදී ඒ උදවියත් ආයුෂ ඉවර වෙලා මැරිල ගියා.

996. ක්ෂත්‍රිය උදවිය ඉන්නවා. බ්‍රාහ්මණවරු ඉන්නවා. වෙළඳ ව්‍යාපාරිකයෝ ඉන්නවා. දාසිදස්සන් ඉන්නවා. චණ්ඩාල, පුක්කුස කුලවල අය ඉන්නවා. තව නොයෙකුත් උදවිය ඉන්නවා. ඔය කවුරුත් ඉපදීමෙන් අජරාමර වෙච්ච උදවිය නොවෙයි.

997. අට්ඨක වාමක ආදී ඍෂිවරුන් ගේ පරම්පරාවෙන් ආපු සයවැදෑරුම් වේදමන්ත්‍ර පාඩම් කරන උදවිය ඉන්නවා. අනෙක් උදවියත් ඉන්නවා. ඔය කවුරුත් ඒ ඇති කර ගත්තු විද්‍යාවෙන් අජරාමර වෙන්නෙ නෑ.

998. ශාන්ත ඍෂිවරු ඉන්නවා. සීලසංවරයෙන් යුක්තයි. තපස් රකිනවා. ඒ තපස්වීන් වහන්සේලාත් කාලය ආවහම ශරීරය අත්හැර දානවා.

999. වඩන ලද සිත් ඇති රහතන් වහන්සේලා ඉන්නවා. නිවන් මග සම්පූර්ණ කරලයි ඉන්නෙ. ආශ්‍රව රහිතයි. පින්පව් මේ ජීවිතය තුළම ගෙවා දමලා අන්තිමේදි මේ සිරුර බැහැර කරනවා.

1000. මහා මුනිඳාණෙනි, ඔබවහන්සේ විසින් ඔය ගාථාවන් ඉතාම හොඳින් වදාළේ. අර්ථවත්. ඒ යහපත් දේශනාව නිසා මට ධර්මය තේරුනා. අනේ ඔබ වහන්සේවත් මට සරණ වනු මැනව.

1001. පින්වත් කුමරුණි, ඔබ මාව සරණ යන්න ඕන නෑ. මං සරණ ගියේ ශාක්‍යපුත්‍ර වූ මහා වීරයාණන් වහන්සේ නමක් ඉන්නවා. අන්න ඒ උත්තමයාණන් වහන්සේව සරණ යන්න.

1002. අනේ නිදුකාණන් වහන්ස, ඔබගේ ඒ ශාස්තෘන් වහන්සේ වැඩසිටින්නේ කොයි ජනපදයේද? වෙන කිසිවෙක් හා සමාන නොවූ ඒ ජිනයන් වහන්සේව බැහැ දැකගන්නට මාත් යනවා.

1003. කුමරුණි, ඔක්කාක වංශයෙහි උපන් ඒ ආජානීය පුරුෂෝත්තමයාණන් වහන්සේ වැඩසිටියේ පෙරදිග ජනපදයේ. උන්වහන්සේ පිරිනිවන් පා වදාළා.

1004. නිදුකාණන් වහන්ස, ඔබගේ ඒ ශාස්තෘ වූ බුදුරජාණන් වහන්සේ ජීවමානව වැඩ සිටින සේක් නම් උන්වහන්සේ සමග උතුම් දහම් ඇසුර ලබන්ට මං දහසක් යොදුන් ගෙවා ගෙන හරි යනවා.

1005. නිදුකාණන් වහන්ස, ඒ ඔබගේ ශාස්තෘන් වහන්සේ යම් හෙයකින්

පිරිනිවන් පා වදාළ සේක් ද, පිරිනිවනට වැඩියා වූ ඒ මහා වීරයාණන් වහන්සේව මං සරණ යනවා.

1006. මං බුදුරජාණන් වහන්සේව සරණ යනවා. අනුත්තර වූ ශ්‍රී සද්ධර්මයත් සරණ යනවා. නරදේවයන් වහන්සේගේ ශ්‍රාවක වූ සංඝරත්නයත් සරණ යනවා.

1007. මං වහ වහා සතුන් මැරීමෙන් වළකිනවා. ලෝකයෙහි සොරකම් කිරීම මං කරන්නෙ නෑ. මත් පැන් බොන්නෙත් නෑ. බොරු කියන්නෙත් නෑ. තමන්ගේ බිරිඳ සමඟ පමණයි මං සතුටු වෙන්නෙ.

1008. දහසක් රැස් ඇති හිරු මඬල ආකාසයෙහි පිළිවෙලකට ගමන් කරන්නෙ දිසාවන් බබුලුවාගෙනයි. ඔබේ මහා රථයත් අන්න ඒ වාගෙමයි. හත් යොදුනක් විශාලත්වයෙන් යුක්තයි.

1009. ඒ රථය වටේටම රන් පටිවලින් සරසලා තියෙනවා. එහි වියගස මුල ඉදන්ම මුතු මැණික්වලින් සරසලා තියෙනවා. ඒ වගේම රන්රිදීවලින් කළ පටවල වෛරෝඩි මැණිකෙන් කරපු සුන්දර රේඛා ලස්සනට මැවිල තියෙනවා.

1010. ඒ රථයේ මුදුනත් වෛරෝඩි මැණිකෙන් කරල තියෙන්නෙ. වියගහ විසිතුරු කරල තියෙන්නෙ රතු මැණික්වලින්. රන් රිදීවලින් කරපු රැහැන් පටින් තමයි මේ අශ්වයත් බැඳල ඉන්නෙ. සිතේ වේගයෙන් ගමන් කරන මොවුන් හරි සුන්දරයි.

1011. යසස් ඇති දිව්‍ය පුත්‍රය, දහසක් අශ්වයන් යොදපු දිව්‍ය රථයෙහි ඉන්න සක් දෙවිඳු වගේ ඔබත් මේ රන්වන් රථයේ ඉන්නෙ. මං මේ මෙතරම් දක්ෂතා ඇති ඔබෙන් අහන්නෙ මෙවැනි උදාර වූ සැප සම්පත් ලැබුනේ කොහොමද කියලයි.

1012. ස්වාමීනි, මං ඉස්සර මනුස්ස ලෝකෙදි සුජාත කියල රාජ කුමාරයෙක් වෙලා හිටියා. ඔබවහන්සේ තමයි මා කෙරෙහි අනුකම්පා කරල මේ සංවර කරවන උතුම් ධර්මයෙහි පිහිටෙව්වෙ.

1013. මගේ ආයුෂ පිරිහිලා තිබුණු බව ඔබවහන්සේ දැනගත්තා. සුජාත, මෙයට පුද පූජා කරන්න, ඒක ඔබට යහපත පිණිසමයි හේතු වන්නෙ කියල මට ශාස්තෘන් වහන්සේගේ ධාතුන් වහන්සේ නමක් ලබා දුන්නා.

1014. මං ඒ ධාතුන් වහන්සේට සුවඳින් මලින් පූජා පැවැත්වූවා. හරි පිළිවෙළටම

මං කළා. මිනිස් ශරීරය අත්හැරියාට පස්සෙ මං නන්දන වනයෙහි උපන්නා.

1015. මේ රම්‍ය වූ නන්දන වනයෙහි නොයෙක් වර්ගයේ කුරුළු කොබෙයියන් ඉන්නවා. මං මෙහි දිව්‍ය අප්සරාවන් පිරිවරාගෙන නැටුම් ගැයුම්වලින් සතුටු වෙවී ඉන්නවා.

සාදු ! සාදු !! සාදු !!!

දහතුන් වෙනි චූළරථ විමානයයි.

5.14.

1016. පින්වත් දිව්‍ය පුත්‍රය. දහසක් අසුන් යොදවලා තියෙන මේ රථය හරිම විචිත්‍රයි. සුන්දරයි. ඉතින් මේ රථයේ නැගලා ඔබ උද්‍යාන භූමියට යන කොට භූතපති වූ පුරින්දද වූ සක් දෙවිඳු වගෙයි.

1017. ඔබේ රථය රත්රන්වලින් හැදුනු එකක්. ඒ රථය දෙපැත්තේ යට මනාව පිහිටි දෙකොණ අතිශයින්ම සුන්දරයි. ඒ රථයෙහි කණු හිටවලා තියෙන්නෙ අතිප්‍රවීණයන්ගේ නිර්මාණ වගේ. මේ රථය බබලන්නෙ පොහොය දවසේ පුන්සඳ වගේ.

1018. මේ රථය ආවරණය කරල තියෙන්නෙ රන්දැල්වලින්. විවිධාකාර මැණික් වර්ගවලින් සරසලා තියෙනවා. මිහිරි ස්වරයෙන් සොඳුරු ඝෝෂාවකුත් නැගෙනවා. චාමර සලන අත්වලින් යුතු දෙව්වරුන් නිසා තවත් ලස්සනයි.

1019. මෙහි රථ නාභිය සිතෙන් මවාපු එකක් වගේ. රථයේ රෝද අතරේ ඇති අරයන්ද මුතු මැණික්වලින් සරසලා තියෙනවා. ඒ රථ නාභි සිය ගණන් සැරසිලිවලින් සරසලා තියෙනවා. මේ රථය ගමන් කරනකොට එළිය විහිදෙන්නෙ විදුලි කොටනවා වගේ.

1020. මේ රථය හරිම විචිත්‍රයි. දහසක් රැස් ඇති නිම්වළලු තියෙනවා. හරි මිහිරි හඬින් ඇහෙන කිංකිණි දැල් තියෙනවා. පංචාංගික තූර්ය නාදය වගෙයි එය ඇහෙන්නෙ.

1021. මේ රථයේ මුදුන හරි විචිත්‍රයි. සඳමඬල වගෙයි. මැණික් ඔබ්බවල තියෙන්නෙ. හැම තිසේසෙම පිරිසිදුයි. සිත්කළුයි. ප්‍රභාස්වරයි. රන්වන්

රේඛාවන්ගෙන් වඩාත් සුන්දර වෙලා තියෙනවා. වෛරෝඩි මැණික් රොදක් වගේ අතිශයින්ම සුන්දරයි.

1022. මේ අශ්වයොත් සඳමඬල වැනි මැණික් වලින් සරසලා තියෙන්නෙ. හොඳ උස මහත තියෙනවා. හොඳ ජවයකුත් තියෙනවා. හරි විශාලයි. බලවත්. මහා ජවයක් තියෙනවා. ඔබේ සිතට අනුකූලවමයි අශ්වයන් ගමන් කරන්නෙ.

1023. සතර පාදවල වේගයෙන් ගමන් කරන මේ හැම අශ්වයෙක්ම ජවයෙන් සමානයි. ඔබේ සිතට අනුකූලවමයි ගමන් කරන්නෙ. මේ රථය උසුලන මොවුන් හරි මෘදුයි. කීකරුයි. සතුට ඇති කරල දෙනවා. ආජානීය අශ්වයන්.

1024. අහසේ ගමන් කරද්දි මේ අශ්වයන් සැරසිලි සොළවනවා. සීනු හඬින් මිහිරට නද දෙනවා. ඉතා යහපත් ලෙස කරන ලද සැරසිලි වඩ වඩාත් දීප්තිමත් වෙනවා. උන්ගේ ස්වරය මොන තරම් සුන්දරද යත් පංචාංගික තූර්ය නාදය වගේ.

1025. රථයේ ශබ්දයයි පළඳනාවල ශබ්දයයි අශ්වයින්ගේ කුර ගැටෙන හඬයි අශ්වයින්ගේ හේසරාවයයි කියන මේ සියල්ලෙන්ම නැගෙන ඝෝෂාව දෙවියන්ගේ ඝෝෂාව සමග එකතු වෙන කොට දිව්‍ය ගාන්ධර්වයන් විචිත්‍ර වූ තූර්ය නාද පවත්වනවා වගේ ඉතා මිහිරට ඇහෙනවා.

1026. ඒ රථයේ ඉන්නවා දිව්‍ය අප්සරාවන්. ඔවුන්ගේ ඇස් මුව පැටවුන්ගේ වගෙයි. අඩවන් වෙලා තියෙන්නෙ. දිගු ඇස් පිහාටු තියෙනවා. සිනහ මූණු තියෙනවා. සොඳුරු කථා බහ තියෙනවා. වෛරෝඩි මැණිකෙන් කරපු දූල්වලින් සිරුර වහගෙන ඉන්නෙ. ගාන්ධර්වයන්ගෙන් අග්‍ර දෙවියන්ගෙන් ඔවුන් හැම තිස්සේම පිදුම් ලබනවා.

1027. ඒ දිව්‍ය අප්සරාවන් සිත් අලවන රතුපාට රන්වන් පාට වස්ත්‍රවලින් සැරසිලා ඉන්නවා. විශාල නෙත් යුග තියෙනවා. සොඳුරු රත් පැහැයෙන් සැරසුණු නෙත් යුග තියෙනවා. සොඳුරු උපතක් ලබාදෙන සොඳුරු සිරුරු ඇතිව රථයේ ඉන්න ඒ සුර අඟනන් දිව්‍ය කුමාරයාට වැඳගෙන ඉන්නවා.

1028. ඒ දිව්‍ය අප්සරාවන් රන්වන් ආභරණ පැළඳගෙන ඉන්නවා. දිවසළු දරා ගෙන ඉන්නවා. සිහින් ඉඟ තියෙනවා. ස්ථූල නැති කෘශ නැති වටොර තියෙනවා. පියයුරු තියෙනවා. දිගුවට ඇඟිලි තියෙනවා. සියුම් දෑක්මෙන්

යුක්තයි. රථයේ ඉන්න ඒ සුර අඟනන් දිව්‍ය කුමාරයාට වැඳගෙන ඉන්නවා.

1029. ඒ දිව්‍ය අප්සරාවන්ට ලස්සන කෙස් කළඹක් තියෙනවා. ලස්සනට බෙදල පීරල තියෙනවා. රන් කෙඳිවලින් සරසලා තියෙනවා. ප්‍රභාශ්වරයි. ඔබ හිතන හිතන පිළිවෙලටයි ඔබ කැමති පරිදි ඔවුන් සිටින්නෙ. රථයේ ඉන්න ඒ සුර අඟනන් දිව්‍ය කුමාරයාට වැඳගෙන ඉන්නවා.

1030. ඒ දිව්‍ය අප්සරාවන් නෙළුම් මහනෙල් මලින් සැරසිලා ඉන්නවා. දිව්‍ය සඳුන් තවරා ගෙන ඉන්නවා. ඔවුන් අලංකාරයි. ඔබ හිතන හිතන පිළිවෙලටයි ඔබ කැමති පරිදි ඔවුන් සිටින්නෙ. රථයේ ඉන්න ඒ සුර අඟනන් දිව්‍ය කුමාරයාට වැඳගෙන ඉන්නවා.

1031. ඒ මල් දරන දිව්‍ය අප්සරාවන් නෙළුම් මහනෙල් මලින් සැරසිලා ඉන්නවා. දිව්‍ය සඳුන් තවරා ගෙන ඉන්නවා. ඔවුන් අලංකාරයි. ඔබ හිතන හිතන පිළිවෙලටයි ඔබ කැමති පරිදි ඔවුන් සිටින්නෙ. රථයේ ඉන්න ඒ සුර අඟනන් දිව්‍ය කුමාරයාට වැඳගෙන ඉන්නවා.

1032. ඔවුන්ගේ ගෙළෙහි ලස්සන පළඳනා තියෙනවා. අත්පාවලත් හිසේත් ලස්සන පළඳනා තියෙනවා. සරත් කාලයේ හිරු මඬල උදාවුනහම දස දිසාවම බබලනවා වගේ ඔවුන් බබලන්නෙ.

1033. මඳ සුළඟින් ඔවුන්ගේ අත්වල මල් සෙළවෙනවා. පළඳනාත් සෙළවෙනවා. එතකොට එයින් නැගෙන්නෙ සියලු ප්‍රවීණ ගාන්ධර්වයන් හට හුරු පුරුදු වූ නාද වැනි ඉතා කන්කළු සොඳුරු නාදයන්.

1034. දිව්‍ය පුත්‍රය, ඒ උද්‍යානයෙහි දෙපස රථ හඬ ඇහෙනවා. කුඤ්චනාදය ඇහෙනවා. කුරුළු නාදය ඇහෙනවා. එයින් දෙවිවරු ප්‍රමුදිත වෙනවා. නෙළුම් පත් නමැති අත්ගැටෙන කොට වීණාවකින් වගේ මිහිරි නාදය ඇහෙනවා.

1035. මේ වීණාවල්වල බොහෝ කන්කළු මිහිරි හඬ ඇහෙන කොට ඉතා සුන්දර විලසට හෘදයාංගම නාදයන් ඇහෙන කොට දිව්‍ය අප්සරාවන් ඉතා හොඳින් පුහුණු වෙලා නෙළුම් මල් උඩ කරකැවි කැවී නටනවා.

1036. මේ සිංදු කීමත් වාදනයත් නැටුම් නැටීමත් යන දේවල් එකට එකතු වුනාම මේ රථයේ ඉන්න ඇතැම් දිව්‍ය අප්සරාවන් නටනවා. මේ රථයේ ඉන්න උතුම් දිව්‍ය අප්සරාවන් දෙපැත්තේ ඉඳගෙන බබලන්න පටන් ගන්නවා.

1037. ඒ දිව්‍ය පුත්‍රයා තූර්ය වාදනවලින් සන්තෝෂ වෙනවා. ශක්‍රයා වගේ අන්‍යයන්ගෙන් පිදුම් ලබනවා. මේ වීණානාදයන් බොහෝ සෙයින් වැයෙන කොට හෘදයාංගම වූ මිහිරි නාදයට සතුට උපදිනවා.

1038. ඔබ ඉස්සර මනුස්ස ලෝකෙදි මොන විදිහේ පුණ්‍ය කර්මයක්ද කළේ? මොන විදිහේ සිල්ද රැක්කේ? මොන විදිහේ ධම්මචාරී ජීවිතයක්ද ගත කළේ. මොන වගේ ව්‍රතයක්ද කැමැති වුනේ.

1039. ඔබ කලින් ජීවිතයක කරපු පොඩිපහේ පිනක් නම් වෙන්න බෑ. රැක ගත්තු පොඩි සීලයක් නම් වෙන්න බෑ. ඔබේ ඉර්ධි ආනුභාවය අති විශාලයි. අනිත් දෙවිවරුන්ව ඔබේ ආලෝකයෙන් යටපත් වෙනවා.

1040. ඔබේ මේ පුණ්‍ය විපාකය දානයෙන් ලැබුණු එකක්ද? එහෙම නැත්නම් සීලයෙන් ලැබුණු එකක්ද? එහෙමත් නැත්නම් වෙනත් වැඳුම් පිදුම් වලින් ලැබුණු එකක්ද? මේ අහන කරුණට පිළිතුරු දෙනු මැනව.

1041. මොග්ගල්ලාන මහරහතන් වහන්සේ තමයි මේ ප්‍රශ්න ඇහුවේ. ඒ ගැන ඒ දිව්‍යපුත්‍රයා ගොඩාක් සතුටු වුනා. මොන වගේ පින්කම්වලින්ද මේ සැප ලැබුනේ කියන ප්‍රශ්නයට ඔහු මෙහෙමයි පිළිතුරු දුන්නේ.

1042. ඒ අග්‍ර පුද්ගල වූ කාශ්‍යප බුදුරජාණන් වහන්සේ නරෝත්තමයන් වහන්සේ නමක්. ඉඳුරන් ජයගෙනයි ඉන්නෙ. කෙලෙස් නෑ. දේවාතිදේවයි. සුන්දර පුණ්‍ය ලක්ෂණයන්ගෙන් යුක්තයි. දෙවි මිනිසුන් හට අමෘත ද්වාරය විවෘත කරලයි තියෙන්නෙ.

1043. මං උන්වහන්සේව දැකගත්තා. සසරෙන් එතෙරට වැඩි උන්වහන්සේ හස්තිරාජයෙක් වගේ. තනි රත්තරනින් කරපු රූපයක් වගෙයි. උන්වහන්සේව දැක බලාගත්තු ගමන් වහ වහා මං සිත පිරිසිඳු කර ගත්තා. සුභාසිත ධජය වූ ඒ බුදුරජාණන් වහන්සේව දැක ගත්තට පස්සෙ,

1044. කිසිවකට නොඇලෙන උන්වහන්සේට මං මගේ නිවසේ මල් අතුරලා දන් පැන් පූජා කරගත්තා. ඉතා පිරිසිඳුවට ප්‍රණීත විදිහටයි ඒ රසවත් ආහාර පාන පිළිගැන්වූයේ. ඒ වගේම සිවුරුත් පූජා කරගත්තා.

1045. ඒ නරෝත්තමයානන් වහන්සේට මං දන් පැන්වලින්, සිවුරෙන්, රසවත් කැවිලිපෙවිලිවලින් හොඳින් පූජා සත්කාර කළා. දැන් ඒ මං දෙව්ලොවක් දෙව්ලොවක් පාසා යනවා. සුදස්සන දිව්‍ය පුරයේ මං දැන් ඇලී වසන්නෙ.

1046. ඔන්න ඔය විදිහට මං ඉතාම නිරවුල්ව දන් දීමට කලින්. දන් දෙන විට,

දන් දුන්නට පසු කියන මේ තුන් අවස්ථාවේම සිත පහදවා ගෙන තමයි දාන මාන කළේ. ඊට පස්සෙ මං ඒ මිනිස් සිරුර අත්හැරියා. දැන් මේ දිව්‍ය පුරයෙහි මං ඇලී වසන්නෙ සක් දෙවිඳු වගේ.

1047. මුනිවරයාණෙනි, ඉතා උසස් වූ ආයු, වර්ණ, සැප, බල යන මේවා ලබන්න කවුරු හරි කැමති නම් නො ඇළුනු සිත් ඇති බුදුරජාණන් වහන්සේ උදෙසාමයි ඉතා හොඳින් පිළියෙල කරපු බොහෝ දන් පැන් පූජා කරගත යුත්තේ.

1048. මේ ලෝකයේ වත් වෙන ලෝකයක වත් බුදුරජාණන් වහන්සේට වඩා ශ්‍රේෂ්ඨ කෙනෙක් වත් සමාන කෙනෙක් වත් නෑ. උන්වහන්සේ දන්පැන් පූජා ලැබීමට සුදුසු උතුමන් අතර අතිශයින්ම සුදුසු උත්තමයයි. පින් කැමැති උදවියට ඒ තුළින් මහත් ඵල ලබාගන්න පුළුවනි.

සාදු ! සාදු !! සාදු !!!

දාහතර වෙනි මහාරථ විමානයයි.

පස්වෙනි මහාරථ වර්ගය නිමා විය.

- එහි පිළිවෙල උද්දානයයිඃ

මණ්ඩුක විමාන වස්තුව, රේවතී, ඡත්තමාණවක, කක්කට, ද්වාරපාලක, කරණීය විමාන වස්තු දෙක, සූචි විමාන වස්තු දෙක, නාග විමානවස්තු තුන, රථ විමාන වස්තු දෙක කියන මේ පුරුෂ විමානවස්තුවෙනුයි ප්‍රථම වර්ගය කියන්නෙ.

6. පායාසි වර්ගය

6.1.

1049. උයන් අතුරින් ශ්‍රේෂ්ඨ වූ චිත්‍රලතා වනය තියෙන්නෙ උතුම් තව්තිසා දෙවියන් අතරයි. ඔබේ මේ විමානයත් අන්න ඒ චිත්‍රලතා වනය වගේ බබලනවා. ඔබේ ඒ විමානය අහසෙහි බබලමින් තියෙනවා.

1050. මහානුභාව ඇති පින්වත් දිව්‍ය පුත්‍රය, දිව්‍ය අධිපති බවටයි දැන් ඔබ පත් වෙලා ඉන්නෙ. මිනිස් ලෝකෙ ඉන්න කාලෙදි මොන වගේ පිනක්ද ඔබ කළේ? ආනුභාව සම්පන්නව ඔය බැබලි බැබලී ඉන්න පින මොකක් ද? ඔබේ සිරුරෙන් විහිදෙන එළියෙන් හැම දිසාවම බබලනවා.

1051. මොග්ගල්ලාන මහරහතන් වහන්සේ තමයි මේ ප්‍රශ්න ඇහුවේ. ඒ ගැන ඒ දිව්‍යපුත්‍රයා ගොඩාක් සතුටු වුනා. මොන වගේ පින්කම්වලින්ද මේ සැප ලැබුනේ කියන ප්‍රශ්නයට ඔහු මෙහෙමයි පිළිතුරු දුන්නේ.

1052. ස්වාමීනි, මමත් මගේ බිරිඳත් මනුස්ස ලෝකෙදි ගිහි ජීවිතය ගත කළේ පැන් පොකුණක් තියෙනවා වගේ. ආර්ය සංඝයා විෂයෙහි සිත පහදවා ගෙන බොහොම පිළිවෙලට අපි මහා දන් පැන් පූජා කළා.

1053. ඒ පිනෙන් තමයි මෙවැනි ලස්සනක් මට ලැබුනේ. ඒ පිනෙන්මයි මේ සම්පත් ලැබුනේ. සිතට ප්‍රීතිය උපදවන මේ සැප සම්පත් ඔක්කොම ලැබුනේ ඒ නිසාමයි.

1054. මහානුභාව සම්පන්න වූ ස්වාමීන් වහන්ස, මිනිස් ලෝකෙදි ඔය පින තමයි මං කර ගත්තෙ. ආනුභාව සම්පන්නව බැබලි බැබලී ඉන්න පින ඕක තමයි. මගේ සිරුරෙන් විහිදෙන එළියෙන් හැම දිසාවම බබලනවා.

සාදු ! සාදු !! සාදු !!!

පළමු වෙනි අගාරිය විමානයයි.

6.2.

1055. උයන් අතුරින් ශ්‍රේෂ්ඨ වූ චිත්‍රලතා වනය තියෙන්නෙ උතුම් තව්තිසා දෙවියන් අතරයි. ඔබේ මේ විමානය ත් අන්න ඒ චිත්‍රලතා වනය වගේ බබලනවා. ඔබේ ඒ විමානය අහසෙහි බබලමින් තියෙනවා.

1056. මහානුභාව ඇති පින්වත් දිව්‍ය පුත්‍රය, දිව්‍ය අධිපති බවටයි දැන් ඔබ පත් වෙලා ඉන්නෙ. මිනිස් ලෝකෙ ඉන්න කාලෙදි මොන වගේ පිනක්ද ඔබ කළේ? ආනුභාව සම්පන්නව ඔය බැබලි බැබලී ඉන්න පින මොකක්ද? ඔබේ සිරුරෙන් විහිදෙන එළියෙන් හැම දිසාවම බබලනවා.

1057. මොග්ගල්ලාන මහරහතන් වහන්සේ තමයි මේ ප්‍රශ්න ඇහුවේ. ඒ ගැන ඒ දිව්‍යපුත්‍රයා ගොඩාක් සතුටු වුනා. මොන වගේ පින්කම්වලින්ද මේ සැප ලැබුනේ කියන ප්‍රශ්නයට ඔහු මෙහෙමයි පිළිතුරු දුන්නේ.

1058. ස්වාමීනි, මමත් මගේ බිරිඳත් මනුස්ස ලෝකෙදි ගිහි ජීවිතය ගත කළේ පැන් පොකුණක් තියෙනවා වගේ. ආර්ය සංඝයා විෂයෙහි සිත පහදවා ගෙන බොහොම පිළිවෙලට අපි මහා දන් පැන් පූජා කළා.

1059. ඒ පිනෙන් තමයි මෙවැනි ලස්සනක් මට ලැබුනේ. ඒ පිනෙන්මයි මේ සම්පත් ලැබුනේ. සිතට ප්‍රීතිය උපදවන මේ සැප සම්පත් ඔක්කොම ලැබුනේ ඒ නිසාමයි.

1060. මහානුභාව සම්පන්න වූ ස්වාමීන් වහන්ස, මිනිස් ලෝකෙදි ඔය පින තමයි මං කරගත්තෙ. ආනුභාව සම්පන්නව බැබලි බැබලී ඉන්න පින ඕක තමයි. මගේ සිරුරෙන් විහිදෙන එළියෙන් හැම දිසාවම බබලනවා.

සාදු ! සාදු !! සාදු !!!

දෙවෙනි දුතිය අගාරිය විමානයයි.

6.3.

1061. මේ විමානය හරි උසයි. මැණික්වලින් කරපු කණු තියෙනවා. යොදුන් දහසයක් දුරට පැතිරිලා තියෙනවා. උස් මුදුන් ඇති ගෙවල් හත්සියයක් තියෙනවා. වෛරෝඩි මැණිකෙන් කරපු කණු තියෙනවා. සිත් කළුයි. සුන්දරයි.

1062. ඔබ ඒ විමානයේ ඉඳගෙන පානය කරනවා. අනුභව කරනවා. දිව්‍ය වීණාවන් ගෙන් මිහිරි වාදනය ඇහෙනවා. ඔය විමානයේ ඉන්න දිව්‍ය අප්සරාවන් සූසැට කලාවන් හොඳට පුහුණු වෙලයි ඉන්නෙ. ඒ උදාර දිව්‍ය කන්‍යාවන් නටනවා, ගයනවා, සතුටු වෙනවා.

1063. මහානුභාව ඇති පින්වත් දිව්‍ය පුත්‍රය, දිව්‍ය අධිපති බවටයි දැන් ඔබ පත් වෙලා ඉන්නෙ. මිනිස් ලෝකෙ ඉන්න කාලෙදි මොන වගේ පිනක්ද ඔබ කළේ? ආනුභාව සම්පන්නව ඔය බැබලි බැබලී ඉන්න පින මොකක්ද? ඔබේ සිරුරෙන් විහිදෙන එළියෙන් හැම දිසාවම බබලනවා.

1064. මොග්ගල්ලාන මහරහතන් වහන්සේ තමයි මේ ප්‍රශ්න ඇහුවේ. ඒ ගැන ඒ දිව්‍යපුත්‍රයා ගොඩාක් සතුටු වුනා. මොන වගේ පින්කම්වලින්ද මේ සැප ලැබුනේ කියන ප්‍රශ්නයට ඔහු මෙහෙමයි පිළිතුරු දුන්නේ.

1065. මහා මුනිතුමනි, ඍජු සිත් ඇති පහන් සිත් ඇති ඒ ආර්ය සංඝරත්නයට පලතුරු පූජා කරගත්තොත් ඒ පුද්ගලයා මහාපුණ්‍ය ඵලයක් ලබා ගන්නවා. ඒ පුද්ගලයා දෙව්ලොව ඉපදිලා තව්තිසාවේ සතුටු වෙනවා. බොහෝ පුණ්‍යඵල අනුභව කරනවා. මුනිඳුනි, මාත් ඒ විදිහේම පලතුරු හතරක් පූජා කරගත්තා.

1066. ඒ නිසා මිනිස් ලෝකෙ සැප පතනවා නම් දෙව් ලොව සැප පතනවා නම් එයා කළ යුත්තේ නිතර නිතර පලතුරු පූජා කරන එකමයි. ඒකමයි සුදුසු.

1067. ඒ පිනෙන් තමයි මෙවැනි ලස්සනක් මට ලැබුනේ. ඒ පිනෙන්මයි මේ සම්පත් ලැබුනේ. සිතට ප්‍රීතිය උපදවන මේ සැප සම්පත් ඔක්කොම ලැබුනේ ඒ නිසාමයි.

1068. මහානුභාව සම්පන්න වූ ස්වාමීන් වහන්ස, මිනිස් ලෝකෙදි ඔය පින තමයි මං කරගත්තෙ. ආනුභාව සම්පන්නව බැබලි බැබලී ඉන්න පින ඕක තමයි. මගේ සිරුරෙන් විහිදෙන එළියෙන් හැම දිසාවම බබලනවා.

සාදු ! සාදු !! සාදු !!!

තුන් වෙනි ඵලදායක විමානයයි.

6.4.

1069. පින්වත් දිව්‍ය පුත්‍රය, වළාකුළු නැති ආකාසයේ දිළිසෙමින් යන පුන් සඳක් වගේ ඔබේ විමානයත් ආකාසයේ බැබලෙමින් තියෙනවා.

1070. මහානුභාව ඇති පින්වත් දිව්‍ය පුත්‍රය, දිව්‍ය අධිපති බවටයි දූන් ඔබ පත් වෙලා ඉන්නෙ. මිනිස් ලෝකෙ ඉන්න කාලෙදි මොන වගේ පිනක්ද ඔබ කළේ? ආනුභාව සම්පන්නව ඔය බැබලි බැබලී ඉන්න පින මොකක්ද? ඔබේ සිරුරෙන් විහිදෙන එළියෙන් හැම දිසාවම බබලනවා.

1071. මොග්ගල්ලාන මහරහතන් වහන්සේ තමයි මේ ප්‍රශ්න ඇහුවේ. ඒ ගැන ඒ දිව්‍යපුත්‍රයා ගොඩාක් සතුටු වුනා. මොන වගේ පින්කම්වලින්ද මේ සැප ලැබුනේ කියන ප්‍රශ්නයට ඔහු මෙහෙමයි පිළිතුරු දුන්නේ.

1072. ස්වාමීනි, මමත් මගේ බිරිඳත් මනුස්ස ලෝකෙදි රහතන් වහන්සේ නමකට සෙනසුනක් පූජා කරගත්තා. ආර්ය සංඝයා විෂයෙහි සිත පහදවා ගෙන බොහොම පිළිවෙලට අපි මහා දන් පැන් පූජා කළා.

1073. ඒ පිනෙන් තමයි මෙවැනි ලස්සනක් මට ලැබුනේ. ඒ පිනෙන්මයි මේ සම්පත් ලැබුනේ. සිතට ප්‍රීතිය උපදවන මේ සැප සම්පත් ඔක්කොම ලැබුනේ ඒ නිසාමයි.

1074. මහානුභාව සම්පන්න වූ ස්වාමීන් වහන්ස, මිනිස් ලෝකෙදි ඔය පින තමයි මං කරගත්තේ. ආනුභාව සම්පන්නව බැබලි බැබලී ඉන්න පින ඕක තමයි. මගේ සිරුරෙන් විහිදෙන එළියෙන් හැම දිසාවම බබලනවා.

සාදු ! සාදු !! සාදු !!!

හතර වෙනි උපස්සයදායක විමානය යි.

6.5.

1075. පින්වත් දිව්‍ය පුත්‍රය. වළාකුළු නැති ආකාසයේ දිළිසෙමින් යන හිරු මඬලක් වගේ ඔබේ විමානයත් ආකාසයේ බැබලෙමින් තියෙනවා.

1076. මහානුභාව ඇති පින්වත් දිව්‍ය පුත්‍රය, දිව්‍ය අධිපති බවටයි දූන් ඔබ පත් වෙලා ඉන්නෙ. මිනිස් ලෝකෙ ඉන්න කාලෙදි මොන වගේ පිනක්ද ඔබ කළේ? ආනුභාව සම්පන්නව ඔය බැබලි බැබලී ඉන්න පින මොකක්ද? ඔබේ සිරුරෙන් විහිදෙන එළියෙන් හැම දිසාවම බබලනවා.

1077. මොග්ගල්ලාන මහරහතන් වහන්සේ තමයි මේ ප්‍රශ්න ඇහුවේ. ඒ ගැන ඒ දිව්‍යපුත්‍රයා ගොඩාක් සතුටු වුනා. මොන වගේ පින්කම්වලින්ද මේ සැප ලැබුනේ කියන ප්‍රශ්නයට ඔහු මෙහෙමයි පිළිතුරු දුන්නේ.

1078. ස්වාමීනි, මමත් මගේ බිරිඳත් මනුස්ස ලෝකෙදි රහතන් වහන්සේ නමකට සෙනසුනක් පූජා කරගත්තා. ආර්ය සංඝයා විෂයෙහි සිත පහදවා ගෙන බොහොම පිළිවෙලට අපි මහා දන් පැන් පූජා කළා.

1079. ඒ පිනෙන් තමයි මෙවැනි ලස්සනක් මට ලැබුනේ. ඒ පිනෙන්මයි මේ සම්පත් ලැබුනේ. සිතට ප්‍රීතිය උපදවන මේ සැප සම්පත් ඔක්කොම ලැබුනේ ඒ නිසාමයි.

1080. මහානුභාව සම්පන්න වූ ස්වාමීන් වහන්ස, මිනිස් ලෝකෙදි ඔය පින තමයි මං කරගත්තෙ. ආනුභාව සම්පන්නව බැබලි බැබලී ඉන්න පින ඕක තමයි. මගේ සිරුරෙන් විහිදෙන එළියෙන් හැම දිසාවම බබලනවා.

සාදු ! සාදු !! සාදු !!!

පස් වෙනි දුතියඋපස්සයදායක විමානයයි.

6.6.

1081. මේ විමානය හරි උසයි. මැණික්වලින් කරපු කණු තියෙනවා. යොදුන් දොළොසක් දුරට පැතිරිලා තියෙනවා. උස් මුදුන් ඇති ගෙවල් හත්සියයක් තියෙනවා. වෛරෝඩි මැණිකෙන් කරපු කණු තියෙනවා. සිත්කළුයි. සුන්දරයි.

1082. මහානුභාව ඇති පින්වත් දිව්‍ය පුත්‍රය, දිව්‍ය අධිපති බවටයි දැන් ඔබ පත් වෙලා ඉන්නෙ. මිනිස් ලෝකෙ ඉන්න කාලෙදි මොන වගේ පිනක්ද ඔබ කළේ? ආනුභාව සම්පන්නව ඔය බැබලි බැබලී ඉන්න පින මොකක්ද? ඔබේ සිරුරෙන් විහිදෙන එළියෙන් හැම දිසාවම බබලනවා.

1083. මොග්ගල්ලාන මහරහතන් වහන්සේ තමයි මේ ප්‍රශ්න ඇහුවේ. ඒ ගැන ඒ දිව්‍යපුත්‍රයා ගොඩාක් සතුටු වුනා. මොන වගේ පින්කම්වලින්ද මේ සැප ලැබුනේ කියන ප්‍රශ්නයට ඔහු මෙහෙමයි පිළිතුරු දුන්නේ.

1084. මං ඉස්සර මනුස්ස ලෝකෙදි මනුස්සයෙක් වෙලා හිටියේ. මං දැක්කා ස්වාමීන් වහන්සේ නමක්. උන්වහන්සේ අධික පිපාසයෙන් කලන්තෙ හැදිලයි හිටියේ. ඉතින් මං උන්වහන්සේට දානෙ හදල පූජා කරගත්තා.

මං උන්වහන්සේව ආහාර පාන සහිත බවට පත් කළා.

1085. ඒ පිනෙන් තමයි මෙවැනි ලස්සනක් මට ලැබුනේ. ඒ පිනෙන්මයි මේ සම්පත් ලැබුනේ. සිතට ප්‍රීතිය උපදවන මේ සැප සම්පත් ඔක්කොම ලැබුනේ ඒ නිසාමයි.

1086. මහානුභාව සම්පන්න වූ ස්වාමීන් වහන්ස, මිනිස් ලෝකෙදි ඔය පින තමයි මං කර ගත්තෙ. ආනුභාව සම්පන්නව බැබලි බැබලී ඉන්න පින ඕක තමයි. මගේ සිරුරෙන් විහිදෙන එළියෙන් හැම දිසාවම බබලනවා.

සාදු ! සාදු !! සාදු !!!

හය වෙනි භික්ඛදායක විමානයයි.

6.7.

1087. මේ විමානය හරි උසයි. මැණික්වලින් කරපු කණු තියෙනවා. යොදුන් දහසයක් දුරට පැතිරිලා තියෙනවා. උස් මුදුන් ඇති ගෙවල් හත්සියයක් තියෙනවා. වෛරෝඩි මැණිකෙන් කරපු කණු තියෙනවා. සිත්කළුයි. සුන්දරයි.

1088. ඔබ ඒ විමානයේ ඉඳගෙන පානය කරනවා. අනුභව කරනවා. දිව්‍ය වීණාවන්ගෙන් මිහිරි වාදනය ඇහෙනවා. ඔය විමානයේ ඉන්න දිව්‍ය අප්සරාවන් සුසැට කලාවන් හොඳට පුහුණු වෙලයි ඉන්නෙ. ඒ උදාර දිව්‍ය කන්‍යාවන් නටනවා, ගයනවා, සතුටු වෙනවා.

1089. මහානුභාව ඇති පින්වත් දිව්‍ය පුත්‍රය, දිව්‍ය අධිපති බවටයි දැන් ඔබ පත් වෙලා ඉන්නෙ. මිනිස් ලෝකෙ ඉන්න කාලෙදි මොන වගේ පිනක්ද ඔබ කළේ? ආනුභාව සම්පන්නව ඔය බැබලි බැබලී ඉන්න පින මොකක්ද? ඔබේ සිරුරෙන් විහිදෙන එළියෙන් හැම දිසාවම බබලනවා.

1090. මොග්ගල්ලාන මහරහතන් වහන්සේ තමයි මේ ප්‍රශ්න ඇහුවේ. ඒ ගැන ඒ දිව්‍යපුත්‍රයා ගොඩාක් සතුටු වුනා. මොන වගේ පින්කම්වලින්ද මේ සැප ලැබුනේ කියන ප්‍රශ්නයට ඔහු මෙහෙමයි පිළිතුරු දුන්නේ.

1091. මං මනුස්ස ලෝකෙ ඉන්න කාලෙ යව කෙතක් පාලනය කරපු කෙනෙක්. මං නොකැළඹුණු සිත් ඇති හරි ප්‍රසන්න වූ රහතන් වහන්සේ නමක් දැක්කා.

1092. මං උන්වහන්සේට මගේ දෑතින්ම පිට්ටුවක් පූජා කරගත්ත. ඒ පූජාවෙන් ලැබුණු පිනෙන් තමයි මේ නන්දන වනයේ මං දැන් සතුටු වන්නෙ.

1093. ඒ පිනෙන් තමයි මෙවැනි ලස්සනක් මට ලැබුනේ. ඒ පිනෙන්මයි මේ සම්පත් ලැබුනේ. සිතට ප්‍රීතිය උපදවන මේ සැප සම්පත් ඔක්කොම ලැබුනේ ඒ නිසාමයි.

1094. මහානුභාව සම්පන්න වූ ස්වාමීන් වහන්ස, මිනිස් ලෝකෙදි ඔය පින තමයි මං කරගත්තේ. ආනුභාව සම්පන්නව බැබලි බැබලී ඉන්න පින ඕක තමයි. මගේ සිරුරෙන් විහිදෙන එළියෙන් හැම දිසාවම බබලනවා.

සාදු ! සාදු !! සාදු !!!

හත්වෙනි යවපාලක විමානයයි.

6.8.

1095. පින්වත් දිව්‍ය පුත්‍රය, ඔබ හරි ලස්සනයි. දිව්‍ය මල් දරාගෙන ඉන්නවා. ලස්සන දිවසළු දරාගෙන ඉන්නවා. බොහොම හැඩට කෙස් රැවුල් කපල තියෙනවා. කන්වලත් ලස්සන ආභරණ පැළඳගෙන, අත්වලත් ලස්සන ආභරණ පැළඳගෙන යසස් ඇතිව ඉන්න ඔබ ඔය දිව්‍ය විමානෙ ඉන්න කොට සඳක් වගේ බබලනවා.

1096. දිව්‍ය වීණාවන්ගෙන් මිහිරි වාදනය ඇහෙනවා. ඔය විමානයේ ඉන්න දිව්‍ය අප්සරාවන් සූසැට කලාවන් හොඳට පුහුණු වෙලයි ඉන්නෙ. ඒ උදාර දිව්‍ය කන්‍යාවන් නටනවා, ගයනවා, සතුටු වෙනවා.

1097. මහානුභාව ඇති පින්වත් දිව්‍ය පුත්‍රය, දිව්‍ය අධිපති බවටයි දැන් ඔබ පත් වෙලා ඉන්නෙ. මිනිස් ලෝකෙ ඉන්න කාලෙදි මොන වගේ පිනක්ද ඔබ කළේ? ආනුභාව සම්පන්නව ඔය බැබලි බැබලී ඉන්න පින මොකක්ද? ඔබේ සිරුරෙන් විහිදෙන එළියෙන් හැම දිසාවම බබලනවා.

1098. මොග්ගල්ලාන මහරහතන් වහන්සේ තමයි මේ ප්‍රශ්න ඇහුවේ. ඒ ගැන ඒ දිව්‍ය පුත්‍රයා ගොඩාක් සතුටු වුනා. මොන වගේ පින්කම්වලින්ද මේ සැප ලැබුනේ කියන ප්‍රශ්නයට ඔහු මෙහෙමයි පිළිතුරු දුන්නේ.

1099. මං මනුස්ස ලෝකයේ මනුස්සයෙක් වෙලා හිටියා. මං දැක්කා සිල්වත් ශ්‍රමණයන් වහන්සේලා. උන්වහන්සේලා විජ්ජාචරණසම්පන්නයි.

යසසින් යුක්තයි. බහුශ්‍රැතයි. තණ්හාව ක්ෂය කරලයි ඉන්නෙ. ඉතින් මං උන්වහන්සේලා ගැන සිත පහදවාගෙනයි හිටියේ. මං බොහෝම පිළිවෙලට දන්පැන් හදලා මහා දන් පූජා කළා.

1100. ඒ පිනෙන් තමයි මෙවැනි ලස්සනක් මට ලැබුනේ. ඒ පිනෙන්මයි මේ සම්පත් ලැබුනේ. සිතට ප්‍රීතිය උපදවන මේ සැප සම්පත් ඔක්කොම ලැබුනේ ඒ නිසාමයි.

1101. මහානුභාව සම්පන්න වූ ස්වාමීන් වහන්ස, මිනිස් ලෝකෙදි ඔය පින තමයි මං කරගත්තේ. ආනුභාව සම්පන්නව බැබලි බැබලී ඉන්න පින ඕක තමයි. මගේ සිරුරෙන් විහිදෙන එළියෙන් හැම දිසාවම බබලනවා.

සාදු ! සාදු !! සාදු !!!

අටවෙනි පඨමකුණ්ඩලී විමානයයි.

6.9.

1102. පින්වත් දිව්‍ය පුත්‍රය, ඔබ හරි ලස්සනයි. දිව්‍ය මල් දරාගෙන ඉන්නවා. ලස්සන දිවසළු දරාගෙන ඉන්නවා. බොහොම හැඩට කෙස් රැවුල් කපල තියෙනවා. කන්වලත් ලස්සන ආභරණ පැළඳගෙන, අත්වලත් ලස්සන ආභරණ පැළඳගෙන යසස් ඇතිව ඉන්න ඔබ ඔය දිව්‍ය විමානෙ ඉන්න කොට සඳක් වගේ බබලනවා.

1103. දිව්‍ය වීණාවන්ගෙන් මිහිරි වාදනය ඇහෙනවා. ඔය විමානයේ ඉන්න දිව්‍ය අප්සරාවන් සූසැට කලාවන් හොඳට පුහුණු වෙලයි ඉන්නෙ. ඒ උදාර දිව්‍ය කන්‍යාවන් නටනවා, ගයනවා, සතුටු වෙනවා.

1104. මහානුභාව ඇති පින්වත් දිව්‍ය පුත්‍රය, දිව්‍ය අධිපති බවටයි දැන් ඔබ පත් වෙලා ඉන්නෙ. මිනිස් ලෝකෙ ඉන්න කාලෙදි මොන වගේ පිනක්ද ඔබ කළේ? ආනුභාව සම්පන්නව ඔය බැබලි බැබලී ඉන්න පින මොකක්ද? ඔබේ සිරුරෙන් විහිදෙන එළියෙන් හැම දිසාවම බබලනවා.

1105. මොග්ගල්ලාන මහරහතන් වහන්සේ තමයි මේ ප්‍රශ්න ඇහුවේ. ඒ ගැන ඒ දිව්‍ය පුත්‍රයා ගොඩාක් සතුටු වුනා. මොන වගේ පින්කම්වලින්ද මේ සැප ලැබුනේ කියන ප්‍රශ්නයට ඔහු මෙහෙමයි පිළිතුරු දුන්නේ.

1106. මං මනුස්ස ලෝකයේ මනුස්සයෙක් වෙලා හිටියා. මං දැක්කා යහපත් ගති පැවතුම් ඇති ශ්‍රමණයන් වහන්සේලා. උන්වහන්සේලා

විජ්ජාචරණසම්පන්නයි. යසසින් යුක්තයි. බහුශ්‍රැතයි. තණ්හාව ක්ෂය කරලයි ඉන්නෙ. ඉතින් මං උන්වහන්සේලා ගැන සිත පහදවා ගෙනයි හිටියේ. මං බොහෝම පිළිවෙලට දන්පැන් හදලා මහා දන් පූජා කළා.

1107. ඒ පිනෙන් තමයි මෙවැනි ලස්සනක් මට ලැබුනේ. ඒ පිනෙන්මයි මේ සම්පත් ලැබුනේ. සිතට ප්‍රීතිය උපදවන මේ සැප සම්පත් ඔක්කොම ලැබුනේ ඒ නිසාමයි.

1108. මහානුභාව සම්පන්න වූ ස්වාමීන් වහන්ස, මිනිස් ලෝකෙදි ඔය පින තමයි මං කරගත්තෙ. ආනුභාව සම්පන්නව බැබලි බැබලී ඉන්න පින ඕක තමයි. මගේ සිරුරෙන් විහිදෙන එළියෙන් හැම දිසාවම බබලනවා.

සාදු ! සාදු !! සාදු !!!

නව වෙනි දුතියකුණ්ඩලී විමානයයි.

6.10.

1109. පින්වත් දිව්‍ය පුත්‍රය, සක්දෙව් රජුගේ සුධර්මා කියල දිව්‍ය ශාලාවක් තියෙනවා. අන්න එතැන තමයි දිව්‍ය සමූහයා සමගියෙන් රැස් වෙන්නෙ. ඔබේ විමානයත් අන්න ඒ වගේ ලස්සනයි. ආකාසයේ බැබලෙමින් තිබෙනවා.

1110. මහානුභාව ඇති දිව්‍ය පුත්‍රය, දිව්‍ය අධිපති බවටයි දැන් ඔබ පත් වෙලා ඉන්නෙ. මිනිස් ලෝකෙ ඉන්න කාලෙදි මොන වගේ පිනක්ද ඔබ කළේ? ආනුභාව සම්පන්නව ඔය බැබලි බැබලී ඉන්න පින මොකක්ද? ඔබේ සිරුරෙන් විහිදෙන එළියෙන් හැම දිසාවම බබලනවා.

1111. මොග්ගල්ලාන මහරහතන් වහන්සේ තමයි මේ ප්‍රශ්න ඇහුවේ. ඒ ගැන ඒ දිව්‍යපුත්‍රයා ගොඩාක් සතුටු වුනා. මොන වගේ පින්කම්වලින්ද මේ සැප ලැබුනේ කියන ප්‍රශ්නයට ඔහු මෙහෙමයි පිළිතුරු දුන්නේ.

1112. මං මනුස්ස ලෝකයේ මනුස්සයෙක් වෙලා හිටියේ. පායාසි රජ්ජුරුවන්ගේ සේවක තරුණයෙක්. මට ධනයක් ලැබුනා. ඒකෙන් තමයි මං දන් දුන්නෙ. සිල්වතුන් වහන්සේලාව මට හරි ප්‍රියයි. ඉතින් මං උන්වහන්සේලා ගැන සිත පහදවා ගෙනයි හිටියේ. මං බොහෝම පිළිවෙලට දන්පැන් හදලා මහා දන් පූජා කළා.

1113. ඒ පිනෙන් තමයි මෙවැනි ලස්සනක් මට ලැබුනේ. ඒ පිනෙන්මයි මේ සම්පත් ලැබුනේ. සිතට ප්‍රීතිය උපදවන මේ සැප සම්පත් ඔක්කොම ලැබුනේ ඒ නිසාමයි.

1114. මහානුභාව සම්පන්න වූ ස්වාමීන් වහන්ස, මිනිස් ලෝකෙදි ඔය පින තමයි මං කර ගත්තේ. ආනුභාව සම්පන්නව බැබලි බැබලී ඉන්න පින ඕක තමයි. මගේ සිරුරෙන් විහිදෙන එළියෙන් හැම දිසාවම බබලනවා.

සාදු ! සාදු !! සාදු !!!

දස වෙනි උත්තර විමානයයි.

හයවෙනි පායාසි වර්ගය නිමා විය.

- එහි පිළිවෙල උද්දානයයිඃ

අගාරික විමාන වස්තු දෙක, ඵලදායක, උපස්සය විමාන වස්තු දෙක, භික්ඛදායක, යවපාලක, කුණ්ඩලී විමාන වස්තු දෙක, පායාසී විමාන වස්තුව යන මෙයිනුයි පුරුෂ විමාන පිළිබඳව දෙවැනි වර්ගය කියන්නෙ.

7. සුනික්ඛිත්ත වර්ගය

7.1

1115. උයන් අතුරින් ශ්‍රේෂ්ඨ වූ චිත්‍රලතා වනය තියෙන්නෙ උතුම් තව්තිසා දෙවියන් අතරයි. ඔබේ මේ විමානයත් අන්න ඒ චිත්‍රලතා වනය වගේ බබලනවා. ඔබේ ඒ විමානය අහසෙහි බබලමින් තියෙනවා.

1116. මහානුභාව ඇති දිව්‍ය පුත්‍රය, දිව්‍ය අධිපති බවටයි දූන් ඔබ පත්වෙලා ඉන්නෙ. මිනිස් ලෝකෙ ඉන්න කාලෙදි මොන වගේ පිනක්ද ඔබ කළේ? ආනුභාව සම්පන්නව ඔය බැබලි බැබලී ඉන්න පින මොකක්ද? ඔබේ සිරුරෙන් විහිදෙන එළියෙන් හැම දිසාවම බබලනවා.

1117. මොග්ගල්ලාන මහරහතන් වහන්සේ තමයි මේ ප්‍රශ්න ඇහුවේ. ඒ ගැන ඒ දිව්‍යපුත්‍රයා ගොඩාක් සතුටු වුනා. මොන වගේ පින්කම්වලින්ද මේ සැප ලැබුනේ කියන ප්‍රශ්නයට ඔහු මෙහෙමයි පිළිතුරු දුන්නේ.

1118. මං මනුස්ස ලෝකෙ මනුස්සයෙක් වෙලා හිටියේ. මං හරි දුප්පත්. අසරණයි. දීනයි. කුලී වැඩ කරන කෙනක් වෙලා හිටියේ. මගේ මව්පියන් හොඳටම වයසට ගිහින් දුර්වල වෙලා ඉන්න කොට මං උපස්ථාන කළා. ඒ වගේම සිල්වතුන් වහන්සේලාව මට හරි ප්‍රියයි. ඉතින් මං උන්වහන්සේලා ගැන සිත පහදවා ගෙනයි හිටියේ. මං බොහෝම පිළිවෙලට දන්පැන් හදලා මහා දන් පූජා කළා.

1119. ඒ පිනෙන් තමයි මෙවැනි ලස්සනක් මට ලැබුනේ. ඒ පිනෙන්මයි මේ සම්පත් ලැබුනේ. සිතට ප්‍රීතිය උපදවන මේ සැප සම්පත් ඔක්කොම ලැබුනේ ඒ නිසාමයි.

1120. මහානුභාව සම්පන්න වූ ස්වාමීන් වහන්ස, මිනිස් ලෝකෙදි ඔය පින තමයි මං කරගත්තෙ. ආනුභාව සම්පන්නව බැබලි බැබලී ඉන්න පින ඕක තමයි. මගේ සිරුරෙන් විහිදෙන එළියෙන් හැම දිසාවම බබලනවා.

සාදු ! සාදු !! සාදු !!!

පළමු වෙනි චිත්තලතා විමානයයි.

7.2.

1121 උයන් අතුරින් ශ්‍රේෂ්ඨ වූ නන්දන වනයත් චිත්‍රලතා වනයත් තියෙන්නෙ උතුම් තව්තිසා දෙවියන් අතරයි. ඔබේ මේ විමානයත් අන්න ඒ වගේ බබලනවා. ඔබේ ඒ විමානය අහසෙහි බබලමින් තියෙනවා.

1122. මහානුභාව ඇති දිව්‍ය පුත්‍රය, දිව්‍ය අධිපති බවටයි දූන් ඔබ පත්වෙලා ඉන්නෙ. මිනිස් ලෝකෙ ඉන්න කාලෙදි මොන වගේ පිනක්ද ඔබ කළේ? ආනුභාව සම්පන්නව ඔය බැබලි බැබලී ඉන්න පින මොකක්ද? ඔබේ සිරුරෙන් විහිදෙන එළියෙන් හැම දිසාවම බබලනවා.

1123. මොග්ගල්ලාන මහරහතන් වහන්සේ තමයි මේ ප්‍රශ්න ඇහුවේ. ඒ ගැන ඒ දිව්‍යපුත්‍රයා ගොඩාක් සතුටු වුනා. මොන වගේ පින්කම්වලින්ද මේ සැප ලැබුනේ කියන ප්‍රශ්නයට ඔහු මෙහෙමයි පිළිතුරු දුන්නේ.

1124. මං මනුස්ස ලෝකෙ මනුස්සයෙක් වෙලා හිටියේ. මං හරි දුප්පත්. අසරණයි. දීනයි. කුලී වැඩකරන කෙනෙක් වෙලා හිටියේ. මගේ මව්පියන් හොඳටම වයසට ගිහින් දුර්වල වෙලා ඉන්න කොට මං උපස්ථාන කළා. ඒ වගේම සිල්වතුන් වහන්සේලාව මට හරි ප්‍රියයි. ඉතින් මං උන්වහන්සේලා ගැන සිත පහදවා ගෙනයි හිටියේ. මං බෝහෝම පිළිවෙලට දන්පැන් හදලා මහා දන් පූජා කළා.

1125. ඒ පිනෙන් තමයි මෙවැනි ලස්සනක් මට ලැබුනේ. ඒ පිනෙන්මයි මේ සම්පත් ලැබුනේ. සිතට ප්‍රීතිය උපදවන මේ සැප සම්පත් ඔක්කොම ලැබුනේ ඒ නිසාමයි.

1126. මහානුභාව සම්පන්න වූ ස්වාමීන් වහන්ස, මිනිස් ලෝකෙදි ඔය පින තමයි මං කරගත්තෙ. ආනුභාව සම්පන්නව බැබලි බැබලී ඉන්න පින ඕක තමයි. මගේ සිරුරෙන් විහිදෙන එළියෙන් හැම දිසාවම බබලනවා.

සාදු ! සාදු !! සාදු !!!

දෙවෙනි නන්දන විමානයයි.

7.3.

1127. මේ විමානය හරි උසයි. මැණික්වලින් කරපු කණු තියෙනවා. යොදුන් දොළොසක් දුරට පැතිරිලා තියෙනවා. උස් මුදුන් ඇති ගෙවල් හත්සියයක් තියෙනවා. වෛරෝඩි මැණිකෙන් කරපු කණු තියෙනවා. සිත්කළුයි. සුන්දරයි.

1128. ඔබ ඒ විමානයේ ඉඳගෙන පානය කරනවා. අනුභව කරනවා. දිව්‍ය වීණාවන්ගෙන් මිහිරි වාදනය ඇහෙනවා. දිව්‍ය වූ රසය තියෙනවා. පංචකාම ගුණත් තියෙනවා. රන් අබරණවලින් සැරසිලා දිව්‍ය අප්සරාවන් නටනවා.

1129. ඇත්තෙන්ම ඔබට මෙවැනි ලස්සනක් ලැබුනේ කොහොමද? මොන වගේ පිනකින්ද ඔබට මේව ලැබුනේ? සිතට ප්‍රිය උපදවන මේ සැප සම්පත් ලැබුනේ මොන වගේ පිනකින්ද?

1130. මහානුභාව ඇති පින්වත් දිව්‍ය පුත්‍රය, දිව්‍ය අධිපති බවටයි දැන් ඔබ පත් වෙලා ඉන්නෙ. මිනිස් ලෝකෙ ඉන්න කාලෙදි මොන වගේ පිනක්ද ඔබ කළේ? ආනුභාව සම්පන්නව ඔය බැබලි බැබලී ඉන්න පින මොකක්ද? ඔබේ සිරුරෙන් විහිදෙන එළියෙන් හැම දිසාවම බබලනවා.

1131. මොග්ගල්ලාන මහරහතන් වහන්සේ තමයි මේ ප්‍රශ්න ඇහුවේ. ඒ ගැන ඒ දිව්‍යපුත්‍රයා ගොඩාක් සතුටු වුනා. මොන වගේ පින්කම්වලින්ද මේ සැප ලැබුනෙ කියන ප්‍රශ්නයට ඔහු මෙහෙමයි පිළිතුරු දුන්නේ.

1132. මං මිනිස් ලෝකෙ මනුස්සයෙක් වෙලා හිටියේ. වනගත මාවතක මං සක්මන් මළුවක් හැදුවා. ආරාමයක් හැදුවා. රුක් රෝපණය කළා. ඒ වගේම සිල්වතුන් වහන්සේලාව මට හරි ප්‍රියයි. ඉතින් මං උන්වහන්සේලා ගැන සිත පහදවා ගෙනයි හිටියේ. මං බොහෝම පිළිවෙලට දන්පැන් හදලා මහා දන් පූජා කළා.

1133. ඒ පිනෙන් තමයි මෙවැනි ලස්සනක් මට ලැබුණේ. ඒ පිනෙන්මයි මේ සම්පත් ලැබුනේ. සිතට ප්‍රීතිය උපදවන මේ සැප සම්පත් ඔක්කොම ලැබුනේ ඒ නිසාමයි.

1134. මහානුභාව සම්පන්න වූ ස්වාමීන් වහන්ස, මිනිස් ලෝකෙදි ඔය පින තමයි මං කරගත්තෙ. ආනුභාව සම්පන්නව බැබලි බැබලී ඉන්න පින ඕක තමයි. මගේ සිරුරෙන් විහිදෙන එළියෙන් හැම දිසාවම බබලනවා.

සාදු ! සාදු !! සාදු !!!

තුන්වෙනි මණිථූන විමානයයි.

7.4

1135. පින්වත් දිව්‍ය පුත්‍රය, හැම පැත්තෙන්ම ප්‍රභාශ්වර වූ ඔබේ විමානය පිහිටල තිබෙන්නෙ රත්තරන් පර්වතයකයි. ඒ විමානය වටා රන්වන් දැලුත් රන්

කිංකිණි දැලුත් එල්ලා තිබෙනවා.

1136. ලස්සනට කරපු අටපට්ටම් කණු තියෙනවා. ඒ හැම කණුවක්ම වෛරෝඩි මැණික්වලින් කරල තියෙන්නෙ. ඒ එක එකක් පාසා නිමවලා තියෙන්නෙ සප්ත රත්නයෙන්.

1137. වෛරෝඩි, රත්තරන්, පළිඟු, රිදී, මැසිරිගල්, මුතු, රතු මැණික් ආදියෙන් තමයි,

1138. ඒ විමාන භූමිය සිත්කළු විදිහට ලස්සනට හදල තියෙන්නෙ. ඒ විමානයේ දූවිලි නෑ. රන්වන් පරාලවලින් තමයි ඒ කැණි මඬල දරාගෙන ඉන්නෙ.

1139. හතර දිසාවෙන් පඩිපෙළවල් හතරක් තියෙනවා. නානා මැණික්වලින් හැදුණ අභ්‍යන්තර ශාලාවලින් රැස් විහිදෙන්නෙ හිරු මඬල වගේ.

1140. ඒ විමානයේ හතර දිශාවට බෙදපු ප්‍රධාන වේදිකා හතරක් තියෙනවා. හාත්පස බබලමින් තමයි ඒ වේදිකා තියෙන්නෙ.

1141. අන්න ඒ උතුම් විමානයෙ තමයි ඔය දිව්‍ය පුත්‍රයා ඉන්නෙ. හිරු උදාවෙද්දි ලස්සනට බබලනවා වගේ ඔබත් අතිශයින්ම බබලනවා.

1142. ඔබේ මේ පුණ්‍ය විපාකය දානයෙන් ලැබුණු එකක්ද? එහෙම නැත්නම් සීලයෙන් ලැබුණු එකක්ද? එහෙමත් නැත්නම් වෙනත් වැඳුම් පිදුම්වලින් ලැබුණු එකක්ද? මේ අහන කරුණට පිළිතුරු දෙනු මැනව.

1143. මොග්ගල්ලාන මහරහතන් වහන්සේ තමයි මේ ප්‍රශ්න ඇහුවේ. ඒ ගැන ඒ දිව්‍යපුත්‍රයා ගොඩාක් සතුටු වුනා. මොන වගේ පින්කම්වලින්ද මේ සැප ලැබුනේ කියන ප්‍රශ්නයට ඔහු මෙහෙමයි පිළිතුරු දුන්නේ.

1144. මං ඒ කාලෙ අන්ධකවින්ද රටේ හිටියේ. ඉතින් මම සූර්යබන්ධු වූ ශාස්තෘවූ බුදුරජාණන් වහන්සේට විහාරයක් කෙරෙව්වෙ සිත පහදවා ගෙන මගේ අතින්මයි.

1145. මං එහි දී ශාස්තෘන් වහන්සේට සුවඳ වර්ගද, මල්ද, වටිනා සුවඳ විළවුන් ද, විහාරයක්ද පූජා කළේ ගොඩාක් පැහැදුණු සිතින්මයි.

1146. මට දැන් ඒ පුණ්‍ය විපාකය ලැබුනා. නන්දන වනයෙහි මං දැන් සියලු දෙනා අතර ප්‍රධානයි. මේ රම්‍ය වූ නන්දන වනයේ නොයෙක් කුරුළු කොබෙයියන් පිරිවරා ගෙනයි මං ඉන්නෙ. දිව්‍ය අප්සරාවන් පිරිවරා ගෙන නැටුම් ගැයුම් වලින් මං සතුටු වෙනවා.

සාදු ! සාදු !! සාදු !!!

හතරවෙනි සුවණ්ණ විමානයයි.

7.5

1147. මේ විමානය හරි උසයි. මැණික්වලින් කරපු කණු තියෙනවා. යොදුන් දොළොසක් දුරට පැතිරිලා තියෙනවා. උස් මුදුන් ඇති ගෙවල් හත්සියයක් තියෙනවා. වෛරෝඩි මැණිකෙන් කරපු කණු තියෙනවා. සිත්කළුයි. සුන්දරයි.

1148. ඔබ ඒ විමානයේ ඉඳගෙන පානය කරනවා. අනුභව කරනවා. දිව්‍ය වීණාවන්ගෙන් මිහිරි වාදනය ඇහෙනවා. දිව්‍ය වූ රසය තියෙනවා. පංචකාම ගුණත් තියෙනවා. රන් අබරණවලින් සැරසිලා දිව්‍ය අප්සරාවන් නටනවා.

1149. ඇත්තෙන්ම ඔබට මෙවැනි ලස්සනක් ලැබුනේ කොහොමද? මොන වගේ පිනකින්ද ඔබට මේව ලැබුනේ? සිතට ප්‍රිය උපදවන මේ සැප සම්පත් ලැබුනේ මොන වගේ පිනකින්ද?

1150. මහානුභාව ඇති පින්වත් දිව්‍ය පුත්‍රය, දිව්‍ය අධිපති බවටයි දැන් ඔබ පත් වෙලා ඉන්නෙ. මිනිස් ලෝකෙ ඉන්න කාලෙදි මොන වගේ පිනක්ද ඔබ කළේ? ආනුභාව සම්පන්නව ඔය බැබලි බැබලී ඉන්න පින මොකක්ද? ඔබේ සිරුරෙන් විහිදෙන එළියෙන් හැම දිසාවම බබලනවා.

1151. මොග්ගල්ලාන මහරහතන් වහන්සේ තමයි මේ ප්‍රශ්න ඇහුවේ. ඒ ගැන ඒ දිව්‍ය පුත්‍රයා ගොඩාක් සතුටු වුනා. මොන වගේ පින්කම්වලින්ද මේ සැප ලැබුනේ කියන ප්‍රශ්නයට ඔහු මෙහෙමයි පිළිතුරු දුන්නේ.

1152. ඒ කාලෙ ඉර සැරට පායනවා. පායන කාලෙ අන්තිම මාසෙ. අනුන්ට බැලමෙහෙ කරන පුද්ගලයෙක් හිටියා. ඔහු අඹ වනයකට වතුර දැම්මා.

1153. එතකොට ඒ දිසාවෙන් වැඩියා ඉතා ප්‍රසිද්ධ වූ සාරිපුත්ත මහරහතන් වහන්සේ. කායික වශයෙන් කලන්තෙ ස්වභාවයක් පෙනුනා. නමුත් මානසිකව කලන්තෙ තිබුනෙ නෑ.

1154. අඹ වනයට වතුර දදා හිටපු මං ඒ වනයට වඩින උන්වහන්සේව දැක්කා. "ස්වාමීනි, මං ඔබවහන්සේව පැන් සනහනවා නම් ඒක මට සැපයට හේතු වේවි" කියල මං කිව්වා.

1155. එතකොට උන්වහන්සේ මා කෙරෙහි අනුකම්පා කළා. පා සිවුරු පැත්තකින් තැබුවා. අඳනය විතරක් ඇඳගෙන රුක්මුල් සෙවණක වාඩි වුණා.

ඛුද්දක නිකාය (විමාන වත්ථු පාළි - 7. සුනික්ඛිත්ත වර්ගය) 133

1156. මං එතකොට සිත පහදවා ගත්තා. රුක් සෙවණෙහි අඳනය පිටින් වැඩ සිටිය උන්වහන්සේව පිරිසිදු ජලයෙන් නැහැව්වා.

1157. අඹ ගහටත් මං වතුර ඉස්සා. ශ්‍රමණයන් වහන්සේවද පැන් පහසු කෙරෙව්වා. මං රැස් කරගත්තේ නම් සුළුපටු පිනක් නොවේ. ඒ ප්‍රීතිය මගේ කය පුරාම පැතිරිලා ගියා.

1158. මං ඒ මනුස්ස ජීවිතයේදී කරගත්තෙ ඔය පින්කම විතරයි. මිනිස් සිරුර අත්හැරියට පස්සෙ මං උපන්නෙ මේ නන්දන උයනේ.

1159. මේ රම්‍ය වූ නන්දන වනයේ නොයෙක් කුරුළු කොබෙයියන් පිරිවරාගෙනයි මං ඉන්නෙ. දිව්‍ය අප්සරාවන් පිරිවරා ගෙන නැටුම් ගැයුම්වලින් මං සතුටු වෙනවා.

සාදු ! සාදු !! සාදු !!!

පස්වෙනි අම්බ විමානයයි.

7.6.

1160. මහා මොග්ගල්ලානයන් වහන්සේ දෙවියෙකුව දැක්කා. දැකලා මෙහෙම අසා වදාළා. "බොහෝ කල් පවතින උස් වූ දිව්‍ය විමානයකයි ඔබ ඉන්නෙ. අත් ආභරණ ලස්සනට පළඳගෙන ඉන්නවා. යසස් තියෙනවා. ඔබ දිව්‍ය විමානයෙහි බබලන්නෙ පුන්සඳ වගේ."

1161. පින්වත් දිව්‍ය පුත්‍රය, ඔබ හරි ලස්සනයි. දිව්‍ය මල්මාලා දරාගෙන ඉන්නවා. ලස්සන දිවසළු දරාගෙන ඉන්නවා. බොහොම හැඩට කෙස් රැවුල් කපල තියෙනවා. කන්වලත් ලස්සන ආභරණ පැළඳගෙන, අත්වලත් ලස්සන ආභරණ පැළඳගෙන යසස් ඇතිව ඉන්න ඔබ ඔය දිව්‍ය විමානෙ ඉන්න කොට සඳක් වගේ බබලනවා.

1162. දිව්‍ය වීණාවන්ගෙන් මිහිරි වාදනය ඇහෙනවා. ඔය විමානයේ ඉන්න දිව්‍ය අප්සරාවන් සූසැට කලාවන් හොඳට පුහුණු වෙලයි ඉන්නෙ. ඒ උදාර දිව්‍ය කන්‍යාවන් නටනවා, ගයනවා, සතුටු වෙනවා.

1163. මහානුභාව ඇති පින්වත් දිව්‍ය පුත්‍රය, දිව්‍ය අධිපති බවටයි දැන් ඔබ පත් වෙලා ඉන්නෙ. මිනිස් ලෝකෙ ඉන්න කාලෙදි මොන වගේ පිනක්ද ඔබ කළේ? ආනුභාව සම්පන්නව ඔය බැබලි බැබලී ඉන්න පින මොකක්ද? ඔබේ සිරුරෙන් විහිදෙන එළියෙන් හැම දිසාවම බබලනවා.

1164. මොග්ගල්ලාන මහරහතන් වහන්සේ තමයි මේ ප්‍රශ්න ඇහුවේ. ඒ ගැන ඒ දිව්‍ය පුත්‍රයා ගොඩාක් සතුටු වුනා. මොන වගේ පින්කම්වලින්ද මේ සැප ලැබුනේ කියන ප්‍රශ්නයට ඔහු මෙහෙමයි පිළිතුරු දුන්නේ.

1165. මං ඉස්සර මිනිස් ලොව මනුස්සයෙක් වෙලා හිටියා. මං කළේ අනුන්ගේ ගව දෙනුන් එක් රැස් කරල ආරක්ෂා කරන එක. එදා ශ්‍රමණයන් වහන්සේ නමක් මං ළඟට වැඩියා. ගවයොත් මෑ කෙත කන්ට ගියා.

1166. ස්වාමීනි, මට දැන් වැඩ දෙකක් තියෙනවා. දෙකම කරන්ට ඕන. ඉතින් ස්වාමීනි. මං නුවණින් කල්පනා කරන කොට මේ අදහස ඇති වුනා. "ස්වාමීනි, මේක මං පූජා කළා" කියල රෙද්දෙන් ඔතාගෙන හිටිය පිට්ටුව අත්හැරියා.

1167. මේ ගව රැල අනුන්ගේ ධනය වන මෑ කෙත කන්ට ඉස්සර වෙලා මං ඒ මෑ කෙතට දුවගෙන ආවා. මං එහෙම වේගයෙන් යන කොට මහා විෂ ඇති දරුණු සර්පයෙක් මගේ කකුලට දෂ්ට කළා.

1168. එතකොට මං ඒ සර්පවිෂ නිසා අධික දුකෙන් පෙළෙන්න වුනා. ඒ ස්වාමීන් වහන්සේත් මා කෙරෙහි අනුකම්පා කරල ඒ රෙදිකඩ බැහැර කරල පිට්ටුව වැළඳුවා. මං කළුරිය කරලා ඒ මිනිස් බවින් චුත වෙලා දෙවියෙක් වුනා.

1169. මට කරගන්න ලැබුනේ ඒ පින විතරයි. ස්වාමීනි, ඔබවහන්සේ මට ගොඩාක් අනුකම්පා කරපු නිසයි මං මේ ඒ පින්කමින් සැප විඳින්නෙ. මං කෙළෙහි ගුණ දන්න නිසා ඔබවහන්සේට වන්දනා කරනවා.

1170. දෙවියන් සහිත වූ මරුන් සහිත වූ ලෝකයෙහි ඔබවහන්සේ තරම් අනුකම්පා කරන වෙන මුනිවරයෙක් නම් නෑ. ස්වාමීනී, ඔබවහන්සේ ගොඩාක්ම සානුකම්පිතයි. මං කෙළෙහි ගුණ දන්න නිසා ඔබවහන්සේට වන්දනා කරනවා.

1171. මේ ලෝකෙවත් වෙනත් ලෝකයකවත් ඔබවහන්සේ තරම් අනුකම්පා කරන වෙන මුනිවරයෙක් නම් නෑ. ස්වාමීනී, ඔබවහන්සේ ගොඩාක්ම සානුකම්පිතයි. මං කෙළෙහි ගුණ දන්න නිසා ඔබවහන්සේට වන්දනා කරනවා.

සාදු ! සාදු !! සාදු !!!

හය වෙනි ගෝපාල විමානයයි.

7.7.

1172. තාරුකාවන්ට අධිපති වෙලා සස ලකුණු ඇතිව ඉන්න සඳක් වගෙයි. පුරපසළොස්වක දවසට නැකැත් තරු පිරිවරා ගෙන බබලන සඳක් වගෙයි. හාත්පස ගමන් කරන්නෙ ඒ විදිහටයි.

1173. මේ දිව්‍ය පුරයේ තිබෙන දිව්‍ය විමානයත් ඒ වගේ තමයි. උදාහිරු වගේ ඒ දිව්‍ය වර්ණයෙන් අතිශයින්ම බබලනවා.

1174. වෛරෝඩි, රත්තරන්, පළිඟු, රිදී, මැසිරිගල්, මුතු, මැණික් ආදියෙන් තමයි,

1175. මේ විමාන භූමිය විචිත්‍ර වෙලා තියෙන්නෙ. වෛරෝඩි මැණික් තමයි බිමට අතුරලා තියෙන්නෙ. ඒ රම්‍ය වූ කූටාගාර හරි සුන්දරයි. ඔබේ දිව්‍ය ප්‍රසාදය නම් හරි අගේට මැවුන එකක්.

1176. ඔබේ පොකුණ හරිම රමණීයයි. දිව්‍ය මාළුන් ගැවසිලා ඉන්නවා. වතුර ටික හරිම අගෙයි. හරී පැහැදිලියි. රන් වැලි තමයි යට තියෙන්නෙ.

1177. ඒ පොකුණේ ලස්සන ලස්සන නෙළුම් පිපෙනවා. හැම තැනම සුදු නෙළුම් පිපිල තියෙනවා. සිනිඳු සුළඟ හමා ගෙන යද්දි හරිම සුවඳයි.

1178. ඔබේ ඒ පොකුණ දෙපැත්තේ අපූරුවට මැවිල තියෙනවා වන ලැහැබක්. ඒ ගස්වල ලස්සන මලුත් තියෙනවා. පලතුරුත් තියෙනවා.

1179. ඒ ආසනයෙ පාද රත්තරනින් නිමැවිලා තියෙන්නෙ. හරී මොළොක්. දිවසළුවලින් සැරසිලා තියෙන්නෙ. සක්දෙව් රජු වගේ ඔබ එහි ඉන්න කොට දිව්‍ය අප්සරාවෝ පැමිණෙනවා.

1180. සියලු ආභරණවලින් සැරසිලා නා නා මල්මාලාවලින් විභූසිත වෙලා ඉන්න දිව්‍ය අප්සරාවන් මහ ඉර්ධිමත්. ඔබව සතුටු කරනවා. ඔබ සතුටු වෙන්නෙ දේවාධිපති කෙනෙක් වගේ.

1181. බෙරහඬ ඇහෙනවා. සක් පිඹිනවා. මෘදංග වාදනය කරනවා. වීණා වයනවා. පණාබෙර හඬ ඇහෙනවා. නැටුම් ගැයුම්වලින් සුන්දර වුන දෙව්ලොවටයි ඔබ ඇලී වසන්නෙ.

1182. විවිධාකාර දිව්‍ය රූප, දිව්‍ය ශබ්ද, ඒ වගේම දිව්‍ය රස, දිව්‍ය සුවඳ, ඒ වගේම මනෝරම්‍ය වූ දිව්‍යමය පහසත් ඔබට තියෙනවා.

1183. පින්වත් දිව්‍ය පුත්‍රය, ඔබ ඒ උතුම් දිව්‍ය විමානයෙහි මහා ප්‍රභාවකින් බබළනවා. ඔබ වර්ණයෙන් අතිශයින්ම බබලන්නෙ උදා හිරු මඬලක් වගෙයි.

1184. ඔබේ මේ පුණ්‍ය විපාකය දානයෙන් ලැබුණු එකක්ද? එහෙම නැත්නම් සීලයෙන් ලැබුණු එකක්ද? එහෙමත් නැත්නම් වෙනත් වැඳුම් පිදුම්වලින් ලැබුණු එකක්ද? මේ අහන කරුණට පිළිතුරු දෙනු මැනව.

1185. මොග්ගල්ලාන මහරහතන් වහන්සේ තමයි මේ ප්‍රශ්න ඇහුවේ. ඒ ගැන ඒ දිව්‍ය පුත්‍රයා ගොඩාක් සතුටු වුනා. මොන වගේ පින්කම්වලින්ද මේ සැප ලැබුනේ කියන ප්‍රශ්නයට ඔහු මෙහෙමයි පිළිතුරු දුන්නේ.

1186. ශාක්‍යවරුන්ගේ උතුම් නගරය කිඹුල්වත්පුරයයි. මං එහේ හිටියේ. සුද්ධෝදන රජ්ජුරුවන්ගේ පුතණුවන් වහන්සේගේ ඉපදීමයි මගේ ඉපදීමයි වුනේ එකම දවසේ. මං කන්ථක.

1187. එදා සිද්ධාර්ථ කුමාරයා මැදියම් රැයේදීයි බුදු බව පිණිස අබිනික්මන් කළේ. කුමාරයත් වහන්සේ ඉතා හොඳින් හසුරවන අත්වලින් ඒ තඹ පාට නියපොතු තියෙන මොළොක් අත්වලින්,

1188. මගේ කලවයට තට්ටු කළා. "යාළුවා, මං උතුම් සම්බෝධියට පත්වෙලා දෙව් මිනිස් ලෝකයාවත් මේ සංසාරයෙන් එතෙර කරවන්නයි යන්නෙ. මාව උසුලාගෙන යන්න" කියල කිව්වා.

1189. මට ඒ වචනය ඇහෙන කොටම මහා ලොකු සතුටක් ඇති වුනා. මගේ සිත පිනා ගියා. ඒ සතුටු සිතින්ම මං උන්වහන්සේව පිළිගත්තෙ.

1190. මහ යසස් ඇති ශාක්‍යපුත්‍රයන් වහන්සේ මගේ පිටේ නැග්ගා. මගේ සිත පිනා ගියා. හරිම සතුටෙන් මං ඒ පුරුෂෝත්තමයාව උසුලාගෙන ගියේ.

1191. සිද්ධාර්ථ කුමාරයන් වහන්සේ වෙන රජෙකුගේ රාජධානියකටයි ගියේ. හිරු උදාවෙන කොට මාවත් ඡන්නවත් අත්හැරලා කිසි බලාපොරොත්තුවක් නැතුව පිටත් වෙලා ගියා.

1192. මං සිද්ධාර්ථ කුමාරයාණන් වහන්සේගේ තඹ පාට නියපොතු ඇති ඒ සිරිපා යුග දිවෙන් ලෙව කෑවා. මහාවීරයන් වහන්සේ වන පියසට වඩිද්දි මං හඬ හඬා බලා හිටියා.

1193. ශ්‍රීමත් වූ ශාක්‍යපුත්‍රයන් වහන්සේ මට නොපෙනී ගියා. එතකොට මට ලොකු අසනීපයක් හැදුනා. ඉක්මනින්ම මගේ මරණය සිද්ධ වුනා.

1194. ඒ පුණ්‍ය කර්මයේ ආනුභාවයෙන් තමයි මේ දිව්‍ය විමානය ලැබුනේ. සියලු කම්සැපතින් අනූන වූ මේ දිව්‍ය පුරයෙහි මං සතුටු වෙනවා.

1195. සම්බුද්ධත්වය අවබෝධ කළා යන දහම් ඝෝෂාව මටත් ඇහුනා.

එතකොට මට හරි සතුටක් දැනුනා. ඒ කුසල මූලයෙන්මයි අමා නිවන සාක්ෂාත් කරන්ට ඕන.

1196. ස්වාමීනි, අපගේ ශාස්තෘ වූ බුදුරජාණන් වහන්සේ වෙත වඩිනවා නම් මගේ වචනයෙනුත් මගේ සිරසෙනුත් උන්වහන්සේට මා කරන වන්දනාව සැල කළ මැනව.

1197. ඒ හා සමාන වෙනත් කෙනෙක් නැති ජිනරාජයන් වහන්සේව බැහැ දකින්ට මමත් යනවා. අටලෝ දහමෙන් කම්පා නොවන ලෝකනාථ වූ බුදුරජාණන් වහන්සේ නමක් දකින්ට ලැබීමත් දුර්ලභ දෙයක්.

1198. කෙළෙහි ගුණ දන්නා කෙළෙහි ගුණ හඳුනන ඒ කන්ථක දිව්‍යපුත්‍රයා ශාස්තෘන් වහන්සේ වෙත එළඹුනා. සදහම් ඇස් ඇති බුදුරජාණන් වහන්සේගේ ධර්මය අහලා ධම්මචක්ඛුව පිරිසිදු කරගත්තා.

1199. සක්කාය දිට්ඨි, විචිකිච්ඡා, සීලබ්බතපරාමාස නැතිකරල දැම්මා. ශාස්තෘන් වහන්සේගේ සිරිපා කමල් වන්දනා කරල එතැනම නොපෙනී ගියා.

සාදු ! සාදු !! සාදු !!!

හත්වෙනි කන්ථක විමානයයි.

7.8.

1200. පින්වත් දිව්‍ය පුත්‍රය, ඔබ විවිධ වර්ණයෙන් යුක්තයි. සෝක වැළපීම් නසන නන් විසිතුරු ඇති දිව්‍ය විමානයකටයි ඔබ නැඟිල ඉන්නෙ. දිව්‍ය අප්සරාවන් ඔබව පිරිවරාගෙන ඉන්නවා. ඔබ සතුටු වෙන්නෙ සුනිම්මිත දිව්‍ය රාජයා වගේ.

1201. ඔබේ යසසින් පුණ්‍ය බලයෙන් ඉර්ධියෙන් ඔබට සමාන කෙනෙක් නෑ. ඔබට වඩා උතුම් කෙනෙක් කොහොම ලබන්නද?

1202. තව්තිසාවේ ඉන්න සියලු දෙවිවරුන් එක්වෙලා ඇවිදින් ඔබට වන්දනා කරන්නෙ දෙව්මිනිසුන් හඳට වඳිනවා වගේ. ඔබ වටේ ඉන්න මේ දිව්‍ය අප්සරාවන් නටනවා. ගයනවා. සතුටු වෙනවා.

1203. මහානුභාව ඇති පින්වත් දිව්‍ය පුත්‍රය, දිව්‍ය අධිපති බවටයි දැන් ඔබ පත් වෙලා ඉන්නෙ. මිනිස් ලෝකෙ ඉන්න කාලෙදි මොන වගේ පිනක්ද ඔබ කළේ? ආනුභාව සම්පන්නව ඔය බැබලි බැබලී ඉන්න පින මොකක්ද? ඔබේ සිරුරෙන් විහිදෙන එළියෙන් හැම දිසාවම බබලනවා.

1204. මොග්ගල්ලාන මහරහතන් වහන්සේ තමයි මේ ප්‍රශ්න ඇහුවේ. ඒ ගැන ඒ දිව්‍යපුත්‍රයා ගොඩාක් සතුටු වුනා. මොන වගේ පින්කම්වලින්ද මේ සැප ලැබුනේ කියන ප්‍රශ්නයට ඔහු මෙහෙමයි පිළිතුරු දුන්නේ.

1205. ස්වාමීනි, මං ඉස්සර සුමේධ නම් ශාස්තෘන් වහන්සේගේ ශ්‍රාවකයෙක් වෙලා හිටියා. මං මාර්ගඵල අවබෝධ රහිත පෘතග්ජන කෙනෙක්වයි හිටියේ. ඒ මං සත් අවුරුද්දක් මහණ වෙලා හිටියා.

1206. ඒ අටලෝ දහමින් කම්පා නොවන සසර සැඬ පහරින් එතෙර වුන මාර සෙනඟ ජයගත් ඒ සුමේධ ශාස්තෘන් වහන්සේ පිරිනිවන් පා වදාළා. උන්වහන්සේගේ ධාතූන් වහන්සේලා තැන්පත් රන්දැලෙන් කරවලා මැණික් ඔබ්බපු ස්ථූපයට මං පහන් සිතින් යුතුව වන්දනා කළා.

1208. මං පූජා කරගත්තු දානයක් නෑ. දන් දෙන්න තරම් දෙයක් මට තිබුනෙත් නෑ. නමුත් මං අනිත් අයව දන් දීමෙහි සමාදන් කෙරෙව්වා. පිදිය යුතු උතුමන්ගේ ධාතූන් වහන්සේලාට පූජා පවත්වන්න. එතකොට මෙලොවින් චුතව ස්වර්ගයෙහි උපදින්න පුළුවන්.

1209. මං කරගත්තෙ ඒ පින්කම විතරයි. ඒ පුණ්‍ය විපාකයෙන් තමයි මං මේ දිව්‍ය සැප විඳින්නෙ. තව්තිසා දෙව් පිරිස මැද මං සතුටු වෙනවා. ඒ පිනේ විපාක තවමත් අවසන් වුනේ නෑ.

සාදු ! සාදු !! සාදු !!!

අටවෙනි අනේක වණ්ණ විමානයයි.

7.9.

1209. පින්වත් දරුව, නුඹ හරිම ලස්සනයි. මට්ටකුණ්ඩල දරාගෙන ඉන්නවා. මල් මාලා පැළඳ ඉන්නවා. රන් සඳුන් තවරාගෙන ඉන්නවා. ඉතින් මේ වනාන්තරය මැද්දට ඇවිදින් දෑත් බැඳගෙන අඬනවා. මොන කාරණයකටද ඔච්චර දුකෙන් අඬන්නෙ?

1210. මට කරත්තයක් හම්බ වෙලා තියෙනවා. ඒක රත්තරන් එකක්. ප්‍රභාශ්වරයි. ඒ වුනාට රෝද දෙකක් නෑ. මං ඒ දුකෙන් තමයි මේ ජීවිතය අත්හරින්ට හිතාගෙන ඉන්නෙ.

1211. අනේ ලස්සන දරුව, මට කියන්න. රත්තරනින්ද කරවලා ඕන? මැණික්වලින් කරවලාද ඕන? එහෙම නැත්නම් පද්මරාග මැණික්වලින්

හරි, රිදියෙන් හරි කරවලාද ඕන? මං ඔබට රෝද දෙකක් ලබා දෙන්නම්.

1212. එතකොට ඒ මාණවකයා ඔහුට මෙහෙම කිව්වා. සඳයි හිරුයි දෙකම අපට පේන්න තියෙනවා. රත්තරනින් කරවපු මගේ රථය ලස්සන වෙන්නෙ නම් අන්න ඒ දෙක රෝද හැටියට ලැබුනොත් තමයි.

1213. අනේ පින්වත් දරුවා, නුඹ හරි මෝඩ කෙනෙක් නෙව. නොපැතිය යුතු දෙයක් නෙව ඔය නුඹ පතන්නෙ. මං හිතන හැටියට නම් නුඹ මැරිල යන්ටයි හදන්නෙ. හිරු සඳු දෙක නම් නුඹට ලබාගන්ට පුළුවන් වෙන්නෙ නෑ.

1214. මේ හිරු සඳු දෙකේ අහස් ගමනත් දකින්ට ලැබෙනවා. පැහැ සටහන් දකින්ට ලැබෙනවා. ඒ දෙකේ ගමන් මාර්ගයත් දකින්ට ලැබෙනවා. නමුත් කෙනෙක් මැරුණට පස්සෙ කොහෙත්ම දකින්ට ලැබෙන්නෙ නෑ. එතකොට වැළපෙන අපි දෙන්නගෙන් වඩාත්ම මෝඩ කවුද?

1215. පින්වත් දරුව, ඔය ඇත්තක්මයි කිව්වෙ. මං තමයි මේ වැළපෙන අය ගෙන් මෝඩම කෙනා. හඳ ඉල්ලා හඬන දරුවෙක් වගේ. කළුරිය කරල පරලොව ගිය අය ඉල්ල ඉල්ල මමයි හඬන්නෙ.

1216. ගින්නකට ඉසින ගිතෙලක් වගේ දුකෙන් ගිනිගත්තු මාව නිවිල ගියා. වතුර ඉහල නිවල දානවා වගේ මගේ සියලු කාය චිත්ත පීඩා නිවිල ගියා.

1217. මගේ පපුව ඇතුළේ ඇනි ඇනී තිබුණු සෝක හුල ඔබ උදුරලා දැම්මා. පුත්‍ර සෝකය නිසාම මං ගොඩාක් සෝකයෙන් පෙළි පෙළී හිටියේ. ඔබ ඒක දුරු කළා.

1218. පින්වත් දරුව, නුඹේ අවවාදය අහපු ඒ මම දැන් සෝක හුල් උදුරා දැමූ කෙනෙක්. සිහිල් වුන කෙනෙක්. නිවුන කෙනෙක්. දැන් මං සෝක වෙන්නෙ නෑ. හඬන්නෙ නෑ.

1219. නුඹ දෙවියෙක්ද? ගාන්ධර්වයෙක්ද? එහෙම නැත්නම් පුරින්දද වූ ශක්‍රයාද? කවුද ඔබ? කාගේවත් පුත්‍රයෙක්ද? අපි ඒ කරුණ දැනගන්නෙ කොහොමද?

1220. ඔබ හඬන්නේ යම් කෙනෙක් උදෙසාද, ඔබ වැළපෙන්නෙ යම් කෙනෙක් උදෙසාද, ඒ ඔබේ පුතා සොහොනේ දවල නේද ඉන්නෙ? ඒ මං කුසල් කරගත්තා. මං දැන් දෙව්ලොව දෙවියන් අතරයි ඉන්නෙ.

1221. තමන්ගේ ගෙදරදී සුළු වශයෙන් හෝ බොහෝ හෝ දන් දුන්න බවක් නම් අපි දන්නෙ නෑ. ඒ වගේම උපෝසථ සිල් ආදිය රැක්ක බවක්වත් අපි දන්නෙ නෑ. එහෙම එකේ දිව්‍ය ලෝකෙ ගියේ මොන වගේ පුණ්‍ය කර්මයකින්ද?

1222. මං තමන්ගෙ නිවසේ හොඳටම ලෙඩ වෙලයි හිටියේ. දුකට පත්වෙලයි හිටියේ. ගිලන් වෙලයි හිටියේ. ආතුර වෙලයි හිටියේ. සැකයෙන් එතෙරට වැඩි නිකෙලෙස් වූ අලාමක ප්‍රඥා ඇති සුගත වූ බුදුරජාණන් වහන්සේව මට දැකගන්ට ලැබුනා.

1223. ඒ මං ගොඩාක් සතුටු වුනා. සිත පහදවා ගත්තා. තථාගතයන් වහන්සේට වන්දනා කරගත්තා. අන්න ඒ පින්කම කරල තමයි දෙව්ලොව දෙවියන් අතරට මං පැමිණුනේ.

1224. හරිම ආශ්චර්යයයි! පුදුම සහගතයි! වන්දනා කළ පමණින්ම මේ සා පුණ්‍ය විපාකයක් ලැබෙනවා නම් මම ත් සතුටු සිතක් ඇති කර ගන්නවා. හිත පහදවා ගන්නවා. අදම බුදුරජාණන් වහන්සේව සරණ යනවා.

1225. ඔව්! අදම බුදුරජාණන් වහන්සේව සරණ යන්න. ශ්‍රී සද්ධර්මයත් ආර්ය සඟරුවනත් සරණ යන්න. ඒ වගේම පංච සීලයත් කඩ කරන්නෙ නැතිව, පළුදු කරන්නෙ නැතුව සමාදන් වෙන්න.

1226. ඉක්මනින්ම සතුන් මැරීමෙන් වෙන් වෙන්න. ලෝකයෙහි නුදුන් දෙය නොගෙන ඉන්න. මත් පැන් බොන්න එපා! බොරු කියන්නත් එපා! සිය බිරිඳගෙන් පමණක් සතුටු වෙන්න.

1227. පින්වත් යක්ෂය, ඔබ නම් මගේ යහපත කැමති කෙනෙක්. පින්වත් දෙවිය, ඔබ මට හිතවත් කෙනෙක්. ඔබ දැන් මගේ ගුරුවරයා. මං ඔබ කියපු දේ කරනවා.

1228. මං බුදුරජාණන් වහන්සේව සරණ යනවා. අනුත්තර වූ ශ්‍රී සද්ධර්මයත් සරණ යනවා. නර දේවයන් වහන්සේගේ ශ්‍රාවක සංඝයාත් සරණ යනවා.

1229. ඉක්මනින්ම සතුන් මැරීමෙන් වෙන් වෙලා ඉන්නවා. ලෝකයෙහි නුදුන් දෙය නොගෙන ඉන්නවා. මත් පැන් බොන්නෙ නෑ. බොරු කියන්නෙත් නෑ. සිය බිරිඳගෙන් පමණක් සතුටු වෙනවා.

සාදු ! සාදු !! සාදු !!!

නව වෙනි මට්ටකුණ්ඩලී විමානයයි.

7.10.

1230. සේරිස්සක දිව්‍ය පුත්‍රයාගෙත් ඒ වෙළඳුන්ගේත් එක්වීම යම් තැනකදි සිදු වුනා. එය අහන්න. ඔවුන් විසින් පවසන ලද මේ සුභාෂිත කතාව සියලු දෙනාම අහගෙන ඉන්න.

1231. සේතව්‍ය නුවර පායාසී කියල රජ කෙනෙක් හිටියා. එයා යසස් ඇති භූමාටු දෙවියන් අතර උපන්නා. ඒ දෙවියා තමන්ගේ විමානයේ සතුටින් ඉන්නවා. නොමිනිස් වූ ඒ දෙවියා මිනිසුන්ට මෙහෙම කිව්වා.

1232. අමනුස්සයන්ගේ වාසස්ථාන තියෙන්නෙ සැක සහිත වනාන්තරයේ. ඒ වගේම අල්ප කෑම් බීම් ඇති අල්ප ජලය ඇති කාන්තාරේ. මේ ගමන හරිම දුෂ්කරයි. මේ වැලි කතර මැද තනි වෙලා සැක බියෙන් නැසී යන මිනිසුනේ.

1233. මේ වැලිකතරේ පලතුරු නෑ. අලවර්ග නෑ. ගින්දරට ඕන කරන දෙයක් නෑ. කෑම් බීම් කොහෙන් ලැබෙන්ටද? මෙහි තිබෙන්නේ රත්වෙලා ගිය දරුණු රළු පසුයි වැලියි විතරයි.

1234. මෙහි තිබෙන්නේ රළු පසක්. රත්වෙච්ච කබලක් වගේ. සැපක් නෑ. පරලොව නරකයක් වගේ. බොහෝ කල් ඉඳල පිශාචයන්ටයි වාසස්ථාන වෙලා තියෙන්නෙ. මේ ප්‍රදේශය ඍෂිවරුන්ගේ සාපලත් භූමියක් වගේ.

1235. ඉතින් ඔබ මොන වගේ දෙයක් නිසා මොන වගේ දෙයක් කැමති වෙලාද විමසන්නෙ නැතුව හිතුවක්කාර විදිහට මේ ප්‍රදේශයට ආවේ? ලෝභය නිසාද? භය නිසාද? නැත්නම් මං මුළා වීමක් නිසාද?

1236. පින්වත් දිව්‍ය පුත්‍රය, අපි අංග මගධ කියන රටවල්වල ඉන්න ගැල්කරුවො. අපි මේ බොහෝ බඩුමුට්ටු පුරවා ගෙන සින්ධුසෝවීර දේශයට යන්නෙ. මිල මුදල් උපයාගන්න අදහසින් තමයි අපි මේ ගැල් ගමන යන්නෙ.

1237. දවල් කාලෙ පිපාසය උහුල ගන්න බැරුව ගොනුන්ටයි මිනිසුන්ටයි පහසු තැනක් හොයාගෙනයි වේගයෙන් වේගයෙන් අපි ආවෙ. අපේ සියලු දෙනා රෑ මාර්ගයට ආවේ සුදුසු කාලෙ නොවේ.

1238. අපේ ගමන යන්න බැරි වුනා. පාර වැරදුනා. අන්ධයන් වගේ ආකූල වුනා. මේ වනයේ හොඳටම මංමුලා වුනා. දුර්ග මං මාවත් ඇති මේ වැලිකතර මැද්දෙ මුලා වූ සිත් ඇතිවයි අපි ඉන්නෙ. දිසාව සොයා ගන්න බෑ.

1239. පින්වත් දිව්‍ය පුත්‍රය, මේ වගේ දෙයක් අපි කලින් දැකලා නෑ. ඔබත් මේ විමානයත් හරිම ශ්‍රේෂ්ඨයි. මෙතැන් පටන් අපිට ජීවිතය ලැබුනා කියල මෙය දැක්කට පස්සෙ අපි සතුටු සිතින් ඔද වැඩිලයි ඉන්නෙ.

1240. මිනිසුනේ, මුහුදෙන් එතෙරත් මේ වගේ වැලි කතරෙත් වේවැල් බැඳ යන මාර්ගවලත් කණු සිටවල යන මාර්ගවලත් ගංගා පර්වත ආදී දුර්ගම ස්ථානවලත් මිල මුදල් හම්බ කිරීමට ඔබ බොහෝ දිශාවල යනවා.

1241. වෙන රජවරුන්ගේ රාජධානිවලට යන ඔබ විවිධ රටවල මිනිසුන් ගෙන් මොන වගේ දෙවල්ද අහන්නෙ? මොන වගේ දේවල්ද ඔබ දකින්නෙ? දරුවෙනි, ඒ අසිරිමත් තොරතුරු ගැන අපි අහන්න කැමැතියි.

1242. දිව්‍ය කුමාරය, මීට වඩා අතිශයින්ම අසිරිමත් වූ සැපයක් ගැන නම් අපි අහලත් නෑ. දැකලත් නෑ. මේ හැම දෙයක්ම මිනිස් සැපත ඉක්මවා ගිහින් තියෙනවා. මේ උතුම් වර්ණය දැකලා අපි තෘප්තිමත් වෙන්නෙ නෑ.

1243. ආකාසයේ පැන් පොකුණු තියෙනවා. බොහෝ මල් තියෙනවා. බොහෝ සුදු නෙළුම් තියෙනවා. නිතරම පලතුරු පිරුණු ගස් තියෙනවා. අතිශයින්ම සුවඳවත් වෙලා දිව්‍ය සුවඳ වහනය වෙනවා.

1244. වෛරෝඩි මැණිකෙන් කරපු උස් කණු තියෙනවා. පබළුවලින් කළ සැරසිලි තියෙනවා. මැසිරිගලින්, පද්මරාග මැණික් වලින් කරපු කණු තියෙනවා. මේ හැම එකක්ම බබලනවා.

1245. දහස් ගණන් කණු තියෙනවා. ඒවා සමාන කරන්න කිසිවක් නෑ. ඒ මුදුනේ තමයි ඔබේ ලස්සන විමානය තියෙන්නෙ. රන්වන් වේදිකාවන් තියෙනවා. රන්පට තියෙනවා. ඒ රන්පටින් ලස්සනට සරසලා තියෙනවා.

1246. මේ විමානය හරි මටසිළුටුයි. දඹරන් පැහැයෙන් බබලනවා. ප්‍රාසාදයට නගින්න ලස්සන පඩිපෙළවල් තියෙනවා. ඉතා ලස්සනට, ස්ථිරව, සියුම්ව, පිළිවෙලකට හැදිල තියෙනවා. මේ විමානය අතිශයින්ම දැකුම්කළු සිත් අලවන එකක්.

1247. මේ රුවන් විමානය ඇතුළේ බොහෝ කෑම් බීම් තියෙනවා. දිව්‍ය අප්සරාවන් පිරිවරා ගෙන ඉන්නවා. මිහිඟු බෙර පනා බෙර තූර්ය නාද ආදියෙන් සොඳුරු ඝෝෂා නැගෙනවා. පිළිගැනීමේ ස්තුති ගීතිකා ගැයෙනවා.

1248. ඒ ඔබ දිව්‍ය අප්සරාවන් පිරිවරා ගෙන සතුටු වෙනවා. මනෝරම්‍ය වූ මේ උතුම් දිව්‍ය විමානයෙහි තිබෙන සැප සම්පත් ගැන නම් සිතල ඉවර කරන්න බෑ. වෙසමුණි රජ්ජුරුවන්ගේ නලිනී ප්‍රාසාදය වගේ.

1249. ඔබ දෙවියෙක්වත්ද? එහෙම නැත්නම් යකෙක්වත් ද? එහෙමත් නැත්නම් ශක්‍ර දෙවියන් වත්ද? මනුෂ්‍යයෙක් වත්ද? පින්වත් දිව්‍ය පුත්‍රය, මේ ගැල් ගෙනියන වෙළෙන්දන් තමයි ඔය කරුණ අහන්නෙ. ඇත්තෙන්ම කවුද ඔබ?

1250. පින්වත් වෙළෙන්දනි, මගේ නම සේරිස්සක. මං යක්ෂයෙක්. මං තමයි මේ කාන්තාර සහිත වැලි කතර ආරක්ෂා කරන්නෙ. මේ ප්‍රදේශය මම පාලනය කරනවා. වෙසමුණි රජ්ජුරුවන්ගෙ වචනයට අනුව තමයි පාලනය කරන්නෙ.

1251. පින්වත් දිව්‍ය පුත්‍රය, ඔබේ ඔය සම්පත් හේතුප්‍රත්‍ය රහිතව පහළ වෙලාද? ක්‍රමක්‍රමයෙන් පරිණාමයට පත්වෙලාද? තමන් විසින් නිපදවාගෙනද? දෙවිවරු දීලද? මේ ගැල්ගෙනියන වෙළෙන්දන් තමයි ඔය කරුණ අහන්නෙ. මෙතරම් මනෝරම්‍ය වූ සැපසම්පත් ඔබට ලැබුනේ කොහොමද?

1252. පින්වත් වෙළෙන්දනි, මගේ මේ සම්පත් හේතුප්‍රත්‍ය රහිතව පහළ වෙලාත් නොවෙයි. ක්‍රමක්‍රමයෙන් පරිණාමයට පත්වෙලත් නොවෙයි. තමන් විසින් නිපදවාගෙනත් නොවෙයි. දෙවිවරු දීලත් නොවෙයි. තමන් විසින් කරගත්තු අලාමක පුණ්‍ය කර්ම නිසයි මෙතරම් මනෝරම්‍ය වූ සැපසම්පත් මට ලැබුනේ.

1253. පින්වත් දිව්‍ය පුත්‍රය, ඔබ සමාදන් වුන ව්‍රතය මොකක්ද? ඔබේ බඹසර ජීවිතය මොකක්ද? මොන වගේ දෙයක් පුරුදු කරලද මෙම විපාකය ලැබුනෙ? මේ ගැල්ගෙනියන වෙළෙන්දන් තමයි ඔය කරුණ අහන්නෙ. මෙතරම් මනෝරම්‍ය වූ සැපසම්පත් ඔබට ලැබුනේ කොහොමද?

1254. ඒ කාලෙ මං කොසොල් ජනපදයේමයි රජ කළේ. මං ප්‍රසිද්ධ පායාසී යන නමින්. මං පින්පව්වල විපාක නැත යන දෘෂ්ටියේ හිටියා. මං ලෝභ කෙනෙක් වෙලා හිටියා. පාපී කෙනෙක් වෙලා මරණින් මතු කිසිවක් නැත යන උච්ඡේදවාදියෙක් වෙලා හිටියේ.

1255. කුමාරකස්සප නමින් ශ්‍රමණයන් වහන්සේ නමක් හිටියා. උන්හන්සේ බහුශ්‍රැතයි. විචිත්‍ර ධර්මකථිකයි. උදාරයි. උන්වහන්සේ මට ධර්ම කථාව වදාළා. එදා තමයි මගේ දෘෂ්ටි හුල් ටික ඉවත් කළේ.

1256. ඉතින් මං උන්වහන්සේගේ ධර්ම කතාව අහලා උපාසකයෙක් බවට පත් වුනා. සතුන් මැරීමෙන් වෙන් වුනා. ලෝකයෙහි නුදුන් දෙය ගැනීම අත්හැරියා. මත්පැන් බිව්වෙ නෑ. බොරු කිව්වෙ නෑ. තම බිරිඳගෙන් විතරක් සතුටු වුනා.

1257. ඒක තමයි මගේ ව්‍රතය. ඒකම තමයි මගේ බඹසර. ඒක හොඳට පුරුදු කරල තමයි මේ පුණ්‍ය විපාකය ලැබුනේ. තමන් විසින් කර ගත්තු අලාමක පුණ්‍ය කර්ම නිසායි මේ දිව්‍ය විමානය මට ලැබුනේ.

1258. ප්‍රඥාවන්ත මිනිසුන් කියල තියෙන්නෙ නම් ඇත්තක්මයි. ඒ පණ්ඩිතයන්ගේ වචන වෙනස් වෙන්නෙ නම් නෑ. පින්කර ගත්තු කෙනා යම් ම තැනක යනවා නම් ඒ ගිය ගිය තැන තමන් කැමැති සැප සම්පත් ලබල සතුටු වෙනවා.

1259. අකුසල් කළ පුද්ගලයා යම් ම තැනක යනවා නම් ඒ ගිය ගිය තැන සෝක වැළපීම් ලැබෙනවා. වද වේදනා ලැබෙනවා. බන්ධන ලැබෙනවා. අයහපත ලැබෙනවා. කවදාවත් අපා දුකෙන් නිදහස් වෙන්නෙ නෑ.

1260. ඒ මොහොතේ ඒ දිව්‍ය පිරිස තුළ කැළඹුණු ස්වභාවයක් ඇති වුනා. මං මුළා වුන ස්වභාවයක් ඇති වුනා. දිව්‍ය කුමාරය, මේ පරිවාර දෙවියන්ගේත් ඔබගේත් දොම්නස් ගතියක් ඇති වුනේ මක් නිසාද?

1261. පින්වත් දරුවෙනි, මේ තියෙන්නෙ මහරි රුක් වනයක්. මේ වනයෙන් දිව්‍ය සුගන්ධය හමනවා. දිවා රෑ දෙකේම අන්ධකාරයත් නැතිකරල මේ විමානයට ඒ සුගන්ධය හමනවා.

1262. අවුරුදු සියයකට වතාවක් මේ මහරි රුක්වලින් එක එක මල් පෙත්ත ගානේ ගැලවිලා වැටෙනවා. එතකොට තමයි දැනගන්නෙ මං මේ දිව්‍ය ලෝකෙට ඇවිල්ල මිනිස් ආයුෂවලින් සියක් වසරක් ඉක්ම ගියා කියල.

1263. මං මේ විමානයේ ඉන්නෙ අවුරුදු පන්සියයක් විතරයි. මං ඒක දන්නවා. ආයුෂත් පිනත් එතකොට පිරිහිලා යනවා. අන්න ඒ ගැනයි මගේ හිතේ ගොඩාක් ශෝකය තියෙන්නෙ.

1264. පින්වත් දිව්‍ය පුත්‍රය, මේ වගේ කිසි දෙයකට සමාන කරන්න බැරි බොහෝ කල් පවතින විමානයක් ලැබිල ඔබ මොනවට නම් ශෝක වෙනවද? යම් කෙනෙකුට ආයුෂත් අඩු නම් පිනත් අඩු නම් අන්න එබඳු කෙනෙක් නම් ශෝක කළාට කමක් නෑ.

1265. පින්වත් දරුවනි, මා කෙරෙහි යහපත් හැඟීමෙන්මයි නුඹලා ප්‍රිය වචනවලින් මට මේ අවවාද කළේ. මාත් නුඹලාව ආරක්ෂා කරනවා. යම් තැනකට යන්න කැමති නම් සුවසේම එතැනට යන්න පුළුවනි.

1266. අපි බලාපොරොත්තු වන්නෙ මිල මුදල් ටිකක් යහමින් හම්බ කරගන්ට සින්ධුසෝවීර භූමියට යන්නයි. අපි පොරොන්දු වුන විදිහට තෑගිභෝග සම්පූර්ණ කරල සේරිස්සක නමින් ලොකු පූජාවක් කරනවා.

1267. ඔය සේරිස්සක පූජාවල් කරන්ට යන්න එපා! දන් ඔය කියන යමක් ඇද්ද ඒ හැමදෙයක්ම ඒ විදිහට සිද්ධ වේවි. පව්කම් අත්හරින්න. ධර්මානුකූලව ජීවත් වීමට අධිෂ්ඨාන කරගන්න.

1268. මේ වෙළඳ පිරිස අතරේ එක්තරා උපාසකයෙක් ඉන්නවා. ඔහු බහුශ්‍රැතයි. සිල්වත්. ශ්‍රද්ධාවන්තයි. ත්‍යාගසම්පන්නයි. සුපේශල කෙනෙක්. විචක්ෂණ බුද්ධියක් තියෙනවා. ප්‍රීතිමත් සිතින් ඉන්න නුවණ තියෙන උපාසකයෙක්.

1269. ඔහු දන දන බොරු කියන කෙනෙක් නොවෙයි. සතුන් මැරීමට හිතන කෙනෙක් නොවෙයි. සමගි සම්පන්න වුන අය වෙන් කිරීමට කේලාම් කියන කෙනෙක් නොවෙයි. නුවණින් යුක්තව කතා කරනවා. යහපත් දේ කතා කරනවා.

1270. වැඩිහිටියන්ට ගරුසරු කරනවා. කීකරුයි. විනීතයි. පව් නොකරන කෙනෙක්. අධිසීලය තුළ පිරිසිදු වුන කෙනෙක්. ඔහු මව් පියන්වත් ධාර්මිකව පෝෂණය කරනවා. ආර්ය පැවතුම්වලින් යුක්තයි.

1271. මං හිතන්නෙ ඔහු මව්පියන්ට උපස්ථාන කරන්න ඕන නිසා තමයි භෝග සම්පත් සොයන්නෙ. තමන් උදෙසා නම් නොවෙයි. මව්පියන්ගෙ ඇවෑමෙන් පස්සෙ ඔහු නිවන අවබෝධ කර ගැනීම පිණිස සාසන බ්‍රහ්මචරියාවේ හැසිරේවි.

1272. ඔහු ඍජුයි. අවංකයි. ශටකපට නෑ. මායා නෑ. පිටින් හොඳ පෙන්නා ගෙන වෙන දෙයක් හිතේ තියාගෙන කතා බස් කරන්නෙ නෑ. ඒ විදිහේ යහපත් දේ කරමින් සිටින ධර්මයෙහි පිහිටි කෙනෙක් දුකක් ලබන්නෙ කොහොමද?

1273. ඒ උපාසක පින්වතා සිටපු නිසා තමයි මං නුඹලා ඉදිරියෙහි පහළ වුනේ. ඒ නිසා වෙළෙන්ඳනි, ධර්මයයි දකින්න ඕන. ඒ උපාසක පින්වතා නැතුව නුඹලා මේ ගමන ආවා නම් ආකූල වෙච්ච අන්ධයන් වගේ මේ මරු කතරේ අනුන්ගේ කරදර වලට බඳුන් වෙලා නුඹලා ඉක්මනින්ම විනාශ වෙනවා. ඒකාන්තයෙන්ම සත්පුරුෂයන්ගේ ඇසුර සැපයක්මයි.

1274. පින්වත් දේව පුත්‍රය, කවුද එයා? මොන වගේ වැඩක්ද කරන්නෙ? ඔහුට කතා කරන නම මොකක්ද? ඔහුගේ ගෝත්‍රය මොකක්ද? අපි කැමතියි ඒව දැනගන්ට. ඒක එහෙමමයි. ඔබ යම් කෙනෙක් ගැන අනුකම්පාවෙන් නම් මෙහි පහළ වුනේ ඔබ යමෙකුට ප්‍රියයි නම්, එයාගෙ පැමිණීම ලාභයක්මයි.

1275. ඔතැන කෙනෙක් ඉන්නවා. එයා කරණවෑමියෙක් (බාබර් කෙනෙක්). එයා ගේ නම සම්භව. එයා තමයි කොස්සෙන් පනාවෙන් ජීවත් වෙන උපාසකතුමා. එයාව හඳුනගන්න. එයා කම්කරුවෙක්. එයා බොහෝම තැන්පත් කෙනෙක්. එයාව පහත් කොට හිතන්න එපා!

1276. පින්වත් දිව්‍ය පුත්‍රය, අපි දන්නවා ඔබ කා ගැනද කීවෙ කියල. නමුත් එයා ඔය ආකාර කෙනෙක් කියල අපි දැනගෙන හිටියෙ නෑ. පින්වත් දිව්‍ය පුත්‍රය, අපි ඔබේ උදාර වූ වචනය අහල ඒ තැනැත්තාව පුදන්න කැමතියි.

1277. ඔය තවලමෙහි බාල මහළු ඒ වගේම මධ්‍යම වයස ඇති යම්කිසි ලෝභී මිනිසුන් ඉන්නවා නම් ඔවුන් සියල්ලෝම මේ විමානයට නගිත්වා! පින්වල විපාක හොඳින් බලත්වා!

1278. එතකොට ඒ සියලු දෙනාම "මං තමයි ඉස්සර වෙලා යන්නෙ" කියල එතැන හිටපු කරණවෑමියා පෙරටු කරගත්තා. හැමෝම ශක්‍ර දෙවියන්ගේ තව්තිසා භවනයට නගිනවා වගේ ඒ විමානයට නැග ගත්තා.

1279. ඉතින් ඒ සියලු දෙනාම "මං තමයි ඉස්සර වෙන්නෙ" කියල ඉතා උනන්දුවෙන් තෙරුවන් සරණ ගිය උපාසකවරු බවට පත් වුනා. සතුන් මැරීමෙන් වෙන් වුනා. ලෝකයෙහි සොරකමෙන් වෙන් වුනා.

1280. ඊට පස්සෙ මත්පැන් බිව්වෙත් නෑ. බොරු කිව්වෙත් නෑ. තමන්ගේ බිරිඳගෙන් පමණයි සතුටු වුනේ. ඔවුන් හැමෝම "මං තමයි ඉස්සර වෙන්නෙ" කියල ඉතා උනන්දුවෙන් තෙරුවන් සරණ ගිය උපාසකවරු බවට පත්වුනා. ඒ තවලම සතුටින් අනුමෝදන් වුනා. දිව්‍ය ඉර්ධියෙන් නැවත නැවතත් අනුමෝදන් වුනා.

1281. මිල මුදල් යහමින් හම්බ කරන්ට ආසා ඇති ඔවුන් සින්ධුසෝවීර භූමියට ගියා. ගිහින් හිතාගත් පරිද්දෙන්ම වෙළඳ ගනුදෙනු පරිපූර්ණ කරගත්ත. කිසි කරදරයක් නැතුව ආපසු පාටලීපුත්‍ර නගරයට ආවා.

1282. ඔවුන් කරදරයක් නැතුව සුවසේම තමන්ගේ නිවෙස්වලට ගියා.

අඹුදරුවන් සමග සතුටු වුනා. ආනන්දයට පත් වුනා. සතුටු සිත් ඇති වුනා. වඩ වඩාත් සතුටු වුනා. සේරිස්සක කියල මහා උත්සවයකුත් කළා.

1283. ඔවුන් සේරිස්සක කියල පිරිවෙණකුත් හැදුවා. ඔන්න ඔය විදිහයි සත්පුරුෂයන්ගේ ඇසුර ලැබුනහම මහා යහපතක් වෙනවා. දහම් ගුණ ඇති උතුමන්ගේ ඇසුර ලැබුනහම මහා යහපතක් වෙනවා. එකම උපාසක පින්වතෙක් නිසා සියලු සත්වයන්ටම සැප සැළසුනා.

සාදු ! සාදු !! සාදු !!!

දසවෙනි සේරිස්සක විමානයයි.

7.11.

1284. මේ විමානය හරි උසයි. මැණික්වලින් කරපු කණු තියෙනවා. යොදුන් දොළොසක් දුරට පැතිරිලා තියෙනවා. උස් මුදුන් ඇති ගෙවල් හත්සියයක් තියෙනවා. වෛරෝඩි මැණිකෙන් කරපු කණු තියෙනවා. සිත්කලුයි. සුන්දරයි.

1285. ඔබ ඒ විමානයේ ඉඳගෙන පානය කරනවා. අනුභව කරනවා. දිව්‍ය වීණාවන්ගෙන් මිහිරි වාදනය ඇහෙනවා. දිව්‍ය වූ රසය තියෙනවා. පංචකාම ගුණත් තියෙනවා. රන් අබරණවලින් සැරසිලා දිව්‍ය අප්සරාවන් නටනවා.

1286. ඇත්තෙන්ම ඔබට මෙවැනි ලස්සනක් ලැබුනේ කොහොමද? මොන වගේ පිනකින්ද ඔබට මේවා ලැබුනේ? සිතට ප්‍රිය උපදවන මේ සැප සම්පත් ලැබුනේ මොන වගේ පිනකින්ද?

1287. මහානුභාව ඇති පින්වත් දිව්‍ය පුත්‍රය, දිව්‍ය අධිපති බවටයි දැන් ඔබ පත් වෙලා ඉන්නෙ. මිනිස් ලෝකෙ ඉන්න කාලෙදි මොන වගේ පිනක්ද ඔබ කළේ? ආනුභාව සම්පන්නව ඔය බැබලි බැබලී ඉන්න පින මොකක්ද? ඔබේ සිරුරෙන් විහිදෙන එළියෙන් හැම දිසාවම බබලනවා.

1288. මොග්ගල්ලාන මහරහතන් වහන්සේ තමයි මේ ප්‍රශ්න ඇහුවේ. ඒ ගැන ඒ දිව්‍ය පුත්‍රයා ගොඩාක් සතුටු වුනා. මොන වගේ පින්කම්වලින්ද මේ සැප ලැබුනේ කියන ප්‍රශ්නයට ඔහු මෙහෙමයි පිළිතුරු දුන්නේ.

1289. සුගතයන් වහන්සේගේ ස්ථූපයට පිළිවෙලක් නැතුව මල් පූජා කරල තිබුණා. මං ඒවා ලස්සනට සකස් කළා. බුදු ගුණ මනසිකාරය සිතේ

පිහිටුවා ගත්තා. ඒ මහා ඉර්ධි ඇතිව මහා ආනුභාව ඇතිව දිව්‍ය වූ කාමගුණයන්ගෙන් දූන් සතුටු වෙනවා.

1290. ඒ පිනෙන් තමයි මෙවැනි ලස්සනක් මට ලැබුනේ. ඒ පිනෙන්මයි මේ සම්පත් ලැබුනේ. සිතට ප්‍රීතිය උපදවන මේ සැප සම්පත් ඔක්කොම ලැබුනේ ඒ නිසාමයි.

1291. මහානුභාව සම්පන්න වූ ස්වාමීන් වහන්ස, මිනිස් ලෝකෙදි ඔය පින තමයි මං කරගත්තේ. ආනුභාව සම්පන්නව බැබලි බැබලී ඉන්න පින ඕක තමයි. මගේ සිරුරෙන් විහිදෙන එළියෙන් හැම දිසාවම බබලනවා.

සාදු ! සාදු !! සාදු !!!

එකොළොස්වෙනි සුනික්ඛිත්ත විමානයයි.

හත්වෙනි සුනික්ඛිත්ත වර්ගය නිමා විය.

- එහි පිළිවෙල උද්දානයයිඃ

දළිද්දා (චිත්තලතා - නන්දන) කියන විමාන වස්තු දෙක, විහාර විමාන වස්තු දෙක, ගෝපාල විමාන වස්තුව, කන්ථක විමාන වස්තුව, අනේකවණ්ණ විමාන වස්තුව, මට්ටකුණ්ඩලී විමාන වස්තුව, සේරිස්සක විමාන වස්තුව, සුනික්ඛිත්ත විමාන වස්තුව කියන මේ පුරුෂ විමාන වස්තුවලිනුයි තුන්වෙනි වර්ගය කියන්නෙ.

විමාන වස්තු සමාප්තයි

නමෝ තස්ස භගවතෝ අරහතෝ සම්මාසම්බුද්ධස්ස
ඒ භාග්‍යවත් අරහත් සම්මා සම්බුදුරජාණන් වහන්සේට නමස්කාර වේවා!

සූත්‍ර පිටකයට අයත්

ප්‍රේත වස්තු පාළි

1. උරග වර්ගය

1.1.

01. රහතන් වහන්සේලා වනාහී කුඹුරක් වගෙයි. දායකයෝ ගොවියන් වගෙයි. පූජා කරන දාන වස්තුව බිත්තර වී වගෙයි. මේ කරුණු තුන එකතු වුණාම තමයි පුණ්‍ය ඵලයක් උපදින්නේ.

02. දානවස්තුව නැමැති බිත්තර වීත් ගොවිතැනත් කුඹුරත් යන මේ කරුණු තුන මියපරලොව ගිය උදවියටත් දායකයින්ටත් පිහිට වෙනවාමයි. පරලොව ගිය උදවිය ඒ පින පරිභෝග කරනවා. දායකයා දියුණු වෙන්නෙත් ඒ පිනෙන්මයි.

03. ඉතින් මේ ජීවිතයේදීම කුසල් දහම් කරල, මිය ගිය උදවියටත් පුණ්‍ය පූජා පවත්වලා යහපතක් සිද්ධ කර ගෙන සැපවත් තැන වන දෙව්ලොවට යනවා.

සාදු! සාදු!! සාදු!!!

පළමු වෙනි ඛෙත්තූපම ප්‍රේත වස්තුවයි.

1.2.

04. ඔබේ ශරීරය මුළුමනින්ම රන්වන්. දසදිසාවේම බබලනවා. ඒ වුනාට ඔබගේ මුඛය ඌරෙකුගෙ වගෙයි. ඔබ කලින් ජීවිතයේදී මොන වගේ කර්මයක්ද කළේ?

05. මං කයින් සංවර වෙලා හිටියා (කයෙන් සිල් රැක්කා). නමුත් වචනයෙන් අසංවර වෙලයි හිටියේ (වචනයෙන් සිල් රැක්කෙ නෑ). පින්වත් නාරද ස්වාමීන් වහන්ස, ඔබට පෙනෙන මේ ලස්සන පැහැපත් ශරීරය ලැබුනේ කයෙන් පින් කිරීම නිසයි.

06. පින්වත් නාරද ස්වාමීන් වහන්ස, දැන් ඔබවහන්සේම මේ ශරීරය දැක්ක නෙව. මං දැන් ඔබට කියන්නෙ මේකයි. වචනයෙන් පව් විතරක් කරන්න එපා! ඌරු කටක් තියෙන කෙනෙක් නම් වෙන්න එපා!

සාදු! සාදු!! සාදු!!!

දෙවෙනි සූකරමුඛ ප්‍රේත වස්තුවයි.

1.3.

07. ඔබේ ශරීරයෙහි පෙනුම නම් දිව්‍ය සිරුරක් වගේ සුන්දරයි. ඔබ ඉන්නෙ ආකාසයේ. ඒ වුනාට ඔබේ මුඛය ඉතාමත්ම දුගඳයි. පණුවන් කට පුරා පිරිලා කට කකා ඉන්නෙ. කලින් ජීවිතයේදී ඔබ මොන වගේ කර්මයක්ද කරගත්තෙ?

08. මං ඉස්සර පව්ටු භික්ෂුවක්. මං හරියට දුෂ්ට වචන කිව්වා. සිල්වත් කෙනෙකුගේ වේශයෙන් හිටියා. වචනයේ සංවරකමක් තිබුනෙම නෑ. මම බඹසර රැකපු නිසා මගේ ශරීර සෝභාව වර්ණවත් වුනා. කේලාම් කීම නිසයි මගේ කට කුණු වුනේ.

09. පින්වත් නාරදයන් වහන්ස, දැන් ඔබවහන්සේම මාව දැකගත්ත නෙ. ලොවට අනුකම්පා ඇති බුද්ධාදී උත්තමයන් වහන්සේලා යම් කුසලයක් වදාරයිද මාත් දැන් ඒක කියනවා. කේළමක් නම් කියන්ට එපා! බොරුවක් කියන්ටත් එපා! එතකොට ඔබට කැමති සැප ලබන දෙව් කෙනෙක් වෙන්ට පුළුවනි.

සාදු! සාදු!! සාදු!!!

තුන්වෙනි පූතිමුඛ ප්‍රේත වස්තුවයි.

1.4.

10. නොමසුරු උදවිය යම් යම් විශේෂ අරමුණු මුල් කරගෙන දානාදී පින්කම් කරනවා. එක්කෝ මිය ගිය ඥාතීන් උදෙසා වෙන්න පුළුවනි. එහෙමත් නැත්නම් ගෙවතු ආදියට අරක්ගත් දේවතාවුන් උදෙසා වෙන්න පුළුවනි.

11. ලෝකපාලක වූ යසස් ඇති සතරවරම් දිව්‍යරාජවරුන් ඉන්නවා. කුවේර, ධතරට්ඨ, විරූපක්ඛ, විරූළ්හ කියන මේ දෙවිවරුන් උදෙසා දන් පැන් පූජා කරගත්තොත් දායකයන්ට නිශ්ඵල වෙන්නෙ නෑ.

12. කෙනෙක් මැරුණට පස්සේ හඬල වැඩක් නෑ. ශෝක කරල වැඩක් නෑ. එක එක විදිහේ විළාපවලින් වැඩක් නෑ. ඒවායින් මියගිය උදවියට කිසිම ප්‍රයෝජනයක් නෑ, ඒ ඥාති ප්‍රේතයෝ ඒ විදිහටම එහෙ ඉන්නවා.

13. මේ පූජා කරගත්තු දානය ආර්ය සංඝයා උදෙසා ඉතා හොඳින් පිහිටියා. පින් අනුමෝදන් වනු කැමති ප්‍රේතයාට බොහෝ කාලයක් හිතසුව පිණිස පවතින මේ පින ඒ මොහොතේම ලැබෙනවා.

සාදු! සාදු!! සාදු!!!

හතරවෙනි පිට්ඨධීතලිත ප්‍රේත වස්තුවයි.

1.5.

14. (මළගිය ඥාතීන් පෙරේත ලෝකයේ ඉපදුනාට පස්සේ) තමන් කලින් හිටපු ගෙවල්වලට ආයෙමත් එනවා. ඇවිදින් බිත්තියෙන් එහා පැත්තෙත්, දොර මුල්ලෙත්, බිත්තිය මුල්ලෙත්, හතර මංසංධිවලත් ඉන්නවා.

15. ගෙවල්වල උදවිය හොඳට කෑම බීම හදාගෙන, කාල බීල ඉන්නකොට, අර මැරිච්ච උදවියගේ අකුසල කර්ම නිසා, කාටවත් ඔවුන්ව මතක් වෙන්නේ නැහැ.

16. නමුත් ඔවුන් ගැන අනුකම්පා කරන ඥාතිවරු සුදුසු කාලෙට කැපසරුප් විදිහට, ප්‍රණීත විදිහට දානෙ හදලා ඒ ඥාතීන්ගේ නාමයෙන් (ගුණවතුන්ට) පූජා කරනවා. අපගේ පරලොව ගිය ඥාතීන්ට මේ පින අයිති වෙත්වා! ඒ නෑදෑයෝ සුවපත් වෙත්වා! කියලා පින් දෙනකොට, එතැනට ඒ මිය පරලොව ගිය ඥාති ප්‍රේතයෝ රැස් වෙනවා.

17. ඒ මලගිය ඤාතීන් ඒ ඒ තැන්වලට ඇවිදින් රැස්වෙලා ඉන්නවා. බොහෝ දන් පැන්වලින් දානමය පින්කම් සිදුකරන කොට ඉතා හොඳින් අනුමෝදන් වෙනවා.

18. 'අනේ! අපේ මේ නෑදෑයෝ බොහෝ කලක් ජීවත් වෙත්වා' ඔවුන් නිසා අපට මේ පුණ්‍ය සම්පත් ලැබුනා නෙව. අපටත් පූජාවන් ලැබුනා නෙව, කියල ඒ ඥාතී ප්‍රේතයෝ සෙත් පතනවා. දන් දුන්න උදවියටත් නිෂ්ඵල වන්නේ නෑ.

19. ඒ ප්‍රේත ලෝකයේ කුඹුරු වැඩ නෑ. ගව පාලනයක් නෑ. වෙළහෙළදාමකුත් නෑ, රන් රිදී, මිළ මුදල් ගනුදෙනුවක් නෑ. කළුරිය කරලා, ප්‍රේත ලෝකෙ උපන්නට පස්සෙ මේ මිනිස් ලෝකෙන් දෙන පිනකින් තමයි ඒ උදවිය ජීවත් වෙන්නෙ.

20. ඒක උස් බිමකට වැටුන ජලය පහත් බිමකට ගලාගෙන යනවා වාගේ දෙයක්. ඒ විදිහටම තමයි මේ මිනිස් ලොව ඥාතීන් විසින් දෙන පින්වලින් ප්‍රේතයින්ට සැප ලැබෙන්නෙ.

21. ඒ වගේම මහා ගංගා, කුඩා ඇළ දොළවලින් රැස් වෙන දියෙන් මහ සයුරු පිරෙනවා වගේ, මිනිස් ලොව ඥාතීන් විසින් දෙන පින්වලින් තමයි ප්‍රේතයින්ට සැප ලැබෙන්නෙ.

22. ඒ ඥාතීන් ජීවත් වෙලා ඉන්න කාලෙ 'මට මේ මේ දේවල් තියෙනව. මට මේ මේ උපකාර කරලා තියෙනවා. මේ අය මගේ ඥාති මිත්‍රයෝ, මේ අය මාගේ යාළුවෝ' කියලා ඔවුන්ට ඉස්සර කරපු කියපු උපකාර සිහි කර ගෙන පින් දෙන්ට ඕන.

23. අඬලා වැඩක් නෑ. ශෝක වෙලා වැඩක් නෑ. වෙන වැළපීමක් කරලා වැඩක් නෑ. ප්‍රේත ලෝකයේ උපදින අයට ඒකෙන් කිසි ප්‍රයෝජනයක් නෑ. ඒ ඥාති ප්‍රේතයෝ ඒ විදිහටම එහෙ ඉන්නවා.

24. (බිම්බිසාර රජතුමනි, ඔබ අද තමන්ගේ මියගිය ඥාතීන් උදෙසා) මේ දානය පූජා කරගත්තා. ආර්ය සංඝයා කෙරෙහි පිදූ දානය යහපත් ලෙස පිනේ පිහිටියා. බොහෝ කලක් ඒ උදවියට මේ පින හිත සුව පිණිස හේතු වෙනවා. මේ මොහොතේම ඒ ඇත්තන්ට මේ පින් ලැබෙනවා.

25. මේක හොඳ ඥාතිධර්මයක්. හොඳ ආදර්ශයක්. මිය ගිය උදවියට උසස් පූජාවක් කළා වෙනවා. භික්ෂු සංඝයාට ශක්තියක් ලබා දුන්නා වෙනවා.

(රජතුමනි) ඔබ විසින් බොහෝ කලක් යහපත පිණිස හේතු වන මහත් පිනක් රැස් කර ගත්තා.

සාදු! සාදු!! සාදු!!!

පස්වෙනි තිරෝකුඩ්ඩ ප්‍රේත වස්තුවයි.

1.6.

26. ඔබේ ඇඟේ නූල් පොටක් නෑ. හරිම විරූපියි. ඔබේ ශරීරයෙන් හමන්නෙ කුණු ගඳ. මැස්සෝ උතුරනවා. මෙහි ඉන්න ඔබ කවුද?

27. අනේ ස්වාමීනී, මං මේ දුකේ වැටිල ඉන්නෙ. මං යමලෝක උපන් පෙරේතියක්. මගේ අතින් පව්කම් කෙරිල තමයි මනුස්ස ලෝකෙන් පෙරේත ලෝකෙට ගියේ.

28. අනේ මං උදේ වරුවෙදී දරුවන් පස් දෙනෙක් වදනවා. ආයෙමත් හවස් වරුවටත් මං තව දරුවන් පස් දෙනෙක් වදනවා. මං ඒ දරුවන් ඔක්කෝම කාල දානවා. අනේ ඒත් මගේ බඩගින්නට නම් ඒක සෑහෙන්නෙ නෑ.

29. මගේ පපුව බඩගින්නෙ පිච්චෙනවා. දුම් දානවා. මට බීමට වතුර පොදක් ලැබෙන්නෙ නෑ. අනේ! මං පත්වෙච්ච විපත ගැන දැක වදාළ මැනැව.

30. ඔබ විසින් කයෙන් වචනයෙන් මනසින් මොන වගේ පවක්ද කරගත්තෙ? මොන වගේ කර්මයක විපාකයක් නිසාද දරුවන්ගෙ මස් කන්නෙ?

31. මගේ ස්වාමියාගේ අනෙක් බිරිඳට දරුවෙක් ලැබෙන්න හිටියා. උන්දැට පාපී දෙයක් කළ යුතුයි කියල මට හිතුනා. මං ඒ දූෂිත වූ සිතින් අර දරු ගැබ විනාශ වෙන්න කටයුතු කළා.

32. උන්දැට තිබුණෙ දෙමාසෙක බඩක්. අන්තිමේදී ලේ වෙලා වැක්කෙරුනා. එතකොට උන්දැගෙ අම්ම මාත් එක්ක කේන්ති ගත්තා. නෑදෑයන්ව රැස් කෙරෙව්වා.

33. ඈ මා ලවා දිව්රෙව්වා. මට බැණල දොඩල බය කෙරෙව්වා. එතකොට මං දරුණු විදිහට දිව්රලා අමු බොරුවක් කිව්වා. 'යම් හෙයකින් ඔය ගබ්සාව කළේ මා නම් මං දරුවන් වදල කන එකියක්මයි වෙන්න ඕන' කියලා.

34. ඔය කර්මයත් බොරුවත් කියන දෙකේ විපාකෙ තමයි මේ. ලේ වැක්කෙරෙන ශරීරයක් ඇතිව මං දැන් දරුමස් කකා ඉන්නවා.

සාදු! සාදු!! සාදු!!!

හයවෙනි පඤ්චපුත්තඛාදක ප්‍රේත වස්තුවයි.

1.7.

35. ඔබේ ඇඟේ නූල් පොටක් නෑ. හරිම විරූපියි. ඔබේ ශරීරයෙන් හමන්නෙ කුණු ගඳ. මැස්සෝ උතුරනවා. මෙහි ඉන්න ඔබ කවුද?

36. අනේ ස්වාමීනී, මං මේ දුකේ වැටිල ඉන්නෙ. මං යමලෝකෙ උපන් පෙරේතියක්. මගේ අතින් පව්කම් කෙරිල තමයි මනුස්ස ලෝකෙන් පෙරේත ලෝකෙට ගියේ.

37. අනේ මං උදේ වරුවේදී දරුවන් හත් දෙනෙක් වදනවා. ආයෙමත් හවස් වරුවටත් මං තව දරුවන් හත් දෙනෙක් වදනවා. මං ඒ දරුවන් ඔක්කෝම කාල දානවා. අනේ ඒත් මගේ බඩගින්නට නම් ඒක සෑහෙන්නෙ නෑ.

38. මගේ පපුව බඩගින්නෙ පිච්චෙනවා. දුම් දානවා. ගින්නකට පිච්චි පිච්චි ඉන්න එක්කෙනෙක් වගේ මං ඉන්නෙ. කිසිම නිවීමක් නෑ.

39. ඔබ විසින් කයෙන් වචනයෙන් මනසින් මොන වගේ පවක්ද කර ගත්තෙ? මොන වගේ කර්මයක විපාකයක් නිසාද දරුවන්ගෙ මස් කන්නෙ?

40. මට පුතාල දෙන්නෙක් හිටියා. ඒ දෙන්නාම හොඳ උස මහත තරුණයන්. ඉතින් මං පුතාලගෙ හයිය අරගෙන ස්වාමියාව යට කරගෙන හිතට අරන් හිටියේ.

41. එතකොට මගේ සැමියා මට කිපුනා. වෙන බිරිඳක් කැන්දන් ආවා. උන්දැටත් ළමයෙක් ලැබෙන්න හිටිය. උන්දැට පාපී දෙයක් කළ යුතුයි කියල මට හිතුනා.

42. මං ඒ දූෂිත වූ සිතින් අර දරු ගැබ විනාශ වෙන්න කටයුතු කළා. එතකොට බඩට මාස තුනයි. කුණු ලේ වෙලා ගැබ වැටුනා.

43. එතකොට උන්දැගෙ අම්ම මාත් එක්ක කේන්ති ගත්තා. නෑදැයන්ව රැස් කෙරෙව්වා. ඈ මා ලවා දිව්රෙව්වා. මට බැණල දොඩල බය කෙරෙව්වා.

44. එතකොට මං දරුණු විදිහට දිව්රලා අමු බොරුවක් කිව්වා. 'යම් හෙයකින් ඔය ගබ්සාව කළේ මා නම් මං දරුවන් වදල කන එකියක්මයි වෙන්න ඕන' කියලා.

45. ඔය කර්මයත්, බොරුවත් කියන දෙකේ විපාක තමයි මේ. ලේ වැක්කෙරෙන ශරීරයක් ඇතිව මං දැන් දරුමස් කකා ඉන්නවා.

සාදු! සාදු!! සාදු!!!

හත්වෙනි සත්තපුත්තඛාදක ප්‍රේත වස්තුවයි.

1.8.

(තමන්ගේ ගවයා මිය යෑම ගැන පුතෙක් හඬනවා. ඒ ගැන පියා මෙසේ අසයි.)

46. ඇයි ළමයෝ උඹට පිස්සුද? නිල් තණ කපාගෙන ඇවිල්ල 'කාපන්' කාපන්, කියල ඔය කවන්න හදන්නෙ මැරිච්ච මහළු ගොනාට නේද?

47. මේ මැරිච්ච ගොනා ආහාරපාන දුන්න කියල නැගිටින්නෙ නෑ. අඥාන මනුස්සයෙක් දොඩනවා වගේ උඹත් ළමයෝ නුවණ නැති මෝඩයෙක්ද?

48. ඒ වුනාට තාත්තෙ මේ තියෙන්නෙ කකුල්. මේ තියෙන්නෙ ඔළුව. මේ තියෙන්නෙ වළිගෙත් එක්කම ඇඟ. මේ ඇස් දෙක තියෙන්නෙ තිබුන විදිහටම. මේ ගොනා නැගිටීවි.

49. ඒ වුනාට අපේ සීයගෙ අතපය, ශරීරය, හිස මොකවත් දැකගන්ට නෑ. එහෙම එකේ ඒ සීය වෙනුවෙන් හදපු මැටි ස්ථූපෙට අඬන තාත්තම නේද මෝඩ?

50. ගින්නකට ඉසින ගිතෙලක් වගේ දුකෙන් ගිනි ගත්තු මාව නිවිල ගියා. වතුර ඉහල නිවල දානවා වගේ මගේ සියලු කාය චිත්ත පීඩා නිවිල ගියා.

51. මගේ පපුව ඇතුළේ ඇනි ඇනී තිබුණු සෝක හුල ඔබ උදුරලා දැම්මා. පියා මළ සෝකය නිසා මං ගොඩාක් සෝකයෙන් පෙළි පෙළී හිටියේ. ඔබ ඒක දුරු කළා.

52. පින්වත් දරුව, නුඹේ අවවාදය අසපු ඒ මම දැන් සෝක හුල් උදුරා දැමූ කෙනෙක්. සිහිල් වුන කෙනෙක්. නිවුන කෙනෙක්. දැන් මං සෝක වෙන්නෙ නෑ. හඬන්නෙ නෑ.

53. යම් කෙනෙකුට අනුකම්පා කරනවා නම් ප්‍රඥාවන්ත අය ඔහොම තමයි කරන්නෙ. මේ සුජාත කුමාරයා තමන්ගෙ පියාව සෝකයෙන් මුදවනවා වගේ අන් අයව සෝකයෙන් මුදවනවා.

සාදු! සාදු!! සාදු!!!

අට වෙනි ගෝණ ප්‍රේත වස්තුවයි.

1.9.

54. මේ කාන්තාව අසූචියි, මුත්‍රායි, ලේයි, සැරවයි කකා ඉන්නවා. මේ මොන වගේ කර්මයක විපාකයක්ද? මේ තැනැත්ති මොන වගේ කර්මයක්ද කරගෙන තියෙන්නෙ? මෑ හැම තිස්සේම අනුභව කරන්නෙ ලේයි සැරවයි නෙව.

55. අළුත් වස්ත්‍ර දෙකක් තියෙනවා. හරි ලස්සනයි. මෘදුයි. පිරිසිදුයි. සනීපයි. නමුත් මැට දුන්නහම ඒව යකඩෙන් කරපු වස්ත්‍ර වගේ වෙනවා. මේ ස්ත්‍රිය කරගෙන තිබෙන්නෙ මොන වගේ කර්මයක්ද?

56. ස්වාමීන් වහන්ස, මෙයා මගේ බිරිඳ වෙලා හිටියේ. දානෙ ටිකක් පූජ කරගත්තෙ නෑ. මසුරුකමින්ම හිටියා. කෑදරකමින්ම හිටියා. මං ශ්‍රමණබ්‍රාහ්මණයින්ට දැන් පැන් පූජා කරන කොට ඈ කළේ මටත් බණින එක. නින්දා අපහාස කරපු එක.

57. 'උඹ දන් දෙනවා. ඔය දානයේ විපාක වශයෙන් පරලොවදී උඹට අසූචි, මුත්‍රා, ලේ, සැරව තමයි ලැබෙන්ට ඕන. හැම තිස්සේම උඹ අසූචි කාපන්. ඔය පූජා කරන වස්ත්‍ර යකඩෙන් කරපු වස්ත්‍ර වෙයන්.' ඔන්න ඔය විදිහට දුශ්චරිතයෙන්මයි හැසිරුනේ. දැන් ඉතින් පෙරේත ලෝකයට ඇවිල්ල කාලයක් තිස්සෙ ඒවා කකා ඉන්නවා.

සාදු! සාදු!! සාදු!!!

නවවෙනි මහා පේසකාර ප්‍රේත වස්තුවයි.

1.10.

58. ඔය විමානෙ ඇතුලේ ඉන්න ස්ත්‍රිය කවුද? ඔය විමානෙන් එළියට එන්නෙ නැත්තෙ මොකද? පින්වතිය, ඔය විමානයෙන් ඔබතුමිය එළියට පැමිණුන මැනව. අපි මහා ඉර්ධි ඇති ඔබතුමියව දැකගන්ට කැමතියි.

59. මං දුකෙන් ඉන්නෙ. මට ලැජ්ජයි. මගේ ඇඟේ නූල් පොටක් නෑ. මට එළියට එන්න විදිහක් නෑ. මුළු ශරීරයම වැහිල තියෙන්නෙ කෙස්වලින්. මං පුංචි පිනක් කරගත්තු කෙනෙක්.

60. හොඳයි. එහෙම නම් මං දැන් ඔබට මගේ මේ උතුරු සළුව පූජා කරනවා. පින්වතිය, මේ වස්ත්‍රය පොරෝ ගන්න. සොඳුර, ඊට පස්සෙ විමානයෙන් එළියට එන්න. ඔය විමානයෙන් ඔබතුමිය එළියට පැමිණුන මැනව. අපි මහා ඉර්ධි ඇති ඔබතුමියව දැකගන්ට කැමතියි.

61. අතින් අතකට දෙන දෙයක් ලබාගන්ට මට කැප නෑ. ඔය පිරිස අතරින් සම්මා සම්බුදුරජාණන් වහන්සේගේ ශ්‍රද්ධා සම්පන්න උපාසක කෙනෙක් ඉන්නවා.

62. එතුමාට මේ වස්ත්‍රය පොරවන්න. ඊට පස්සෙ ඒ පින මට දෙන්න. එතකොට මං හැම අතින්ම සැපවත් වෙලා සුවසේ සිටීවි.

63. ඒ වෙළඳ පිරිස අර උපාසකතුමාව හොඳට නැහැව්වා. සුවඳ ගැල්වූවා. වස්ත්‍ර දෙකෙන් හොඳට ඇන්දෙව්වා. ඒ පෙරේතියට පින් අනුමෝදන් කළා.

64. ඒ ක්ෂණයෙන්ම ඇයට පින් දෙන කොට පුණ්‍ය විපාකය ඉපදුනා. භෝජන ඇඳුම් පැළඳුම් පැන් ආදිය පහළ වුනා. මේක තමයි දානයෙහි ඵලය.

65. එතකොට ඇගේ සිරුර පිරිසිදු වුනා. පවිත්‍ර වස්ත්‍රවලින් සැරසුනා. ඒ වස්ත්‍ර කසීසළුවලටත් වඩා උතුම්. ඕ සිනහ වෙවී විමානයෙන් එළියට නික්මුනා. මේක තමයි දානයෙහි ඵලය.

66. ඔබේ දිව්‍ය විමානය ඉතා විචිත්‍රයි. සිත්කළුයි. බබලනවා. පින්වත් දෙව්දුව, අපි අහන මේ කාරණයට පිළිතුරක් දෙන්න. මොන වගේ පුණ්‍ය කර්මයකින්ද මේ විපාකෙ ලැබුනේ.

67. ස්වාමීන් වහන්සේ නමක් පිඬු පිණිස වැඩියා. ඍජු සිත් ඇති උන්වහන්සේ ගැන මං ගොඩාක් පැහැදුනා. මං උන්වහන්සේට තෙල්කැවුමක් පූජා කළා.

68. ඒ පින්කමේ විපාක වශයෙන් මං මේ විමානයෙහි ඉඳගෙන බොහෝ කාලයක් තිස්සේ සැප වින්දා. දැන් ඒ පින ගෙවිල ගිහින්. තව ස්වල්පයයි තියෙන්නෙ.

69. තව හාරමාසයකින් පස්සෙ මං මෙහෙන් චුත වෙනවා. එතකොට භයානක වූ කටුක ඝෝර අවීචි මහා නිරයේ තමයි මාව වැටෙන්නෙ.

70. ඒ නිරයේ කොන් හතරක් තියෙනවා. දොරවලුත් හතරක් තියෙනවා. ඒව කොටස් වශයෙන් ගානට බෙදලයි තියෙන්නෙ. වටේටම තියෙන්නෙ යකඩ පවුරක්. වහල තියෙන්නෙත් යකඩ පියනකින්.

71. ඒ අවීචි මහානරකාදියේ ඇවිලෙන ගිනිදැල් හරිම සැරයි. ඒ යකඩ භූමියේ හැම තිස්සේම යොදුන් සියයක් පුරාවට ගිනිදැල් පැතිරිලා තියෙනවා.

72. මං එහේ ඉපදිලා දීර්ඝ කාලයක් දුක් විඳින්ට වෙනවා. කරපු පව්වල විපාක තමයි. ඒ නිසා මං ගොඩාක් සෝකයෙන් ඉන්නෙ.

සාදු! සාදු!! සාදු!!!

දසවෙනි බල්ලාටිය ප්‍රේත වස්තුවයි.

1.11.

73. එක දිව්‍ය පුත්‍රයෙක් සුදු ඇත් වාහනයකින් ඉස්සර වෙලා යනවා. තව දිව්‍ය පුත්‍රයෙක් වෙළඹුන් යෙදූ රථයකින් මැදට වෙලා යනවා. පසු පස්සෙන් දිව්‍ය කන්‍යාවක් මණ්ඩපයකින් යනවා. එතකොට දස දිසාවම බබලනවා.

74. ඒ වුණාට ඔබලා නම් අත්වලින් දඬුමුගුරු අරගෙන, හඬ හඬා හොඳටම කැඩුණු බිඳුණු අතපය ඇතිව යනවා. ඊළඟට එකිනෙකාගෙ ලේ බිබී ඉන්නවා. මිනිස් ලෝකෙ ඉන්න කාලෙ ඔබලා කරපු පාපය මොකක්ද?

75. පාද හතරකින් යුතු සුදු හස්තිරාජයෙක් ඉන්න වාහනයෙන් යන එක්කෙනෙක් ඉන්නවා. එයා අපේ ලොකු පුතා. දන් දුන්නා නෙව. දැන් ඉතින් සැප විඳිමින් සතුටු වෙනවා.

76. අර වෙළඹුන් හතර දෙනෙක් බැඳපු අශ්වරථයෙහි මැදට වෙලා ගමන් කරන කෙනෙක් ඉන්නවනේ. එයා අපේ මධ්‍යම පුතා. මසුරු කෙනෙක් නෙවෙයිනෙ. දානපතියෙක් වෙලයි එයා බබලන්නෙ.

77. අර රන්සිවි ගෙයකින් ගෙන යන දෙවඟනක් ඉන්නවනේ. ඇය හරි නුවණැත්ති. මුවැත්තියක වගේ අඩවන් නෙත් තියෙනවා. ඈ අපේ බාල

දෝණි. තමාට ලැබිච්ච කොටසින් භාගයක්ම දන් දුන්නා. දැන් ඉතින් සැප සේ සතුටු වෙනවා.

78. ඔය දරුවො ටික ඉස්සර දන් දුන්නා. සිත පහදවාගෙන ශ්‍රමණ බ්‍රාහ්මණයන්ටයි දන් දුන්නෙ. ඒකට අපි, මසුරුකමින් හිටියා. ශ්‍රමණ බ්‍රාහ්මණයන්ට නින්දා අපහාස කළා. දරුවො ටික දිව්‍ය සැපෙන් සතුටු වෙනවා. ඒකට අපි. කපල අව්වෙ දාපු බට ගස් වගේ වේලි වේලි ඉන්නවා.

79. ඔබලාගේ කෑම බීම් මොනවාද? මොනවායේද නිදාගන්නෙ? මහා පව්වුන් වන ඔබලා ජීවත් වෙන්නෙ කොහොමද? හොඳට දේපල වස්තුව තියෙන කාලෙ ලැබිච්ච සැප වරදවා අරගෙන අද ඉතින් දුක් විඳිනවා.

80. අපි කරන්නෙ එකිනෙකාට වදහිංසා කරගෙන ගලන ලේ සැරව බොන එකයි. අපිට කොච්චර බිව්වත් ඇතිවෙන්නෙ නෑ. අපට එකිනෙකා රුස්සන්නෙ නෑ.

81. දන් පැන් නොදෙන මිනිස්සු මරණින් මත්තෙ පෙරේත ලෝකෙට යනවා. ගිහින් වැළපි වැළපි ඉන්නවා. සමහර මිනිස්සු භෝග සම්පත් ලබාදෙන විට තමන් අනුභව කරන්නෙත් නෑ. පින් කරගන්නෙත් නෑ.

82. ඒ පෙරේතයන් අධික බඩගින්නකින්, පිපාසයකින් පීඩා විඳිනවා. බොහෝ කලක් දුකෙන් තැවි තැවී පිච්චෙනවා. ඔය දුක ඇති වෙන පාපකර්ම කරලයි කටුක ඵල ඇති දුක් අනුභව කරන්නෙ.

83. ධනධාන්‍ය කියන දේවල් මොහොතකින් ඉවරයි. මේ ජීවිතය වුනත් මොහොතකින් ඉවරයි. මොහොතකින් ඉවර වෙලා යන දෙය පවතින්නේ මොහොතක් බව තේරුම් ගත්තු නුවණැති උදවිය තමන්ව දුකට යට නොවන දූපතක් කර ගන්නවා.

84. ධර්මය තේරුම් ගන්ට දක්ෂ මිනිස්සු ඉන්නවා. එයාල ඔය කාරණය ඔය විදිහටම දන්නවා. රහතන් වහන්සේලාගේ ධර්මය අහලා දන් දෙන්න ප්‍රමාද වෙන්නෙ නෑ.

සාදු! සාදු!! සාදු!!!

එකොළොස්වෙන නාග ප්‍රේත වස්තුවයි.

1.12.

85. සර්පයා කරන්නේ තමන්ගේ හැව දිරලා ගිය විට ඒක ශරීරයෙන් අත් හරින එකයි. අන්න ඒ වගේ මේ ශරීරයත් ප්‍රයෝජනයකට ගන්න බැරි වෙන කොට සිරුර අත්හැරල කළුරිය කරනවා.

86. ගින්නෙන් පිච්චෙන ඒ මළ සිරුරට ඤාතීන්ගේ වැළපීම අවබෝධ වෙන්නෙ නෑ. ඒ නිසා මිය ගිය දරුවා සිහි කරල මං අඬන්නෙ නෑ. එයාට යන්නට යම් ගමනක් තියෙනවා නම් එයා ඒ ගමන ගියා.

87. එයා පරලොවින් මෙලොවට ආවෙ අපි අඬගහල නොවෙයි. එයා මෙලොවින් පරලොව ගියෙත් අපගේ අවසර අරගෙන නොවෙයි. යම් ආකාරයකින් ආවාද ඒ ආකාරයෙන්ම ගියා. ඉතින් එහෙම එකේ මේ වැළපීමේ අරුත මොකක්ද?

88. ගින්නෙන් පිච්චෙන ඒ මළ සිරුරට ඤාතීන්ගේ වැළපීම අවබෝධ වෙන්නෙ නෑ. ඒ නිසා මිය ගිය දරුවා සිහි කරල මං අඬන්නෙ නෑ. එයාට යන්නට යම් ගමනක් තියෙනවා නම් එයා ඒ ගමන ගියා.

89. ඉතින් මං හඬන්ට ගියොත් වෙන්නේ කෙට්ටු වෙන එක විතරයි. ඒ හැඬීමෙන් මට ඇති ඵලය මොකක්ද? අපේ නෑදෑ හිතමිතුරන්ටත් ඇති වෙන්නෙ නොඇල්ම විතරයි.

90. ගින්නෙන් පිච්චෙන ඒ මළ සිරුරට ඤාතීන්ගේ වැළපීම අවබෝධ වෙන්නෙ නෑ. ඒ නිසා මිය ගිය දරුවා සිහි කරල මං අඬන්නෙ නෑ. එයාට යන්නට යම් ගමනක් තියෙනවා නම් එයා ඒ ගමන ගියා.

91. පොඩි දරුවෙක් ඉන්නවා. එයා ආකාසයේ ගමන් කරන සඳ ඉල්ලා අඬුවා. යමෙක් මියගිය උදවිය ගැන හඬනවා නම් අන්න ඒකත් ඒ වගේ දෙයක් තමයි.

92. ගින්නෙන් පිච්චෙන ඒ මළ සිරුරට ඤාතීන්ගේ වැළපීම අවබෝධ වෙන්නෙ නෑ. ඒ නිසා මිය ගිය දරුවා සිහි කරල මං අඬන්නෙ නෑ. එයාට යන්නට යම් ගමනක් තියෙනවා නම් එයා ඒ ගමන ගියා.

93. පින්වත් බ්‍රාහ්මණය, මැටි කලයක් බිඳිලා ගිය විට ආයෙ පැරණි විදිහට ඒක පූට්ටු කරන්ට බෑ, යමෙක් මිය ගිය උදවිය ගැන හඬනවා නම් අන්න ඒකත් ඒ වගේ දෙයක් තමයි.

94. ගින්නෙන් පිච්චෙන ඒ මළ සිරුරට ඤාතීන්ගේ වැළපීම අවබෝධ වෙන්නෙ නෑ. ඒ නිසා මිය ගිය දරුවා සිහි කරල මං අඬන්නෙ නෑ. එයාට යන්නට යම් ගමනක් තියෙනවා නම් එයා ඒ ගමන ගියා.

සාදු! සාදු!! සාදු!!!

දොළොස්වෙනි උරග ප්‍රේත වස්තුවයි.

පළවෙනි උරග වර්ගය නිමා විය.

- **එහි පිළිවෙල උද්දානයයි:**

ඛෙත්තූපමං ප්‍රේත වස්තුව, සූකර මුඛ ප්‍රේත වස්තුව, පූති මුඛ ප්‍රේත වස්තුව, පිට්ඨධීතලික ප්‍රේත වස්තුව, තිරෝකුඩ්ඩ ප්‍රේත වස්තුව, පඤ්ච පුත්ත ප්‍රේත වස්තුව, සත්ත පුත්ත ප්‍රේත වස්තුව, ගෝණ ප්‍රේත වස්තුව, පේසකාර ප්‍රේත වස්තුව, ඛල්ලාටිය ප්‍රේත වස්තුව, නාග ප්‍රේත වස්තුව, උරග ප්‍රේත වස්තුව යන ප්‍රේත වස්තු දොළොසකි.

2. උබ්බරී වර්ගය

2.1.

95. ඔබේ ඇගේ නූල් පොටක් නෑ. හරිම විරූපියි. කෙට්ටුයි. නහරවල් පෑදිලා තියෙනවා. ඉලඇට ඉලිප්පිලා තියෙනවා. කෙට්ටු සිරුරක්. මෙතැන ඉන්න ඔබ කවුද?

96. අනේ ස්වාමීනී, මං මේ දුකේ වැටිල ඉන්නෙ. මං යමලෝකෙ උපන් පෙරේතියක්. මගේ අතින් පව්කම් කෙරිල තමයි මනුස්ස ලෝකෙන් පෙරේත ලෝකෙට ගියේ.

97. ඔබ විසින් කයෙන් වචනයෙන් මනසින් මොන වගේ පවක්ද කර ගත්තෙ? මොන වගේ කර්මයක විපාකයක් නිසාද මිනිස් ලෝකෙන් පෙරේත ලෝකෙට ආවෙ.

98. අනේ ස්වාමීනි, මට අනුකම්පා කරන්ට කවුරුවත් හිටියේ නෑ. තාත්තවත් අම්මාවත් වෙන නෑදෑයෙක්වත් හිටියෙ නෑ. හිත පහදවා ගෙන ශ්‍රමණ බ්‍රාහ්මණයින්ට දානෙ ටිකක් දෙන්න කියල ඔය කවුරුවත් මාව පෙළඹෙව්වෙ නෑ.

99. පිපාසයෙන්, තණ්හාවෙන් කා දමන මට මේ විදිහට නිර්වස්තරෙන් තව අවුරුදු පන්සියයක් කල් ජීවත් වෙන්ට වෙනවා. මං කරගත්තු පාපකර්මවල විපාක තමයි මේ.

100. පින්වත් ආර්යයන් වහන්ස, මං මුඹ වහන්සේට වන්දනා කරනවා. මහා ආනුභාව ඇති ප්‍රාඥයන් වහන්ස, මට අනුකම්පා කරන සේක්වා! යම් කිසි දෙයක් දන් දීල මට පින් දෙන සේක්වා! අනේ ස්වාමීනි, මාව මේ අපා දුකෙන් මුදවන සේක්වා!

101. ප්‍රේතිය කෙරෙහි අනුකම්පාවෙන් සාරිපුත්ත මහරහතන් වහන්සේ, හොඳයි කියල පිළිතුරු දුන්නා. භික්ෂූන් වහන්සේලාට බත් පිඬකුත් රියනක විතර රෙදි කැබැල්ලකුත් පැන් භාජනයකුත් පූජා කළා. ඊට පස්සෙ ඇයට ඒ පින අනුමෝදන් කළා.

102. ඒ පින් දීපු සැණින්ම පුණ්‍ය විපාකය පහළ වුණා. භෝජන, වස්ත්‍ර, පැන් ආදී සැප සම්පත් පහළ වුනා. මේක තමයි දානයෙහි ඵලය.

103. එතකොට ඇගේ සිරුර පිරිසිදු වුනා. පවිත්‍ර වස්ත්‍රවලින් සැරසුනා. ඒ වස්ත්‍ර කසීසළුවලටත් වඩා උතුම්. විචිත්‍ර වස්ත්‍රාභරණයෙන් සැරසුණු ඒ තැනැත්තිය සාරිපුත්තයන් වහන්සේ වෙත එළඹුනා.

104. පින්වත් දෙව්දුව, ඔබ ඔය සුන්දර රූපෙන් බැබලෙමින් ඉන්නෙ හැම දිසාවක්ම බබුළුවන ඕසධී තාරුකාවක් වගේ.

105. ඇත්තෙන්ම ඔබට මෙවැනි ලස්සනක් ලැබුනේ කොහොමද? මොන වගේ පිනකින්ද ඔබට මේවා ලැබුනේ? සිතට ප්‍රිය උපදවන මේ සැප සම්පත් ලැබුනේ මොන වගේ පිනකින්ද?

106. මහානුභාව ඇති පින්වත් දෙව්දුව, මිනිස් ලෝකෙ ඉන්න කාලෙදී මොන වගේ පිනක්ද ඔබ කළේ? ආනුභාව සම්පන්නව ඔබ බැබලි බැබලී ඉන්න පින මොකක්ද? ඔබේ සිරුරෙන් විහිදෙ එළියෙන් හැම දිසාවම බබලනවා.

107. ලෝකයේ කාරුණික මුනීන්ද්‍රයන් වහන්ස, මුඹවහන්සේ මාව දැක්කා. ඒ මං පඬු පාටවෙලා, කෙට්ටු වෙලා, මහා බඩගින්නකින්, නිර්වස්තරයෙන්, කැඩුණු බිඳුණු අතපය ඇති සිව්යකින් තමයි හිටියේ.

108. භික්ෂූන් වහන්සේලාට බත් පිඬකුත් රියනක විතර රෙදි කැබැල්ලකුත් පැන් භාජනයකුත් පූජා කළා. ඊට පස්සෙ මට ඒ පින අනුමෝදන් කළා.

109. බත් පිඩුවක පුණ්‍ය විපාකය දැක වදාළ මැනැව. මං දැන් අවුරුදු දාහකට ඇති වෙන්න අනේක ප්‍රණීත රසමසවුළු ඇතිව කැමති විදිහට බත් කනවා.

110. රියනක් පමණ රෙදි කැබැල්ලක පුණ්‍ය විපාකය දැක වදාළ මැනැව. නන්ද රජ්ජුරුවන්ගෙ රාජධානියෙහි යම් තාක් රෙදිපිළි ඇත්නම්,

111. ස්වාමීනි, ඊටත් වඩා බොහෝ වස්ත්‍ර මට තියෙනවා. මට කසී සළු තියෙනවා. කම්බිලි තියෙනවා. පට රෙදි තියෙනවා. කපු රෙදි තියෙනවා.

112. හරි විශාල, වටිනා රෙදිපිළි ආකාසයේ එල්ලෙනවා. ඉතින් මං කැමැති වෙන්නේ යම් යම් රෙදිවලටද ඒවා තමයි මං හැඳගන්නෙ.

113. පැන් බඳුනක පුණ්‍ය විපාකය දැක වදාළ මැනැව. හරිම ලස්සන පොකුණක් මැව්ල තියෙනවා. ඒක හතරැස්. ගැඹුරුයි.

114. ඒකෙ වතුර ටික හරි සීතලයි. සිනිඳු වැල්ල තියෙනවා. ලස්සන තොට තියෙනවා. සුවඳ විහිදෙන නෙළුම්, මහනෙල් පිපිල තියෙනවා. මල් රේණු වතුරේ ඉහිරිලා තියෙනවා.

115. ඒ මං දැන් මොකේකටවත් භයක් නෑ. හරි සතුටින් කෙලිසෙල්ලමින් ඉන්නෙ. ඉතින් ස්වාමීනි, ලෝකයෙහි කාරුණික මුනිවරයාණන් වහන්සේ නමක් වන මුඹවහන්සේට වන්දනා කරගන්ටයි මං මේ ආවේ.

සාදු! සාදු!! සාදු!!!

පළමු වෙනි සංසාරමෝචක ප්‍රේත වස්තුවයි.

2.2.

116. ඔබේ ඇගේ නූල් පොටක් නෑ. හරිම විරූපියි. කෙට්ටුයි. නහරවැල් පෑදිලා තියෙනවා. ඉළඇට ඉලිප්පිලා තියෙනවා. කෙට්ටු සිරුරක්. මෙතැන ඉන්න ඔබ කවුද?

117. අනේ මං මීට කලින් ආත්මභාවවල ඔබවහන්සේගේ වැදූ අම්ම වෙලා ඉඳල තියෙනවා. එහෙව් මං පෙරේත ලෝකයේ උපන්නා නෙව. මහා බඩගින්දරින් මං දැන් පෙළෙනවා.

118. බැහැර කරපු කාරල විසි කරන කෙල, සොටු, සෙම, පිළිස්සෙන මළ සිරුරුවලින් උතුරන වුරුණු තෙල්, දරුවන් වදද්දි ගලන ලේ,

119. තුවාලවලින් වැගිරෙන ලේ, සැරව, නාසා හිස ආදිය කැපුණාම ගලන ලේ, ස්ත්‍රී පුරුෂ ශරීරවලින් ගලන වෙනත් අසූචි මං අනුභව කරන්නෙ බඩගින්දර ඉවස ගන්න බැරි නිසාමයි.

120. සත්තුන්ගේත්, මිනිස්සුන්ගේත් ලේ සැරව තමයි මං අනුභව කරන්නෙ. අනේ මට පිහිටක් නෑ. ඉන්න තැනක් නෑ. මං අමු සොහොන් ඇඳම පිහිට කර ගෙනයි ඉන්නෙ.

121. අනේ පුතණුවන් වහන්ස, දානයක් දෙන සේක්වා! ඒ පින මට අනුමෝදන් කරන සේක්වා! මේ ලේ සැරව අනුභව කරන ජීවිතෙන් මට නිදහස් වෙන්ට ඇත්නම් මොනතරම් දෙයක්ද?

122. කාරුණික උපතිස්සයන් වහන්සේ ඒ පෙර භවයේ මෑණියන්ව සිටි

තැනැත්තියගේ වචනයට සවන් දුන්නා. මහා මොග්ගල්ලාන, අනුරුද්ධ, කප්පින තෙරුන් වහන්සේලාටත් අමතා වදාළා.

123. හතරැස් කුටියක් හැදුවා. හදල ඒ කුටිය සිව්දිසාවෙන් වඩින සංඝරත්නයට පූජා කළා. ඒ කුටියත් ආහාරපාන ආදියත් පූජා කිරීමෙන් ලත් පින මව්ට අනුමෝදන් කළා.

124. ඒ පින් දීපු සැණින්ම පුණ්‍ය විපාකය පහළ වුනා. භෝජන, වස්ත්‍ර, පැන් ආදී සැප සම්පත් පහළ වුනා. මේක තමයි දානයෙහි ඵලය.

125. එතකොට ඇගේ සිරුර පිරිසිදු වුනා. පවිත්‍ර වස්ත්‍රවලින් සැරසුනා. ඒ වස්ත්‍ර කසීසළුවලටත් වඩා උතුම්. විචිත්‍ර වස්ත්‍රාභරණයෙන් සැරසුණු ඒ තැනැත්තිය කෝලිතයන් වහන්සේ වෙත එළඹුනා.

126. පින්වත් දෙව්දුව, ඔබ ඔය සුන්දර රූපෙන් බැබලෙමින් ඉන්නෙ හැම දිසාවක්ම බබුළුවන ඕසධී තාරුකාවක් වගේ.

127. ඇත්තෙන්ම ඔබට මෙවැනි ලස්සනක් ලැබුනේ කොහොමද? මොන වගේ පිනකින්ද ඔබට මේව ලැබුනේ? සිතට ප්‍රිය උපදවන මේ සැප සම්පත් ලැබුනේ මොන වගේ පිනකින්ද?

128. මහානුභාව ඇති පින්වත් දෙව්දුව, මිනිස් ලෝකෙ ඉන්න කාලෙදී මොන වගේ පිනක්ද ඔබ කළේ? ආනුභාව සම්පන්නව ඔබ බැබලි බැබලී ඉන්න පින මොකක්ද? ඔබේ සිරුරෙන් විහිදෙන එළියෙන් හැම දිසාවම බබලනවා.

129. මං මීට කලින් ආත්මභාවවල සාරිපුත්තයන් වහන්සේගේ වැදූ අම්මා වෙලා ඉඳල තියෙනවා. එහෙව් මං පෙරේත ලෝකයේ උපන්නා නෙව. මහා බඩගින්දරින් මං පෙලුනා.

130. බැහැර කරපු කාරල විසි කන කෙල, සොටු, සෙම, පිළිස්සෙන මළ සිරුරුවලින් උතුරන වුරුණු තෙල්, දරුවන් වදද්දි ගලන ලේ,

131. තුවාලවලින් වැගිරෙන ලේ, සැරව, නාසා හිස ආදිය කැපුනාම ගලන ලේ, ස්ත්‍රී පුරුෂ ශරීරවලින් ගලන වෙනත් අසූචි මං අනුභව කළේ බඩගින්දර ඉවසා ගන්න බැරි නිසාමයි.

132. සත්තුන්ගේත්, මිනිස්සුන්ගේත් ලේ සැරව තමයි මං අනුභව කළේ. අනේ මට පිහිටක් තිබුනෙ නෑ. ඉන්න තැනක් තිබුනෙ නෑ, මං අමු සොහොන් ඇඳම පිහිට කරගෙනයි හිටියේ.

133. සාරිපුත්තයන් වහන්සේගේ දානය නිසා මට දැන් මොන භයක්වත් නෑ. මං සතුටෙන් ඉන්නෙ. ස්වාමීනි, ලෝකයෙහි කාරුණික මුනිඳුන් වන මුඹවහන්සේට වන්දනා කරගන්ටයි මං මේ ආවේ.

සාදු! සාදු!! සාදු!!!

දෙවෙනි සාරිපුත්තථේරස්ස මාතු ප්‍රේත වස්තුවයි.

2.3.

134. ඔබේ ඇගේ නූල් පොටක් නෑ. හරිම විරූපියි. කෙට්ටුයි. නහරවැල් පෑදිලා තියෙනවා. ඉලඇට ඉලිප්පිලා තියෙනවා. කෙට්ටු සිරුරක්. මෙතැන ඉන්න ඔබ කවුද?

135. ඒ කාලෙ මගෙ නම මත්තා. ඔබට කිව්වෙ තිස්සා කියල. අපි දෙන්නම එකම ස්වාමියාගේ බිරින්දෑවරුන් වෙලා හිටියේ. අනේ මං පව් කරගත්තු නිසයි මේ පෙරේත ලෝකෙට එන්ට සිද්ධ වුනේ.

136. ඔබ විසින් කයෙන් වචනයෙන් මනසින් මොන වගේ පවක්ද කරගත්තෙ? මොන වගේ කර්මයක විපාකයක් නිසාද මිනිස් ලෝකෙන් පෙරේත ලෝකෙට ආවෙ.

137. මං ඒ කාලෙ හරි නපුරුයි. එරුස වචන කියනවා. ඊර්ෂ්‍යා කළා. මසුරුයි. කෛරාටිකයි. මං ඒ නපුරු වචන කතා කරල තමයි මේ පෙරේත ලෝකෙ ඉපදුනේ.

138. ඔව්, ඔය කියන හැම දෙයක්ම මං දන්නවා. ඔබ ඒ කාලෙ හරි නපුරු තමයි. මං දැන් අහන්නේ වෙනින් දෙයක්. ඔය මුළු ඇඟේම පස් තැවරිලා තියෙන්නෙ මොන කර්මයක් නිසාද?

139. ඔබ හොඳට හිස සෝදලා වතුර නාලා හිටියා. ලස්සනට ඇඳගෙනත් හිටියා. එතකොට මං කළෙත් ඔබටත් වඩා ලස්සනට තව තව අලංකාර වෙච්ච එකයි.

140. එතකොට මං බලාගෙන හිටියා. ඔබ ස්වාමියත් එක්ක කතාබස් කළා. එතකොට මං තුළ ඇති වුනේ පුදුමාකාර ඊර්ෂ්‍යාවක්. මට ක්‍රෝධය ඇති වුනා.

141. මං පස් අහුරක් අරගෙන ආවා. ඒ පස්වලින් ඔබට දමල ගැහුවා. අන්න ඒ කර්මයේ විපාකයන් තමයි පස් තැවරුණු ශරීරයක් ලැබුනේ.

142. ඔව්, ඔය කියන හැම දෙයක්ම මං දන්නවා. ඔබ ඒ කාලෙ පස්වලින් දමල ගැහුවා තමයි. මං දැන් අහන්නේ වෙනින් දෙයක්. ඔය මුළු ඇඟම කස කසා ඉන්නෙ මොන කර්මයක් නිසාද?

143. අපි දෙන්නම බෙහෙත් සොයන්ට වනාන්තරයට ගියානෙ. ගිහින් ඔබ බෙහෙත් අරගෙන ආවා. නමුත් මං අරගෙන ආවේ කහඹිලියා ගෙඩි.

144. ඒක ඔබ දැනගෙන හිටියෙ නෑ. මං ඔබ නිදා ගන්න ඇඳේ ඒ කහඹිලියා ගෙඩි විසිරෝල දැම්මා. අන්න ඒ කර්ම විපාකයෙන් තමයි මං මේ කහ කහ ඉන්නෙ.

145. ඔව්, ඔය කියන හැම දෙයක්ම මං දන්නවා. ඔබ ඒ කාලෙ කහඹිලිය විසිරෝල දැම්ම තමයි. මං දැන් අහන්නේ වෙනින් දෙයක්. ඔබ ඔය නිරුවස්තරෙන් ඉන්නෙ මොන කර්මයක් නිසාද?

146. දවසක් යාළුවෝ ඔක්කොම එකතු වුනා. නෑදෑයොත් එකතු වුනා. ඒකට මගේ ස්වාමියත් එක්ක එන්න කියල ආරාධනා ලැබුනේ ඔබටයි. මට ආරාධනා ලැබුනේ නෑ.

147. මං ඔබේ වස්ත්‍රයක් හොරකම් කළා. ඒක ඔබ දැනගෙන හිටියෙ නෑ. අන්න ඒ කර්ම විපාකයෙන් තමයි මං නිර්වස්තරෙන් ඉන්නෙ.

148. ඔව්, ඔය කියන හැමදෙයක්ම මං දන්නවා. ඔබ ඒ කාලෙ මගේ වස්ත්‍රයක් හොරකම් කළා තමයි. මං දැන් අහන්නේ වෙනින් දෙයක්. ඔය තරම් අසූචි ගඳ ගහන්නෙ මොන කර්මයක් නිසාද?

149. ඔබ සතුව තිබුණ සුවඳ වර්ග, මල්මාලාවක්, වටිනා සුවඳ විළවුන් මං වැසිකිළි වලක දැම්මා. ඒක මගේ අතින් සිදුවුන පවක්. අන්න ඒ කර්ම විපාකයෙන් තමයි මං මේ තරම් අසූචි ගඳ ගහන්නෙ.

150. ඔව්, ඔය කියන හැම දෙයක්ම මං දන්නවා. ඔබ ඒ කාලෙ ඔය වගේ පව් කළා තමයි. මං දැන් අහන්නේ වෙනින් දෙයක්. ඔබ ඔය තරම් දුකට පත්වෙලා ඉන්නෙ මොන කර්මයක් නිසාද?

151. ඒ ගෙදර තිබුණු ධනය අපි දෙන්නටම සමානව ලැබිල තිබුනා. දන් පින්කම් කරන්ට වස්තුව තිබෙද්දි පවා තමන්ට පිහිට පිණිස මං පින්කම්

කළේ නෑ. අන්න ඒ කර්ම විපාකයෙන් තමයි මං මෙච්චර දුකට පත් වුනේ.

152. ඒ කාලේ ඔබ මට මෙහෙම කිව්වා. 'නුඹ නම් කරන්නෙම පව්මයි. පව් කරල නම් සුගතියේ උපත ලේසියෙන් ලබන්ට බෑ' කියල.

153. ඔබ මාව සැළකුවේ තනිකරම විරුද්ධකාරියක් හැටියටයි. ඒ වගේම ඔබ මට ඊර්ෂ්‍යා කළා. දැන් ඉතින් පේනවා නේද පව්වල විපාක කොයි වගේද කියල.

154. ඔබේ ගෙදර හිටපු දාසියන්, ඔබ පැළඳු ආභරණ දැන් ඉතින් පරිහරණය කරන්නෙ වෙන උදවිය නෙ. සැප සම්පත් කියල කියන්නෙ සදාකාලික දේවල් නොවෙයි.

155. දැන් භූත නම් වූ මගේ පුතාගේ තාත්ත කඩපිලේ ඉඳල එනවා. එතකොට මං ඔබට මොනවා හරි දෙන්නම්. එතකං මෙතනින් යන්න ඕන නෑ.

156. අනේ මං නිරුවස්තරෙන් ඉන්නෙ. මං විරූපියි. කටු ටික විතරයි. නහරවැල් පෑදිලා. ස්ත්‍රීන්ට මේක ලැජ්ජාවට කරුණක්. භූතගේ තාත්තට මාව පෙනෙන්ට එපා.

157. එහෙමනම් මං මොනවාද ඔබට දෙන්නෙ. මං යමක් ඔබට දීල ඔබ සියලු සම්පත් ලබාගෙන සුවපත් වෙනවා නම් මං මොන වගේ දෙයක්ද කරන්ට ඕන.

158. භික්ෂු සංඝයාගෙන් සංඝයා හැටියට භික්ෂූන් වහන්සේලා හතර නමකුයි ඒ වගේම පෞද්ගලික වශයෙනුත් භික්ෂූන් වහන්සේලා හතර නමකුයි කියන භික්ෂූන් අට නමකට දානය වළඳවන්න. ඒ පින මට අනුමෝදන් කරන්න. එතකොට මං සුවපත් වේවි. සියලු සැප සම්පත්වලින් සමෘද්ධිමත් වේවි.

159. ඇය 'හොඳයි' කියල පිළිතුරු දුන්නා. භික්ෂූන් වහන්සේලා අට නමකට දන් වැළඳෙව්වා. සිවුරු පිරිකර පූජා කරගත්තා. ඒ පින ඇයට අනුමෝදන් කළා.

160. ඒ පින් දීපු සැණින්ම පුණ්‍ය විපාකය පහළ වුනා. භෝජන, වස්ත්‍ර, පැන් ආදී සැප සම්පත් පහළ වුනා. මේක තමයි දානයෙහි ඵලය.

161. එතකොට ඇගේ සිරුර පිරිසිදු වුනා. පවිත්‍ර වස්ත්‍රවලින් සැරසුනා. ඒ වස්ත්‍ර කසීසළුවටලත් වඩා උතුම්. විචිත්‍ර වස්ත්‍රාභරණයෙන් සැරසුණු ඒ තැනැත්තිය සම බිරිඳක්ව සිටි තිස්සා වෙත එළඹුනා.

162. පින්වත් දෙව්දුව, ඔබ ඔය සුන්දර රූපෙන් බැබලෙමින් ඉන්නෙ හැම දිසාවක්ම බබුලුවන ඕසධී තාරුකාවක් වගේ.

163. ඇත්තෙන්ම ඔබට මෙවැනි ලස්සනක් ලැබුනේ කොහොමද? මොන වගේ පිනකින්ද ඔබට මේව ලැබුනේ? සිතට ප්‍රිය උපදවන මේ සැප සම්පත් ලැබුනේ මොන වගේ පිනකින්ද?

164. මහානුභාව ඇති පින්වත් දෙව්දුව, මිනිස් ලෝකෙ ඉන්න කාලෙදී මොන වගේ පිනක්ද ඔබ කළේ? ආනුභාව සම්පන්නව ඔය බැබලි බැබලී ඉන්න පින මොකක්ද? ඔබේ සිරුරෙන් විහිදෙන එළියෙන් හැම දිසාවම බබලනවා.

165. ඒ කාලෙ මගේ නම මත්තා. ඔබට කිව්වේ තිස්සා කියල. අපි දෙන්නම එකම ස්වාමියාගේ බිරින්දෑවරුන් වෙලා හිටියේ. අනේ මං පව් කරගත්තු නිසයි මේ පෙරේත ලෝකෙට එන්ට සිද්ධ වුනේ.

166. ඔබ දීපු දානෙ නිසා මට දැන් කිසි භයක් නෑ. මං සතුටින් ඉන්නෙ. නංගියේ, ඔයාල හැමෝම නෑදෑයනුත් සමග බොහෝ කලක් ජීවත් වෙත්වා!

සාදු! සාදු!! සාදු!!!

තුන්වෙනි මත්තා ප්‍රේත වස්තුවයි.

2.4.

168. ඔබ හරි කළුයි. හරිම විරූපියි. පෙනුම නපුරුයි. දකින කොට භය හිතෙනවා. ඇස් රතුයි. දත් කළුයි. මං හිතන්නෙ ඔබ මනුස්ස ස්ත්‍රියක් නම් වෙන්ට බෑ.

169. අනේ නන්දසේන, මං නන්දා. ඔයාගේ ඉස්සර බිරිඳ නෙ. මගේ අතින් පව් කෙරුනා. ඒකයි මේ පෙරේත ලෝකෙ ඉපදුනේ.

170. ඔබ විසින් කයෙන් වචනයෙන් මනසින් මොන වගේ පවක්ද කර ගත්තෙ? මොන වගේ කර්මයක විපාකයක් නිසාද මිනිස් ලෝකෙන් පෙරේත ලෝකෙට ආවෙ.

171. මං ඒ කාලෙ හරි නපුරුයි. එරුස වචන කිව්වා. මං ඔයාට කිසිම

ගෞරවයක් කළේ නෑ. ඒ නපුරු වචන කථා කරල තමයි මේ පෙරේත ලෝකෙ ඉපදුනේ.

172. හොඳයි, මං එහෙමනම් ඔබට මේ උතුරුසළුව දෙන්නම්. මේ වස්තරය ඇඳගන්න. මේ වස්තරය හැඳගෙන එන්න. මං ඔබව ගෙදර එක්ක යන්නම්.

173. එතකොට ගෙදර ගියාම ඔබට වස්ත්‍ර ලැබෙනවා. කෑම් බීම් ලැබෙනවා. දරුවන්ව බලන්න පුළුවනි. ලේලිලාවත් බලන්න පුළුවනි.

174. අනේ මට අතින් අතට දෙන දෙයක් අරගන්ට කැප නෑ. වීතරාගී වූ ගොඩාක් බණ දහම් දන්න සීලසම්පන්න භික්ෂූන් වහන්සේලා ඉන්නවා.

175. උන්වහන්සේලාව දන්පැන්වලින් සන්තර්පණය කරවන්න. ඒ පින මට අනුමෝදන් කරන්න. එතකොට මං සුවපත් වේවි. සියලු සැපසම්පත්වලින් සමෘද්ධිමත් වේවි.

176. ඔහු 'හොඳයි' කියල පිළිතුරු දුන්නා. වැළඳිය යුතු දන් පැන් පිළියෙල කරල, සිවුරු පිරිකර පිළයෙල කරල, සේනාසන පිළියෙල කරල මහා දානයක් දුන්න.

177. ඒ වගේම කුඩයක්, සුවඳ වර්ග, මල්, තව විවිද දේවල්වලින් වීතරාගී වූ ගොඩාක් බණ දහම් දන්න සීලසම්පන්න භික්ෂූන් වහන්සේලා සන්තර්පණය කළා. ඒ පින ඇයට අනුමෝදන් කළා.

178. ඒ පින් දීපු සැණින්ම පුණ්‍ය විපාකය පහළ වුනා. භෝජන, වස්ත්‍ර, පැන් ආදී සැප සම්පත් පහළ වුනා. මේක තමයි දානයෙහි ඵලය.

179. එතකොට ඇගේ සිරුර පිරිසිදු වුනා. පවිත්‍ර වස්ත්‍රවලින් සැරසුනා. ඒ වස්ත්‍ර කසීසළුවලටත් වඩා උතුම්. විචිත්‍ර වස්ත්‍රාභරණයෙන් සැරසුණු ඒ තැනැත්තිය තමන්ගේ පැරණි ස්වාමියා වෙත එළඹුනා.

180. පින්වත් දෙව්දුව, ඔබ ඔය සුන්දර රූපෙන් බැබලෙමින් ඉන්නෙ හැම දිසාවක්ම බබුලුවන ඕසධී තාරුකාවක් වගේ.

181. ඇත්තෙන්ම ඔබට මෙවැනි ලස්සනක් ලැබුනේ කොහොමද? මොන වගේ පිනකින්ද ඔබට මේව ලැබුනේ? සිතට ප්‍රිය උපදවන මේ සැප සම්පත් ලැබුනේ මොන වගේ පිනකින්ද?

182. මහානුභාව ඇති පින්වත් දෙව්දුව, මිනිස් ලෝකෙ ඉන්න කාලෙදී මොන වගේ පිනක්ද ඔබ කළේ? ආනුභාව සම්පන්නව ඔය බැබලි බැබලී

ඉන්න පින මොකක්ද? ඔබේ සිරුරෙන් විහිදෙන එළියෙන් හැම දිසාවම බබලනවා.

183. අනේ නන්දසේන, මං නන්දා. ඔයාගේ ඉස්සර බිරිඳනෙ. මගේ අතින් පව් කෙරුනා. ඒකයි මේ පෙරේත ලෝකෙ ඉපදුනේ.

184. ඔබ දීපු දානෙ නිසා මට දැන් කිසි භයක් නෑ. මං සතුටින් ඉන්නෙ. ගෘහපතිය, ඔයාල හැමෝම නෑදෑයනුත් සමග බොහෝ කලක් ජීවත් වෙත්වා!

185. සුන්දර තැනැත්තිය, මුල් සහිතවම මසුරුමල දුරු කරන්ට ඕන. මේ ජීවිතයේ දීම ධර්මයේ හැසිරෙන්ට ඕන. දන් දෙන්ට ඕන. එතකොට සෝක නැති, දුක් රජස් නැති තැන වූ හිතු මනාපෙට ජීවත්වෙන්ට පුළුවන් තැන වූ නින්දා රහිත දෙව් ලොවට යන්න පුළුවනි.

සාදු! සාදු!! සාදු!!!

හතරවෙනි නන්දා ප්‍රේත වස්තුවයි.

2.5.

186. පින්වත් දරුව, නුඹ හරිම ලස්සනයි. මට්ටකුණ්ඩල දරාගෙන ඉන්නවා. මල් මාලා පැළඳ ඉන්නවා. රත්සඳුන් තවරාගෙන ඉන්නවා. ඉතින් මේ වනාන්තරය මැද්දට ඇවිදින් දෑත් බැදගෙන අඬනවා. මොන කාරණයකටද ඔච්චර දුකෙන් අඬන්නෙ?

187. මට කරත්තයක් හම්බ වෙලා තියෙනවා. ඒක රත්තරන් එකක්. ප්‍රභාශ්වරයි. ඒ වුනාට රෝද දෙකක් නෑ. මං ඒ දුකෙන් තමයි මේ ජීවිතය අත්හරින්ට හිතාගෙන ඉන්නෙ.

188. අනේ ලස්සන දරුව, මට කියන්න. රත්තරනින්ද කරවලා ඕන? මැණික්වලින්ද කරවලා ඕන? එහෙම නැත්නම් පද්මරාග මැණික්වලින් හරි, රිදියෙන් හරි කරවලා දෙන්නම්. මං ඔබට රෝද දෙකක් ලබා දෙන්නම්.

189. එතකොට ඒ මාණවකයා ඔහුට මෙහෙම කිව්වා. සඳයි හිරුයි දෙකම අපට පේන්න තියෙනවා. රත්තරනින් කරවපු මගේ රථය ලස්සන වෙන්නෙ නම් අන්න ඒ දෙක රෝද හැටියට ලැබුනොත් තමයි.

190. අනේ පින්වත් දරුව, නුඹ හරි මෝඩ කෙනෙක් නෙව. නොපැතිය යුතු දෙයක් නෙව ඔය නුඹ පතන්නෙ. මං හිතන හැටියට නම් නුඹ මැරිල යන්ටයි හදන්නෙ. හිරු සඳු දෙක නම් නුඹට ලබාගන්ට පුළුවන් වෙන්නෙ නෑ.

191. මේ හිරු සඳු දෙකේ අහස් ගමනත් දකින්ට ලැබෙනවා. පැහැ සටහන් දකින්ට ලැබෙනවා. ඒ දෙකේ ගමන් මාර්ගයත් දකින්ට ලැබෙනවා. නමුත් කෙනෙක් මැරුණට පස්සෙ කොහෙත්ම දකින්ට ලැබෙන්නෙ නෑ. එතකොට වැළපෙන අපි දෙන්නගෙන් වඩාත්ම මෝඩ කවුද?

192. පින්වත් දරුව, ඔය ඇත්තක්මයි කිව්වෙ. මං තමයි මේ වැළපෙන අය ගෙන් මෝඩම කෙනා. හඳ ඉල්ලා හඬන දරුවෙක් වගේ. කළුරිය කරල පරලොව ගිය අය ඉල්ල ඉල්ල මමයි හඬන්නෙ.

193. ගින්නකට ඉසින ගිතෙලක් වගේ දුකෙන් ගිනි ගත්තු මාව නිවිල ගියා. වතුර ඉහල නිවල දානව වගේ මගේ සියලු කාය චිත්ත පීඩා නිවිල ගියා.

194. මගේ පපුව ඇතුළේ ඇනි ඇනී තිබුණු සෝක හුල ඔබ උදුරලා දැම්මා. පුත්‍ර සෝකය නිසා මං ගොඩාක් සෝකයෙන් පෙළි පෙළී හිටියේ. ඔබ ඒක දුරු කළා.

195. පින්වත් දරුව, නුඹේ අවවාදය අසපු ඒ මම දැන් සෝක හුල් උදුරලා දැමූ කෙනෙක්. සිහිල් වු කෙනෙක්. නිවුන කෙනෙක්. දැන් මං සෝක වෙන්නෙ නෑ.

196. නුඹ දෙවියෙක්ද? ගාන්ධර්වයෙක්ද? එහෙම නැත්නම් පුරින්දද වූ ශක්‍රයාද? කවුද ඔබ? කාගේවත් පුත්‍රයෙක්ද? අපි ඒ කරුණ දැනගන්නෙ කොහොමද?

197. ඔබ හඬන්නේ යම් කෙනෙක් උදෙසාද ඔබ වැළපෙන්නෙ යම් කෙනෙක් උදෙසාද, ඒ ඔබේ පුතා සොහොනේ දවල නේද ඉන්නෙ. ඒ මං කුසල් කරගත්ත. මං දැන් දෙව්ලොව දෙවියන් අතරයි ඉන්නෙ.

198. තමන්ගේ ගෙදරදී සුළු වශයෙන් හෝ බොහෝ හෝ දන් දුන්න බවක් නම් අපි දන්නෙ නෑ. ඒ වගේම උපෝසථ සිල් ආදිය රැක්ක බවක්වත් අපි දන්නෙ නෑ. එහෙම එකේ දිව්‍ය ලෝකෙ ගියේ මොන වගේ පුණ්‍ය කර්මයකින්ද?

199. මං තමන්ගෙ නිවසේ හොඳටම ලෙඩ වෙලයි හිටියේ. දුකට පත්වෙලයි හිටියේ. ගිලන් වෙලයි හිටියේ. ආතුර වෙලා හිටියේ. සැකයෙන් එතෙරට

වැඩි නිකෙලෙස් වූ අලාමක ප්‍රඥා ඇති සුගත වූ බුදුරජාණන් වහන්සේව මට දැකගන්ට ලැබුනා.

200. ඒ මං ගොඩාක් සතුටු වුනා. සිත පහදවා ගත්ත. තථාගතයන් වහන්සේට වන්දනා කරගත්තා. අන්න ඒ පින්කම කරල තමයි දෙව්ලොව දෙවියන් අතරට මං පැමිණුනේ.

201. හරීම ආශ්චර්යයයි! පුදුම සහගතයි! වන්දනා කළ පමණින්ම මේ සා පුණ්‍ය විපාකයක් ලැබෙනවා නම් මමත් සතුටු සිතක් ඇති කරගන්නවා. හිත පහදවා ගන්නවා. අදම බුදුරජාණන් වහන්සේව සරණ යනවා.

202. ඔව්! අදම බුදුරජාණන් වහන්සේව සරණ යන්න. ශ්‍රී සද්ධර්මයත් ආර්ය සඟරුවනත් සරණ යන්න. ඒ වගේම පංච සීලයත් කඩ කරන්නෙ නැතුව, පළුදු කරන්නෙ නැතුව සමාදන් වෙන්න.

203. ඉක්මණින්ම සතුන් මැරීමෙන් වෙන් වෙන්න. ලෝකයෙහි නුදුන් දෙය නොගෙන ඉන්න. මත් පැන් බොන්න එපා! බොරු කියන්නත් එපා! සිය බිරිඳගෙන් පමණක් සතුටු වෙන්න.

204. පින්වත් යක්ෂය, ඔබ නම් මගේ යහපත කැමති කෙනෙක්. පින්වත් දෙවිය, ඔබ මට හිතවත් කෙනෙක්. ඔබ දැන් මගේ ගුරුවරයා. මං ඔබ කියපු දේ කරනවා.

205. මං බුදුරජාණන් වහන්සේව සරණ යනවා. අනුත්තර වූ ශ්‍රී සද්ධර්මයත් සරණ යනවා. නර දේවයන් වහන්සේගේ ශ්‍රාවක සංඝයාත් සරණ යනවා.

206. ඉක්මනින්ම සතුන් මැරීමෙන් වෙන් වෙලා ඉන්නවා. ලෝකයෙහි නුදුන් දෙය නොගෙන ඉන්නවා. මත් පැන් බොන්නෙ නෑ. බොරු කියන්නෙත් නෑ. සිය බිරිඳගෙන් පමණක් සතුටු වෙනවා.

සාදු! සාදු!! සාදු!!!

පස්වෙනි මට්ටකුණ්ඩලී ප්‍රේත වස්තුවයි.

2.6.

207. කෘෂ්ණ රජතුමනි, නැඟිටිනු මැනැව. ඇයි නිදා සිටින්නේ? ඔබ ගේ ඔය නිදීමෙන් සිදුවෙන යහපත මොකක්ද? ඔබගේ යම් සහෝදරයෙක් ඉන්නවා නෙ. එයා ඔබේ හදවත වගෙයි. ඔබේ දකුණු ඇස වගෙයි.

කේසව රජතුමනි, ඔහු වාත රෝගයකින් බලවත්ව පීඩා විඳිනවා. ඔහු හාවෙක් ඉල්ල ඉල්ල නන්දොඩවනවා.

208. ඒ රෝහිණෙය්‍ය අමාත්‍යවරයාගේ වචනය අහපු කේසව රජතුමා හරි කලබලයෙන් නැගිට්ටා. සහෝදරයා ගැන සෝකයෙන් පෙළෙන්න වුනා.

209. ඇ! ඒ මොකද්ද? පිස්සු හැදුන කෙනෙක් වගේ මේ මුළු ද්වාරවතී නගරය පුරාම 'හාවෙක්, හාවෙක්' කිය කියා නන් දොඩවනවන්නෙ ඇත්තටම ඔබ හාවෙකුට කැමැතිද?

210. රත්තරනින් හරි මැණික්වලින් හරි ලෝහවලින් හරි එහෙමත් නැත්නම් රිදියෙන් හරි සක්, සිලා, පබළු ආදී දේකින් හරි මං ඔබට හාවෙක් හදවල දෙන්නම්.

211. වනාන්තරවල වනයම ගොදුරු කොට ගෙන ඉන්න වෙනත් හාවොත් ඉන්නවා. ඔබට ඒ හාවුන් වුනත් ගෙනත් දෙන්නම්. මොන වගේ හාවෙකුටද ඔබ කැමති?

212. කේසවයෙනි, මං යම් හාවුන් පොළොව ඇසුරු කරගෙන ඉන්නවා නම් මං ඒ හාවුන්ට කැමති නෑ. මං කැමති සඳ මඬලේ ඉන්න හාවාටයි. මට ඒ හාවා අරගෙන එන්න.

213. මල්ලී, ඔබ මේ සඳ මඬලින් හාවෙක් ඉල්ලන එක නම් නොපැතිය යුත්තක්මයි පතල තියන්නෙ. ඔබ මේ මධුර වූ ජීවිතය නිරපරාදෙ අතහැර දාන්ටයි යන්නෙ.

214. කෘෂ්ණය, එහෙනම් ඔබ ඔය විදිහට අනුන්ට අනුශාසනා කර කර ඉන්නවා. ඔබ ඒ අනුශාසනාව දන්නවා නම් තමන්ගෙ මිය ගිය පුතා වෙනුවෙන් අදත් ශෝක කර කර ඉන්නෙ මොකද?

215. මිනිස්සුන්ටත් දෙවියන්ටවත් ලබාගන්ට බැරි යම් දෙයක් තියෙනවා. 'මගේ උපන් පුතා මැරෙන්ට එපා!' කියන ඔය කාරණාව තමයි ලබා ගන්ට බැරි දේ. එය කොහොම ලබන්ටද?

216. කෘෂ්ණය, ඔබ මේ මිය ගිය දරුවෙක් උදෙසා ශෝක කරනවා. නමුත් කිසි මන්තරයකින් මුල් බෙහෙතකින් වෙනත් ඔසුවලින් සල්ලිවලින් එයාව ආපහු එක්ක ගෙන එන්ට බෑ.

217. මහා ධනවත් උදවිය, මහා භෝග ඇති උදවිය, ක්ෂත්‍රිය වූ රජවරු, තවත් බොහෝ ධන ධාන්‍ය ඇති උදවිය යන ඔය කවුරුත් අජරාමර උදවිය නොවේ.

ඛුද්දක නිකාය (ප්‍රේත වත්ථු පාළි - 2. උබ්බරී වර්ගය) 175

218. ක්ෂත්‍රිය උදවිය ඉන්නවා. බ්‍රාහ්මණවරු ඉන්නවා. වෙළඳ ව්‍යාපාරිකයෝ ඉන්නවා. දැසිදස්සන් ඉන්නවා. චණ්ඩාල, පුක්කුස කුලවල අය ඉන්නවා. තව නොයෙකුත් උදවිය ඉන්නවා. ඔය කවුරුත් ඉපදීමෙන් අජරාමර වෙච්ච උදවිය නොවෙයි.

219. අට්ඨක, වාමක ආදී ඍෂිවරුන්ගේ පරම්පරාවෙන් ආපු සයවැදෑරුම් වේදමන්ත්‍ර පාඩම් කරන උදවිය ඉන්නවා. අනෙක් උදවියත් ඉන්නවා. ඔය කවුරුත් ඒ ඇති කර ගත්තු විද්‍යාවෙන් අජරාමර වෙන්නෙ නෑ.

220. ශාන්ත ඍෂිවරු ඉන්නවා. සීලසංවරයෙන් යුක්තයි. තපස් රකිනවා. ඒ තපස්වීන් වහන්සේලාත් කාලය ආවහම සරීරය අත්හැර දානවා.

221. වඩන ලද සිත් ඇති රහතන් වහන්සේලා ඉන්නවා. නිවන් මග සම්පූර්ණ කරලයි ඉන්නෙ. ආශ්‍රව රහිතයි. පින්පව් මේ ජීවිතය තුළම ගෙවා දමලා අන්තිමේදී මේ සිරුර බැහැර කරනවා.

222. ගින්නකට ඉසින ගිතෙලක් වගේ දුකෙන් ගිනිගත්තු මාව නිවිල ගියා. වතුර ඉහල නිවල දානවා වගේ මගේ සියළු කාය චිත්ත පීඩා නිවිල ගියා.

223. මගේ පපුව ඇතුළේ ඇනි ඇනී තිබුණු සෝක හුල ඔබ උදුරලා දැම්මා. පුත්‍ර ශෝකය නිසා මං ගොඩාක් ශෝකයෙන් පෙළි පෙළී හිටියේ. ඔබ ඒක දුරු කළා.

224. පින්වත් දරුව, නුඹේ අවවාදය අහපු ඒ මම දැන් සෝක හුල් උදුරා දැමූ කෙනෙක්. සිහිල් වුන කෙනෙක්. නිවුන කෙනෙක්. දැන් මං සෝක වෙන්නෙ නෑ. හඬන්නෙ නෑ.

225. ලෝකයාට අනුකම්පා කරන ප්‍රඥාවන්ත උදවිය ඔය විදිහට කරනවා. ඝත පණ්ඩිතතුමා තමන්ගේ වැඩිමහල් සහෝදරයා ශෝකයෙන් එතෙර කෙරෙව්ව වගේ.

226. ඝත පණ්ඩිතතුමා තමන්ගේ වැඩිමහල් සහෝදරයා සෝක රහිත බවට පත් කළේ සුභාෂිතයෙන්මයි. යම් කෙනෙකුට ඔය විදිහේ ඇමතිවරු ඉන්නවා නම්, පිරිවර සේනාව ඉන්නවා නම් ඒ කෙනාට ඔය විදිහට යහපත් වෙනවා.

සාදු! සාදු!! සාදු!!!

හයවෙනි කණ්හා ප්‍රේත වස්තුවයි.

2.7.

227. ඔබේ ඇඟේ නූල් පොටක් නෑ. හරිම විරූපියි. කෙට්ටුයි. නහරවැල් පෑදිලා තියෙනවා. ඉළඇට ඉලිප්පිලා තියෙනවා. කෙට්ටු සිරුරක්. නිදුකාණෙනි, මෙතැන ඉන්න ඔබ කවුද?

228. අනේ පින්වත්නි, මං මේ දුකේ වැටිල ඉන්නෙ. මං යමලෝකෙ උපන් පෙරේතයෙක්. මගේ අතින් පව්කම් කෙරිල තමයි මනුස්ස ලෝකෙන් පෙරේත ලෝකෙට ගියේ.

229. ඔබ විසින් කයෙන් වචනයෙන් මනසින් මොන වගේ පවක් ද කර ගත්තෙ? මොන වගේ කර්මයක විපාකයක් නිසාද මිනිස් ලෝකෙන් පෙරේත ලෝකෙට ආවෙ?

230. දසන්න රටවැසියන්ගේ ඒරකච්ඡ කියල ප්‍රසිද්ධ නගරයක් තියෙනවා. මං කලින් ජීවිතයේ දී ඔය නගරයේ සිටුවරයෙක් වෙලා හිටියා. මාව කවුරුත් දැන ගත්තෙ ධනපාල සිටුවරයා කියලයි.

231. මට අමු රන් විතරක් කරත්ත අසූවක් පුරවලා තිබුනා. රන්, රිදී තව සෑහෙන තරම් තිබුනා. වෛරෝඩි මැණික් මුතු ආදියත් හරියට තිබුනා.

232. ඉතින් ඔය වගේ මහා ධනස්කන්ධයක් තිබුණු මට දන් දෙන්ට කැමැත්තක් ඇති වුනේම නෑ නෙව. මං ආහාර අනුභව කළේ දොරවල් වහගෙන. යාචකයින්ට මාව දකින්ටවත් ලැබෙන්ට එපා කියල.

233. මට ශ්‍රද්ධාවක් තිබුණෙ නෑ, මං මසුරුයි. කෑදරයි. අනුන්ට හරියට අපහාස කරනවා. දන් දෙන උදවියට, පින් කරන උදවියට මං කරුණු කියල බොහෝ දෙනෙක්ව එයින් වළක්වලා තියෙනවා.

234. දන් දීමෙහි කිසි විපාකයක් නෑ, සිල් රැකල සංවර වෙලා ඇති එලේ මොකක්ද? පැන් පොකුණු ළිං වගේම පොදු යහපතට වගා කරවපු උයන් වතු තිබුනා.

235. පාපී සිතින් යුතු මං ඒවා වනසලා දැම්මා. දුර්ග මාර්ගවල තිබුණු ඒදඬුත් වැනසුවා. ඒ මං පින්දහම් කර ගත්තෙ නෑ, පව්ම රැස් කරගෙන මනුස්ස ලෝකෙන් චුත වුනා.

236. ඉතින් මං පෙරේත ලෝකෙ උපන්නා. බඩගින්නෙන් පිපාසයෙන් පුදුම දුකක් විඳින්නෙ. දැනට මං මිය පරලොව ගිහින් අවුරුදු පනස් පහක් වෙනවා.

237. මං මේ දක්වාම කාපු කෑමක් ගැන, බීපු බීමක් ගැන දන්නෙවත් නෑ. යම් දන් නොදී වැළකී සිටීමක් ඇද්ද ඒකමයි විනාසය. යම් විනාසයක් ඇද්ද ඒකමයි දන් නොදී වැළකී සිටීම.

238. යම් දන් නොදී වැළකී සිටීමක් ඇද්ද ඒකමයි විනාසය කියන ඔය කාරණය පෙරේතයො දන්නවා. මං ඉස්සර හොඳට දේපල වස්තු තිබෙද්දිත් දීමෙන් වැළකිලා හිටියා. දුන්නෙම නෑ.

239. දන් පැන් පූජා කරගන්නට ඕන කරන දේවල් මං ළඟ තිබෙද්දී තමන්ට පිහිටක් සලසා ගත්තෙ නෑ. දැන් මං පසුතැවි තැවී ඉන්නවා. පව්වල නම් විපාක ලැබුනා.

240. තව මාස හතරයි මට තියෙන්නෙ. ඊට පස්සෙ මං මේ පෙරේත ලෝකෙන් චුත වෙනවා. තව හාරමාසයකින් පස්සෙ මං මෙහෙන් චුත වෙනවා. එතකොට භයානක වූ කටුක ඝෝර අවිචි මහා නිරයේ තමයි මාව වැටෙන්නෙ.

241. ඒ නිරයේ කොන් හතරක් තියෙනවා. දොරවලුත් හතරක් තියෙනවා. ඒව කොටස් වශයෙන් ගානට බෙදලයි තියෙන්නෙ. වටේටම තියෙන්නෙ යකඩ පවුරක්. වහල තියෙන්නෙත් යකඩ පියනකින්.

242. ඒ අවීචි මහානරකාදියේ ඇවිලෙන ගිනිදැල් හරිම සැරයි. ඒ යකඩ භූමියේ හැම තිස්සේම යොදුන් සියයක් පුරාවට ගිනිදැල් පැතිරිලා තියෙනවා.

243. මං එහේ ඉපදිලා දීර්ඝ කාලයක් දුක් විඳින්ට වෙනවා. කරපු පව්වල විපාක තමයි. ඒ නිසා මං ගොඩාක් සෝකයෙන් ඉන්නෙ.

244. පින්වත්නි, දැන් මෙතැන රැස් වූ ඔබ සියලු දෙනාට මං කියන්නෙ. ඔබට යහපතක් වේවා! හොර රහසේවත් එළිපිටවත් පව් කියන ජාතිය නම් කරන්ට එපා!

245. යම් හෙයකින් ඔබ ඉදිරියේදීවත් පව් කරනවා නම් දැනුත් පව් කරනවා නම් ඔබට ගැලවෙන්ට නම් ලැබෙන්නෙ නෑ. අහසට නැගල පලා ගියත් විපාකවලින් ගැලවෙන්ට බෑ.

246. අම්මාට හොඳට සලකන්න. පියාටත් හොඳට සලකන්න. කුල දෙටුවන්ට හොඳට සලකන්න. ශ්‍රමණ බ්‍රාහ්මණවරුන්ට හොඳට සලකන්න. එහෙම කරල ඔබ සුගතියේ උපදින්න.

සාදු! සාදු!! සාදු!!!

හත්වෙනි ධනපාල ප්‍රේත වස්තුවයි.

2.8.

247. ස්වාමීනි, ඔබ ඉන්නෙ නිර්වස්තරයෙන්. ඇඟපත කටු ගැහිලා. ඔබ පැවිද්දෙක් නේද? මේ රෑ තිස්සෙ කොහෙද යන්නෙ? මොන කාරණාවකටද? මට ඒ කාරණාව කියන්න. මට පුළුවන් දෙයක් නම් මං ඔබට හැම දෙයින්ම වස්තුව දෙන්නම්.

248. ලෝකයේ සුප්‍රසිද්ධ නගරයක් තියෙනවා. ඒ තමයි බරණැස් නුවර. මං එහේ ධනවත් ගෘහපතියෙක් වෙලා හිටියා. හැබැයි මට තිබුනේ දීන ගති. මං මේ කාමසම්පත්වලට ගිජු වෙලා හිටියා. දන් දුන්න කෙනෙක් නම් නෙවෙයි. දුස්සීලබව නිසා මං මේ පෙරේත ලෝකෙ ඉපදුනා.

249. ඒ මං කරගත්තු පව් නිසාම බඩගින්නෙන් පෙළෙනවා. මගේ කය ඉඳිකටුවලින් විදිනවා වගේ. කෑම් බීම් ටිකක් හොයාගෙන මං නෑයන් ළඟට යනවා. උන්දැලා දන් දෙන්නෙත් නෑ. දන් දෙන කොට පරලොවදී පුණ්‍ය විපාක ලැබෙන බව උන්දැල පිළිගන්නෙත් නෑ.

250. මගේ දුව නම් නිතරම දානෙ ගැන කියනවා. 'දෙමාපියන්ට මුතුන් මිත්තන්ට මං නම් දානෙ දෙනවා' කියල බ්‍රාහ්මණයන් ගෙන්නවල ඒ උදවියට කෑම් බීම්වලින් සලකනවා. මං එතකොට මොනව හරි අනුභව කරන්ට හිතාගෙන අන්ධකවින්දයට යනවා.

251. එතකොට ඒ රජ්ජුරුවෝ පෙරේතයට මෙහෙම කිව්වා. ඔබ ගිහින් ඉක්මණට එන්න. මමත් ඔබට පූජාවක් කරන්නම්. ඔබට යම් කිසි අවශ්‍යතාවක් තියෙනවා නම් මට කියන්න. මං ඒ ඇදහිය යුතු ලෙස කරුණු සහිතව කියන දේ අහනවා.

252. 'එහෙමයි' කියල ඒ පෙරේතයා දානෙ දෙන තැනට ගියා. බමුණු පිරිස ඒ දානෙ පිළි අරගෙන අනුභව කළා. මාර්ගඵලලාභී ආර්ය ශ්‍රාවකයන් වහන්සේලා ඒ දානෙට වැඩියෙ නෑ. එයා ආයෙමත් රජගහ නුවරට ආවා. අජාසත් රජ්ජුරුවන් ඉදිරියෙහි පහළ වුනා.

253. රජතුමා නැවත ආපු ඒ පෙරේතයාව දැක්කා. දැකලා මෙහෙම කිව්වා. 'මං ඔබට මොනවාද දෙන්නෙ? ඔබට යම් කිසි දෙයක් අවශ්‍ය නම් මට කියන්න. මං ඔබට බොහෝ කාලයක් සතුටෙන් පිනා යන්න ඕන කරන දේවල් දෙන්නම්.'

254. රජ්ජුරුවන් වහන්ස, බුදුරජාණන් වහන්සේටත්, ආර්ය සංඝරත්නයටත්

දානමාන ආදියෙන් උපස්ථාන කරනු මැනැව. සිවුරුත් පූජා කළ මැනැව. මගේ යහපත උදෙසා මට ඒ පින අනුමෝදන් කළ මැනැව. එතකොට මට බොහෝ කලක් සතුටෙන් පිනා යන්න පුළුවනි.

255. රජතුමා, ඒ වෙලාවෙම ප්‍රාසාදයෙන් නික්මුනා. තමන්ගේ අතින්ම මහා දානයක් පූජා කරගත්තා. තථාගතයන් වහන්සේට මේ සියලු විස්තරය කියා හිටියා. ඒ ප්‍රේතයාට ඕන කරන පින් ලබාදුන්නා.

256. මේ විදිහට පිනෙන් පුදනු ලැබූ ඒ පෙරේතයා රජ්ජුරුවන් ඉදිරියේ පහළ වුනේ දිව්‍ය සෝභාවෙන් අතිශයින්ම බැබලි බැබලි. 'මං දැන් පුදුමාකාර සැපයකට පත් වුන දෙවියෙක්. මගේ සැප සම්පත්වලට සමාන කරන්ට පුළුවන් සැප ඇති මිනිස්සුවත් නෑ.'

257. මගේ මේ පුණ්‍යානුභාවය බලනු මැනැව. ඔබතුමා විසින් මට උපකාර කළා. ආර්ය සංඝයා උදෙසා මහා දන් පූජා කළා. දැන් හැම තිස්සේම මං තෘප්තිමත් වෙලයි ඉන්නෙ. නර දේවය, ඒ මං දැන් සුවපත් වෙලයි ඉන්නෙ.

සාදු! සාදු!! සාදු!!!

අටවෙනි චුල්ලසෙට්ඨි ප්‍රේත වස්තුවයි.

2.9.

258. අපි කාම්බෝජයට යන්නේ ධනය හම්බ කරගන්නයි. ඒක තමයි අපේ ගමනේ අරුත. ඉතින් මේ දෙවියා කැමති දේ දෙන කෙනෙක්. අපි මේ දෙවියාව අරගෙන යමු.

259. අපි හොඳින් හරි බලහත්කාරයෙන් හරි මේ දෙවියාව අල්ලා ගනිමු. යානයක නංවාගෙන ඉක්මනින්ම ද්වාරවතී නගරයට යමු.

260. එම්බා මිනිසුනි, යම් ගහක් සෙවණේ කවුරු හරි ඉඳගෙන ඉන්නවා නම්, නිදනවා නම් ඒ තැනැත්තා තමන්ට සෙවණ දුන්න ගහේ අතු ඉති බිඳින්නෙ නෑ. ඒක මිත්‍රද්‍රෝහී පව් වැඩක්.

261. දෙවිය, යම් ගහක් සෙවණේ කවුරු හරි ඉඳගෙන ඉන්නවා නම්, නිදනවා නම් ඒ වගේම ඔහුට ඒ ගහෙන් යම් ප්‍රයෝජනයක් තියෙනවා නම් එයා ඒ ගහේ කඳ වුනත් කපල ගත්තට කමක් නෑ.

262. එම්බා මිනිසුනි, යම් ගහක් සෙවණේ කවුරු හරි ඉඳගෙන ඉන්නවා නම්, නිදනවා නම් ඒ තැනැත්තා තමන්ට සෙවණ දුන්න ගහේ කොළයක්වත් බිඳින්නෙ නෑ. ඒක මිත්‍රද්‍රෝහී පව් වැඩක්.

263. දෙවිය, යම් ගහක් සෙවණේ කවුරු හරි ඉඳගෙන ඉන්නවා නම්, නිදනවා නම් ඒ වගේම ඔහුට ඒ ගහෙන් යම් ප්‍රයෝජනයක් තියෙනවා නම් එයා ඒ මුළු ගහ වුනත් කපල ගත්තට කමක් නෑ.

264. යම්කිසි කෙනෙක් එක රැයක් හරි ගෙදරක වාසය කරනවා නම් යමෙක් ළඟට ගිහින් යම් පුද්ගලයෙක් කෑම බීමක් ලබනවා නම්, ඒ උදව් කරපු පුද්ගලයා ගැන නපුරක් සිතින්වත් සිතන්න හොඳ නෑ, බුද්ධාදී සත්පුරුෂයන් වහන්සේලා වර්ණනා කොට වදාළේම කෙළෙහි ගුණ දන්නා බවමයි.

265. යම්කිසි කෙනෙක් එක රැයක් හරි ගෙදරක වාසය කරනවා නම් යමෙක් ළඟට ගිහින් යම් පුද්ගලයෙක් කෑම බීමක් ලබනවා නම්, ඒ උදව් කරපු පුද්ගලයා ගැන නපුරක් සිතින්වත් සිතන්න හොඳ නෑ. සත්පුරුෂ දෑතින් යුතු කෙනා මිත්‍රද්‍රෝහියාව බැහැර කරනවා.

266. යම් කෙනෙක් කලින් උදව් උපකා කරපු කෙනෙකුට පස්සෙ පාපී ක්‍රියාවලින් පෙළනවා නම් ඒ උදව් ලැබූ පුද්ගලයාව වනසන කෙනා යහපතක් නම් දකින්නෙ නෑ.

267. යමෙක් තමාට ද්වේෂ නොකරද්දීත් ඒ ද්වේෂ නොකරන පුද්ගලයාට ද්වේෂ කරනවා නම් ඒ පිරිසිදු වූ කෙලෙස් රහිත පුද්ගලයාට ද්වේෂ කරනවා නම් ඒකෙන්ම ඒ අඥානයා පව් රැස් කරගන්නවා. ඒ පව තමන් කරා එන්නෙ සියුම් දූවිල්ලක් උඩු සුළඟට දැම්මා වගේ.

268. මාව දෙවියෙකුටවත්, මිනිහෙකුටවත් යටපත් කරන්න බෑ. මං ඉසුරුමත් වෙලා ඉන්නෙ ලෙහෙසියෙන් මාව යටත් කරන්ට බැරි විදිහටයි. මං පරම ඉර්ධියට පත් වුන දෙවියෙක්. මට ඕනෑ තරම් දුරට යන්ට පුළුවන්. ශරීරයේ වර්ණයත් බලයත් ඇතිවයි ඉන්නෙ.

269. ඔබගේ අත මුළුමණින්ම රත්තරන්වලින් හැදිල තියෙන්නෙ. මිහිරි රස වැහෙන ධාරා පහක් ගලනවා. ඒවායින් නානා රසය වැගිරෙනවා. පින්වත් දෙවිඳ, ඔබ ශක්‍රයා කියලයි මට හිතෙන්නෙ.

270. මං ප්‍රසිද්ධ දෙවියෙක් නෙවෙයි. ගාන්ධර්වයෙකුත් නොවෙයි. පුරින්දද

නම් වූ සක් දෙවිඳුත් නොවෙයි. පින්වත් අංකුරය, භේරුව කියන නගරයේ මැරිල මෙහි උපන්න ප්‍රේතයෙක් හැටියට මාව දැනගන්න.

271. ඉස්සර ඔබ ඒ භේරුව නගරයේදී මොන වගේ සිල්ද රැක්කෙ? මොන වගේ ජීවිතයක්ද ගත කළේ? මොන වගේ උතුම් ජීවිතයක් නිසාද ඔය අතින් පින්ඵල මතුවෙන්නෙ.

272. මං ඉස්සර ඒ භේරුව නගරයේ ඇඳුම් මහණ කෙනෙක් වෙලා හිටියා. මං අමාරුවෙන් ජීවත් වුනේ. මං දීන කෙනෙක් වෙලා හිටියා. දන් දෙන්ට කියල කිසිම දෙයක් මට තිබුනෙ නෑ.

273. මං හිටපු ගේ ළඟම අසය්හ කියල සිටුවරයෙක් හිටියා. ඔහු ශ්‍රද්ධාවන්තයි. දානපති කෙනෙක්. බොහෝ පින් කරපු කෙනෙක්. පවට ලැජ්ජා ඇති කෙනෙක්.

274. නොයෙක් පළාත්වලින් එන සිඟමන් ඉල්ලන උදවියත්, නොයෙක් කුලවලින් එන සම්මාදන් ඉල්ලන අය ඒ ගෙදරට එනවා. එතකොට ඔවුන් අසය්හ සිටුවරයාගේ නිවස කොහේද තියෙන්නෙ කියල මගෙනුයි අහන්නෙ.

275. 'ඔබට යහපතක් වේවා! මෙහෙ කොහේ හරි දන් ලැබෙන තැනක් තියෙනවාද? අපි කොහෙන්ද එතැනට යන්නෙ?' කියල ඔවුන් මගෙන් අහන කොට මං අසය්හ සිටුවරයාගේ නිවස ඔවුන්ට පෙන්වනවා.

276. 'ඔබට යහපතක් වේවා! මෙහෙ දන් ලැබෙන තැනක් තියෙනවා. ඔය අසය්හ සිටුවරයා ගේ නිවසේ තමයි දන් පැන් පුදන්නෙ' කියල මං දකුණු අත දිගු කරල පෙන්වල කියනවා.

277. ඒ පින්කමින් තමයි මේ අතින් කැමති සැප සම්පත් වැගිරෙන්නෙ. මාගේ ඒ උතුම් හැසිරීමේ හේතුවෙන් මගේ අත්වලින් පුණ්‍යඵල මතු වෙනවා.

278. ඒ වුණාට ඔබේ අතින් ඔබ කාටවත් දන් දුන්නෙ නෑ නෙව. වෙන කෙනෙක් දානෙ දෙන කොට ඔබ කළේ ඒ දානය අනුමෝදන් වෙලා අත දිගු කරල ඒ පැත්ත පෙන්නපු එක විතරයි නෙව.

279. ඒ පින්කමින් තමයි ඔබේ ඔය අතින් කැමති සැප සම්පත් වැගිරෙන්නෙ. ඔබේ ඒ උතුම් හැසිරීමේ හේතුවෙන් ඔබේ අත්වලින් පුණ්‍යඵල මතු වෙනවා.

280. පින්වත, අර පහන් සිතින් යුතුව තමන්ගෙ අතින්ම දානය පූජා කර ගත්තු අසය්හ කියල සිටුවරයෙක් හිටිය නෙ. එතකොට එයා මිනිස් සිරුර අත්හැරල චුත වුනාට පස්සෙ කොයි දිසාවටද ගියේ?

281. වෙන කෙනෙකුට බැරි විදිහේ මහා දන් දුන්න, සිරුරෙන් රැස් විහිදෙන, ඒ අසය්හ සිටුවරයාගේ චුතියවත් උපතවත් ගැන මට තේරුමක් නෑ. නමුත් වෙසමුණි දිව්‍ය රජ්ජුරුවන්ගෙන් මට අහන්ට ලැබුනේ ඔය අසය්හ සිටුතුමා සක් දෙවිඳුගේ ලෝකයට ගිය බවයි.

282. අනේ එහෙම නම් පින්දහම් කරන එකමයි හොඳ. පුළුපුළුවන් හැටියට දානාදී පින්කම් කරගන්න එකයි හොඳ. කැමති සැප ලබාදෙන අත දැකපු කවුරු නම් පින් නොකර සිටීවිද?

283. එහෙනම් මාත් මේ කාන්තාර ප්‍රදේශයෙන් ගිහින් ද්වාරවතී නගරයට ගියාට පස්සෙ දන් වැටක් පිහිටුවනවා. ඒක මට සැප ලබා දෙන්ට උපකාර වේවි.

284. මං කෑම් බීම්, රෙදිපිළි, ගෙවල් දොරවලුත් දන් දෙනවා. පැන් පොකුණු ළිං කරවනවා. දුෂ්කර ගමන් ඇති තැන්වල ඒදඬු කරවනවා.

285. ආ! ඔබේ ඔය ඇඟිලි වකුටු වෙලා තියෙන්නෙ මක් වෙලාද? මුහුණ කැරකිලා ඇඹරිලා තියෙන්නෙ මොකද? ඇස්වලින් කබකඳුළු වැක්කෙරෙන්නෙ මොකද? ඔබ මොන වගේ පවක්ද කරගෙන තියෙන්නෙ?

286. සිරුරෙන් රැස් විහිදෙන අසය්හ සිටුවරයා දානපතියෙක්. ශ්‍රද්ධාවන්තයෙක්. ගිහි ගෙදර ගත කළ කෙනෙක්. ඒ දානමාන ආදී කටයුතු පිළිවෙළට කර ගන්න ඕන නිසා අධිකාරී හැටියට මාවයි පත් කළේ.

287. ආහාර ගන්ට පැමිණි ඒ සිඟමන් ඉල්ලන මිනිසුන් දැකල මං පැත්තකට ගිහින් මුහුණ හකුළුවා ගන්නවා.

288. ඒ කර්මය නිසයි මගේ ඇඟිලි වකුටු වුනේ. මුහුණත් කැරකිලා ඇඹරිලා ගියා. ඇස්වලින් කබ කඳුළුත් වැගිරෙනවා. ඕව ඉතින් මං කරගත්තු පව් තමයි.

289. නින්දිත පුරුෂය, ඔබේ මුහුණ ඇඹරිලා කැරකිලා ගියා නම්, ඇස්වලින් කබකඳුළුත් වැගිරෙනවා නම් ඒක සිදු වෙලා තිබෙන්නෙ ධර්මතාවක් අනුවයි. අනුන්ගේ දානයකදී ඔබ මුහුණ හකුළ ගත්තා නෙව.

ඛුද්දක නිකාය (ප්‍රේත වත්ථු පාළි - 2. උබ්බරී වර්ගය) 183

290. කෑම් බීම්, රෙදිපිළි, ගෙවල් දොරවලුත් දන් දෙන කොට වෙන කෙනෙකුන් ලවා ඒක කරවද්දී කොයි ආකාරයෙන්ද ඒ කරන්ට ඕන?

291. එහෙනම් මාත් මේ කාන්තාර ප්‍රදේශයෙන් ගිහින් ද්වාරවතී නගරයට ගියාට පස්සෙ දන් වැටක් පිහිටුවනවා. ඒක මට සැප ලබාදෙන්ට උපකාර වේවි.

292. මං කෑම් බීම්, රෙදිපිළි, ගෙවල් දොරවලුත් දන් දෙනවා. පැන් පොකුණු ළිං කරවනවා. දුෂ්කර ගමන් ඇති තැන්වල ඒදඬු කරවනවා.

293. එතකොට ඔහු ඒ කාන්තාර ප්‍රදේශයෙන් නික්මිලා ද්වාරවතී නගරයට ආවා. යම්කිසි දානාදියක් තමන්ට සැප ලබාදෙන්ට උපකාර වෙනවා නම් අංකුර පින්වතා අන්න ඒ දන් වැට පැවැත්වුවා.

294. ඊට පස්සෙ කෑම් බීම්, රෙදිපිළි, ගෙවල් දොරවලුත් දන් දුන්නා. පැන් පොකුණු ළිං කෙරෙව්වේ පැහැදුණු සිතින්මයි.

295. බඩගින්නේ ඉන්නෙ කවුද? පිපාසයෙන් ඉන්නෙ කවුද? රෙදිපිළි ඕනෑ කාටද? කාගේ ගැලේ ගොන්නුන්ටද වෙහෙස මහන්සිය තියෙන්නෙ? කැමති කෙනෙක් මෙතනින් ගැල් අරගෙන යොදා ගනිත්වා!

296. කුඩයක් කැමැති කවුද? සුවඳවර්ග කැමැති කවුද? මල්මාලා කැමැති කවුද? සෙරෙප්පු කැමැති කවුද? කිය කියා ඒ අංකුරගේ නිවසේ සේවකයිනුත් අරක්කැමියනුත් හැම තිස්සේම මහ හඬින් කථාබස් කරනවා. හැමදාම උදේ සවස අංකුරගේ නිවසේ ඔය විදිහයි.

297. අංකුර සනීපෙට නිදා ගන්න කෙනෙක් කියලයි මහජනතාව මං ගැන කියන්නෙ. ඒ වුනාට සින්ධක, සිඟමන් ඉල්ලන අය දකින්ට නැත්නම් එදාට මං දුකසේ නිදියනවා.

298. අංකුර සනීපෙට නිදාගන්න කෙනෙක් කියලයි මහජනතාව මං ගැන කියන්නෙ. ඒ වුනාට සින්ධක, සම්මාදන් ඉල්ලන අය අඩුවෙන් දකින්ට ලැබුනොත් එදාට මං දුක සේ නිදියනවා.

299. අංකුරය, යම් හෙයකින් තව්තිසා දිව්‍ය ලෝකයේත් සියලු ලෝකයට ප්‍රධාන ශක්‍ර දෙවියාත් ඔබට කැමති වරයක් ඉල්ලා ගන්ට කිව්වොත් ඔබ මොන වරයක්ද ඉල්ලා ගන්නෙ?

300. සින්ධක, යම් හෙයකින් තව්තිසා දිව්‍ය ලෝකයේ ශක්‍ර දෙවියාත් මට කැමති වරයක් ඉල්ලා ගන්ට කිව්වොත් මං මේ වගේ වරයක් ඉල්ලා

ගන්නෙ. 'හිමිදිරි පාන්දර මං නැගිටින කොට ඉර උදාවෙන කොට මට දිව්‍ය ආහාර පාන පහළ වෙත්වා! සිඟමන් යදින උදවියද සිල්වත් වෙත්වා!

301. මං දාන වස්තුව දන් දෙන කොට ඒවා ඉවර වෙන්ට එපා! දන් දුන්නාට පස්සේ පසුතැවිලි වෙන කෙනෙක් වෙන්ට එපා! දන් දෙන කොට මගේ සිත පැහැදේවා!' කියන ඔය විදිහේ වරයක් තමයි මං ඉල්ලන්නෙ.

302. තමන්ගේ හැම සම්පතක්ම අනුන්ට දෙන්ට ඕනෑ. දානය දෙන්ටත් ඕන. ධන සම්පත් රැක ගන්ටත් ඕන. ඒ නිසා ඔය දන් දීමට වඩා ශ්‍රේෂ්ඨ වෙන්නෙ ධන සම්පත් තිබීමමයි. ඕනෑවට වඩා දාන දෙන්ට ගියොත් ඒ පවුල් එච්චර කල් පවතින්නෙ නෑ.

303. නුවණ තියෙන උදවිය දන් නොදීම ප්‍රශංසා කරන්නෙත් නෑ. ඕනෑවට වඩා දීම ප්‍රශංසා කරන්නෙත් නෑ. ඒ නිසා ඔය දන් දීමට වඩා ශ්‍රේෂ්ඨ වෙන්නෙ ධන සම්පත් තිබීමමයි. ඒ නිසා ප්‍රඥාවන්ත කෙනා තෝර ගන්නෙ දීම නොදීම සමව පවත්වන මාර්ගයයි.

304. එම්බා සෝණක, මං නම් දන් දෙනවාමයි. සන්සුන් සිත් ඇති සත්පුරුෂයන් මාව ඇසුරු කරත්වා! පහත් බිම් කඩවල් පිරී ඉතිරී යන පරිද්දෙන් වහින මහා වැස්සක් වගේ මං ළඟට ඉල්ලා ගෙන එන හැම දෙනාවම තෘප්තිමත් කරන්ට ලැබේවා!

305. තමන් ළඟට ඉල්ලාගෙන එන උදවිය දැක්කම තමන්ගේ මුහුණ පැහැපත් වෙනවා නම්, යමෙක් යම්කිසි දානයක් දුන්නට පස්සෙ ඒ ගැන සතුටු වෙනවා නම් ඒ ගෙදර වාසය කරන අයට සැපයක්මයි ලැබෙන්නෙ.

306. තමන් ළඟට ඉල්ලාගෙන එන උදවිය දැක්කම තමන්ගේ මුහුණ පැහැපත් වෙනවා නම්, යමෙක් යම්කිසි දානයක් දුන්නට පස්සෙ ඒ ගැන සතුටු වෙනවා නම් මේක තමයි දානයට ඕනෑ කරන සම්පත්තිය.

307. දන් දෙන්ට කලිනුත් සිත සතුටු කරගන්ට ඕන. දන් දෙන වෙලාවේදීත් සිත පහදවා ගන්ට ඕන. දන් දුන්නාට පස්සේත් සිත පහදවා ගන්ට ඕන. මේක තමයි දානයට ඕනෑ කරන සම්පත්තිය.

308. අංකුරගේ නිවසේ ගැල් හැට දහසක භෝජන නිතරම දන් දෙනවා. ඔහුගේ හිතේ තිබෙන්නේ දන් දෙන එක ගැනමයි.

309. අංකුරයන් හට අරක්කැමියන් තුන්දාහක් ඉන්නවා. ඒ උදවිය ඉන්නෙත්

මිණිකොඬොල් පැළඳගෙනයි. ඒ අය තමයි සම්පූර්ණයෙන්ම දානයට කැපවෙලා ඉන්නෙ. ඒ හැමෝම ජීවත් වෙන්නෙ අංකුර නිසා.

310. අංකුරයන් හට තවත් තරුණයන් හැටදාහක් ඉන්නවා. ඒ උදවිය ඉන්නෙත් මිණිකොඬොල් පැළඳගෙනයි. ඒ අය තමයි සම්පූර්ණයෙන්ම දානයට දර පලන්නෙ.

311. අංකුරයන් හට ඒ වගේම ස්ත්‍රීන් දොළොස්දාහක් ඉන්නවා. ඔවුන් ඉන්නෙ සියලුම අලංකාර ආභරණ වලින් සැරසිලා. ඔවුන් තමයි ව්‍යංජනවලට කුළුබඩු අඹරලා පිඬු කරන්නෙ.

312. අංකුරයන් හට ඒ වගේම ස්ත්‍රීන් දොළොස්දාහක් ඉන්නවා. ඔවුන් ඉන්නෙ සියලුම අලංකාර ආභරණ වලින් සැරසිලා. ඔවුන් තමයි දන් බෙදීමට හැඳි අතේ තියාගෙන සූදානම්ව ඉන්නෙ.

313. ඒ අංකුර රජ්ජුරුවෝ බොහෝ ජනතාවට බොහෝ කල් දානමානාදිය දුන්නා. බොහෝම පිළිවෙලට දුන්නා. තමන්ගේ අතින්ම දුන්නා. ගරු බුහුමන් සහිතවම දුන්නා. පුන පුනා දුන්නා.

314. බොහෝ මාස ගණනක් දුන්නා. බොහෝ පොහොය ගණනක් දුන්නා. බොහෝ ඍතු ගණනක් දුන්නා. බොහෝ අවුරුදු ගණනාවක් දුන්නා. අංකුර රජතුමා බොහෝ කාලයක් මහා දන් වැටක් පැවැත්වුවා.

315. මේ විදිහට බොහෝ කාලයක් මුළුල්ලෙහි දන් දීල මිනිස් දේහය අත් හැරියාට පස්සෙ තව්තිසා දෙවියන් අතර ඉපදුනා.

316. ඉන්දක කියල තරුණයෙක් අනුරුද්ධ මහරහතන් වහන්සේට හැන්දක ප්‍රමාණයේ බත් ටිකක් පූජා කරගෙන එයත් මිනිස් දේහය අත් හැරියාට පස්සෙ තව්තිසා දෙවියන් අතර ඉපදුනා.

317. ඒ ඉන්දක දිව්‍ය පුත්‍රයා අංකුර දිව්‍ය පුත්‍රයාට වඩා කරුණු දහයකින් අතිශයින්ම බබලනවා. මනෝරම්‍ය වූ රූප, ශබ්ද, ගන්ධ, රස, පහස,

318. ඒ වගේම ආයුෂ, යසස, වර්ණ, සැප, අධිපතිබව කියන මේ කරුණුවලින් ඉන්දක දිව්‍ය පුත්‍රයා තමයි අංකුර දෙවියන්ට වඩා බබලන්නෙ.

319. (බුදුරජාණන් වහන්සේ) පින්වත් අංකුරය, ඔබ විසින් බොහෝ කාලයක් මුළුල්ලෙහි මහා දන් දුන්නා නෙව. නමුත් දැන් ඔබ ගොඩාක් ඈතින් නෙ වාඩිවෙලා ඉන්නෙ. මගේ සමීපයට එන්න.

320. යම් දවසක පුරුෂෝත්තම වූ බුදුරජාණන් වහන්සේ තව්තිසා දෙව්ලොව පරසතු රුක් සෙවණේ පාණ්ඩුකම්බල ශෛලාසනය මත වැඩසිටි සේක්ද,

321. දස දහසක් ලෝක ධාතුවලින් දෙව් දේවතාවුන් රැස්වෙලා මහාමේරුව මුදුනේ වැඩ වාසය කරන සම්බුදුරජාණන් වහන්සේව ඇසුරු කරන්ට වුණා.

322. ඒ කිසිම දෙව් කෙනෙක් සම්බුදුරජාණන් වහන්සේ තරම් ශරීර පැහැයෙන් බබලන්නෙ නෑ. ඒ සියලුම දෙවියන් යටපත් කරගෙන සම්බුදුරජාණන් වහන්සේමයි බබලන්නෙ.

323. එතකොට මේ අංකුර යොදුන් දොළහක දුරින් හිටියෙ. නමුත් ඉන්දක දිව්‍ය පුත්‍රයා බුදුරජාණන් වහන්සේට නුදුරින්ම බැබලී බැබලී හිටියා.

324. සම්බුදුරජාණන් වහන්සේ අංකුර දිව්‍යපුත්‍රයා ගැනත් ඉන්දක දිව්‍යපුත්‍රයා ගැනත් දැක බලා වදාරළා දන්පැන් පිළි ගැනීමට සුදුසු කවුද යන වග පැහැදිලි කරමින් මේ වචන වදාළා.

325. (බුදුරජාණන් වහන්සේ) පින්වත් අංකුරය, ඔබ විසින් බොහෝ කාලයක් මුළුල්ලෙහි මහා දන් දුන්නා නෙව. නමුත් දැන් ඔබ ගොඩාක් ඈතින් නෙ වාඩිවෙලා ඉන්නෙ. මගේ සමීපයට එන්න.

326. වඩන ලද සිත් ඇති බුදුරජාණන් වහන්සේ විසින් පොළඹවන ලද අංකුර දිව්‍යපුත්‍රයා මේ විදිහට පැවසුවා. (ස්වාමීනි) 'දක්ෂිණාර්හ වූ මගඵලලාභී සඟරුවනෙන් හිස් වූ මගේ ඒ දානයෙන් ඇති ප්‍රයෝජනය මොකක්ද?

327. ඒ වුනාට මේ ඉන්දක දිව්‍ය පුත්‍රයා බොහෝම ස්වල්පයයි දන් දීල තියෙන්නෙ. එයා අපට වඩා බබලනවා. තරු මැද දිලෙන පුන් සඳක් වගේ.

328. කරමැටි තියෙන නිසරු කුඹුරක බොහෝ කොට බිත්තර වී වැපුරුවත් ඒකෙන් ලොකු අස්වැන්නක් ලැබෙන්නෙ නෑ. ඒකෙන් ගොවියාව සතුටු කරන්නෙ නෑ.

329. දානයත් එහෙම තමයි. දුස්සීල වූ පිරිසකට කොයිතරම් ලොකුවට දානෙ දුන්නත් ඒකෙන් මහත් විපාක ලැබෙන්නෙ නෑ. ඒකෙන් දායකයාව සතුටු කරන්නෙ නෑ.

330. සරුසාර කුඹුරක බිත්තර වී වපුරන්නෙ ටිකක් වෙන්න පුළුවනි. වැස්සක් හොඳට වැස්සොත් ලැබෙන අස්වැන්න ගොවියාව සතුටු කරනවා.

331. අන්න ඒ වගේ අටලෝ දහමින් කම්පා නොවන සීලවන්ත ගුණවන්ත ආර්යයන් වහන්සේලා කෙරෙහි ස්වල්ප වශයෙන් නමුත් කරන ලද පුණ්‍ය උපකාරය මහත් ප්‍රතිඵල ලබාදෙනවා.

332. යම්කිසි කෙනෙකුට දෙන දානයෙන් මහත්ඵල ලැබෙනවා නම් එබඳු දන් පැන් පිළිගැනීමට සුදුසු උතුමන් නුවණින් විමසලයි දන් දිය යුත්තේ. දන් පැන් පිළිගැනීමට සුදුසු උතුමන් නුවණින් විමසල දන් දුන්නාට පස්සෙ ඒ දායකයන් සුගතියේ උපදිනවා.

333. සුගතයන් වහන්සේ ප්‍රශංසා කොට වදාළේ නුවණින් විමසලා දන් දීම ගැනයි. මේ මිනිස් ලෝකයේ යම් දක්ෂිණාර්හ උත්තමයන් වහන්සේලා වැඩඉන්නවා නම් උන්වහන්සේලාට පුදන දානයෙන් තමයි මහත්ඵල ලැබෙන්නෙ. සරුසාර කුඹුරක බිත්තර වී වැපුරුවා වගේ.

සාදු! සාදු!! සාදු!!!

නවවෙනි අංකුර ප්‍රේත වස්තුවයි.

2.10.

334. දවල් කාලය භාවනාවෙන් ගත කරන්ට ගං තෙරට වැඩල වාඩිවෙලා හිටිය භික්ෂුවක් ළඟට පෙරේතියක් ආවා. ඈ හරිම විරූපියි. දකින කොට භය හිතෙනවා.

335. ඇගේ කොණ්ඩය ගොඩාක් දිගයි. බිම ඇතිල්ලෙනවා. කෙස්වලින් තමයි ඒ පෙරේතිය ඇඟ වහගෙන ඉන්නෙ. ඒ ශ්‍රමණයන් වහන්සේට ඈ මෙහෙම කිව්වා.

336. මං දැන් මැරිලා ගිහින් පනස්පස් අවුරුද්දක් වෙනවා. මේතාක් කල්ම මං කාපු කෑමක් ගැන බීපු බීමක් ගැන මට දැනීමක් නෑ. අනේ ස්වාමීනි, මං ගොඩාක් පිපාසයෙන් ඉන්නෙ. මට පැන් ටිකක් ඕන කරල තියෙනවා. මට පැන් දෙන සේක්වා!

337. මේ තියෙන්නෙ සීතල දිය දහර ඇති ගංගා නදිය නෙව. හිමාල කන්දෙ ඉඳලයි මේ ගඟ ගලන්නෙ. ඔය ගඟෙන් පැන් අරගෙන පානය කරන්න. එහෙම ඒකේ මගෙන් පැන් ඉල්ලන්නෙ මොකටද?

338. අනේ ස්වාමීනී, මං පැන් ටිකක් බොන්ට ඕන කියල ගඟට යනවා තමයි. නමුත් එතකොට ඒ වතුර ලේ බවට හැරෙනවා. මං ඒ නිසයි පැන් ටිකක් ඉල්ලුවේ.

339. ඔබ කයෙන් වචනයෙන් මනසින් මොන වගේ පාපයක්ද කරගත්තෙ. ගංගාවේ ජලය ලේ බවට හැරෙන්න තරම් විපාකයක් හැදුනේ මොන වගේ කර්මයක් නිසාද?

340. මට හිටියා උත්තර කියල පුතෙක්. හරි ශ්‍රද්ධාවන්තයි. තෙරුවන් සරණ ගිය උපාසකයෙක්. එයා මං අකැමති වෙලා සිටිද්දිම ශ්‍රමණයන්ට දන් දුන්නා.

341. සිවුරු පිණ්ඩපාත සේනාසන ගිලන්පස දුන්නා. එතකොට මසුරුකමෙන් පෙලුන මං එයාට නින්දා අපහාස කළා.

342. එතකොට උඹ මං අකැමැතිව සිටිද්දිම නේද ඔය ශ්‍රමණයන් හට සිවුරු පිණ්ඩපාත සේනාසන ගිලන්පස දුන්නෙ.

343. ඒයි උත්තර, උඹට පරලොවදී ඕව ඔක්කොම ලේ බවට පත් වේවා! කියල කරගත්තු කර්ම විපාකය නිසයි ගංගා ජලය මට ලේ බවට පත් වුණේ.

සාදු! සාදු!! සාදු!!!

දස වෙනි උත්තරමාතු ප්‍රේත වස්තුවයි.

2.11.

344. මං ඉස්සර පැවිදි වූ භික්ෂුන් වහන්සේ නමකට නූල් පූජා කළා. උන්වහන්සේ වැඩියේ නූල් උදෙසාමයි. ඒ දානයෙන් මහත් වූ විපාක මං දැන් ලබනවා. දැන් මට බොහෝම වස්ත්‍ර යුගල පහළ වෙනවා.

345. මේ විමානය පුරා මල් පිරිල තියෙනවා. රම්‍යයි. හරිම විචිත්‍රයි. දිව්‍ය පුත්‍රයන් දිව්‍ය අප්සරාවන් ගැවසිලා ඉන්න මේ විමානය මමයි පරිභෝග කරන්නෙ. මං කැමති දිව සළු පොරෝනවා. බොහෝ වස්තුව තියෙනවා. ඒව ඉවර වෙන්නෙ නෑ.

346. ඒ නූල් පූජා කරපු කර්මයේ විපාක වශයෙන්මයි මෙහෙ මට මිහිරත් සැපයත් ලැබෙන්නෙ. ආර්යය පුත්‍රය, මං ආයෙමත් මනුස්ස ලෝකෙට යනවා. මං එහෙදි තවත් පින් කර ගන්නවා. මාව එහෙ පමුණුවන්න.

347. දැන් ඔබ මෙහෙ ඉපදිලා අවුරුදු හත් සියයක් වුනා. දැන් එහෙ ගියොත් වයසට ගිහින් ජරා ජීර්ණ වෙලයි ඉන්ට වෙන්නෙ. ඔයාගෙ ඤාතීන්

සියලු දෙනාම දැන් මැරිල ගිහින්. මෙහෙන් එහෙට ගිහිල්ල දැන් ඔයා මොනව කරන්ටද?

348. ස්වාමි පුත්‍රය, දැන් මං මෙහෙ ඇවිදින් අවුරුදු හත්සියයක් මුළුල්ලේ දිව්‍ය සැපයත් මිහිරත් වින්දා තමයි. මං ආයෙමත් මනුස්ස ලෝකෙට යනවා. මං එහෙදි තවත් පින් කර ගන්නවා. මාව එහෙ පමුණුවන්න.

349. එතකොට ඔහු ගොඩාක් වයසට ගිය, ගොඩාක් දුර්වල වෙච්ච ඒ ස්ත්‍රියගේ අතින් ඇදගෙන ඇවිදින් ගමට පමුණුවලා මෙහෙම කිව්වා. සැප ලබන්ට ඕනෑ නම් පින් කරපල්ලා කියල මෙහෙ ආපු අනික් ජනයාටත් කියන්න.

350. මං දැකල තියෙනවා. පින් කර ගන්ට බැරි වෙච්ච උදවිය ගැන. ඔවුන් පෙරේත ලෝකෙ හිටියත් මිනිස් ලෝකෙ හිටියත් දුකෙන් ගත කරන්නෙ. නමුත් සැප විපාක දෙන පින්කම් කරපු අය දෙවියන් වෙලත් මිනිසුන් වෙලත් ඒ ජනතාව සැප සේම ඉන්නවා.

සාදු! සාදු!! සාදු!!!

එකොළොස්වෙනි සුත්ත ප්‍රේත වස්තුවයි.

2.12.

351. රනින් කළ පඩිපේළි තියෙනවා. පෝරු තියෙනවා. රන්වන් වැලි තමයි අතුරල තියෙන්නෙ. මිහිරි සුවඳ හමන මනෝරම්‍ය වූ සුදුනෙළුම් පිපිල තියෙනවා.

352. ඒ පොකුණ වටේටම ගස් තියෙනවා. නානා සුවඳවර්ග හැම තැනම හමනවා. නොයෙක් නෙළුම් වර්ගවලින් පිරිල තියෙනවා. සුදු නෙළුම්වලින් වැහිලයි තියෙන්නෙ.

353. මනස්කාන්ත සුළඟ හමා එද්දී මිහිරි සුවඳ දැනෙනවා. හංසයන්, කොස්වාළිහිණියන්, මිහිරි නාද පතුරවනවා. සක්වා ලිහිණියනුත් මිහිරි නාද පතුරවනවා.

354. නොයෙක් කුරුළු කොබෙයියන්ගෙන් පිරිල තියෙන්නෙ. උන් ගේ නානා කුරුළු නාදයෙන් යුක්තයි. නොයෙක් ඵල දරන රුක් ගොමු පිරිල තියෙනවා. සුවඳ මල් දරන වනාන්තර තියෙනවා.

355. මේ විදිහේ සුන්දර නුවරක් නම් මිනිස්සුන්ගේ නගරවලවත් දැක ගන්ට නෑ. ප්‍රාසාද පිරිල තියෙනවා. ඒ හැම එකක්ම රත්තරනින් කරල තියෙන්නෙ.

356. හාත්පස සතර දිසාවම බබුලුවාගෙන එන දිව්‍ය දාසියන් පන්සියයක් ඉන්නවා. ඒ සියලු දෙනාම ඔබේ පිරිවර සේනාවයි.

357. ඔවුන් ලස්සන මාලවළලු දාගෙන රන් පළඳනාවන් පැළඳගෙන සැරසිලා ඉන්නෙ. ඔබ වෙනුවෙන් තිබෙන රනින් කරපු යහන් රාශියක් තිබෙනවා.

358. කදලී මුව සම් අතුරලා සකස් කරල තියෙනවා. දික් ලොම් ඇති කොඳු පලස් අතුරල තියෙනවා. ඒ යහන්වල වාසය කරන කොට ඔබට සියලු සැප සමෘද්ධිමත් වෙනවා.

359. මැදියම් රැයෙහි දී ඔබ අවදි වෙනවා. අවදි වෙලා උද්‍යාන භූමියට යනවා. ඔබ එතැන එක්තරා පොකුණක් ළඟට යනවා.

360. ඒ නිල් තණ ඇති සුන්දර පොකුණු තීරයේ ඔබ හිටගෙන ඉන්නවා. එතකොට මුඩු කන් ඇති බල්ලෙක් එනවා. ඇවිදින් ඔබේ සියලු අඟපසඟ කාල දානවා.

361. එතකොට ඒ බල්ලා කාපු ඔබේ ඇගේ ඉතිරි වෙන්නෙ ඇටසැකිල්ල විතරයි. ඉතින් ඔබ කරන්නෙ පොකුණට බහින එක. හරි පුදුමයි. එතකොට ආයෙමත් ඔබේ කය පැරණි විදිහට හැදෙනවා.

362. දැන් ඔබ සියලු අඟපසඟින් පිරිපුන් සුන්දර ප්‍රිය දැකුම් ඇති තැනැත්තියක්. රෙද්දකින් ඇඟ පොරොවගෙන ඔබ මා ළඟට පැමිණෙනවා.

363. ඔබ කයෙන් වචනයෙන් මනසින් මොන වගේ පාප කර්මයක් ද කළේ? මොන වගේ කර්ම විපාකයක් නිසාද ඔබේ අඟපසඟ මේ මුඩු කන් ඇති බල්ලෙක් කාල දමන්නෙ?

364. කිම්බිලා කියල නගරයක් තිබුනා. ඒ නගරයේ ශ්‍රද්ධාවන්ත උපාසකයෙක් හිටියා. ඒ ගෘහපතියාගේ බිරිඳ වුනේ මමයි. මං ස්වාමියා ඉක්මවා ගියා. දුස්සීල වුනා.

365. මං ඔය විදිහට ස්වාමියා ඉක්මවා දුරාචාරයේ හැසිරෙන කොට සැමියා මට මෙහෙම කිව්වා. 'ඔබ මාව ඉක්මවලා දුරාචාරයේ හැසිරෙනවා. ඒක ගැලපෙන දෙයක් නොවෙයි. සුදුසු දේකුත් නොවෙයි.'

366. එතකොට මං මහා දරුණු විදිහට දිව්රලා බොරු කිව්වා. 'අනේ අපොයි! මං නම් කයින්වත් සිතින්වත් ඔයාව ඉක්මවා ගියෙ නෑ' කියල.

367. මං යම් හෙයකින් කයෙන් හරි හිතෙන් හරි ඔයාව ඉක්මවා යනවා නම් මේ මුඩු කන ඇති බල්ලෙක් ඇවිදින් මගේ අඟපසඟ කාල දමාපුවාවෙ.

368. ඒ දුරාචාරී කර්මයේ විපාකයත්, බොරු කියපු කර්මයේ විපාකයත් යන කර්ම විපාක දෙක නිසා දැන් අවුරුදු හත්සියයක් මුළුල්ලෙ මං මේ දුක විඳිනවා. මුඩු කන් ඇති බල්ලෙක් ඇවිදින් මගේ අඟපසඟ කාල දානවා.

369. රජතුමනි, ඔබ මට බොහෝම උපකාර කළා. මට හිත සුව පිණිසමයි ඔබ මෙහි ආවෙ. දැන් මං අර කන්මුඩු බල්ලාගෙන් නිදහස් වුනා. දැන් මට සෝකයක් නෑ. භයකුත් නෑ.

370. රජතුමනි, ඒ මං ඔබට නමස්කාර කරමි. ඇඳිලි බැඳගෙන මං ආයාචනා කරනවා. රජතුමනි, ඔබ මාත් සමඟ දිව්‍ය වූ කම්සුව විඳින්න එන්න.

371. සොඳුර, මා ඔබත් සමඟ දිව්‍ය වූ කම්සුව වින්දා. දැන් මං ඔබගෙන් ඉල්ලා සිටින්නේ ඉක්මනින්ම මාව නුවරට ඇරලවන්න කියලයි.

සාදු! සාදු!! සාදු!!!

දොළොස් වෙනි කණ්ණමුණ්ඩ ප්‍රේත වස්තුවයි.

2.13.

372. පංචාල රට වැසියන්ගේ සියලු සම්පත්වලට අධිපති බ්‍රහ්මදත්ත කියල රජ්ජුරු කෙනෙක් හිටියා. බොහෝ කලක් ගෙවුනාට පස්සේ ඒ රජතුමා කලුරිය කළා.

373. ඒ රජ්ජුරුවන්ට උබ්බරී කියල බිසොවක් හිටියා. ඒ බිසව රජතුමා ආදාහනය කරපු තැනට ගිහින් වැළපෙනවා. බඹදත් රජු නැවත දකින්ට නැති නිසා 'බ්‍රහ්මදත්ත, ඔබ කොහිද' කිය කියා හඬනවා.

374. එතැනට ධර්මයෙහි හැසිරෙන මුනිවරයෙක් වන ඍෂිවරයෙක් ආවා. ඔහු එතැනට ඇවිදින් ඒ රැස්වෙලා හිටිය මිනිසුන් ගෙන් මෙහෙම ඇහුවා.

375. 'නොයෙක් සුවඳවර්ග විහිදෙන මේ සොහොන කාගෙද? මේ බිරිඳ හඬන්නේ කවුරු වෙනුවෙන්ද?' මිනිස් ලෝකයෙන් දුර වූ පරලොව ගිය ස්වාමීයා වන.

376. බ්‍රහ්මදත්ත රජතුමාව දකින්ට නැති නිසයි මෑ 'බ්‍රහ්මදත්ත' කිය කියා හඬන්නෙ කියල එතැනට රැස් වෙච්ච මිනිසුන් අර සෘෂිවරයාට කිව්වා

377. නිදුකාණන් වහන්ස, බ්‍රහ්මදත්ත රජතුමාට යහපතක්ම වේවා! මේ නොයෙක් ආකාරයේ සුවඳ පැතිරෙන මේ සොහොන ඒ බ්‍රහ්මදත්ත රජ්ජුරුවන්ගෙ තමයි.

378. ඒ රජ්ජුරුවන්ගෙ බිරිඳ තමයි මේ මනුලොවින් දුර වූ පරලොව ගිය තමන්ගෙ ස්වාමියා වන බ්‍රහ්මදත්ත රජ්ජුරුවන්ව දැකගන්ට නැතුව අඬන්නෙ. 'බ්‍රහ්මදත්ත, බ්‍රහ්මදත්ත' කිය කියා වැළපෙනවා.

379. 'බ්‍රහ්මදත්ත' යන නම ඇති අසූහයදාහක් දෙනා මේ සොහොනේ දවල තියෙනවා. දැන් ඔබ අඬන්නේ ඒ අයගෙන් කවුරු වෙනුවෙන්ද?

380. ස්වාමීනි, පංචාල රටේ යස ඉසුරුවලට අධිපතිව මේ රජ්ජුරුවෝ හිටියේ. මෙයා චූළනී රජ්ජුරුවන්ගෙ පුතා. මං කැමති හැමදේම දෙනවා. අන්න ඒ මගේ ස්වාමියා වෙනුවෙන් තමයි මං සෝක කරන්නෙ.

381. ඒ වුණාට ඔය සියලුම රජවරුන්ට කියන්නෙ බ්‍රහ්මදත්ත යන නාමයයි. ඔය හැමෝම පංචාල රටේ යස ඉසුරුවලට අධිපති වෙලා හිටියෙ. ඒ හැමෝම චූළනී රජ්ජුරුවන්ගේ පුතුන් හැටියටයි හිටියේ.

382. ඒ සැම රජ කෙනෙකුටම අනුපිළිවෙලින් අග්‍රමහේසිකාව වුනේ ඔබමයි. ඉතින් කලින් හිටපු බ්‍රහ්මදත්ත රජ්ජුරුවන් අත් හැරල අන්තිම රජ්ජුරුවන්ට අඬන්නෙ මොකටද?

383. නිදුකාණන් වහන්ස, එතකොට මං මේසා දීර්ඝ කාලයක් මුළුල්ලෙහි දිගටම ආවේ ස්ත්‍රියක් වෙලාද? එතකොට ඔබ කියන්නෙ මං සංසාරෙ බොහෝ වාර ගණනාවක් මේ ස්ත්‍රීත්වයද ලැබුවේ?

384. ඔබ ස්ත්‍රියක් වෙලත් තියෙනවා. පිරිමියෙක් වෙලත් තියෙනවා. තිරිසන් යෝනියෙත් ඉපදිලා තියෙනවා. ඔය විදිහට අතීතයට ගිය ආත්මභාව ගැන නම් කෙළවරක් දකින්ට බෑ.

385. ගින්නකට ඉසින ගිතෙලක් වගේ දුකෙන් ගිනිගත්තු මාව නිවිල ගියා. වතුර ඉහල නිවල දානවා වගේ මගේ සියලු කාය චිත්ත පීඩා නිවිල ගියා.

386. මගේ පපුව ඇතුළේ ඇනි ඇනී තිබුණු ශෝක හුල ඔබ උදුරලා දැම්මා.

ස්වාමි ශෝකය නිසා මං ගොඩාක් ශෝකයෙන් පෙළි පෙළී හිටියෙ. ඔබ ඒක දුරු කළා.

387. මහාමුනිතුමනි, ඔබවහන්සේගේ අවවාදය අසපු ඒ මම දැන් ශෝක හුල් උදුරා දැමූ කෙනෙක්. සිහිල් වුන කෙනෙක්. නිවුන කෙනෙක්. දැන් මං සෝක වෙන්නෙ නෑ. හඬන්නෙ නෑ.

388. ඒ ශ්‍රමණයන් වහන්සේගේ සුභාෂිත වචනවලට ඇය හොඳින් සවන් දුන්නා. පාත්‍රා සිවුරු අරගෙන අනගාරික සාසනයෙහි පැවිදි වුනා.

389. ඔය විදිහට ඈ ගිහි ගෙදරින් නික්මිලා අනගාරික සාසනයෙහි පැවිදි වුනාට පස්සෙ බඹලොව ඉපදීම පිණිස මෙත් වැඩුවා.

390. ගමක් ගමක් පාසා සැරිසරා ගියා. නියම් ගමක් පාසා, රාජධානියක් පාසා සැරිසරා ගියා. උරුවෙල් කියන ගම්මානය තියෙන්නේ යම් තැනකද අන්න එතැන තමයි ඇය කලුරිය කළේ.

391. ඇය මෛත්‍රී සමාධිය වැඩුවේ බඹලොව ඉපදීම පිණිසයි. ස්ත්‍රීභාවය පිණිස ඇති ඇල්ම අත්හැරල ඇය බඹලොව ඉපදුනා.

සාදු! සාදු!! සාදු!!!

දහතුන්වෙනි උබ්බරී ප්‍රේත වස්තුවයි.

දෙවෙනි උබ්බරී වර්ගය නිමා විය.

- **එහි පිළිවෙල උද්දානයයි:**

පඩුවැනි සංසාරමෝචක ප්‍රේත වස්තුවත්, සැරියුත් තෙරුන්ගේ පූර්ව මාතාවගේ ප්‍රේත වස්තුවත්, මත්තා ප්‍රේත වස්තුවත්, නන්දා ප්‍රේත වස්තුවත්, මට්ටකුණ්ඩලී ප්‍රේත වස්තුවත්, සතපණ්ඩිත ප්‍රේත වස්තුවත්, ධනපාන සිටු - චූල්ලසෙට්ඨී යන ප්‍රේත වස්තු දෙකත්, තුන්නවාය ප්‍රේත වස්තුවත්, දිවාවිහාරගත භික්ෂුවට මුණ ගැසුනු උත්තරමාතා ප්‍රේත වස්තුවත්, සෝපානය ළඟ ඇති විල අසල සිටි කණ්ණමුණ්ඩ ප්‍රේත වස්තුවත්, උබ්බරී ප්‍රේත වස්තුවත් යන ප්‍රේත වස්තුවලින් යුක්තයි.

3. චූළ වර්ගය

3.1.

392. එම්බා ප්‍රේතය, ඔබ මෙහි ගංගා නදියෙහි ජලය කළඹවන්නෙ නැතුවයි යන්නෙ. හැබැයි ඔබ නිරුවත්ව ඉන්නෙ. ශරීරයෙන් උඩ කොටස් නම් පේන්නේ පෙරේතයෙකුගෙ වගේ නොවෙයි. මල් මාලාවන් දරලා අලංකාරව ඉන්නවා. ඔබ ඔය කොහේද යන්නෙ? ඔබ වාසය කරන්නෙ කොහේද?

393. එතකොට ඒ ප්‍රේතයා මෙහෙම කිව්වා. 'මං මේ යන්නේ චුන්දත්ථික කියන ගමටයි. ඒ ගම තියෙන්නෙ වාසභ ගමටත්, බරණැස් නුවරටත් අතර බරණැස සමීපයේමයි.'

394. ඒ ප්‍රේතයාව දැක්කේ කෝලිය නමින් ප්‍රසිද්ධව හිටිය මහ ඇමතිතුමා. ඉතින් ඔහු ඒ ප්‍රේතයාට අග්ගලාත් බතුත් වස්ත්‍ර යුගලකුත් දුන්නා.

395. නැව නවත්වලා තියෙන කොට එක්තරා කරණවෑම් උපාසකයෙකුටයි ඒව දුන්නෙ. ඒ කරණවෑම් උපාසකතුමාට ඒවා දීපු ගමන්ම අර ප්‍රේතයා ගේ ශරීරයෙහි අඳින පොරොවන වස්ත්‍ර පහළ වුනා.

396. එතකොට ඒ ප්‍රේතයා ලස්සනට වස්ත්‍ර ඇඳගෙන මල්මාලා දරාගෙන අලංකාර වෙලා ආවා. පින් අනුමෝදන් වෙන්න පුළුවන් තැනක සිටපු ප්‍රේතයා ඒ පින අනුමෝදන් වුනා. ඒ නිසා මිය පරලොව ගිය අය කෙරෙහි අනුකම්පා කරල නැවත නැවතත් දන් දීල ඒ පින් දෙන්ට ඕන.

397. ඇතැම් පෙරේතයන් ඉන්නෙ වැරහැලිවලින් විලිවසා ගෙනයි. ඇතැම් පෙරේතයන් තමන්ගෙ කෙස් රොදෙනුයි විලි වසා ගන්නෙ. පෙරේතයන් බත් හොයාගෙන යනවා. එක එක දිසාවලට යනවා.

398. සමහර පෙරේතයන් බත් හොයා ගෙන ඉතා දුර දුවනවා. නමුත් කිසි දෙයක් නොලබා නවතිනවා. ඔවුන් හරි බඩගින්නෙ ඉන්නෙ. සිහිසන් නැතුවයි ඉන්නෙ. ඉතා බලවත්ව පීඩා විඳල වේලිලා බිම ඇදගෙන වැටෙනවා.

399. සමහරු ඒ ගිය ගිය තැනම වේලිලා බිම ඇදගෙන වැටෙනවා. කලින් ලැබුනු මනුස්ස ජීවිතයේ දී කිසි පිනක් දහමක් නොකර ජීවත් වෙලා අන්තිමේදී ගිනි අව්වේ ගින්දරකින් පිච්චෙනවා වගේ බඩගින්නෙන් පිපාසයෙන් පිච්චෙනවා.

400. අපිට ඉස්සර පවිටු ගතිගුණ තිබුනා. ගෘහණියන් වෙලා හිටියේ. කුල මාතාවරු වෙලා හිටියේ. අපිට දන්පැන්වලට දෙන්න දේපල වස්තුව තිබුනා. නමුත් තමන්ට පිහිට ඇති ඒ පින්කම් අපි කරගත්තෙ නෑ.

401. හරියට කෑම බීම තිබුනා. අපි ඒව හැංගුවා. යහපත් මාර්ගයෙහි ගමන් කරන පැවිද්දන් වහන්සේලාට අපි කිසිදෙයක් දුන්නෙ නෑ.

402. අපි පින් කරන්න කැමති වුනේ නෑ. කම්මැලිකමෙන් හිටියා. මිහිරි දේ කැමති වුනා. හැම තිස්සෙම කකා හිටියා. බත් පිඬක් වුනත් අපි අනුන්ට දෙන කොට ඒක ලබාගන්න කෙනාට අපි අපහාස කළා.

403. දැන් අපිට ඒ ගෙවල් නෑ. ඒ දාසියන් නෑ. ඒ ආභරණත් අපිට නෑ. දැන් ඒව පරිහරණය කරන්නෙ වෙන උදවියයි. අපිට අයිති වුනේ දුක විතරයි.

404. ඊටපස්සෙ වෙන්නෙ නින්දනීය වූ බට පොතු වියන ගෙවල්වල සොම්මර කුලයේ දුගී දුප්පත්ව උපදිනවා. චණ්ඩාල කුලයේ දීන වෙලා උපදිනවා. ආයෙ ආයෙමත් උපදින්නෙ ඒ වගේ හීන කුලවලයි.

405. යම් යම් හීන දීන දිළිඳු පවුල් තියෙනවා. අන්න ඒ කුලවල තමයි උපදින්නෙ. ඕක තමයි මසුරු සිත් ඇති අයට ලැබෙන උපත.

406. පෙර ජීවිතවල පින් කරගත්තු අය ඉන්නවා. එයාල දන් දෙන උදවිය. මසුරු නෑ. ඔවුන් නිසයි දෙව්ලොව පිරෙන්නෙ. නන්දන වනය බබලුවන්නෙ ඔවුන් තමයි.

407. ඒ උදවිය වෛජයන්ත ප්‍රාසාදයේ තමා කැමති පරිදි දිව්‍ය සැපයෙන් සතුටු වෙනවා. එතැනින් චුත වුනාට පස්සෙ හොඳ ධනසම්පත් තියෙන උසස් පවුල්වල උපදිනවා.

408. ඔය විදිහට මහා යසස් ඇති කුලවල ඉපදිලා කූටාගාරවල ප්‍රාසාදවල දිගුලොම් ඇති කොඳුපලස් අතුරපු යහන්වල මොණර පිලෙන් කරවපු විජිනිපත්වලින් පවන් සලමින් සැපසේ ජීවත් වෙනවා.

409. ඒ උදවිය (කුඩා කාලෙම) මල් මාලා දරාගෙන අලංකාර වෙලා කිරිමව්වරුන්ගේ ඇකයෙන් ඇකයට යනවා. ඒ කිරිමව්වරු ඒ දරුවන් ගේම සැප පතමින් උදේ සවස ඔවුන්ට උපස්ථාන කරනවා.

410. මේව ලැබෙන්නේ පින් නොකරපු අයට නම් නොවෙයි. මේවා ලැබෙන්නේ පින් කරපු අයටමයි. එතකොට දෙව්ලොව ඉපදිලා ශෝකයක් නැතිව රම්‍ය වූ නන්දන වනයෙහි සතුටු වෙනවා.

411. පින් කරගන්ට බැරිවෙච්ච උදවියට මෙලොවේවත් පරලොවවත් සැපයක් නම් නෑ. නමුත් පින් කළ උදවියට තමයි මෙලොවදී වගේම පරලොවත් සැප ලැබෙන්නෙ.

412. ඒ දෙවියන් සමග එකතු වෙලා ඉන්ට කැමති අය බොහෝ කුසල්මයි කරන්ට ඕන. පින් කරගත්තු උදවිය දෙව්ලොව දි සැප සම්පත් ලබා ගෙන සතුටු වෙනවා.

සාදු! සාදු!! සාදු!!!

පළමු වෙනි අභිජ්ජමාන ප්‍රේත වස්තුවයි.

3.2.

413. උන්වහන්සේ උපන්නේ කුණ්ඩි නගරයේ. සානුවාසී පර්වතයේ තමයි වැඩ වාසය කළේ. උන්වහන්සේගේ නම පොට්ඨපාද. ශ්‍රද්ධා ආදී ඉන්ද්‍රිය ධර්මයන් දියුණු කරගත්තු රහත් ශ්‍රමණයන් වහන්සේ නමක්.

414. උන්වහන්සේගේ මවත් පියාත් සහෝදරයාත් දුගතියේ උපන්නා. යමලෝකයේ උපන්නා. මේ ලෝකෙන් චුත වලා ඔවුන් පෙරේත ලෝකෙ උපන්නෙ පාපී දේවල් කරලයි.

415. ඔවුන් දුගතියේ උපන්නෙ. ඉඳිකටුවලින් අනිනවා වගේ වේදනා විඳිනවා. ක්ලාන්ත වෙනවා. ඇගේ නූල් පොටක්වත් නෑ. කටු ටික විතරයි. නිතරම තැති අරගෙන ඉන්නෙ. මහා භයකින් ඉන්නෙ. කෲර දේවල් කරපු ඔවුන්ගේ සිරුරු පිටට පෙන්නන්නෙ නෑ.

416. උන්වහන්සේගේ සහෝදරයා තැති ගැනීම දුරු කරගෙන නිරුවත්ව ඉඳගෙනම අඩිපාරක් අයිනේ හුදෙකලාව හිටියා. අත් දෙකයි, කකුල් දෙකයි බිම ඇනගෙන ඒ තෙරුන් වහන්සේට තමන්ගේ ස්වභාවය පෙන්වුවා.

417. ඒ සාණුවාසී තෙරුන් වහන්සේ ඒ දර්ශනය ගණනකට ගත්තෙ නෑ. නිශ්ශබ්දවම වැඩියා. එතකොට ඒ පෙරේතයා 'මං මැරිල ගිය ඔබ

වහන්සේගේ සහෝදරයා' කියල තෙරුන් වහන්සේට තමාව දැක්වුවා.

418. අනේ ස්වාමීනි, ඔබ වහන්සේගේ මවත් පියාත් දුගතියේ උපන්නා. යමලෝකයේ උපන්නා. මේ ලෝකෙන් චුත වෙලා ඔවුන් පෙරේත ලෝකෙ උපන්නෙ පාපී දේවල් කරලයි.

419. ඔවුන් දුගතියේ උපන්නෙ. ඉදිකටුවලින් අනිනවා වගේ වේදනා විඳිනවා. ක්ලාන්ත වෙනවා. ඇගේ නූල් පොටක්වත් නෑ. කටු ටික විතරයි. නිතරම තැති අරගෙන ඉන්නෙ. මහා භයකින් ඉන්නෙ. කෲර දේවල් කරපු ඔවුන්ගේ සිරුරු පිටට පෙන්නන්නෙ නෑ.

420. කාරුණික වූ මුඹවහන්සේ අපට අනුකම්පා කරන සේක්වා! දන් පැන් පූජා කරලා අපට පින් ලබා දෙන සේක්වා! කෲර දේවල් කරපු ඔවුන්ට මුඹවහන්සේ දෙන දානයකින් තමයි යැපෙන්ට සිද්ධ වෙන්නෙ.

421. සාණුවාසී තෙරුන් වහන්සේත් තවත් භික්ෂූන් වහන්සේලා දොළොස් නමකුත් පිණ්ඩපාතේ වැඩියා. බත්කිස කිරීම පිණිස උන්වහන්සේලා එකතැනකට රැස් වුනා.

422. සාණුවාසී තෙරුන් වහන්සේ අනික් තෙරුන් වහන්සේලාට මෙහෙම කිව්වා. 'ඔබවහන්සේලාට ලැබිච්ච යමක් ඇත්නම් ඒක මට දෙන්න. ඥාතීන් කෙරෙහි අනුකම්පාව නිසා මං සාංඝික දානයක් කරන්නම්.'

423. උන්වහන්සේලාත් තෙරුන් වහන්සේට දුන්නා. තෙරුන් වහන්සේ ආර්ය සංඝයාට ආරාධනා කළා. දානයත් පූජා කරගත්තා. මවටත් පියාටත් සහෝදරයාටත් පින්පෙත් අනුමෝදන් කළා.

424. 'මේ පින මාගේ ඥාතීන්ට වේවා! මාගේ ඥාතිවරු සුවපත් වෙත්වා!, කියල පින් අනුමෝදන් කරනවාත් සමගම ඒ උදවියට භෝජන පහළ වුනා.

425. ඒ බොජුන් හරි පිරිසිදුයි. ප්‍රණීතයි. නොයෙක් රසවත් ව්‍යංජනවලින් යුක්තයි. එයින් වර්ණවත් වුන, බලවත් වුන, සුවපත් වුන සහෝදරයා පෙනී හිටියා.

426. ස්වාමීනි, දැක වදාළ මැනැව. දැන් අපිට භෝජන ඕන තරම් තියෙනවා. නමුත් අපි තවමත් ඉන්නෙ නිරුවතින්. ඉතින් ස්වාමීනි, අපට යම් විදිහකින් වස්ත්‍රයක් ලැබෙනවා නම් එබඳු දෙයකට උත්සාහ කරන සේක්වා!

427. තෙරුන් වහන්සේ කසල ගොඩවල්වල ඉවත දාපු රෙදි කැබලි අහුලා ගත්තා. ඒ රෙදි කැබලි මූට්ටු කළා. සිවුරක් කළා. සිව් දිසාවෙන් වඩින සංඝයාට පූජා කළා.

428. දානය පූජා කරගෙන මවටත් පියාටත් සහෝදරයාටත් පින්පෙත් අනුමෝදන් කළා. 'මේ පින මාගේ ඥාතීන්ට වේවා! මාගේ ඥාතීවරු සුවපත් වේවා!' කියල.

429. පින් අනුමෝදන් කරනවාත් සමගම ඒ උදවියට වස්ත්‍ර පහළ වුනා. ඒ වස්ත්‍රවලින් ලස්සනට සැරසුණු ප්‍රේතයා තෙරුන් වහන්සේට තමන්ව දැක්වුවා.

430. ස්වාමීනි, නන්දන රජ්ජුරුවන්ගෙ රාජධානියේ යම්තාක් රෙදිපිළි තියෙනවා නම් ඒවාට වඩා බෙහෝ සෙයින් අපට ලැබිච්ච වස්ත්‍ර නම් හරි අගෙයි.

431. කසීසළු, කම්බිලි, පටවස්ත්‍ර, කපුරෙදි ආදිය අපට දැන් හරියට තියෙනවා. හරි වටිනා ඒව තියෙන්නෙ. ඒ වස්ත්‍ර ආකාසෙ එල්ලිලා තියෙනවා.

432. ස්වාමීනි, අපේ හිතට යම් යම් ඇඳුමක් ප්‍රියයි නම් අපි අඳින්නෙ ඒවා තමයි. ඉතින් ස්වාමීනි, අපිට යම් විදිහකින් ගෙයක් ලැබෙනවා නම් එබඳු දෙයකට උත්සාහ කරන සේක්වා!

433. සාණුවාසී තෙරුන් වහන්සේ කොළ අතු සෙවිලි කරල කුටියක් කළා. ඒ කුටිය සිව් දිසාවෙන් වඩින සංඝයාට පූජා කළා. කුටි පූජාව කරලා මවටත් පියාටත් සහෝදරයාටත් පින්පෙත් අනුමෝදන් කළා.

434. 'මේ පින මාගේ ඥාතීන්ට වේවා! මාගේ ඥාතීවරු සුවපත් වෙත්වා!' කියල පින් අනුමෝදන් කරනවාත් සමගම ඒ උදවියට ගෙවල් පහළ වුනා.

435. නොයෙක් කූටාගාර, නිවාස පහළ වුනා. ඒවා හරි පිළිවෙලට වෙන් කරල බෙදල තියෙනවා. අපට තිබෙන මේ ගෙවල් විදිහේ ගෙවල් නම් මනුස්ස ලෝකයේවත් දැකගන්ට නෑ.

436. දෙව්ලොව යම් ආකාරයක දිව්‍ය විමාන තියෙනවා නම් මෙහෙ තියෙන අපේ ගෙවලුත් අන්න ඒ වගේ තමයි. හැම දිසාවක්ම බබුලුවමින් දිළිසෙනවා.

437. අනේ ස්වාමීනි, අපිට යම් විදිහකින් පැන් ලැබෙනවා නම් එබඳු දෙයකට උත්සාහ කරන සේක්වා! එතකොට තෙරුන් වහන්සේ කලයකට පැන් පුරවලා සිව් දිසාවෙන් වඩින සංඝයාට පූජා කළා.

438. පැන් පූජාව කරලා මවටත් පියාටත් සහෝදරයාටත් පින්පෙත් අනුමෝදන් කළා. 'මේ පින මාගේ ඤාතීන්ට වේවා! මාගේ ඤාතීවරු සුවපත් වෙත්වා!' කියල.

439. පින් අනුමෝදන් කරනවාත් සමගම ඒ උදවියට පැන් පහළ වුනා. ඉතා ගැඹුරු හතරැස් පොකුණක් හරි සුන්දර පිළිවෙලට මැවිල ගියා.

440. ඒ පොකුණේ ජලය හරි සීතලයි. ඉවුරත් හරි ලස්සනයි. හරි සිසිලයි. සුවඳ හමන නෙළුම් මහනෙල් පිරිල තියෙනවා. ඒ වතුර පුරාවට මල් රේණු විසිරිලා තියෙනවා.

441. එතකොට ඒ පෙරේතයන් පොකුණට බැහැල නෑවා. තෙරුන් වහන්සේ ඉදිරියේ පෙනී හිටියා. ස්වාමීනි, අපට ඇති වෙන්න පැන් තියෙනවා. ඒ වුනාට අපේ කකුල් පැලෙන නිසා අපිට දුකයි.

442. ස්වාමීනි, කුස කටු තියෙන බොරළු කැට තියෙන පොළොවේ අපි ඇවිදින්නේ හරිම අමාරුවෙන්. ස්වාමීනි, අපිට යම් විදිහකින් යානයක් ලැබෙනවා නම් එබඳු දෙයකට උත්සාහ කරන සේක්වා!

443. සාණුවාසී තෙරුන් වහන්සේ පටි තියෙන සෙරෙප්පු ජෝඩුවක් ලබාගෙන ඒක සිව් දිසාවෙන් වඩින සංඝයාට පූජා කළා. සෙරෙප්පු පූජාව කරලා මවටත් පියාටත් සහෝදරයාටත් පින්පෙත් අනුමෝදන් කළා.

444. 'මේ පින මාගේ ඤාතීන්ට වේවා! මාගේ ඤාතීවරු සුවපත් වෙත්වා!' කියල පින් අනුමෝදන් කරනාවත් සමගම ඒ උදවියට පහළ වූ රථයෙන් ඔවුන් එතැනට ආවා.

445. ස්වාමීනි, ඔබ වහන්සේට යහපතක් වේවා! බත්වලින් රෙදිපිළිවලින් ගෙවල්වලින් පැන්වලින් යානාවලින් අපට උපකාර කරල ඔබ වහන්සේගේ අනුකම්පාව අපට ලැබුනා. ලෝකයෙහි කාරුණික වූ මුනිවරයාණෙනි, අපි මේ ආවේ ඔබ වහන්සේට වන්දනා කරගන්ටයි.

සාදු! සාදු!! සාදු!!!

දෙවෙනි සාණුවාසී ප්‍රේත වස්තුවයි.

3.3.

446. මහානුභාව ඇති පින්වත් දෙව්දුව, ඔබේ දිව්‍ය විමානයේ වෛරෝඩි මාණික්‍යවලින් කරපු ලස්සන කැටයම් තියෙනවා. හරිම සිත්කළුයි. ප්‍රභාස්වරයි. ඒ විමානයට නැගගත් ඔබ බබලන්නෙ පොහොය දවසට අකාසයේ දිලෙන පුන් සඳ වගෙයි.

447. ඔබේ ශරීරයෙහි පැහැය රත්තරන් පාටයි. ගිනියම් වුන රනක් වගේ ඔබ අතිශයින්ම දර්ශනීයයි. පළස් අතුරපු වටිනා ආසනයක ඔබ වාඩිවෙලා ඉන්නෙ. ඔබ හුදෙකලාව ඉන්නෙ. ඔබට ස්වාමියෙක් නෑ.

448. ඔබේ මේ පොකුණ වටේට බොහෝ මල් තියනවා. සුදු නෙළුම් පිපිල තියෙනවා. හැමතැනම තියෙන්නෙ රන්වන් වැලි. මඩ දියසෙවල වාගේ දේවල් දැකගන්ට නෑ.

449. මෙහෙ ඉන්න හංසයොත් හරිම දැකුම්කළුයි. සුන්දරයි. ඔවුන් හැම තිස්සේම ජලයේ පීන පීනා ඉන්නවා. ඒ ඔක්කොම හංසයන් ගිගිරි සලමින් නාද කරන කොට ඇහෙන්නේ මිහිරි හඬින් මිහිඟු බෙර වාදනය කරනවා වගේ.

450. යසස් ඇති තැනැත්තිය, ඔය යසසින් බැබලි බැබලි ඔය නැවේ සිටින්නෙ. ඔබට දික් වූ ඇහිබැම තියෙනවා. සිනහ නැගුන මුහුණක් තියෙනවා. ප්‍රිය වචනයෙන් කතා කරනවා. සුන්දර වූ සියලු අඟපසඟ තියෙනවා. ඔබ අතිශයින්ම ලස්සනයි.

451. මේ දිව්‍ය විමානයේ දූවිලි නෑ. සමව පිහිටලා තියෙනවා. ඇල්මත් සතුටත් වැඩෙනවා. අලාමක දර්ශන ඇති පින්වතිය, අපි ඔබ සමග මේ නන්දන උයනෙහි සතුටෙන් ඉන්ට කැමතියි.

452. එහෙම නම් ඔබට කරන්ට තිබෙන්නෙ මේ දිව්‍ය විමනයෙහි සැප විඳීම ඇති කරල දෙන විදිහේ පින් දහම් කරන එකයි. ඔබේ හිතත් මේ දිව්‍ය විමානයෙහි පිහිටුවා ගෙන ඉන්න. එතකොට ඔබට මේ දිව්‍ය විමනයෙහි සැප විඳීම ඇති කරල දෙන විදිහේ පින් දහම් කරල මාත් සමග සතුටින් ඉන්න පුළුවන්.

453. ඒ මාණවකයා හොඳයි කියල ඇයට පිළිතුරු දුන්නා. ඒ දිව්‍ය විමනයෙහි සැප විඳීම ඇති කරල දෙන විදිහේ පින් දහම් කළා. ඒ දිව්‍ය විමනයෙහි

සැප විඳීම ඇති කරල දෙන විදිහේ පින් දහම් කරල ඒ මාණවකයා ඒ දෙවඟනත් සමග ජීවත් වෙන්ට එහි උපන්නා.

සාදු! සාදු!! සාදු!!!

තුන්වෙනි රථකාර ප්‍රේත වස්තුවයි.

3.4.

454. එක්කෙනෙක් ගිනි ගත්තු බොල් වී ඔළුවේ විසුරුවා ගන්නවා. තව කෙනෙක් මුගුරකින් ඔළුවට ගහනවා. මේ ස්ත්‍රිය තමන් ගේම මස් ලේ කකා ඉන්නවා. ඔබ ඉතා පිළිකුල් වූ අසූචි මල මුත්‍රාදිය කකා ඉන්නවා. මොන වගේ කර්මයකින් මේ විපාක හැදුනේ?

455. මෙයා මීට කලින් ජීවිතයේදී තමන්ගේ අම්මාට හිංසා කරනවා. මේ අනිත් එක්කෙනා වංචාකාර වෙළෙන්දෙක්. මෙයා මස් වගයක් කාලා බොරුවෙන් වංචා කළා.

456. මං මනුස්ස ලෝකෙ මනුස්ස කාන්තාවක් වෙලා හිටියෙ. ඒ මුළු පවුලට ම අධිපති වෙලා ගෘහනියක් වෙලා හිටියේ. දේපල වස්තුව තිබෙද්දිත් මං ඒව හැංගුවා. ඉල්ලපු කිසි කෙනෙකුට මොකවත් දුන්නෙ නෑ.

457. මං එතකොට කරන්නෙ මගේ ගෙදර ඒක නැහැ නෙ කියල බොරුවෙන් සඟවන එක. ඉතින් තියේ නම් මං කන භෝජන අසූචි වේවා! කියල මං දිවුරුවා.

458. අන්න ඒ කර්ම විපාකයත්, බොරු කීමත් යන දෙක නිසා සුවඳ ඇල් හාලේ බත මං ඉදිරියේ අසූචි බවට පත් වෙනවා.

459. කර්ම කියන්නෙ වඳ බැහැපු දේවල් නොවෙයි. විපාක නොදී මිසක් කර්මය විනාශ වෙන්නෙ නෑ. ඒ නිසා මං ඉතාමත්ම ගඳ, පණුවන් උතුරන අසූචි කනවා. ඒවමයි බොන්නෙත්.

සාදු! සාදු!! සාදු!!!

හතරවෙනි භූස ප්‍රේත වස්තුවයි.

3.5.

460. ඇතැම් පුද්ගලයන්ට හොඳට පින් තියෙනවා. ඇතැම් පුද්ගලයන්ට පින් ටිකයි තියෙන්නෙ කියල ශාස්තෘන් වහන්සේ යම් ආකාරයකින් මේ පුද්ගලයා ගැන වදාළ සේක්ද, සුගතයන් වහන්සේගේ ඒ අවබෝධ ඤාණය නම් ආශ්චර්යජනකයි.

461. මේ කුමාරයාව සොහොනේ අත් හැරල දාල තියෙන්නෙ. මේ දරුවාගේ ඇඟිල්ලෙන් වැගිරෙන කිරිවලින් තමයි රාත්‍රියට යැපෙන්නෙ. කළ පින් ඇති මේ කුමාරයාට යක්ෂ භූත කිසිවෙක්වත්, සර්පයෙක්වත් හිංසා කරන්නෙ නෑ.

462. බල්ලන් පවා මේ දරුවාගේ දෙපා ලෙවනවා. කවුඩෝ, සිවල්ලු මේ දරුවාව එහාට මෙහාට පෙරලනවා විතරයි. පක්ෂීන් ඇවිත් මේ දරුවගේ සිරුර වටා තියෙන ගැබ්මල ඉවත් කරනවා. කපුටෝ ඇවිත් ඇස් වටේ තියෙන කැත කුණු ඉවත් කරනවා.

463. මේ දරුවාගේ රැකවරණයට කිසිම මනුස්සයෙක් නෑ. බෙහෙතක් දෙන්ට කෙනෙක් නෑ. අබ ආදියෙන් දුම් ඇල්ලීමක් නෑ. ඔහු වෙනුවෙන් නැකැත් හැදීමක් නෑ. ඒ වගේම හැල් වී ආදී සියලු ධාන්‍ය විසිරීමක් නෑ.

464. රෑ පානේ ගෙනැවිල්ල අමු සොහොනෙ අත්හැරල දාපු දරුවෙක්. වෙඬරු පිඩක් වගේ වෙව්ලනවා. ජීවත් වෙයිද කියන කාරණෙත් සැකයි. මේ විදිහේ තත්වයකට පත් වෙච්ච දරුවෙක්.

465. දෙව්මිනිසුන්ගේ පිදුම් ලබන මහා ප්‍රාඥා වූ බුදුරජාණන් වහන්සේ මේ දරුවව දැක්කා. දැකල මෙහෙම වදාළා. 'මේ කුමාරයා මේ නගරයේ භෝගසම්පත්වලින් අග්‍රවෙලා උසස් කුලවන්තයෙක් බවට පත් වෙනවා.'

466. මේ කුමාරයා කරපු ව්‍රතය මොකක්ද? ගත කළ උතුම් ජීවිතය මොකක්ද? එයා මේ විපාකය ලබන්ට මොන වගේ දෙයක්ද හොඳින් පුරුදු කළේ? මේ වගේ දරුණු ව්‍යසනයකට පත් වෙච්ච කෙනෙක් අර විදිහේ සැපසම්පත් ඇති ආනුභාව සම්පන්න කෙනෙක් වෙන්නෙ කොහොමද?

467. ජනතාව බුදුරජාණන් වහන්සේ ප්‍රමුඛ භික්ෂු සංඝයාට මහා පූජාවක් කළා. ඒක දැකල මෙයාගෙ හිත නරක් වුනා. බුදු පාමොක් සඟරුවනට නොගැළපෙන ඵරුෂ වචන කිව්වා.

468. පස්සේ මෙයා ඒ නපුරු අදහස දුරු කරගත්තා. ප්‍රීතියත් පැහැදීමත් උපදවා ගත්තා. ජේතවනාරාමයෙහි වැඩවසන තථාගතයන් වහන්සේට සත්දිනක් මුළුල්ලේ කැඳබත්වලින් උපස්ථාන කළා.

469. ඒක තමයි මෙයාගේ ව්‍රතය. ඒකමයි උතුම් ජීවිතයත්. එය පුරුදු කිරීමෙන් තමයි ඔහුට මේ සැප විපාක ලැබෙන්නෙ. මේ වගේ දරුණු ව්‍යවසනයකට පත්වෙච්ච කෙනෙක් වෙලත් ඒ විදිහේ සැපසම්පත් ඇති ආනුභාව සම්පන්න කෙනෙක් වෙන්නෙ ඒ පින නිසාමයි.

470. මේ කුමාරයා මේ මනුස්ස ලෝකෙ සියක් අවුරුදු ජීවත් වෙනවා. සියලු සැපසම්පත්වලින් යුක්ත වෙනවා. කය බිඳී මරණින් මතු සක් දෙවිඳුගේ දෙව්ලොව උපදිනවා.

සාදු! සාදු!! සාදු!!!

පස්වෙනි කුමාර ප්‍රේත වස්තුවයි.

3.6.

471. ඔබේ ඇගේ නූල් පොටක් නෑ. හරිම විරූපියි. කෙට්ටුයි. නහරවල් පෑදිලා තියෙනවා. ඉළඇට ඉලිප්පිලා තියෙනවා. කෙට්ටු සිරුරක්. මෙතැන ඉන්න ඔබ කවුද?

472. අනේ ස්වාමීනි, මං මේ දුකේ වැටිල ඉන්නෙ. මං යමලෝකෙ උපන් පෙරේතියක්. මගේ අතින් පව්කම් කෙරිල තමයි මනුස්ස ලෝකෙන් පෙරේත ලෝකෙට ගියේ.

473. ඔබ විසින් කයෙන් වචනයෙන් මනසින් මොන වගේ පවක්ද කරගත්තෙ? මොන වගේ කර්මයක විපාකයක් නිසාද මිනිස් ලෝකෙන් පෙරේත ලෝකෙට ආවෙ?

474. පින් රැස් කරගන්නට පින් තොටවල් බඳු ශ්‍රමණ බ්‍රාහ්මණ ආදීන් සිටිද්දිත් මං ඔවුන්ට දන් නොදී අඩමස්සක් (මුදල්) රැස් කළා. දන්පැන්වලට දෙන්න දේවල් තිබෙද්දිත් තමන්ට පිහිට වෙන පින්කම් මං කරගත්තෙ නෑ.

475. මට හරියට පිපාසෙ හැදෙනවා. එතකොට මං නදියට යනවා. මට නදිය පෙනෙන්නෙ වතුර සිඳී ගිය වැලිතලාවක් වගේ. රස්නේ වැඩි නිසා මං ගස් සෙවණට යනවා. එතකොට ඒ අව්ව ගහ යටට එනවා.

476. හුළඟ හමන කොට මහා ගිනි රස්නෙකින් ඒ හුළඟ හමන්නෙ මාව පුච්චගෙනයි. අනේ ස්වාමීනි, මට මේ දුක ලැබෙන්ට සුදුසුයි. මං ඔයිටත් වඩා පව් කරල තියෙනවා.

477. හත්ථිනීපුරයට ගිහින් මගේ අම්මට මෙහෙම කියන්න. ඔබේ දෝණියැන්දාව මට දැකගන්ට ලැබුනා. දුකට පත්වෙලා යම ලෝකෙ ඉපදිලා ඉන්නෙ.

478. පාපකර්ම කරලයි මනුස්ස ලෝකෙන් චුත වෙලා පෙරේත ලෝකෙට ආවෙ. මං එහේදි ආරක්ෂා කරල තියාපු වස්තුව තියෙනවා. මං ඒ ගැන කාටවත් කිව්වෙ නෑ.

479. වාඩිවෙන ආසනය යට හාරලක්ෂයක් හංගලා තියෙනවා. ඒ වස්තුව වියදම් කරල මං වෙනුවෙන් දානයක් දෙන්න. අම්මාගෙ වියදමටත් ගන්න.

480. මගේ අම්මා මනුස්ස ලෝකෙදී දානයක් දීල මට පින් ලබා දේවා! එතකොට මට සැප ලැබේවි. කැමති හැමදේකින්ම සමෘද්ධිමත් වේවි.

481. හොඳයි කියල ඔහු පිළිතුරු දුන්නා. හත්ථිනීපුරයට ගියා. ඇයගේ මෑණියන්ටත් කිව්වා. ඔබේ දෝණියැන්දාව මට දැකගන්ට ලැබුනා. දුකට පත්වෙලා යම ලෝකෙ ඉපදිලා ඉන්නෙ.

482. පාපකර්ම කරලයි මනුස්ස ලෝකෙන් චුත වෙලා පෙරේත ලෝකෙට ආවෙ. මගේ අම්මට ගිහින් කියන්න කියල ඇය තමයි මේ වැඩේට මාව යෙදෙව්වෙ.

483. ඔබේ දෝණියැන්දාව මට දැකගන්ට ලැබුනා. දුකට පත්වෙලා යම ලෝකෙ ඉපදිලා ඉන්නෙ. පාපකර්ම කරලයි මනුස්ස ලෝකෙන් චුත වෙලා පෙරේත ලෝකෙට ආවෙ.

484. මං එහේදි ආරක්ෂා කරල තියාපු වස්තුව තියෙනවා. මං ඒ ගැන කාටවත් කිව්වෙ නෑ. වාඩිවෙන ආසනය යට හාරලක්ෂයක් හංගලා තියෙනවා. ඒ වස්තුව වියදම් කරල මං වෙනුවෙන් දානයක් දෙන්න. අම්මාගෙ වියදමටත් ගන්න.

485. මගේ අම්මා මනුස්ස ලෝකෙදි දානයක් දීල මට පින් ලබා දේවා! එතකොට මට සැප ලැබේවි. කැමති හැම දේකින්ම සමෘද්ධිමත් වේවි.

486. එතකොට ඇගේ මව ඈ වෙනුවෙන් දානයක් දුන්නා. දීල ඒ පින ඒ පෙරේතියට අනුමෝදන් කළා. එතකොට ඒ පෙරේති සුවපත් වුනා. සුන්දර දැකුම් ඇති සිරුරක් ලැබුනා.

සාදු! සාදු!! සාදු!!!

හයවෙනි සේරණී ප්‍රේත වස්තුවයි.

3.7.

487. ඔබ තරුණයි. දිව්‍ය පුත්‍රයන්, දිව්‍ය අංගනාවන් පිරිවරාගෙනයි ඉන්නෙ. සිත් අලවන කාම සම්පත්වලින් සෝභමානයි. නමුත් දවල් කාලෙට ඔබ හරියට දුක් විඳිනවා. කලින් ජීවිතයේදී ඔබ මොන වගේ කර්මයක්ද කළේ.

488. මං හිටියේ රජගහ නුවර. ඒ රම්‍ය වූ ගිරිබ්බජ කියන රමණීය රාජධානියේ මං හිටියේ මුව වැද්දෙක් වෙලා. ලේ වැකුණු අත් ඇතිව දරුණු විදිහටයි මං හිටියේ.

489. කිසිවෙකුට හිංසා කරන්නෙ නැති ප්‍රාණීන් ගැන බොහෝ සතුන් ගැන මට තිබුනේ නපුරු හිතක්. අති දරුණු විදිහටයි මං හැසිරුනේ. බොහෝ සතුන් කෙරෙහි හිංසාවටයි මං ඇලුනේ. කිසි දමනයක් තිබුනෙ නෑ.

490. නමුත් මාගේ යාළුවෙක් හිටියා. හරි සුහදයි. ශ්‍රද්ධාවන්ත උපාසකයෙක්. ඔහු මං ගැන අනුකම්පාවෙන් හිටියේ. මාව නැවත නැවත පව්වලින් වැළැක්වුවා.

491. ළමයෝ, පව් විතරක් කරන්ට එපා! අපායෙ යන්ට එපා! මරණින් මත්තෙ සැප ලබන්ට කැමති නම් ඔය දුස්සීල වූ ප්‍රාණවධයෙන් වෙන් වෙන්න.

492. මගේ සැප කැමති මා කෙරෙහි අනුකම්පා කරන ඔහුගේ වචනය මං අහලා ඒ සියලු අවවාද කළේ නෑ. බොහෝ කාලයක් පව්වලට ඇලිල බුද්ධියක් නැතුව නෙව මං හිටියෙ.

493. ඒ මහා ප්‍රඥාවන්ත උපාසකතුමා ආයෙමත් මට අනුකම්පා කරල සීල සංවරයෙහි මාව පිහිටෙව්වා. 'ඉතින් නුඹ දවල් කාලේ සතුන් මරණවා නම් අඩු ගණනේ රාත්‍රියටවත් නුඹගේ සංවරයක් වේවා!' කියල.

494. ඉතින් මං දවල් කාලෙ සතුන් මරල රෑට සතුන් මැරීමෙන් වෙන් වෙලා සංවර වුනා. ඒ නිසයි මට රෑට දිව්‍ය සැප ලැබෙනවා. දවල්ට දුක් අනුභව කරනවා.

495. ඒ කුසල කර්මයේ විපාක වශයෙන් මං රාත්‍රියට දිව්‍ය සැප අනුභව කරනවා. දවල්ට බල්ලන් බද්ධවෛරයෙන් වගේ මාව පන්නගෙන ඇවිත් වට කරගෙන කනවා.

496. යම් කෙනෙක් සුගතයන් වහන්සේගේ සාසනයෙහි ස්ථිරව පිහිටලා නිරතුරුවම බණ භාවනාවෙහි යෙදෙනවා නම්, මං හිතන්නෙ ඔවුන් අසංඛත වූ අමා නිවන මුළුමනින්ම අවබෝධ කරගන්නවා කියලයි.

සාදු! සාදු!! සාදු!!!

හත් වෙනි මිගලුද්දක ප්‍රේත වස්තුවයි.

3.8.

497. කූටාගාරවල ප්‍රාසාදවල දිගු ලොම් ඇති කොඳුපලස් අතුරපු යහන්වල පංචාංගික තූර්යය නාදය සුන්දර විදිහට වාදනය වෙද්දි ඔබ ඒ ගැන සතුටු වෙනවා.

498. ඒ රෑය ගෙවී ගියාට පස්සෙ හිරු උදා වෙනකොට ඔබව සොහොනෙහි අත්හැර දමනවා. බොහෝ දුකට පත් වෙනවා.

499. ඔබ විසින් කයෙන් වචනයෙන් මනසින් මොන වගේ පවක්ද කරගත්තෙ? මොන වගේ කර්මයක විපාකයක් නිසාද මේ වගේ දුකකට පත් වුනේ.

500. මං හිටියේ රජගහ නුවර. ඒ රම්‍ය වූ ගිරිබ්බජ කියන රමණීය රාජධානියේ මං හිටියේ මුව වැද්දෙක් වෙලා. මං දරුණුයි. සංවරකමක් තිබුනෙ නෑ.

501. නමුත් මාගේ යාළුවෙක් හිටියා. හරි සුහදයි. ශ්‍රද්ධාවන්ත උපාසකයෙක්. ඔහුගේ කුලුපග භික්ෂුවක් හිටියා. උන්වහන්සේ ගෞතම බුදුරජාණන් වහන්සේගේ ශ්‍රාවකයෙක්.

502. ඒ භික්ෂුව මං ගැන අනුකම්පාවෙන් හිටියේ. මාව නැවත නැවත පව්වලින් වැළැක්වුවා. 'ළමයෝ, පව් විතරක් කරන්ට එපා! අපායෙ යන්ට එපා!' කියල.

503. මරණින් මත්තෙ සැප ලබන්ට කැමති නම් ඔය දුස්සීල වූ ප්‍රාණවධයෙන් වෙන් වෙන්න. මගේ සැප කැමති මා කෙරෙහි අනුකම්පා කරන ඒ භික්ෂුවගේ වචනය මං අහලා.

504. ඒ සියළු අවවාද කළේ නෑ. බොහෝ කාලයක් පව්වලට ඇලිල බුද්ධියක් නැතුව නෙව මං හිටියෙ. ඒ මහා ප්‍රඥාවන්ත උපාසකතුමා ආයෙමත් මට අනුකම්පා කරල සීල සංවරයෙහි මාව පිහිටෙව්වා.

505. 'ඉතින් නුඹ දවල් කාලේ සතුන් මරණවා නම් වූ අඩු ගණනේ රාත්‍රියටවත් නුඹගේ සංවරයක් වේවා!' කියල. ඉතින් මං දවල් කාලෙ සතුන් මරල රෑට සතුන් මැරීමෙන් වෙන් වෙලා සංවර වුනා.

506. ඒ නිසයි මට රෑට දිව්‍ය සැප ලැබෙනවා. දවල්ට දුක් අනුභව කරනවා. ඒ කුසල කර්මයේ විපාක වශයෙන් මං රාත්‍රියට දිව්‍ය සැප අනුභව කරනවා. දවල්ට බල්ලන් බද්ධවෛරයෙන් වගේ මාව පන්නගෙන ඇවිත් වට කර ගෙන කනවා.

507. යම් කෙනෙක් සුගතයන් වහන්සේගේ සාසනයෙහි ස්ථිරව පිහිටලා නිරතුරුවම බණ භාවනාවෙහි යෙදෙනවා නම්, මං හිතන්නෙ ඔවුන් අසංඛත වූ අමා නිවන මුළුමණින්ම අවබෝධ කර ගන්නවා කියලයි.

සාදු! සාදු!! සාදු!!!

අට වෙනි දුතිය මිගලුද්දක ප්‍රේත වස්තුවයි.

3.9.

508. ඔබ මල් පැළඳගෙන ඉන්නවා. ඔටුන්නක් දාගෙන ඉන්නවා. අත්පාවල ආභරණ පැළඳගෙන ඉන්නවා. සඳුන් කල්ක ඇඟ තවරාගෙන ඉන්නවා. ඔබේ මුව මඬල හරිම ප්‍රසන්නයි. හිරුගේ පැහැයෙන් බබලනවා.

509. ඔබට යම් මේ පරිවාර ජනයා ඉන්නවා නම් ඒ අය දිව්‍ය පිරිසයි. ඔබට යම් උපස්ථායිකාවන් ඉන්නවා නම් ඒ අය විතරක් දිව්‍ය කන්‍යාවන් දහදාහක් වෙනවා.

510. ඔවුන් සක්වළලු ආදී පළඳනා පැළඳගෙන ඉන්නවා. රන්වන් මුදුන්මල් කඩකින් සැරසිලා ඉන්නවා. නුඹ මහානුභාව සම්පන්නයි. ඔබව දකින කොට ලොමුඩහ ගැන්වෙනවා. එහෙත් ඔබ තමාගේම පිටේ මස් කඩාගෙන කනවා.

511. ඔබ විසින් කයෙන් වචනයෙන් මනසින් මොන වගේ පවක්ද කර ගත්තෙ? මොන වගේ කර්මයක විපාකයක් නිසාද ඔබතුමාගේම පිටේ මස් කඩාගෙන කන්නෙ?

512. මං මනුස්ස ලෝකෙ ඉන්න කාලේ මට අයහපත පිණිසයි ජීවත් වුනේ. කේළාම් කීමෙන්, බොරු කීමෙන්, කපටි වැඩවලින්, වංචාවෙන් මං ගත කළේ.

513. එහෙදී මං පිරිස් මැදට ගිහිල්ලා සත්‍ය කතා කරන්ට සුදුසු කාලය එනකොට මං ඒ යහපත් කාරණය අත්හැර දාලා අධර්මයට අනුවයි ගත කළේ.

514. මං අනුන්ට නැති තැන ඇදකුද කිය කිය නින්දා කළා. ඒ පිටුමස් කෑම නිසා දැන් අද මං මගේම පිටුමස් කනවා. මේ විදිහටයි එයා තමන්ව කන්නෙ.

515. පින්වත් නාරද ස්වාමීන් වහන්ස, ඔබ වහන්සේ ඒ මාව දැකගත්තා. ලෝකානුකම්පාව ඇති අතිශයින්ම දක්ෂ වූ බුද්ධාදි උතුමන් යමක් වදාළා නම් මා කියන්නෙත් ඔබට එයමයි. කේළාම් කියන්න එපා! බොරු කියන්න එපා! මං කළා වගේ පිටුමස් කන්නත් එපා!

සාදු! සාදු!! සාදු!!!

නව වෙනි කූටවිනිච්ඡයිකප්‍රේත වස්තුවයි.

3.10.

516. ඔබ අහසේ ඉන්නෙ. හරිම ගඳයි නෙව. කුණු ගඳ හමනවා. කුණු ගඳ ගහන ඔබේ මුඛයේ පණුවෝ පිරිලා කකා ඉන්නවා. ඔබ කලින් ජීවිතයක මොන වගේ කර්මයක්ද කළේ?

517. ආයුධ ගත්තු පිරිසක් ඔබේ මුඛය සැත්වලින් කප කපා දානවා. ලුණු වතුරින් ඉසිමින් ආයෙ ආයෙමත් කපනවා.

518. ඔබ විසින් කයෙන් වචනයෙන් මනසින් මොන වගේ පවක්ද කරගත්තෙ? මොන වගේ කර්මයක විපාකයක් නිසාද මේ වගේ දුකකට පත් වුනේ.

519. මං හිටියේ රජගහ නුවර. ඒ රම්‍ය වූ ගිරිබ්බජ කියන රමණීය රාජධානියේ

මං හිටියේ. නිදුකාණන් වහන්ස, මං බොහෝ ධනසම්පත්වලට අධිපති වෙලා හිටියෙ.

520. ඒ මගේ මේ බිරිඳත්, දියණියත්, ලේලියත් කියන මෙයාලා මලුයි මහනෙල් මලුයි වටිනා සුවඳ වර්ගයි අරගෙන ස්ථූපයට වන්දනා කරන්ට පිටත් වෙන කොට මං ඒක වැළැක්වුවා. මා තමයි ඒ පාප කර්මය කරගත්තෙ.

521. අසූහයදාහක් වගේ පිරිසක් වන අපි ස්ථූප පූජාවට නින්දා අපහාස කළා. දැන් වෙන වෙනම අපි දුක් විඳිනවා. ඝෝරදුක් තියෙන නිරය වැනි පෙරේත ලෝකයේ ඉපදිලයි දුක් විඳින්නෙ.

522. අරහත් වූ සම්බුදුරජාණන් වහන්සේගේ ස්ථූපයට පුදපූජා පවත්වන වෙලාවක කවුරු හරි කෙනෙක් ඒකට දොස් කියනවා නම්, එයා බැහැර වෙන්නෙ පිනෙන් බව තේරුම් ගන්න.

523. මේ බලන්න. මල් දරාගෙන අලංකාර වෙලා අහසින් වඩින මේ දිව්‍යාංග-නාවන් දෙස බලන්න. මැලා මේ අනුභව කරන්නේ ස්ථූපයට මල් පූජා කිරීමේ විපාකයයි.

524. ආශ්චර්යය වූ පුදුම සහගත වූ ලොමුඩහ ගැන්වෙන මේ පුණ්‍ය විපාකය දැක්කට පස්සෙ නුවණ තියෙන උදවිය ඒ මහා මුනීන්ද්‍රයන් වහන්සේට නමස්කාර කරනවා. වන්දනා කරනවා.

525. ඒ මමත් මේ පෙරේත යෝනියෙන් චුතවෙලා මනුස්ස ආත්මයක් ලබා ගෙන අප්‍රමාදීව නැවත නැවතත් ස්ථූප පූජාවමයි කරන්නෙ.

සාදු! සාදු!! සාදු!!!

දසවෙනි ධාතුවිවණ්ණික ප්‍රේත වස්තුවයි.

තුන්වෙනි චූල වර්ගය නිමා විය.

- එහි පිළිවෙල උද්දානයයි:

අභිජ්ජමාන ප්‍රේත වස්තුව, කුණ්ඩීනුවර ප්‍රේත වස්තුව, රථකාර ප්‍රේත වස්තුව, භුස ප්‍රේත වස්තුව, කුමාර ප්‍රේත වස්තුව, සේරිනී ප්‍රේත වස්තුව, මිගලුද්ද ප්‍රේත වස්තු දෙක, පිට්ඨිමංස ප්‍රේත වස්තුව, ධාතුවිවණ්ණක ප්‍රේත වස්තුව යන මෙයින් මේ වර්ගය කියන්නෙ.

4. මහා වර්ගය

4.1.

526. වජ්ජීන්ට අයත් විසාලා මහනුවර කියල නගරයක් තියෙනවා. එහි අම්බසක්ඛර කියල ලිච්ඡවී රජ කෙනෙක් හිටියා. ඔහු නගරයෙන් පිට හිටපු පෙරේතයෙක්ව දැක්කා. දැකලා විස්තර දැනගන්ට හිතාගෙන ඒ පෙරේතයාගෙන් මේ කරුණු ඇහුවා.

527. මේ ප්‍රේතයාට නින්දක් නෑ. වාඩිවෙලා සිටීමක් නෑ. ඉදිරියට ඒමක් නෑ. ආපසු යාමක් නෑ. ආහාරපාන රස විඳීමක්, ඇඳුම් පාවිච්චියක් නෑ. මෙයාට උදව් කරන්න කෙනෙකුත් නෑ.

528. මේ පෙරේතයාට ඉස්සර මනුස්ස ජීවිතයේදී නෑදෑයො හිටියා. ඇසු දුටු සුහද මිතුරන් හිටියා. දැන් ඒ කවුරුවත් දැක ගන්ටවත් නෑ. ඒ ජනයා විසින් මෙයාව අත්හැර දැමූ බවක් තමයි තියෙන්නෙ.

529. ධනයෙන් පිරිහුණු කෙනෙකුට යාළු මිත්‍රයො නෑ. විනාශයට පත් වුන බව දැනගත්තු ගමන් මිතුරන් එයාව අත්හරිනවා. සල්ලි තියෙන කෙනාව දැක්ක ගමන් යාළුවෝ පිරිවරා ගන්නවා. ධනසම්පත්වලින් දියුණු වුන කෙනෙකුට ඕනෑතරම් යාළුවෝ ඉන්නවා.

530. සියළු සම්පත්වලින් පිරිහිලා නිහීන ආත්මයක් ලැබුවට පස්සෙ දුකෙන් ඉන්ට තියෙන්නෙ. ලේ වැකුන ශරීරයක් ඇතිව අත පය බිඳගෙනයි ඉන්නෙ. මෙයාගෙ ජීවිතය අද හෙටවත් විශ්වාස නෑ. තණ අග රැඳුන පිනි බිංදුවක් වගේ මේ ජීවිතයේ අවසානය රැඳිල තියෙන්නෙ.

531. එම්බා යක්ෂය, මේ විදිහට ඉතා දරුණු දුකට පත්වෙලා කොහොඹ උලක නග්ගවලා ඉන්නෙ. එහෙම කෙනෙකුට ඇයි ඔබ 'ජීවත් වෙන්න, ජීවත් වෙන්න' කියල 'ජීවිතයම තමයි ශ්‍රේෂ්ඨ වෙන්නෙ' කියල කියන්නෙ මොන කරුණක් මතද?

532. පින්වත් රජතුමනි, මේ පුරුෂයා මගේ ලේ ඤාතියෙක්. මට පෙර ආත්මභාව සිහි කරන්ට පුළුවනි. එහෙම දැකලා මට මොහු ගැන

ඛුද්දක නිකාය (ප්‍රේත වත්ථු පාළි - 4. මහා වර්ගය) 211

කරුණාවක් ඇති වුනා. පාපී ගති ඇති මේ පුද්ගලයා නිරයේ වැටෙන්න නම් එපා කියල.

533. ලිච්ඡවී රජතුමනි, මේ පුද්ගලයා මෙතැනින් චුත වෙලා යන්නෙ අතිභයානක වූ සත්තුස්සද කියන නිරයටයි. එහේ පව් කරපු උදවියට මහා භයානක කටුක දැවිලි තැවිලි ඇති දුක් උපදිනවා.

534. මේ පුද්ගලයා භයානක ඒකාන්ත දුක් ඇති කටුක දුක් සහිත වූ නිරයට වැටෙනවා. ඔහුට ඒ මහා නරකාදියට වඩා නොයෙක් ගුණයෙන් මේ හුළමයි උතුම්.

535. මේ තැනැත්තා ඔය කාරණාව ගැන මං කියන දේ ඇසුවොත් දුක වැඩිකමට ප්‍රාණය අත් හරිනවා. මං ඒ නිසා මෙයා ළඟ කියන්නෙ නැත්තෙ මෙයාගෙ ජීවිතය නිරුද්ධ වෙන්ට එපා කියන අදහස නිසයි.

536. මේ පුරුෂයා පිළිබඳව වූ කාරණාව මං දැන් තේරුම් ගත්තා. මං ඔබ ගෙන් වෙන කාරණේකුත් දැනගන්න සතුටුයි. ඒ ගැන අසන්නට අපට අවසර දෙන්න. අපි මේ ගැන අහනවා කියල කේන්ති ගන්ට එපා.

537. ඇත්තෙන්ම එදා මගේ ප්‍රතිඥාවක් තිබුනා. පැහැදිලා නැති කෙනෙකුට කියන්නෙ නෑ කියල. දැන් මං අකැමති වුනත් ඔබ මාව ඇදහිය යුතු වචන ඇති කෙනෙක් විදිහට සලකනවා නෙව. කැමති දෙයක් අහන්න. පුළුවන් හැටියට විසඳන්නම්.

538. පින්වත් යක්ෂය, මං යම්කිසි දෙයක් ඇසින් දකිනවා නම් ඒ හැම දෙයක්ම මට විශ්වාස කරන්ට පුළුවනි. ඉදින් ඇස් දෙකෙන්ම දැකලත් ඒක මං අදහන්නෙ නැත්නම් එතකොට ඔබ එයට මට නිග්‍රහ කර්මය කරන්න.

539. ඔබගේ ඔය ප්‍රතිඥාව මට සත්‍යයක්ම වේවා! දූෂිත වූ සිතකින් තොරව යමක් අවබෝධ කර ගැනීමේ අදහසින් ම මේ ධර්මය අහලා පැහැදීම ඇති කරගන්න. ඔබතුමා විසින් අසපු දේවල් වෙන්ට පුළුවනි. නාසපු දේවල් වෙන්ට පුළුවනි. මං තේරුම් ගත් විදිහට හැමදෙයක්ම කියන්නම්.

540. සුදු අශ්වයන් යෙදූ අලංකාර යානයකින් මේ හුල තිබ්බ කෙනා ළඟට එන්නෙ. මේක අද්භූත යානයක්. දර්ශනීයයයි. මේ විපාකය මොන කර්මයකින් ලැබුණු එකක්ද?

541. විශාලා මහනුවර නගරය මැද්දේ මඩ සහිත මාර්ගයක නරාවලක් තිබුනා. මං යහපත් අදහසින් සුදු වෙලා ගිය ගවයෙකුගේ හිස් කබලකින් ඒ නරා වළ වැහුවා.

542. එතකොට ඒ හිස් කබලට පය තියල තමයි අපිත් අනික් උදවියත් එතැනින් ගමන් කළේ. මේක අද්භූත යානයක්. දර්ශනීයයි. මේ විපාකය ලැබුනේ අන්න ඒ කර්මයෙන් තමයි.

543. මහානුභාව ඇති යක්ෂය, ඔබේ සිරුරු පැහැයෙන් හැම දිසාවක්ම බබලනවා. ඔබේ ශරීරයෙන් හමන සුවඳ හැම දිසාවේම පැතිරෙනවා. ඔබ දිව්‍ය ඉර්ධියට පත්වෙලයි ඉන්නෙ. නමුත් ඔබේ ඇගේ නූල් පොටක්වත් නෑ. මේ විපාකය ලැබුනේ මොන වගේ කර්මයකින්ද?

544. මං ක්‍රෝධ කළේ නෑ. හැම තිස්සේම ගත කළේ පහන් සිතින්මයි. මිහිරි වචනවලින් මං මිනිසුන්ට කතා කළේ. හැම තිස්සේම මගේ දිව්‍ය වූ සිරුරෙන් පැහැය විහිදෙන්නේ ඒ කර්මයේ විපාක වශයෙන් තමයි.

545. ධර්මයේ පිහිටි උදවිය ගේ යසසත් කීර්තියත් ගැන දැකලමයි මං එය පහන් සිතින් වර්ණනා කරන්නෙ. ඒ කර්මයේ විපාකය වශයෙන් ලැබුනේ මෙයයි. මගේ ශරීරයෙන් දිව්‍ය සුවඳක් නිතරම හමනවා.

546. මගේ යාළුවන් නහන තොටේ නනා හිටියා. එතකොට මං ඒ යාළුවන්ගේ වස්ත්‍ර ගොඩින් සඟවලා තිබ්බා. මං ඒක කළේ සෙල්ලමටයි. නපුරු අදහසකින් නොවෙයි. ඒ විපාකයෙන් තමයි මං නිරුවත් කෙනෙක් වුනේ. ඒ නිසා මගේ ජීවිතය දුකයි.

547. යම්කිසි කෙනෙක් සෙල්ලමට හරි යම් පවක් කළොත් එයාට ඔය විදිහේ කර්ම විපාකවලට මුහුණ දෙන්න සිදුවෙන බව සත්පුරුෂයන් කියලයි තියෙන්නෙ. එහෙම එකේ සෙල්ලමකට නොව නපුරු සිතින්ම යම් කෙනෙක් පවක් කරනවා නම් ඒකෙ විපාක මොන තරම් දරුණු වේවිද කියලත් සත්පුරුෂ උතුමන් කියලයි තියෙන්නෙ.

548. යම්කිසි මිනිසෙක් දූෂිත වූ අදහස්වලින් යුක්තව කයින් වචනයෙන් අපිරිසිදු දේ කරනවා නම් ආයෙ සැකයක් නෑ. එයාට මරණින් මත්තෙ පරලොවදී නිරයේ තමයි උපදින්ට වෙන්නෙ.

549. සුගතියේ උපත පතන අනෙක් උදවිය ඉන්නවා. එයාලා දන් දීමට ඇලෙනවා. අනික් අයට උදව් උපකාර කරමින් ජීවිතය ගත කරනවා. එයාලා කය බිඳී මැරුණට පස්සෙ නිසැකවම උපදින්නෙ සුගතියේ තමයි.

550. දැන් ඔබ පින්පව් ගැන මට කිව්වා නෙව. මං මේක විශ්වාස කරන්නෙ කොහොමද? පින්වල මේ විපාක තියෙනවා, පව්වල මේ විපාක

තියෙනවා කියල. මං මොකක් දැකලාද ඕක විශ්වාස කරන්නෙ? අනික ඕක මට විශ්වාස කරවන්නෙ කවුද?

551. මේ පින්පව්වල කර්ම විපාක මෙයයි කියල දැකල හෝ අහල හෝ අදහගන්න. මේ පින්පව්වල කර්ම විපාක නැත්නම් සත්වයන් සුගතියට ගියා කියල හරි දුගතියට ගියා කියල හරි දැනගන්නෙ කොහොමද?

552. මේ මිනිස් ලොව මිනිස්සු පින් කියල දෙයක්වත් පව් කියල දෙයක්වත් කරන්නෙ නැත්නම් සුගතියක්වත් දුගතියක්වත් ඇතිවෙන්නෙ නෑ. එහෙම නම් මේ මිනිස් ලෝකයේ උසස් පහත් වෙනස්කමකුත් තිබෙන්ට බෑ.

553. යම් හෙයකින් මේ මිනිස් ලෝකයේ සත්වයන් පින් කියන දෙයත් පව් කියන දෙයත් කරනවාද ඒ හේතුන් නිසාමයි සුගතියට ගිය සත්වයොත් දුගතියට ගිය සත්වයොත් ඉන්නෙ. ඒ නිසාමයි මේ මනුස්ස ලෝකයේ උසස් පහත් අය ඉන්නෙත්.

554. සැප විඳීමටත් දුක් විඳීමටත් හේතුවන කර්ම විපාක ගැන මං අද කිව්වා. පින් කරපු උදවිය දෙවියන් වෙලා ඉපදිලා සැප සම්පත්වලින් සතුටු වෙනවා. මේ පින්පව්වල වෙනස දකින්නේ නැති අඥානයන් නිරයේ ගිහින් දුක් විඳිනවා.

555. තමන් විසින් කරගත්තු පින් කියල දෙයක් මට නෑ. ඒ වගේම රෙදිපිළි, සේනාසන, ආහාරපාන ආදිය දන් දීල මට පින් දෙනවා නම් එවැනි කෙනෙක්වත් නෑ. ඒ නිසා මං නූල් පොටක්වත් ඇගේ නැතිව දුක්ඛිත ජීවිතයක් ගෙවනවා.

556. එම්බා ප්‍රේතය, ඔබට යම් කිසි පිළිවෙලකින් අඳින්ට යමක් ලැබෙනවා නම් එබඳු දෙයක් තියෙනවා නම් මට කියන්න. ඔබ ඒ කරුණු සහිතව කියන වචනය මං අහනවා.

557. මේ ළඟපාත කප්පිනක කියල භික්ෂූන් වහන්සේ නමක් ඉන්නවා. උන්වහන්සේ ධ්‍යාන වඩනවා. ඉතාම සිල්වත්. කෙලෙස් දුකෙන් නිදහස් වුන රහතන් වහන්සේ නමක්. ඉඳුරන් රැකගෙන ඉන්නවා. උතුම් ශික්ෂාපදවල හොඳින් හික්මිලා තියෙනවා. සිහිල් වෙලා ඉන්නවා. උතුම් අවබෝධයට පත්වෙලා ඉන්නවා.

558. මොළොක් ගුණ තියෙනවා. යහපත් දන් දෙනවා. සොඳුරු වචන කියනවා. සියුමැලියි. හොඳට බණ දහම් දන්නවා. අවබෝධයෙන්ම

කතාබස් කරන කෙනෙක්. පින් කෙතක්. නිකෙලෙස් විහරණයෙන් යුක්තයි. දෙව් මිනිසුන්ගේ පුදපූජාවන්ට සුදුසුයි.

559. ශාන්තයි. කෙලෙස් නෑ. දුක් රහිතයි. ආශා රහිතයි. දුකින් නිදහස් වෙලා ඉන්නෙ. කෙලෙස් හුල් ඉවත් කරලයි ඉන්නෙ. මමත්වයක් නෑ. අවංකයි. කෙලෙස් සහිත කර්ම නෑ. හැම ප්‍රපඤ්චයක් (කෙලෙස් සහගත කල්පනාවක්) ම ක්ෂය වෙලා තියෙන්නෙ. ත්‍රිවිද්‍යාවම ලබලයි ඉන්නෙ. නුවණින් බබලනවා.

560. එච්චර ප්‍රසිද්ධ නෑ. දැක්කත් මෙවැනි කෙනෙක් බව ලේසියෙන් හඳුනා ගන්ටත් බෑ. වජ්ජී දේශයේ උන්වහන්සේ ගැන කතා කරන්නෙ මුනිවරයෙක් කියලයි. ලෝකයේ යක්ෂයන් භූතයන් උන්වහන්සේ ගැන කිය කියා යන්නෙ ගතිගුණ ඇති කෙලෙස් රහිත උත්තමයා කියලයි.

561. ඉතින් ඔබ ඒ කප්පිනක තෙරුන් වහන්සේට එක වස්ත්‍රයක් හරි වස්ත්‍ර දෙකක් හරි මා වෙනුවෙන් පූජා කරනවා නම් උන්වහන්සේත් ඒ පූජා කරන වස්ත්‍ර පිළිගන්නවා නම් ඔබටම දකින්ට ලැබේවි මං හොඳ ලස්සනට රෙදිපිළි ඇඳල ඉන්න හැටි.

562. ඒ ශ්‍රමණයන් වහන්සේ වැඩවාසය කරන්නෙ කොයි පළාතේද? අපි දැන් ගිහින් දැකගන්නවා. අපේ මේ සැකයත්, විචිකිච්ඡාවත්, පින්පව් විශ්වාස නොකරන මිසදිටුවත් කවුරු නම් විශ්වාස කරාවිද?

563. කපිනච්චනා කියන ප්‍රදේශයේ තමයි උන්වහන්සේ වැඩ ඉන්නෙ. බොහෝ දෙවිවරුන් පිරිවරාගෙනයි ඉන්නෙ. සත්‍යය යන නම් ලද උන්වහන්සේ තමන්ගේ ආචාර්යය විනයෙහි අප්‍රමාදීව හික්මෙමින් ධර්ම කතාව වදාරණවා.

564. එහෙනම් මං එහෙම කරන්නම්. දැන්ම ගිහින් ඒ ශ්‍රමණයන් වහන්සේට වස්ත්‍ර දෙකක් පිළිගන්වන්නම්. උන්වහන්සේ ඒ පිළිගත්තහම ලස්සනට රෙදි ඇඳගෙන ඉන්න ඔබව දකින්ට පුළුවන් වේවි.

565. පින්වත් ලිච්ඡවී රජතුමනි, නුසුදුසු වෙලාවේදී ඔබ වැනි කෙනෙක් පැවිද්දන්ව දකින්ට යන්න එපා. එක ධර්මය නොවෙයි. සුදුසු වෙලාවේදී යන්න. ගිහින් හුදෙකලාවේ භාවනාවෙන් වැඩඉන්න උන්වහන්සේව දැකගන්න.

566. එතකොට ඒ ලිච්ඡවී රජතුමා 'එසේය' කියල පිළිතුරු දීල සේවක පිරිස් පිරිවරාගෙන එහි ගියා. ඒ නුවරට ගිහින් තමන්ගේ නිවසට පැමිණුනා.

567. ඊට පස්සේ සුදුසු කල් බලල ගිහි කටයුතු නිමා කරල, වතුර නාලා, ආහාරපාන අනුභව කරල අවස්ථාව ලබාගත්තා. පෙට්ටියෙන් රෙදි ජෝඩු අටක් තෝරගත්තා. සේවක පිරිස ලවා ඒකත් ගෙන්නා ගෙන ගියා.

568. ඒ රජතුමා අර ප්‍රදේශයට ගියා. ගිහින් ශාන්ත සිත් ඇති ශ්‍රමණයන් වහන්සේව දැකගත්තා. පිණ්ඩපාතේ වැඩම කරල පෙරලා වැඩම කරල රුක් සෙවණක නිවී සැනහී වැඩඉන්න උන්වහන්සේව දැක්කා.

569. ඊට පස්සේ ඔහු උන්වහන්සේ වෙත ගියා. සැප දුක් පහසු විහරණය ගැන ඇසුවා. 'ස්වාමීනි' මං විශාලා මහනුවර ලිච්ඡවී රජකෙනෙක්. මං ගැන කවුරුත් දන්නෙ අම්බසක්ඛර ලිච්ඡවී රජ කියලයි.

570. ස්වාමීනි, මේ පිළි සඟල අට පිළි ගන්නා සේක්වා! මං ඔබවහන්සේට මේවා පූජා කරනවා. ඒ ගැන මං සතුටක් ඇති කර ගන්නවා නම් අන්න ඒ කාරණාවට තමයි මං මෙහේ ආවේ.

571. ශ්‍රමණයන් වහන්සේලාත් බ්‍රහ්මණවරුත් ඔබතුමාගේ නිවස දුරින්ම දුරු කරල නෙව ඉන්නෙ. ඔබේ නිවස අසලදී ඔබ නිසා පාත්‍රා බිඳෙනවා නෙව. සඟල සිවුරුත් කීතු කීතුවලට ඉරල දානවා නෙව.

572. සමහරු ඒ පාද නමැති කෙටේරිවලින් ශ්‍රමණයන් වහන්සේලාව හිස බිම වදින්න පෙරලලා දානවා නෙව. ඔය විදිහට පැවිද්දන්ට හරිම පීඩාවක් ලැබෙනවා. ඔබ කරපු දේවල් නිසයි ශ්‍රමණයන් වහන්සේලා දුකට පත් වුනේ.

573. ඔබ ඉතින් තණ අගින් වැහෙන තෙල් බිඳක් තරම්වත් දීල නෑ නෙව. පාර තොට මුලාවෙච්ච කෙනෙකුට මාර්ගයවත් පෙන්වලා නෑ නෙව. අන්ධ මිනිසාගෙ හැරමිටියත් උදුරා ගත්තා. මෙවැනි කෑදර අසංවර කෙනෙක් වුන ඔබ කුමන ගුණයක් නිසාද අපට මේ දන් දීම් කරන්නෙ?

574. ස්වාමීනි, මං ඔය කියාපු දේවල් පිළිගන්නවා. මං ශ්‍රමණබ්‍රාහ්මණයන්ව වෙහෙසට පත් කළා තමයි. හැබැයි මං ඒව කළේ සෙල්ලමටයි. නපුරු හිතකින් නම් නොවෙයි. ස්වාමීනි, ඒක වුනත් මං කරපු නරක දෙයක්.

575. එක්තරා ප්‍රේතයෙක් සෙල්ලමට පව් රැස් කරල දැන් දුක් විඳිනවා. සැපසම්පත් සම්පූර්ණ නෑ, හොඳ තරුණයෙක්. ඒ වුනාට විලිවහගන්ට නූල්පොටක්වත් නෑ. ඊටත් වඩා බරපතල දුකක් කොයින්ද?

576. ස්වාමීනි, මං ඒ පෙරේතයාව දැක්කා. මට සංවේගයක් ඇති වුනා. ඒ හේතුව නිසයි මං ඔබවහන්සේට මේ දානය දෙන්නෙ. ස්වාමීනි, මේ

වස්ත්‍ර යුගල අට පිළිගන්නා සේක්වා! මෙයින් ලද පින ඒ ප්‍රේතයා වෙත පැමිණේවා!

577. ඒකාන්තයෙන්ම දන් දීම වනාහි බුද්ධාදී උතුමන් විසින් නොයෙක් විදිහට ප්‍රශංසා කරල තියෙන්නෙ. දන් දෙන්නා වූ ඔබගේ ධනය ක්ෂය නොවන තත්වයට පත් වේවා! ඔබගේ ඔය වස්ත්‍ර යුගල මං පිළිගන්නම්. මේ පින ප්‍රේතයා වෙතද පැමිණේවා!

578. එතකොට ඒ ලිච්ඡවී රජු මුව සෝදා ගෙන තෙරුන් වහන්සේට වස්ත්‍ර යුගල අට පූජා කරල 'මේ වස්ත්‍ර පිළිගනු ලැබේවා! ලස්සනට රෙදි ඇඳගත් ප්‍රේතයාව දැක ගන්ට ලැබේවා!' කියල කිව්වා.

579. එතකොට ඔහු අර පෙරේතයාව දැක්කා. උදාර රූප සම්පත්තියෙන් යුක්තයි. සඳුන් කල්ක තවරාගෙන ඉන්නවා. ලස්සනට වස්ත්‍ර ඇඳලා අලංකාර වෙලා ඉන්නවා. ඒ වගේම සැරසුණු පිරිවර සේනවා මැද ආජානීය අශ්වයෙකුගේ පිට නැගල ඉන්නවා. මහා සැප සම්පත් ලබලා.

580. ඒ රජතුමා ඒ පෙරේතයාව දැකලා පුදුම සතුටකට පත් වුනා. තුටු පහටු වුනා. සුන්දර ස්වරූප ඇති ඒ කර්මයේ මහා විපාක දැක්කා. මෙලොව දීම තමන්ගේ ඇස්වලින් ප්‍රත්‍යක්ෂ කරගත්තා.

581. ඒ රජතුමා ඔහු ළඟට ගිහින් මෙහෙම කියනවා. 'මං ශ්‍රමණබ්‍රාහ්මණවරුන්ට දන් දෙනවා. දැන් ඉතින් මට දෙන්න බැරි කිසි ම දෙයක් නෑ. පින්වත් යක්ෂය, නුඹ මට බොහෝම උපකාර කළා.'

582. ලිච්ඡවී රජතුමනි, ඔබ මට ඔය දුන්නේ සිව්පසයෙන් එක කොටසක් වූ වස්ත්‍ර දානයයි. ඒ දානය හිස් දෙයක් නොවෙයි. මං දැන් අමනුස්සයෙක් වෙලත් මනුෂ්‍යයෙක් වුන ඔබත් සමගයි මේ මූණට මූණ කතා කරන්නෙ.

583. පින්වත් යක්ෂය, ඔබ මං යන ගමනද මගේ ඤාතියාද පිහිටද මිත්‍රයාද බවට පත්වෙන්න. මගේ ඉටු දෙවියා වෙන්න. මං ඔබට මේ ඇඳිලි බැඳගෙනයි කියන්නෙ. මං ආයෙමත් ඔබව දකින්න කැමතියි.

584. හැබැයි යම් හෙයකින් ඔබට ශ්‍රද්ධාව නැති වුනොත් කැදර වුනොත් නොමගට බැස ගත් සිතක් ඇති කර ගත්තොත් අන්න ඒ හේතුව නිසාම ඔබට මාව දකින්න නොලැබී යාවි. දැක්කත් ඔබ සමග කතා කරන එකක් නෑ.

585. ඒ වගේම ඔබ ධර්ම ගෞරවයෙන් යුක්තව හිටියොත් දන් දීමට ඇලී හිටියොත් අනුන්ට ඇප උපකාර කරන ජීවිතයක් ඇති කර ගත්තොත්

ශ්‍රමණබ්‍රාහ්මණයින්ට පැන්තාලියක් වගේ ඔබ හිටියොත් අන්න එතකොට ඔබට මාව දැකගන්න ලැබේවි.

586. ස්වාමීනි, ඔබ දැකලා මං කතාබස් කරනවා. ඒ නිසා ඉක්මනින් ම මේ පුරුෂයාව ඔය හුලෙන් මුදවන්න. යම් කරුණක් නිසා අපි මුණට මුණ කතාබස් කළා නම් මං හිතන්නෙ ඒකට හේතුව වුනේ මේ හුල මත ඉන්න පුද්ගලයා ළඟට අපි ආපු නිසයි.

587. අපි දෙදෙනා එකිනෙකා මූණට මූණ කතාබස් කර ගත්තා. මේ හුල මත ඉන්න පුද්ගලයාත් වහා නිදහස් වුනොත් හොඳට පින්දහම් කර ගෙන නිරයෙනුත් නිදහස් වේවි.

588. හැබැයි ඔහුට වෙන තැනක ගිහින් විඳින්ට සිද්ධ වෙන තව අකුසල කර්මයක් තියෙනවා. ඔහුත් සමග ඔබ ගිහින් කප්පිනක තෙරුන් වහන්සේව සුදුසු කාලයේදී බැහැ දැකලා දන් පැන් පූජා කරල උන්වහන්සේ ඉදිරියේම අහල දැන ගන්න.

589. උන්වහන්සේ ඔබට ඔය විස්තර කියල දේවි. හැබැයි උන්වහන්සේ ළඟට ගිහින් අවබෝධ කර ගන්න අදහසින්මයි අහන්ට ඕන. නපුරු සිතකින් නම් නොවෙයි. ඔබ අහපු දෙයක් වුනත් නෑසූ දෙයක් වුනත් ඒ හැම දෙයක් ගැනම තමන් වහන්සේ දන්න විදිහට කියලා දේවි.

590. ඒ රජතුමා එහිදී අමනුෂ්‍යයාත් එක්ක රහසේ කතාබස් කරල පොරොන්දු කරවාගෙන ගියා. ඊට පස්සෙ ඔහු ලිච්ඡවීන්ගේ සභාවටත් ගියා. එතැන රැස්වෙලා සිටිය පිරිසට මෙහෙම කිව්වා.

591. පින්වත්නි, මං මේ කියන එකම දෙය අසනු මැනැව. මං ඔබගෙන් වරයක් ඉල්ලා හිටිනවා. මං ඒ වරය ලබාගන්නවා. හුලමත ඉන්දවාපු පුරුෂයෙක් ඉන්නවා. ඔහු නපුරු වැඩකරපු කෙනෙක් තමයි. දඬුවම් ලබලයි ඉන්නෙ. නමුත් ඔහු රජු කෙරෙහි හිතවත් කෙනෙක්.

592. දැන් ඔහුව හුල මත ඉන්දවපු දවසේ ඉඳල විසි රැයක් ගෙවුනා. ඔහු ජීවත් වෙන්නෙත් නෑ. මැරිලත් නෑ. මං දැන් ඔහුව නිදහස් කරනවා. මේ පිරිස එය අනුමත කරනු මැනව.

593. එහෙනම් මොහුවත් රජ අණ ලද අනිකාවත් නිදහස් කරන්න. ඔබ ඒ විදිහට නිදහස් කරන කොට එපා කියන්න කවුද ඉන්නෙ? ඔබ යම් විදිහකින් දන්නවා නම් ඒ විදිහට කළ මැනැව. පිරිස ඒක අනුමත කරනවා.

594. ඒ රජතුමා ඒ ප්‍රදේශයට ගියා. හුල මත හිටි ඒ පුරුෂයාව වහාම නිදහස් කළා. මිත්‍රයා, භය වෙන්ට එපා කියල කිව්වා. ඔහු ළඟට වෙද මහත්තුරුන් එක්කන් ආවා.

595. රජ්ජුරුවන්ටත් මේ කාරණය දැන ගන්ට ඕන වුනා. ඉතින් ඔහුත් සමඟ කල්යල් බලල කප්පිනක තෙරුන් වහන්සේ බැහැදකින්ට ගියා. දන් පැන් පූජා කරගත්තා. උන්වහන්සේ ඉදිරියේම මේ කාරණය විමසන්න වුණා.

596. හුලමත ඉන්දවපු පුරුෂයා දරුණු වැඩකරපු කෙනෙක්. දඬුවම් ලබපු කෙනෙක්. රජු කෙරෙහි හිතවත් කෙනෙක්. ඔහු හුල මත ඉන්දවපු දවසේ පටන් විසි රැයක් ඉක්මවා ගියා. ඔහු ජීවත් වුනෙත් නෑ. මැරුනෙත් නෑ.

597. ස්වාමීනි, මං එහෙ ගිහිල්ල ඒ පුද්ගලයාව දැන් නිදහස් කරලයි ඉන්නෙ. අර ප්‍රේතයාගේ කීම අහලයි මං මෙහෙම කළේ. ස්වාමීනි, ඔහු යම් කරුණකින් නිරයට යන්නෙ නැත්නම් එබඳු කිසියම් කාරණාවක් තියෙනවාද?

598. ස්වාමීනි, ඒ වගේ දෙයක් තියෙනවා නම් පැවසුව මැනැව. අපි කරුණු සහිතව විශ්වාස කටයුතු විදිහට කියන දේ අහනවා. මොලොවදී කරපු ඒ කර්මයන්ගේ විපාක නොවිඳ ගෙවිල විනාශ වීමක් නැද්ද?

599. යම් හෙයකින් එයා අප්‍රමාදීව ධර්මයේ හැසිරෙන්ට ඕන. දිවා රෑ දෙකේම මනාකොට ධර්මයේ හැසිරෙන්නට ඕන. එතකොට එයා නිරයේ දුකින් නිදහස් වෙනවා. හැබැයි ඒ කර්මය වෙන භවයක ඉපදිලා විඳින්ට සිද්ධ වෙනවා.

600. ස්වාමීනි, ඒ මනුස්සයා ගැන මං අහපු කාරණාව දැනගත්තා. දැන් මා කෙරෙහිද අනුකම්පා කළ මැනැව. මහා ප්‍රඥාවන්ත මුනිඳුනි, මටත් අවවාද කරන සේක්වා! එතකොට මාත් නිරයෙන් නිදහස් වේවි.

601. එහෙම නම් ඔබ අදම පහන් සිතින් යුතුව බුදුරජාණන් වහන්සේව සරණ යන්න. ශ්‍රී සද්ධර්මයත්, ආර්යය සංඝරත්නයත් සරණ යන්න. ඒ වගේම සිදුරු නැතිව, පැල්ලම් නැතිව පන්සිල් පද පහ සමාදන්ව ආරක්ෂා කරගන්න.

602. ඉක්මනින් ම සතුන් මැරීමෙන් වළකින්න. ලෝකයෙහි සොරකම් කිරීම දුරුකරන්න. මත්පැන් බොන්න එපා. බොරු කියන්නත් එපා. තම බිරිඳ

සමගින් පමණක් සතුටු වෙන්න. ඔය විදිහට තිසරණයත්, සිල්පද පහත් කියන උතුම් අංග අටෙන් යුතු සීලයෙන් යුතු වන්න. එයින් බොහෝ සැප විපාක ලබා දෙනවා.

603. සිවුරු, පිණ්ඩපාත, ගිලන්පස, සේනාසන, දන්පැන් ආදිය, වස්ත්‍ර ඇඳපුටු ආදී සේනාසන කියන මේ දේවල් ඍජු සිත් ඇති ආර්ය සංඝයාට පහන් සිතින් යුතුව පූජා කරගන්න.

604. සිල්වත් වීතරාගී බහුශ්‍රැත භික්ෂූන් වහන්සේලා ඉන්නවා. උන්වහන්සේලාව ආහාරපාන ආදියෙන් සන්තර්පණය කරන්න. ඒකෙන් හැමදාම පින් වැඩෙනවා.

605. මේ විදිහට අප්‍රමාදීව ධර්මයේ හැසිරෙන්ට ඕන. දිවා රෑ දෙකේම මනාකොට ධර්මයේ හැසිරෙන්ට ඕන. එතකොට ඒ තැනැත්තා නිරයේ දුකින් නිදහස් වෙනවා. හැබැයි ඒ කර්මය වෙන භවයක ඉපදිලා විඳින්ට සිද්ධ වෙනවා.

606. මම අදම පහන් සිතින් යුතුව බුදුරජාණන් වහන්සේව සරණ යනවා. ශ්‍රී සද්ධර්මයත්, ආර්ය සංඝරත්නයත් සරණ යනවා. ඒ වගේම සිදුරු නැතිව, පැල්ලම් නැතිව පන්සිල් පහ සමාදන්ව ආරක්ෂා කරගන්නවා.

607. ඉක්මනින්ම සතුන් මැරීමෙන් වළකිනවා. ලෝකයෙහි සොරකම් කිරීම දුරු කරනවා. මත්පැන් බොන්නෙ නෑ. බොරු කියන්නෙ නෑ. තම බිරිඳ සමගින් පමණක් සතුටු වෙනවා. ඔය විදිහට තිසරණයත්, සිල්පද පහත් කියන උතුම් අංග අටෙන් යුතු බොහෝ සැප විපාක ලබාදෙන සීලයෙන් යුතු සිල්වතෙක් වෙනවා.

608. සිවුරු, පිණ්ඩපාත, ගිලන්පස, සේනාසන, දන්පැන් ආදිය, වස්ත්‍ර ඇඳපුටු ආදී සේනාසන කියන මේ දේවල් ඍජු සිත් ඇති ආර්ය සංඝයාට පහන් සිතින් යුතුව පූජා කර ගන්නවා.

609. සිල්වත් වීතරාගී බහුශ්‍රැත භික්ෂූන් වහන්සේලා ඉන්නවා. බුද්ධානුසාසනාවෙහි ඇලී වාසය කරන උන්වහන්සේලාට මං දන් පූජා කර ගන්නවා. සිල්පද කඩා ගන්නෙ නෑ.

610. ඔය විදිහට අම්බසක්ඛර ලිච්ඡවී රජතුමා විශාලා මහනුවර එක්තරා උපාසකයෙක් බවට පත් වුනා. ශ්‍රද්ධාවන්ත වුනා. භික්ෂූන්ට මොලොක් සිතින් උපකාර කරන කෙනෙක් වුනා. සංඝයාට ඉතා යහපත් විදිහට උපස්ථාන කළා.

611. හුලමත හිටවපු කෙනා සනීප වුනා. නිදහසේ යන එන කෙනෙක් වුනා. සුවපත් වුනා. උතුම් කප්පිනක ස්වාමීන් වහන්සේ ළඟට ඇවිදින් පැවිදි වුනා. ලිච්ඡවි රජුයි, ඒ පුද්ගලයායි දෙන්නම මාර්ගඵල අවබෝධ කළා.

612. සත්පුරුෂයන් වහන්සේලාව සේවනය කළොත් ඔය විදිහ තමයි. ජීවිතාවබෝධය ඇති සත්පුරුෂ ඇසුර මහත්ඵල ලබා දෙනවා. හුල මත හුන් පුරුෂයා අරහත්ඵලයට පත් වුනා. අම්බසක්ඛර රජතුමා සෝවාන් ඵලයට පත් වුනා.

සාදු! සාදු!! සාදු!!!

පළමු වෙනි අම්බසක්ඛර ප්‍රේත වස්තුවයි.

4.2.

613. සේරිස්සක දිව්‍ය පුත්‍රයාගෙත් ඒ වෙළඳුන්ගේත් එක්වීම යම් තැනක සිදු වුනා. එය අහන්න. ඔවුන් විසින් පවසන ලද මේ සුභාෂිත කතාව සියලු දෙනාම අහගෙන ඉන්න.

614. සේතව්‍ය නුවර පායාසී කියල රජ කෙනෙක් හිටියා. එයා යසස් ඇති භූමාටු දෙවියන් අතර උපන්නා. ඒ දෙවියා තමන්ගේ විමානයේ සතුටින් ඉන්නවා. නොමිනිස් වූ ඒ දෙවියා මිනිසුන්ට මෙහෙම කිව්වා.

615. අමනුස්සයන්ගේ වාසස්ථාන තියෙන්නෙ සැක සහිත වූ වනාන්තරයේ. ඒ වගේම අල්ප කෑම් බීම් ඇති අල්ප ජලය ඇති කාන්තාරෙ. මේ ගමන හරිම දුෂ්කරයි. මේ වැලි කතර මැද තනි වෙලා සැක බියෙන් නැසී යන මිනිසුනේ,

616. මේ වැලිකතරේ පලතුරු නෑ. අලවර්ග නෑ. ගින්දරට ඕන කරන දෙයක් නෑ. කෑම් බීම් කොහෙන් ලැබෙන්ටද? මෙහි තිබෙන්නේ රත් වෙලා ගිය දරුණු රළු පසුයි වැලියි විතරයි.

617. මෙහි තිබෙන්නෙ රළු පසක්. රත්වෙච්ච කබලක් වගේ. සැපක් නෑ. පරලොව නරකයක් වගේ. බොහෝකල් ඉඳල පිශාචයන්ටයි වාසස්ථාන වෙලා තියෙන්නෙ. මේ ප්‍රදේශය ඍෂිවරුන්ගේ සාපලත් භූමියක් වගේ.

618. ඉතින් ඔබ මොන වගේ දෙයක් නිසා මොන වගේ දෙයක් කැමති වෙලාද විමසන්නෙ නැතුව හිතුවක්කාර විදිහට මේ ප්‍රදේශයට ආවෙ? ලෝභය නිසාද? භය නිසාද? නැත්නම් මංමුළා වීමක් නිසාද?

619. පින්වත් දිව්‍ය පුත්‍රය, අපි අංගමගධ කියන රටවල්වල ඉන්න ගැල්කරුවෝ. අපි මේ බොහෝ බඩුමුට්ටු පුරවාගෙන සින්ධුසෝවීර දේශයට යන්නෙ. මිල මුදල් උපයාගන්න අදහසින් තමයි අපි මේ ගැල් ගමන යන්නෙ.

620. දවල් කාලෙ පිපාසය උහුල ගන්න බැරුව ගොනුන්ටයි මිනිසුන්ටයි පහසු තැනක් හොයාගෙනයි අපි ආවේ. ඉතින් අපි ගොනුන් කෙරෙහි කරුණාවෙන් වේගයෙන් පිටත් වෙලා ආවා. රෑ වැරදි පාරේ ගමන් කලේ සුදුසු කාලේ බලල නොවෙයි.

621. අපේ ගමන යන්න බැරි වුනා. පාර වැරදුනා. අන්ධයන් වගේ ආකුල වුනා. මේ වනයේ හොඳටම මංමුලා වුනා. දුර්ග මංමාවත් ඇති මේ වැලිකතර මැද්දෙ මුලා වූ සිත් ඇතිවයි අපි ඉන්නෙ. දිසාව සොයා ගන්න බෑ.

622. පින්වත් දිව්‍ය පුත්‍රය, මේ වගේ දෙයක් අපි කලින් දැකලා නෑ. ඔබත් මේ විමානයත් හරිම ශ්‍රේෂ්ඨයි. මෙතැන් පටන් අපිට ජීවිතය ලැබුනා කියල මෙය දැක්කට පස්සෙ අපි සතුටු සිතින් ඔද වැඩිලයි ඉන්නෙ.

623. මිනිසුනේ, මුහුදෙන් එතෙරත් මේ වගේ වැලි කතරෙත් වේවැල් බැඳ යන මාර්ගවලත් කණු සිටුවල යන මාර්ගවලත් ගංගා පර්වත ආදී දුර්ගම ස්ථානවලත් මිල මුදල් හම්බ කිරීමට ඔබ බොහෝ දිශාවල යනවා.

624. වෙන රජවරුන්ගේ රාජධානිවලට යන ඔබ විවිධ රටවල මිනිසුන්ගෙන් මොන වගේ දේවල්ද අහන්නෙ? මොන වගේ දේවල්ද ඔබ දකින්නෙ? දරුවෙනි, ඒ අසිරිමත් තොරතුරු ගැන අපි අහන්න කැමතියි.

625. දිව්‍ය කුමාරය, මීට වඩා අතිශයින්ම අසිරිමත් වූ සැපයක් ගැන නම් අපි අහලත් නෑ. දැකලත් නෑ, මේ හැම දෙයක්ම මිනිස් සැපත ඉක්මවා ගිහින් තියෙනවා. මේ උතුම් වර්ණය දැකලා අපි තෘප්තිමත් වෙන්නෙ නෑ.

626. ආකාසයේ පැන් පොකුණු තියෙනවා. බොහෝ මල් තියෙනවා. බොහෝ සුදු නෙළුම් තියෙනවා. නිතරම පලතුරු පිරිණු ගස් තියෙනවා. අතිශයින්ම සුවඳවත් වෙලා දිව්‍ය සුවඳ වහනය වෙනවා.

627. වෛරෝඩි මැණිකෙන් කරපු උස් කණු තියෙනවා. පබළුවලින් කළ සැරසිලි තියෙනවා. මැසිරිගලින්, පද්මරාග මැණික් වලින් කරපු කණු තියෙනවා. මේ හැම එකක්ම බබලනවා.

628. දහස් ගණන් කණු තියෙනවා. ඒව සමාන කරන්න කිසිවක් නෑ. ඒ මුදුනේ තමයි ඔබේ ලස්සන විමානය තියෙන්නෙ. රන්වන් වේදිකාවන් තියෙනවා. රන්පට තියෙනවා. ඒ රන්පටින් ලස්සනට සරසලා තියෙනවා.

629. මේ විමානය හරි මටසිළුටුයි. දඹ රන් පැහැයෙන් බබලනවා. ප්‍රාසාදයට නගින්න ලස්සන පඩිපෙළවල් තියෙනවා. ඉතා ලස්සනට, ස්ථිරව, සියුම්ව, පිළිවෙලකට හැදිල තියෙනවා. මේ විමානය අතිශයින්ම දැකුම්කළු සිත් අලවන එකක්.

630. මේ රුවන් විමානය ඇතුළේ බොහෝ කෑම් බීම් තියෙනවා. දිව්‍ය අප්සරාවන් පිරිවරාගෙන ඉන්නවා. මිහිඟු බෙර පනා බෙර තූර්ය නාද ආදියෙන් සොඳුරු ඝෝෂා නැගෙනවා. පිළිගැනීමේ ස්තුති ගීතිකා ගැයෙනවා.

631. ඒ ඔබ දිව්‍ය අප්සරාවන් පිරිවරා ගෙන සතුටු වෙනවා. මනෝරම්‍ය වූ මේ උතුම් දිව්‍ය විමානයෙහි තිබෙන සැප සම්පත් ගැන නම් සිතල ඉවර කරන්න බෑ. වෙසමුණි රජ්ජුරුවන්ගේ නලිනී ප්‍රාසාදය වගේ.

632. ඔබ දෙවියෙක්වත්ද? එහෙම නැත්නම් යකෙක්වත්ද? එහෙමත් නැත්නම් ශක්‍රදෙවියවත්ද? මනුෂ්‍යයෙක්වත්ද? පින්වත් දිව්‍ය පුත්‍රය, මේ ගැල් ගෙනියන වෙළෙන්දන් තමයි ඔය කරුණ අහන්නෙ. ඇත්තෙන්ම කවුද ඔබ?

633. පින්වත් වෙළෙන්දනි, මගේ නම සේරිස්සක. මං යක්ෂයෙක්. මං තමයි මේ කාන්තාර සහිත වැලි කතර ආරක්ෂා කරන්නෙ. මේ ප්‍රදේශය මම පාලනය කරනවා. වෙසමුණි රජ්ජුරුවන්ගෙ වචනයට අනුව තමයි පාලනය කරන්නෙ.

634. පින්වත් දිව්‍ය පුත්‍රය, ඔබේ ඔය සම්පත් හේතු ප්‍රත්‍ය රහිතව පහළ වෙලාද? ක්‍රමක්‍රමයෙන් පරිණාමයට පත්වෙලාද? තමන් විසින් නිපදවාගෙ නද? දෙවිවරු දීලද? මේ ගැල් ගෙනියන වෙළෙන්දන් තමයි ඔය කරුණ අහන්නෙ. මෙතරම් මනෝරම්‍ය වූ සැපසම්පත් ඔබට ලැබුනේ කොහොමද?

635. පින්වත් වෙළෙන්දනි, මගේ මේ සම්පත් හේතුප්‍රත්‍ය රහිතව පහළ වෙලාත් නොවෙයි. ක්‍රමක්‍රමයෙන් පරිණාමයට පත්වෙලාත් නොවෙයි. තමන් විසින් නිපදවාගෙනත් නොවෙයි. දෙවිවරු දීලත් නොවෙයි. තමන් විසින් කරගත්තු අලාමක පුණ්‍ය කර්ම නිසායි මෙතරම් මනෝරම්‍ය වූ සැපසම්පත් මට ලැබුනේ.

636. පින්වත් දිව්‍ය පුත්‍රය, ඔබ සමාදන් වුන ව්‍රතය මොකක්ද? ඔබේ බඹසර ජීවිතය මොකක්ද? මොන වගේ දෙයක් පුරුදු කරලද මෙම විපාකය ලැබුනෙ? මේ ගැල් ගෙනියන වෙළෙන්දන් තමයි ඔය කරුණ අහන්නෙ. මෙතරම් මනෝරම්‍ය වූ සැපසම්පත් ඔබට ලැබුනේ කොහොමද?

637. ඒ කාලෙ මං කොසොල් ජනපදයේමයි රජ කළේ. මං ප්‍රසිද්ධ වුනේ පායාසී යන නමින්. මං පින්පව්වල විපාක නැත යන දෘෂ්ටියේ හිටියා. මං ලෝභ කෙනෙක් වෙලා හිටියා. පාපී කෙනෙක් වෙලා මරණින් මතු කිසිවක් නැත යන උච්ඡේදවාදියෙක් වෙලා හිටියෙ.

638. කුමාරකස්සප නමින් ශ්‍රමණයන් වහන්සේ නමක් හිටියා. උන්වහන්සේ බහුශ්‍රැතයි. විචිත්‍ර ධර්ම කථිකයි. උදාරයි. උන්වහන්සේ මට ධර්ම කථාව වදාළා. එදා තමයි මගේ දෘෂ්ටිහුල් ටික ඉවත් වුනේ.

639. ඉතින් මං උන්වහන්සේගේ ධර්ම කතාව අහලා උපාසකයෙක් බවට පත් වුනා. සතුන් මැරීමෙන් වෙන් වුනා. ලෝකයෙහි නුදුන් දෙය ගැනීම අත්හැරියා. මත්පැන් බිව්වෙ නෑ. බොරු කිව්වෙ නෑ. තම බිරිඳගෙන් විතරක් සතුටු වුනා.

640. ඒක තමයි මගේ ව්‍රතය. ඒකම තමයි මගේ බඹසර. ඒක හොඳට පුරුදු කරල තමයි මේ පුණ්‍ය විපාකය ලැබුනේ. තමන් විසින් කරගත්තු අලාමක පුණ්‍ය කර්ම නිසායි මේ දිව්‍ය විමානය මට ලැබුනේ.

641. ප්‍රඥාවන්ත මිනිසුන් කියල තියෙන්නෙ නම් ඇත්තක්මයි. ඒ පණ්ඩිතයන්ගේ වචන වෙනස් වෙන්නෙ නම් නෑ. පින්කර ගත්තු කෙනා යම් ම තැනක යනවා නම් ඒ ගිය ගිය තැන තමන් කැමති සැපසම්පත් ලබල සතුටු වෙනවා.

642. අකුසල් කළ පුද්ගලයා යම් ම තැනක යනවා නම් ඒ ගිය ගිය තැන සෝකවැළපීම් ලැබෙනවා. වද වේදනා ලැබෙනවා. බන්ධන ලැබෙනවා. අයහපත ලැබෙනවා. කවදාවත් අපා දුකෙන් නිදහස් වෙන්නෙ නෑ.

643. ඒ මොහොතේ ඒ දිව්‍ය පිරිස තුළ කැළඹුණු ස්වභාවයක් ඇති වුනා. මං මුළා වුන ස්වභාවයක් ඇති වුනා. දිව්‍ය කුමාරය, මේ පරිවාර දෙවියන්ගේත් ඔබගේත් දොම්නස් ගතියක් ඇතිවුනේ මක් නිසාද?

644. පින්වත් දරුවෙනි, මේ තියෙන්නෙ මහරිරුක් වනයක්. මේ වනයෙන් දිව්‍ය සුගන්ධය හමනවා. දිවා රෑ දෙකේම අන්ධකාරය නැති කරල ආලෝකය ලබා දෙමින් මේ විමානෙට ඒ සුගන්ධය හමනවා.

645. අවුරුදු සියයකට වතාවක් මේ මහරී රුක්වලින් එක එක මල් පෙත්ත ගානේ ගැලවිලා වැටෙනවා. එතකොට තමයි දැන ගන්නෙ මං මේ දිව්‍ය ලෝකෙට ඇවිල්ල මිනිස් ආයුෂවලින් සියක් වසරක් ඉක්ම ගියා කියල.

646. මං මේ විමානයේ ඉන්නෙ අවුරුදු පන්සියයක් විතරයි. මං ඒක දන්නවා. ආයුෂත්, පිනත් එතකොට පිරිහිලා යනවා. අන්න ඒ ගැනයි මගේ හිතේ ගොඩාක් ශෝකය තියෙන්නෙ.

647. පින්වත් දිව්‍ය පුත්‍රය, මේ වගේ කිසිදෙයකට සමාන කරන්න බැරි බොහෝකල් පවතින විමානයක් ලැබිල ඔබ මොනවට නම් ශෝක වෙනවද? යම් කෙනෙකුට ආයුෂත් අඩු නම් පිනත් අඩු නම් අන්න එබඳු කෙනෙක් නම් ශෝක කළාට කමක් නෑ.

648. පින්වත් දරුවනි, මා කෙරෙහි යහපත් හැඟීමෙන්මයි නුඹලා ප්‍රිය වචනවලින් මට මේ අවවාද කළේ. මාත් නුඹලාව ආරක්ෂා කරනවා. යම් තැනකට යන්න කැමති නම් සුවසේම එතැනට යන්න පුළුවනි.

649. අපි බලාපොරොත්තු වන්නෙ මිල මුදල් ටිකක් යහමින් හම්බ කරගන්ට සින්ධුසෝවීර භූමියට යන්නයි. අපි පොරොන්දු වුන විදිහට තෑගිභෝග සම්පූර්ණ කරල සේරිස්සක නමින් ලොකු පූජාවක් කරනවා.

650. ඔය සේරිස්සක පූජාවල් කරන්ට යන්න එපා! දැන් ඔය කියන යමක් ඇද්ද ඒ හැමදෙයක්ම ඒ විදිහට සිද්ධ වේවි. පව් කම් අත්හරින්න. ධර්මානුකූලව ජීවත් වීමට අධිෂ්ඨාන කර ගන්න.

651. මේ වෙළඳ පිරිස අතරේ එක්තරා උපාසකයෙක් ඉන්නවා. ඔහු බහුශ්‍රැතයි. සිල්වත්. ශ්‍රද්ධාවන්තයි. ත්‍යාගසම්පන්නයි. සුපේශල කෙනෙක්. විචක්ෂණ බුද්ධියක් තියෙනවා. ප්‍රීතිමත් සිතින් ඉන්න නුවණ තියෙන උපාසකයෙක්.

652. ඔහු දැන දැන බොරු කියන කෙනෙක් නොවෙයි. සතුන් මැරීමට හිතන කෙනෙක් නොවෙයි. සමගි සම්පන්න වුන අය වෙන් කිරීමට කේලාම් කියන කෙනෙක් නොවෙයි. නුවණින් යුක්තව කතා කරනවා. යහපත් දේ කතා කරනවා.

653. වැඩිහිටියන්ට ගරුසරු කරනවා. කීකරුයි. විනීතයි. පව් නොකරන කෙනෙක්. අධිසීලය තුළ පිරිසිදු වුන කෙනෙක්. ඔහු මව්පියන්වත් ධාර්මිකව පෝෂණය කරනවා. ආර්ය පැවතුම්වලින් යුක්තයි.

654. මං හිතන්නෙ ඔහු මව්පියන්ට උපස්ථාන කරන්න ඕන නිසා තමයි භෝග සම්පත් සොයන්නෙ. තමන් උදෙසා නම් නොවෙයි. මව්පියන්ගේ ඇවෑමෙන් පස්සෙ ඔහු නිවන අවබෝධ කරගැනීම පිණිස සාසන බ්‍රහ්මචාරියාවේ හැසිරේවි.

655. ඔහු ඍජුයි. අවංකයි. ශටකපට නෑ. මායා නෑ. පිටින් හොඳ පෙන්නා ගෙන වෙන් දෙයක් හිතේ තියාගෙන කතා බස් කරන්නෙ නෑ. ඒ විදිහේ යහපත් දේ කරමින් සිටින ධර්මයෙහි පිහිටි කෙනෙක් දුකක් ලබන්නෙ කොහොමද?

656. ඒ උපාසක පින්වතා සිටපු නිසා තමයි මං නුඹලා ඉදිරියෙහි පහළ වුනේ. ඒ නිසා වෙළෙන්දනි, ධර්මයයි දකින්න ඕන. ඒ උපාසක පින්වතා නැතුව නුඹලා මේ ගමන ආවා නම් ආකුල වෙච්ච අන්ධයන් වගේ මේ මරු කතරේ අනුන්ගේ කරදරවලට බඳුන් වෙලා නුඹලා ඉක්මනින්ම විනාශ වෙනවා. ඒකාන්තයෙන්ම සත්පුරුෂයන්ගේ ඇසුර සැපයක්මයි.

657. පින්වත් දේවපුත්‍රය, කවුද එයා? මොන වගේ වැඩක් ද කරන්නෙ? ඔහුට කතා කරන නම මොකක්ද? ඔහුගේ ගෝත්‍රය මොකක්ද? අපි කැමතියි ඒව දැකගන්ට. ඒක එහෙමමයි. ඔබ යම් කෙනෙක් ගැන අනුකම්පාවෙන් නම් මෙහි පහළ වුනේ ඔබ යමෙකුට ප්‍රියයි නම්, එයාගේ පැමිණීම ලාභයක්මයි.

658. ඔතැන කෙනෙක් ඉන්නවා. එයා කරණවෑමියෙක් (බාබර් කෙනෙක්). එයාගේ නම සම්භව. එයා තමයි කොස්සෙන් පනාවෙන් ජීවත් වෙන උපාසකතුමා. එයාව හඳුනගන්න. එයා කම්කරුවෙක්. එයා බොහෝම තැන්පත් කෙනෙක්. එයාව පහත් කොට හිතන්න එපා!

659. පින්වත් දිව්‍ය පුත්‍රය, අපි දන්නවා ඔබ කා ගැනද කීවෙ කියල. නමුත් එයා ඔය ආකාර කෙනෙක් කියල අපි දැනගෙන හිටියෙ නෑ. පින්වත් දිව්‍ය පුත්‍රය, අපි ඔබේ උදාර වූ වචනය අහල ඒ තැනැත්තාව පුදන්න කැමතියි.

660. ඔය තවලමෙහි බාලමහලු ඒ වගේම මධ්‍යම වයස ඇති යම්කිසි ලෝභී මිනිසුන් ඉන්නවා නම් ඔවුන් සියල්ලෝම මේ විමානයට නගිත්වා! පින්වල විපාක හොඳින් බලත්වා!

661. එතකොට සියලු දෙනාම 'මං තමයි ඉස්සර වෙලා යන්නෙ' කියල එතැන හිටපු අර කරණවෑමියා පෙරටු කර ගත්ත. හැමෝම ශක්‍ර දෙවියන්ගේ තව්තිසා භවනයට නගිනවා වගේ ඒ විමානයට නැගගත්තා.

662. ඉතින් ඒ සියලු දෙනාම 'මං තමයි ඉස්සර වෙන්නෙ' කියල ඉතා උනන්දුවෙන් තෙරුවන් සරණ ගිය උපාසකවරු බවට පත් වුනා. සතුන් මැරීමෙන් වෙන් වුනා. ලෝකයේ සොරකමෙන් වෙන් වුනා.

663. ඊට පස්සෙ මත් පැන් බිව්වෙත් නෑ. බොරු කිව්වෙත් නෑ. තමන් ගේ බිරිඳගෙන් පමණයි සතුටු වුනේ. ඔවුන් හැමෝම 'මං තමයි ඉස්සර වෙන්නෙ' කියල ඉතා උනන්දුවෙන් තෙරුවන් සරණ ගිය උපාසකවරු බවට පත්වුන ඒ තවලම සතුටින් අනුමෝදන් වුනා. දිව්‍ය ඉර්ධියෙන් නැවත නැවතත් අනුමෝදන් වුනා.

664. මිලමුදල් යහමින් හම්බ කරන්ට ආස ඇති ඔවුන් සින්ධුසෝවීර භූමියට ගියා. ගිහින් හිතා ගත් පරිද්දෙන්ම වෙළඳ ගනුදෙනු පරිපූර්ණ කර ගත්ත. කිසි කරදරයක් නැතුව ආපසු පාටලීපුත්‍ර නගරයට ආවා.

665. ඔවුන් කරදරයක් නැතුව සුවසේම තමන්ගේ නිවෙස්වලට ගියා. අඹුදරුවන් සමග සතුටු වුනා. ආනන්දයට පත් වුනා. සතුටු සිත් ඇති වුනා. වඩ වඩාත් සතුටු වුනා. සේරිස්සක කියල මහා උත්සවයකුත් කළා.

666. ඔවුන් සේරිස්සක කියල පිරිවෙනකුත් හැදුවා. ඔන්න ඔය විදිහටයි සත්පුරුෂයන්ගේ ඇසුර ලැබුනහම මහා යහපතක් වෙනවා. දහම් ගුණ ඇති උතුමන්ගේ ඇසුර ලැබුනහම මහා යහපතක් වෙනවා. එකම උපාසක පින්වතෙක් නිසා සියලු සත්වයන්ටම සැප සැලසුනා.

සාදු! සාදු!! සාදු!!!

දෙවෙනි සේරිස්සක ප්‍රේත වස්තුවයි.

4.3.

667. සුරට්ඨ කියල ජනපදයක් තිබුනා. එයට අධිපති වූ පිංගලක කියල රජෙක් හිටියා. ඔහු මෞර්ය රජ්ජුරුවන්ට උපස්ථාන කරන්ට ගිහින් ආපහු සුරට්ඨ ජනපදයට ආවා.

668. ඒ ගිනි මද්දහන වෙලාවේ රජතුමා සිත්කළු භූමියකට පැමිණියා. ඒක ප්‍රේතයෙක් විසින් මවපු මාර්ගයක්. හරි රමණීය දැකුම්කළු මාවතක්. ඔහු ඒ මාවත දැක්කා.

669. රියැදුරා අමතලා මෙහෙම ඇහුවා. 'රියැදුර' මේ මාර්ගය හරි අපූරුයි නෙව. කිසි භයක් නෑ. සුවසේ යන්න පුළුවන්. උවදුරු නෑ. මේ මාර්ග

යෙන්ම යන්න. මේ මාර්ගයෙන් අපි යනකොට අපිට සුරට්ඨ ජනපදය ළඟටම යන්න පුළුවනි.'

670. ඒ සුරට්ඨ අධිපති රජතුමා සිවුරඟ සේනාවත් සමග ඒ මාවතෙන් ගියා. එතකොට බියෙන් තැති ගත් එක්තරා පුරුෂයෙක් රජ්ජුරුවන්ට මෙහෙම කිව්වා.

671. රජතුමනි, මේ බියජනක වූ ලොමුඬැහැ ගන්වන නපුරු මාවතකට යි අපි වැටුනේ. ඉස්සරහට යන පාර නම් පේනවා තමයි. ඒ වුනාට පිටිපස්සෙන් ඒ පාර පේන්නෙ නෑ.

672. අපි නපුරු මාර්ගයකටයි වැටිල ඉන්නෙ. පෙරේතයින්ගෙ සමීපයටයි අපි වැටිල ඉන්නෙ. පෙරේතයින්ගෙ අමනුස්ස ගඳ හමනවා. මහා දරුණු විලාප ඇහෙනවා.

673. සුරට්ඨ රජ්ජුරුවෝ සංවේගයට පත් වුණා. රියැදුරාට මෙහෙම කිව්වා. 'මේ බියජනක වූ ලොමුඬැහැ ගන්වන නපුරු මාවතකටයි අපි වැටුනේ. ඉස්සරහට යන පාර නම් පේනවා තමයි. ඒ වුනාට පිටිපස්සෙන් ඒ පාර පේන්නෙ නෑ.'

674. අපි නපුරු මාර්ගයකටයි වැටිල ඉන්නෙ. පෙරේතයින්ගෙ සමීපයටයි අපි වැටිල ඉන්නෙ. පෙරේතයින්ගෙ අමනුස්ස ගඳ හමනවා. මහා දරුණු විලාප ඇහෙනවා.

675. එතකොට ඔහු ඇතාගේ පිට උඩ නැගලා හතර දිසාව හොඳට බැලුවා. බලද්දී රමණීය නුග රුකක් දැක්කා. සිත්කළු සෙවණ තියෙනවා. නිල් වළාකුලක් වගේ. වළාකුලේ පැහැයෙන් යුක්තයි.

676. රජතුමා රියැදුරා ඇමතුවා. 'අර මහ විසාලෙට පෙනෙන නිල් වළාකුලක් වගේ පෙනෙන වළාකුලක පැහැය ගත්තු දේ මොකක්ද?'

677. මහරජතුමනි, ඒක නුග රුකක්. හොඳ සිත්කළු සෙවණ තියෙනවා. නිල් වළාකුලක් වගේ. වළාකුලක පැහැයෙන් යුක්තයි.

678. එතකොට සුරට්ඨ රජතුමා ඒ නිල් වළාකුලක් වගේ පෙනුන, වළාකුලක පැහැ සටහන් ගත්තු ඒ මහා විශාල නුගරුක ළඟට ගියා.

679. රජතුමා ඇතාගෙ පිටෙන් බැස්සා. නුග රුක ළඟට ගියා. ඇමැතියන් සහිතව පිරිවර සේනාව සහිතව නුග රුක් සෙවණේ වාඩිවුනා.

680. එතැන පුරවපු පැන් භාජනයක් තිබුනා. මිහිරි කැවුම් තිබුනා. රජතුමා මේව දැක්කා. සියලු ආභරණවලින් සැරසුණු දෙවියෙක් වගේ කෙනෙක් ආවා. ඇවිදින් සුරට්ඨ රජතුමාට මෙහෙම කිව්වා.

681. මහරජතුමනි, ඔබට යහපත් පැමිණීමක් වේවා! ඔබේ මේ ගමන නපුරු පැමිණීමක් නොවෙයි. රජතුමනි, පැන් පානය කළ මැනව. කැවුම් වැළඳුව මැනැව.

682. ඇමැතියන් සහිත වූ පිරිවර සේනා සහිත වූ සුරට්ඨ රජතුමා පැන් වැළඳුවා. කැවුමුත් අනුභව කළා. මෙහෙම කිව්වා.

683. ඔබ දෙවියෙක්ද? ගාන්ධර්වයෙක්ද? එහෙමත් නැත්නම් පුරින්දද වූ ශක්‍රයාද? අපි මේ ඒ ගැන නොදැනයි අහන්නෙ. ඔබ කවුරු කියලද අපි දැනගන්න ඕන?

684. මහරජ, මං දෙවියෙක් නොවෙයි. මං ගාන්ධර්වයෙකුත් නොවෙයි. පුරින්දද නම් වූ ශක්‍රයාත් නොවෙයි. මං පෙරේතයෙක්. සුරට්ඨ දේශයේ ඉඳලයි මෙහේ ආවේ.

685. ඔබ ඉස්සර සුරට්ඨ දේශයේ ඉන්න කොට මොන විදිහේ සිල්වතෙක්ද? මොන විදිහේ යහපත් ගතිගුණ ඇතිව හිටියාද? මොන වගේ උතුම් ජීවිතයකින්ද ඔබට මේ වගේ ආනුභාවයක් ලැබුනේ?

686. සතුරන් දමනය කරන, රට දියුණු කරන මහරජතුමනි, ඇමතිවරුත්, සේනාපිරිසත්, පුරෝහිත බ්‍රාහ්මණයාත් මෙය අසනු මැනැව.

687. දේවයනි, මං සුරට්ඨ දේශයෙන් ආපු පව්ටු සිත් ඇති කෙනෙක්. මිථ්‍යා දෘෂ්ටික කෙනෙක්. දුස්සීල කෙනෙක්. කෑදරයෙක්. අනුන්ට නින්දා අපහාස කරන කෙනෙක්.

688. දන් දෙන උදවිය ගේ පින්කම් කරන උදවියගේ ඒ බොහෝ දෙනාගේ පින්කම් මං වැළැක්වූවා. අනුන් දෙන දානයටත් මං අනතුරු කරන කෙනෙක් වුනා.

689. දන් දීමෙන් ලැබෙන විපාකයක් නෑ. සිල් රැකීමෙන් ලැබෙන ඵලයකුත් නෑ. ගුරුවරු කියල කොටසක් නෑ. දමනය නොවී ඉන්න අය කවුරුන්ව නම් දමනය කරන්ටද?

690. හැම සත්වයෙක්ම එකිනෙකාට සමානයි. වැඩිහිටියන්ට මොනවට සළකනවාද? බලයක් වීරියක් කියල දෙයක් නෑ. නැගී සිටීමේ පුරුෂ ධෛර්යය කියල එකක් මොකටද?

691. දානයෙන් ලැබෙන ඵලයක් නම් නෑ. වෛර කරපු උදවියට පින්වලින් පිරිසිදු වෙන්ට පුළුවන්ද? මේ සත්වයා ලැබිය යුතු යම් සැපක් දුකක් ලබනවා නම් සොබාදහමේ පරිණාම නියතියෙනුයි හටගන්නෙ.

692. මව් කියල විශේෂ කෙනෙක් නෑ. පියා කියල විශේෂ කෙනෙක් නෑ. සහෝදරයෝ නෑ. මෙයින් තොර වෙන ලෝකයකුත් නෑ. දන් දීමෙන් වැඩක් නෑ. ඇප උපස්ථාන කිරීමෙන් වැඩක් නෑ. යහපත් ලෙස තැන්පත් කරනවයි කියන පිනක් දකින්ට නෑ.

693. යම් කෙනෙක් තව පුරුෂයෙකුව මරණවා නම් තව කෙනෙකුගේ හිස ගසා දමනවා නම් ඒ කවුරුවත් තව කෙනෙක්ව නසන්නෙ නෑ. ඒක සත් ආකාර වූ ධාතු ඇති මේ ශරීරයේ සිදුරු අතරින් ආයුධයක් ගියා විතරයි.

694. මේ ජීවාත්මය කියන්නෙ සිඳින්ට බිඳින්ට පුළුවන් දෙයක් නොවෙයි. මේ ජීවාත්මය අටපට්ටම් වුන වටකුරු පන්දුවක් වගේ දෙයක්. යොදුන් පන්සියයක උස තියෙනවා. කවුරු නම් ඒ ජීවාත්මය වනසන්න සුදුසු වෙයිද?

695. මේක නූල් බෝලයක් වගේ එකක්. මේක විසි කළ විට ලෙහි ලෙහී යනකල් විතරයි යන්නෙ. මේ ජීවාත්මයත් එහෙම දෙයක් තමයි. මේක ලෙහි ලෙහී යනකල් විතරයි යන්නෙ.

696. ඒක මේ වගේ දෙයක්. ඔන්න කෙනෙක් ගමකින් පිටත් වෙලා වෙන ගමකට යනවා. අන්න ඒ වගේ තමයි. ඒ ජීවාත්මය වෙනත් කයකට මාරු වෙලා යනවා.

697. ඒක මේ වගේ දෙයක්. ඔන්න කෙනෙක් ගෙදරකින් පිටත් වෙලා වෙන ගෙදරකට යනවා. අන්න ඒ වගේ තමයි. ඒ ජීවාත්මය වෙනත් කයකට මාරු වෙලා යනවා.

698. යමෙක් අනුවණයෙක් වුනත් පණ්ඩිතයෙක් වුනත් ඒ අය කවුරුත් මහාකල්ප අසූහතර ලක්ෂයක් සංසාරය ගෙවල ඉවර වුනාට පස්සෙයි මේ දුක් අවසන් වෙලා යන්නෙ.

699. මේ සත්වයන්ගේ සැපදුක් ද්‍රෝණයකින් හරි කුල්ලකින් හරි මැනපු දෙයක් වගෙයි තියෙන්නෙ. ඕවා ඔක්කොම දැනගන්නෙ අවබෝධ කරපු අය විතරයි. අනෙක් සියලු දෙනාම බලවත්ව මුලාවෙලයි ඉන්නෙ.

700. මං ඉස්සර ඔන්න ඔය වගේ මිත්‍යා දෘෂ්ටියක් දරපු කෙනෙක්. බලවත්ව මුලා වෙලා මෝහයෙන් වැහිලයි හිටියේ. දුස්සීල වෙලා හිටියේ. කෑදර වෙලා හිටියේ. අනුන්ට නින්දා අපහාස කර කර හිටියේ.

701. තව හය මාසයක් යන්ට කලින් මගේ මරණය සිද්ධ වෙනවා. එතකොට ඒකාන්තයෙන්ම කටුක වූ භයානක දුක් ඇති නිරයටයි මං වැටෙන්නෙ.

702. ඒ නිරයේ කොන් හතරක් තියෙනවා. දොරවලුත් හතරක් තියෙනවා. ඒව කොටස් වශයෙන් ගානට බෙදලයි තියෙන්නෙ. වටේටම තියෙන්නෙ යකඩ පවුරක්. වහල තියෙන්නෙත් යකඩ පියනකින්.

703. ඒ අවීචි මහානරකාදියේ ඇවිලෙන ගිනිදැල් හරිම සැරයි. ඒ යකඩ භූමියේ හැම තිස්සේම යොදුන් සියයක් පුරාවට ගිනිදැල් පැතිරිලා තියෙනවා.

704. මහරජතුමනි, ඒ නිරයේ අවුරුදු ලක්ෂයක් පැහිල ගෙවුණාම එකපාරටම මහා ශබ්දයක් ඇහෙනවා. එහි විඳවන්න තියෙන ආයුෂ ප්‍රමාණය අවුරුදු කෝටි ලක්ෂයක් වෙනවා. ඔය එහෙ තියෙන ආයුෂ ප්‍රමාණයයි.

705. යම් කෙනෙක් කෝටි ලක්ෂයක් අවුරුදු නිරයේ පැහිල දුක් විඳිනවා නම් ඒ ඔක්කොම අය මිත්‍යා දෘෂ්ටික උදවිය. දුස්සීල උදවිය. ආර්යයන් වහන්සේලාට නින්දා අපහාස කරපු උදවියයි.

706. මං ඒ මහා නිරයේ දීර්ඝ කාලයක් තිස්සේ දුක් විඳින්ටයි නියම වෙලා තියෙන්නෙ. මං කරගත්තු පව්වල විපාක තමයි. ඒ නිසා මං බලවත් ශෝකයකින් ඉන්නෙ.

707. සතුරන් දමනය කරන රට දියුණු කරන මහරජතුමනි, මෙය අසනු මැනැව. ඔබට යහපතක්ම වේවා. මහරජතුමනි, මට උත්තරා කියල දුවක් ඉන්නවා.

708. ඈ පින්කම් කරනවා. නිති පන්සිල් රකිනවා. පොහොයට උපෝසථ සිල් රකිනවා. සීලසංවරයෙන් යුක්තයි. දැන් පැන් බෙදනවා. මිහිරි වචන කියනවා. මසුරු නෑ.

709. ඈ සිල්පද කඩා ගන්නෙ නැතුව හික්මෙනවා. අනික් පවුල්වලටත් මොලොක් කෙනෙක්. ඒ වගේම ඈ ශ්‍රීමත් ශාක්‍ය මුනීන්ද්‍ර වූ සම්බුදු රජාණන් වහන්සේ ගේ උපාසිකාවක්.

710. සිල්වත් භික්ෂූන් වහන්සේ නමක් ගමට පිණ්ඩපාතේ වැඩියා. නෙත්

සඟල බිමට යොමාගෙන, හොඳ සිහියෙන් යුතුව, ඉඳුරන් රැකගෙන සංවරවයි වැඩියේ.

711. ගෙපිළිවෙලින් පිඬු සිඟා වඩිද්දී ඒ නිවසටත් වැඩියා. මහරජතුමනි, ඔබට යහපතක් වේවා! උත්තරා අර භික්ෂූන් වහන්සේව දැක්කා.

712. ඕ පුරවපු පැන් බඳුනකුයි, මිහිරි කැවුමුත් ඒ භික්ෂුවට පූජා කළා. 'ස්වාමීනි, මගේ පියාණන් කලුරිය කළා. ඔහුට මේ පින පැමිණේවා' කියල කිව්වා.

713. ඒ පින් දීපු මොහොතේම මට ඒ පුණ්‍ය විපාකය ලැබුනා. වෙසමුණි රජ්ජුරුවො වගේ මං කැමති කැමති විදිහට සැප අනුභව කරනවා.

714. සතුරන් දමනය කරන රට දියුණු කරන මහරජතුමනි, මෙය අසනු මැනැව. දෙවියන් සහිත ලෝකයාට අග්‍රවෙන්නේ බුදුරජාණන් වහන්සේ කියල යි කියෙන්නෙ. රජතුමනි, අඹුදරුවන් සමගම ඔබ ඒ බුදුරජාණන් වහන්සේව සරණ යන්න.

715. ආර්ය අෂ්ටාංගික මාර්ගයෙන්මයි ඒ අමා නිවන ස්පර්ශ කරන්නෙ. රජතුමනි, අඹුදරුවන් සමගම ඔබ ඒ ශ්‍රී සද්ධර්මය සරණ යන්න.

716. ආර්ය මාර්ගයෙහි ගමන් කරන හතර දෙනෙක් ඉන්නවා. ඵලයෙහි පිහිටලා ඉන්න හතර දෙනෙක් ඉන්නවා. මේ තමයි ඍජු සිත් ඇති, ප්‍රඥාවන්ත, සීලවන්ත, සමාහිත සිත් ඇති ආර්ය සංඝරත්නය. රජතුමනි, අඹුදරුවන් සමගම ඔබ ඒ ආර්ය සංඝරත්නය සරණ යන්න.

717. ඉක්මනින්ම සතුන් මැරිමෙන් වළකින්න. ලෝකයෙහි සොරකම් කිරීම දුරු කරන්න. මත්පැන් බොන්න එපා. බොරු කියන්නත් එපා. තම බිරිඳ සමගින් පමණක් සතුටු වෙන්න.

718. පින්වත් යක්ෂය, ඔබ මගේ යහපත කැමැති කෙනෙක්. පින්වත් දෙවිය, ඔබ මට හිත කැමති කෙනෙක්. මං ඔබේ වචනය කරනවා. ඔබ මගේ ආචාර්යවරයා වෙන්න.

719. මං බුදුරජාණන් වහන්සේව සරණ යනවා. අනුත්තර වූ ශ්‍රී සද්ධර්මයත්, නරෝත්තමයන් වහන්සේගේ ශ්‍රාවක සංඝරත්නයත් මං සරණ යනවා.

720. ඉක්මනින්ම සතුන් මැරීමෙන් වළකිනවා. ලෝකයෙහි සොරකම් කිරීම දුරු කරනවා. මත්පැන් බොන්නෙ නෑ. බොරු කියන්නෙත් නෑ. තම බිරිඳ සමගින් පමණක් සතුටු වෙනවා.

721. මං බුදුරජාණන් වහන්සේගේ ශාසනයෙහි සිත් අලවා ගෙන ඉන්නෙ. මහා වාතයක් හමාගෙන ඇවිදින් බොල් වී ගහගෙන යනවා වගේ, වේගවත් සැඬ පහරක් තිබෙන ගංගාවේ තණ රොඬු ගහගෙන යනවා වගේ මං ඔය පව්ටු මිත්‍යා දෘෂ්ටි වමනෙ කරල දානවා.

722. මෙහෙම කියපු සුරට්ඨ රජතුමා, ඒ පාපී ආකල්පවලින් වැළකුනා. භාග්‍යවතුන් වහන්සේට නමස්කාර කළා. රථයට නැගලා පෙරදිග දිසාවට ගියා.

සාදු! සාදු!! සාදු!!!

තුන්වෙනි නන්දක ප්‍රේත වස්තුවයි.

4.4.

723. එම්බා රේවතී, නුඹ පාපී කෙනෙක්. දන් නොදෙන කෙනෙක්. තිට අපායෙහි දොර විවෘත වුනා. දැන් ඉතින් නැගිටපන්. දුගතියෙහි ඉපදුනාම නිරා දුකින් පෙළි පෙළී තිරි සතුන් තීව ඇදගෙන යන්නේ නම් තැනකටද එතැනට අපි තීව අරගෙන යනවා.

724. ඒ යක්ෂයෝ දෙන්නාම යම දූතයෝ. ඇස් ගෙඩි ලේ පාටයි. ඔවුන් රේවතීට එහෙම කියල වෙන වෙනම රේවතීගේ අත්වලින් අල්ලා ගත්තා. තව්තිසා දිව්‍ය ලෝකයේ දිව්‍ය පිරිස ළඟට ගියා.

725. හිරුරැස් වගේ සිත් කළුයි. ප්‍රභාස්වරයි. සුන්දරයි. රත්තරන් දැලෙන් නිර්මිතයි. සූරිය රැස් වගේ බබලන දිව්‍ය ජනයා පිරුණු මේ විමානය කාගෙද?

726. සුවඳ සඳුන් තැවැරූ සිරුරු ඇති දිව්‍ය අප්සරාවන් නිසා ඒ විමානයේ ඇතුළතත් පිටතත් ලස්සන වෙනවා. හිරු මඬලේ එළියට සමාන එළියක් ඒ විමානෙන් විහිදෙනවා. දෙව්ලොව ඉපදිලා මේ විමානයට ඇවිදින් සතුටු වෙන කෙනා කවුද?

727. බරණැස් නුවර උපාසකයෙක් හිටියා. එයා ගේ නම නන්දිය. ලෝභකමක් නෑ. දානපති කෙනෙක්. ඉල්ලන්න සුදුසු කෙනෙක්. මේ දිව්‍ය ජනයා පිරුණු හිරු රැස් වගේ බබලන විමානය අන්න එයා ගෙ.

728. සුවඳ සඳුන් තැවැරූ සිරුරු ඇති දිව්‍ය අප්සරාවන් නිසා ඒ විමානයේ ඇතුළතත් පිටතත් ලස්සන වෙනවා. හිරු මඬලේ එළියට සමාන එළියක් ඒ විමානෙන් විහිදෙනවා. දෙව්ලොව ඉපදිලා මේ විමානයට ඇවිදින් සතුටු වෙන කෙනා එයා තමයි.

729. හා! මං තමයි ඒ නන්දිය ගේ බිරිඳ. ඒ සියලු පවුල්වලටම ඉසුරුමත් ගෘහණිය වුනේ මමයි. මං දැන් ඒ මගේ ස්වාමියාගේ විමානයේ තමයි ඉන්න කැමති. නිරය නම් මං දකින්නවත් පතන්නෙ නෑ.

730. එම්බා, පාපී තැනැත්තිය, අර තියෙන්නෙ තිගේ නිරයයි. තී මනුස්ස ලෝකෙදී කිසි පිනක් කළේ නෑ. මසුරු අය, අනුන්ව කුපිත කරවන අය, පව්ටු ජීවිත ඇති අය දෙවියන් එක්ක එකතු වෙලා ඉන්ට වාසනාව ලබන්නෙ නෑ.

731. මොනවද මේ? අසූචි, මුත්‍රා මහා ජරාව නේ පෙනෙන්නෙ. මොකක්ද මේ ගඳ? මේ හමා ගෙන එන අසූචි ගඳ මොකක්ද?

732. එම්බා රේවතී, මේක තමයි සංසවක කියන නිරය. මේක හරි ජඹුරයි. මිනිසුන් සියයකට වඩා ජඹුරයි. යම් තැනක අවුරුදු දාහක් තී පැහෙනවාද, මේ එතැන තමයි.

733. ඇයි? මං කයෙන් වචනයෙන් මනසින් නරක දේවල් කරල තියෙනවාද? සියයක් පුරුෂයන්ගේ ජඹුර ඇති සංසවක නිරයේ පැහෙන්ට මං කළ වරද මොකක්ද?

734. ශ්‍රමණයන් වහන්සේලා, බ්‍රාහ්මණයන්, තව අනෙකුත් යාචකයන් වගේ උදවියට තී බොරුවෙන් වංචා කළා. ඒ පාපය රැස් කළේ තී නෙව.

735. එම්බා රේවතී, ඒ නිසයි තිට මේ සියක් පුරුෂයන් ගැඹුරු ඇති සංසවක නිරය ලැබුනේ. දැන් ඉතින් දහසක් අවුරුදු තී මෙහි පැහේවි.

736. එහෙ අත් කපල දානවා. පාදත් කපලා දානවා. කණුත් කපල දානවා. නාසාත් කපල දානවා. ඒ වගේම කපුටන් රංචු ගැහිලා තුඩෙන් විද විද මස් කනවා.

737. අනේ මාවත් ආපසු මනුස්ස ලෝකෙට අරගෙන යන්න. මං වැඩි වැඩියෙන් පින් කරනවා. දන් දෙනවා. චරිතවත් වෙනවා. සිල් රකිනවා. ඉඳුරන් දමනය කර ගන්නවා. යමක් කරල සැපවත් වෙනවා නම් පසුතැවෙන්නෙ නැත්නම්, අන්න ඒ පින් කරනවා.

738. තී ඉස්සර ප්‍රමාද වුනා. දැන් ඉතින් වැළපියං. තමන් කරපු දේවල්වලට අනුව තමයි විපාක විඳින්න ලැබෙන්නෙ.

739. දිව්‍ය ලෝකයෙන් මනුස්ස ලෝකයට ගිහින් මං ඔය කරුණ ගැන අසද්දී කවුරු නම් උත්තර දේවිද? දඬු මුගුරු අත් හළ සිල්වතුන්ට දන් දෙන්ට

ඕන. වස්ත්‍ර පූජා කරන්ට ඕන. සෙනසුන් දෙන්ට ඕන. දන් පැන් පූජා කරන්ට ඕන. ඔය මසුරු උදවිය කිපෙන උදවිය පව්ටු ගති ඇති උදවිය දෙව්ලොව යන්නෙ නෑ කියල කවුරු නම් කියාවිද?

740. ඒකාන්තයෙන්ම මං මේ ලෝකෙන් චුත වෙලා මනුස්ස ලෝකේ උපදිනවා. එතකොට මං අනුන් විසින් මගෙන් ඉල්ලන්ට සුදුසු කෙනෙක් වෙනවා. සිල්වත් වෙනවා. දන් දෙනවා. චරිතවත් වෙනවා. සිල්වත්ව ඉන්ද්‍රිය දමනයෙන් යුක්ත වෙනවා. වැඩියෙන් පින් කරනවා.

741. දුෂ්කර මං මාවත්වල ඒදඬු පාලම් හදනවා. ගස්වැල් රෝපණය කරනවා. පිංතාලි හදනවා. පැන් පොකුණු හදනවා. සතුටු සිතින්මයි මං ඒවා කරන්නෙ.

742. එතකොට මං තුදුස්වක පසළොස්වක අටවක පටිහාරිය පක්ෂයේ පෝයවල්වල මං අටසිල් සමාදන් වෙනවා.

743. මං හොඳට උපෝසථය රකිනවා. හැමදාම සිල්වත්ව සංවර වෙනවා. දන් දෙන්න පමා වෙන්නෙ නෑ. දැන් මං පින්වල විපාක ඇස් දෙකෙන්ම දැක්කා.

744. ඔය විදිහට රේවතී නන් දොඩවන්න පටන් ගත්තා. හොඳටම තැති අරගෙන බියෙන් සැලෙන්න වුනා. එතකොට යමපල්ලන් රේවතී ගේ දෙපයින් අල්ලා යටිකුරු කළා. ඝෝර වූ සංසවක නිරයට හෙළුවා.

745. මං ඉස්සර හරිම මසුරුයි. ශ්‍රමණ බ්‍රාහ්මණයින්ට මං හරියට බැණවදිනවා. බොරු කිය කියා ස්වාමියාව රවටනවා. දැන් මං මේ භයානක වූ සංසවක නිරයට වැටිල පැහෙනවා.

සාදු! සාදු!! සාදු!!!

හතරවෙනි රේවතී ප්‍රේත වස්තුවයි.

4.5.

746. ස්වාමීනි, මට මහා විශාල උක්වනයක් පහළ වෙලා තියෙනවා. මේක නම් ලොකු පුණ්‍ය ඵලයක්. ඒ වුනාට දැන් ඒක මගේ පාවිච්චියට ලැබෙන්නෙ නෑ. මේ මොන වගේ කර්මයක විපාකයක්ද? කියල පැවසුව මැනැව.

747. උක් ගසක් කන්ට ඕන කියල මං යම්කිසි උත්සාහයක් ගන්නවා තමයි. මං එහෙම අනුභව කරන්ට ඕන කියල උත්සාහ කරද්දි ඇතිවෙන්නෙ

මහන්සියක්මයි. උක් කොළවලට මාව කැපෙනවා. එතකොට මගේ ශරීර ශක්තිය නැතුව යනවා. දුකට පත්වෙනවා. මං වැළපෙනවා. මේ විපාකය මට ලැබුනේ මොන කර්මයක් නිසාද?

748. මං හොඳටම වෙහෙසට පත්වෙලා බිම ඇඳගෙන වැටෙනවා. තද අව්වෙන් රත් වුණු පොළොවේ මාළුවෙක් වගේ දඟලනවා. මං වැළපෙන කොට ඇස්වලින් කඳුළු ගලාගෙන යනවා. ස්වාමීනි, මේ විපාකය මට ලැබුනේ මොන කර්මයක් නිසාද කියල පැවසුව මැනැව.

749. මං පුදුමාකාර බඩගින්නකින් ඉන්නෙ. මට කලන්තෙයි. පිපාසයි. අධික පිපාසයෙන් දුක් විඳින මං මිහිරි සැපක් නම් විඳල නෑ. ස්වාමීනි, මං ඔය කාරණය ගැනයි අහන්නෙ. මට මේ උක් රසය පාවිච්චි කරන්ට ලබාගන්නෙ කොහොමද?

750. ඔය ඇත්තා පෙර ජාතියකදී මිනිස් ලෝකෙ ඉන්න කාලේ තමන් ගෙ අතින් පව් කෙරිල තියෙනවා. මං දැන් ඔබට ඒ විස්තරය කියන්නම්. ඔබ ඒක අහලා මෙන්න විදිහට දැනගන්න ඕන.

751. ඔය ඇත්තා උක් දණ්ඩක් හප හපා ගියා. එතකොට ඔබේ පිටිපස්සෙන් තව පුරුෂයෙක් ඔබත් එක්කම ආවා. ඒ තැනැත්තා උක්රසය ලබාගන්ට බොහෝම කැමති වෙලා ඔබට කතා කළා. එතකොට ඔබ ඔහුට කිසිම දෙයක් නොකියා හිටියා.

752. ඔබ මොකවත් නොකියා ඉන්න කොට ඔහු ඔබෙන් උක් දණ්ඩක් ඉල්ලා හිටියා. 'ආර්ය පුත්‍රය, උක් දණ්ඩක් දෙනු මැනැව' කියල. ඔබ එතකොට පිටිපස්සෙන්මයි ඔහුට උක් දණ්ඩ දුන්නේ. අන්න ඒ කර්මයේ විපාකය තමයි මේ.

753. දැන් ඉතින් ප්‍රේතය, ඔබත් පිටුපසින් හැරිල උක් දණ්ඩ ගන්න ඕන. එහෙම අරගෙන ඇතිතාක් කන එකයි තියෙන්නෙ. එතකොට ඒකෙන් ඔබට සතුටක් ඇති වේවි. තුටුපහටු වෙලා ඔදවැඩුණු සිතිස් ප්‍රමුදිතව ඉන්ට පුළුවන් වේවි.

754. ඒ ප්‍රේතයා, ගිහින් පිටිපස්ස හැරිල උක් දඬු ගත්තා. අරගෙන ඇති පදමට කෑවා. ඒකෙන් ඔහුට සතුටක් ඇති වුනා. තුටුපහටු වුනා. ඔදවැඩුණු සිතින් ප්‍රමුදිතව ඉන්ට පුළුවන් වුනා.

සාදු! සාදු!! සාදු!!!

පස්වෙනි උච්ඡු ප්‍රේත වස්තුවයි.

4.6.

755. හිමාල පර්වතය පැත්තේ සැවත කියල නුවරක් තියෙනවා. එහේ රාජ පුත්‍ර වූ කුමාරවරු දෙදෙනෙක් හිටියා කියල මං අහල තියෙනවා.

756. ඔවුන් කාමසම්පත්වලම ප්‍රමාද වුනා. කාමාස්වාදයම විඳිමින් සතුටු වුනා. ඒ ජීවිතයේදී ලැබුණු සැපයට ගිජු වෙලා ගියා. අනාගත ජීවිතවලත් හොඳින් සිටින්න ඕන කියන කරුණ දැක්කෙ නෑ.

757. ඔවුන් මිනිස් ලොවින් චුත වුනා. පරලොවදී පෙරේත ලෝකයට ගියා. ඔවුන් ඒ කලින් ජීවිතයේදී තමන් විසින් කරගත්තු පාප කර්ම නිසා නොපෙනෙන ශරීර ඇතිව ඉඳගෙන මේ නුවර ආසන්නයේම මේ විදිහට කෑගසන්න වුනා.

758. අයියෝ! අපිට දන් දෙන්න ඕනෑ තරම් වස්තුව තිබුනා. දන් පැන් පිළිගන්ට සුදුසු බොහෝ ආර්යන් වහන්සේලා වැඩ සිටියා. අපිට සැප ලබාදෙන සුළු පිනක්වත් කරගන්ට බැරි වුනා.

759. අපි යම්කිසි කර්මයක් නිසා ඒ රාජකුලයෙන් චුත වෙලා මේ බඩගින්නෙන් පිපාසයෙන් පීඩා විඳ විඳ ඉන්න පෙරේත ලෝකේ ඉපදුනා. ආයෙ ඉතින් මීටත් වඩා පවක් තියෙනවාද?

760. අපි මනුස්ස ලෝකෙදි හිටියෙ හාම්පුතාල වෙලා. නමුත් පෙරේත ලෝකෙදි අපි හාම්පුතාල නොවෙයි. උසස් මනුස්ස ආත්මයෙන් චුත වෙලා හීන වූ පෙරේතයෝ වෙලා බඩගින්නෙන් පිපාසයෙන් ඇවිද ඇවිද යනවා.

761. සැප සම්පත්වලින් මත්වෙලා හිටපු නිසයි මේ ආදීනය හටගත්තෙ. මේක තේරුම් ගත්ත මනුස්සයා සැප සම්පත්වලින් හිතට ගන්න එක දුරු කරන්න ඕන. එතකොට දෙව්ලොවට යනවා. කය බිඳී මැරුණට පස්සේ ඒ නුවණැති කෙනා දෙව්ලොව උපදිනවා.

සාදු! සාදු!! සාදු!!!

හයවෙනි කුමාර ප්‍රේත වස්තුවයි.

4.7.

762. පෙර කරපු කර්මයෙන්මයි මේ සැප විපාක ලැබෙන්නෙ. නමුත් මේ සිත්කලු රූප, ශබ්ද, ගන්ධ, රස, ස්පර්ශවලට ඔහුගේ සිත යට වෙනවා.

763. ස්වල්ප නොවන නැටුම්, ගැයුම්, කම්සුව, කෙළිසෙල්ලම්වලින් සතුටු වෙවී ඉඳල උයන්වල විනෝද වෙවී ඉඳල රජගහ නුවරට ඇතුළු වෙනවා.

764. එතකොට ඔහු සුනෙත්ත නම් වූ පසේබුදු ඍෂිවරයාණන්ව දැක්කා. උන්වහන්සේ දමනය වෙලා ඉන්නෙ. ඒ සිත සමාහිතයි. අල්පේච්ඡයි. වරදට ලැජ්ජයි. පාත්‍රයට ලැබුණු දෙයකින් සතුටු වෙනවා.

765. ඉතින් ඔහු ඇතා පිටින් බැස්සා. 'ස්වාමීනි, පිණ්ඩපාතේ ලැබුනාද?' කියල ඇහුවා. උන්වහන්සේගේ පාත්‍ර අතට ගත් ඒ රජ කුමාරයා,

766. තද බිම් ප්‍රදේශයක පාත්‍රය පොළොවෙ ගැහුවා. හිනා වෙවී ඉවත් වෙලා ගියා. 'ඒයි භික්ෂුව, මං කිතව රජ්ජුරුවන්ගෙ පුතා. තමුසෙ මට මොනව කරන්ටද?'

767. ඒ දරුණු පාප කර්මයේ විපාකත් ඒ විදිහටම කටුකයි. ඊට පස්සෙ ඒ රාජ පුත්‍රයා නිරයේ ගිහිල්ලා කොයි විදිහටද දුක් වේදනා වින්දේ?

768. පව්කම් කරපු ඔහු නිරයේ ඉපදිලා දුක් විඳපු අවුරුදු ගණන මෙහෙමයි. අසූහාරදාහක් අවුරුදු ගණන හයෙන් වැඩි කරල ගත්තු අවුරුදු නහුත ගණනක් ඔහු බොහෝම දුක් වින්දා.

769. ඒ අඥාන පුද්ගලයාව උඩු අතට නිරයේ පැහුනා. යටිකුරු අතටත් නිරයේ පැහුනා. වම් ඇලයෙන් ඉඳගෙනත් නිරයේ පැහුනා. දකුණු ඇලයෙන් ඉඳගෙනත් නිරයේ පැහුනා. උඩු අතට පාද ඇතිව ඉඳගෙනත් නිරයේ පැහුනා. බොහෝ කාලයක් නිරයේ පැහුනා.

770. අවුරුදු දහස් ගණන්, ගොඩාක් අවුරුදු ගණන්, අවුරුදු නහුත ගණන් ඒ පව් කරපු අඥානයා ඒ නිරයේ අතිශයින්ම බලවත් දුකට පත්වුනා.

771. ක්ෂාන්ති යන උදවිය කෙරෙහි කිසි දවසක නොකිපෙන, යහපත් ගතිපැවතුම් තියෙන ඒ මුනිවරයාණන් හට කරදර කරලා පව්කම් කරලා තමයි ඔය ආකාරයේ කටුක දුක් දොම්නස් විඳින්නෙ.

772. ඒ පුද්ගලයා බොහෝ අවුරුදු ගණනක් බොහෝ දුක් විඳ විඳ ඉඳල

එයින් චුත වුනා. ඊට පස්සෙ පිපාසයෙන් බඩගින්නෙන් වේදනා විඳින පෙරේතයෙක් වුනා.

773. සැප සම්පත්වලින් මත්වෙලා හිටපු නිසයි මේ ආදීනව හටගත්තෙ. මේක තේරුම් ගත්ත මනුස්සයා සැප සම්පත්වලින් හිතට ගන්න එක දුරු කරන්න ඕන. නිහතමානී බව ඇති කරගන්න ඕන.

774. යම් කෙනෙක් බුදුවරයන් වහන්සේලා කෙරෙහි ගෞරවයෙන් යුක්ත නම් ඒ කෙනාට මේ ජීවිතයේදීම ප්‍රශංසා ලැබෙනවා. ඒ ප්‍රඥාවන්ත කෙනා කය බිඳී මරණින් මතු දෙව්ලොව උපදිනවා.

සාදු! සාදු!! සාදු!!!

හත්වෙනි රාජපුත්ත ප්‍රේත වස්තුවයි.

4.8.

775. අසුචිවලෙන් ගොඩට ඇවිදින් දීන විදිහට ඉන්න ඔබ කවුද? මොන වගේ පාපකර්මයක්ද ඔබ කළේ? මං කොහොමද සැකක් නැතුව ඔබව විශ්වාස කරන්නෙ?

776. අනේ ස්වාමීනි, මං පෙරේතයෙක්. දුකට පත්වෙලයි ඉන්නෙ. පෙරේත ලෝකෙ ඉපදිලයි ඉන්නෙ. පව්කම් කරල පෙරේත ලෝකෙට ඇවිල්ලයි ඉන්නෙ.

777. ඔබ විසින් කයෙන් වචනයෙන් මනසින් මොන වගේ පවක්ද කරගත්තෙ? මොන වගේ කර්මයක විපාකයක් නිසාද මේ වගේ දුකකට පත් වුනේ?

778. මගේ ගෙදර ආවාසයේ භික්ෂුවක් හිටියා. හරිම ඊර්ෂ්‍යායි. දායක පවුල්වලට මසුරුයි. මගේ ගෙදර ගැනමයි හිත බැසගෙන තියෙන්නෙ. කැදරයි. සිල්වතුන්ට ගරහනවා.

779. මං ඇහුවේ ඒ භික්ෂුවගේ වචන. ඉතින් මං සිල්වත් භික්ෂූන් වහන්සේලාට නින්දා අපහාස කළා. අන්න ඒ කර්මයේ විපාකයෙන් තමයි එහෙන් චුත වෙලා පෙරේත ලෝකෙට ආවේ.

780. මිතුරෙකුගේ වේශයෙන් ඔබත් එක්ක කුලුපග වෙලා හිටපු ඒ මිතුරු නොවන භික්ෂුවක් ඇද්ද, ඒ අඥාන පුද්ගලයා කය බිඳුනට පස්සෙ පරලොව ගියේ මොන වගේ උපතකටද?

781. ඒ පව් කරපු ශ්‍රමණ පෙරේතයාගේ ඔළුව උඩ තමයි මං ඉන්නෙ. ඒ තැනැත්තා දැන් පෙරේත ලෝකයේ ජීවත් වෙන්නේ මගේ ගෝලයෙක් හැටියටයි.

782. ස්වාමීනි, මගේ භෝජනය මේකයි. අනෙක් උදවිය වැසිකිළි කරද්දි ඒ අසූචි මං කනවා. මං වැසිකිළි කරද්දි මගේ අසූචි තමයි ඒ ශ්‍රමණ පෙරේතයා කන්නෙ.

සාදු! සාදු!! සාදු!!!

අටවෙනි ගූථඛාදක ප්‍රේත වස්තුවයි.

4.9.

783. අසූචිවලෙන් ගොඩට ඇවිදින් දීන විදිහට ඉන්න ඔබ කවුද? මොන වගේ පාපකර්මයක්ද ඔබ කළේ? මං කොහොමද සැකක් නැතුව ඔබව විශ්වාස කරන්නෙ?

784. අනේ ස්වාමීනි, මං පෙරේතියක්. දුකට පත්වෙලයි ඉන්නෙ. පෙරේත ලෝකෙ ඉපදිලයි ඉන්නෙ. පව්කම් කරල පෙරේත ලෝකෙට ඇවිල්ලයි ඉන්නෙ.

785. ඔබ විසින් කයෙන් වචනයෙන් මනසින් මොන වගේ පවක්ද කරගත්තෙ? මොන වගේ කර්මයක විපාකයක් නිසාද මේ වගේ දුකකට පත් වුනේ?

786. මගේ ගෙදර ආවාසයේ භික්ෂුවක් හිටියා. හරිම ඊර්ෂ්‍යායි. දායක පවුල්වලට මසුරුයි. මගේ ගෙදර ගැනමයි හිත බැසගෙන තියෙන්නෙ. කෑදරයි. සිල්වතුන්ට ගරහනවා.

787. මං ඇහුවේ ඒ භික්ෂුව ගේ වචන. ඉතින් මං සිල්වත් භික්ෂූන් වහන්සේලාට නින්දා අපහාස කළා. අන්න ඒ කර්මයේ විපාකයෙන් තමයි එහෙන් චුත වෙලා පෙරේත ලෝකෙට ආවේ.

788. මිතුරෙකුගේ වේශයෙන් ඔබත් එක්ක කුලුපග වෙලා හිටපු ඒ මිතුරු නොවන භික්ෂුවක් ඇද්ද, ඒ අඥාන පුද්ගලයා කය බිඳුනට පස්සෙ පරලොව ගියේ මොන වගේ උපතකටද?

789. ඒ පව් කරපු ශ්‍රමණ පෙරේතයාගේ ඔළුව උඩ තමයි මං ඉන්නෙ. ඒ තැනැත්තා දැන් පෙරේත ලෝකයේ ජීවත් වෙන්නේ මගේ ගෝලයෙක් හැටියටයි.

790. ස්වාමීනි, මගේ භෝජනය මේකයි. අනෙක් උදවිය වැසිකිළි කරද්දි ඒ අසූචි මං කනවා. මං වැසිකිළි කරද්දි මගේ අසූචි තමයි ඒ ශ්‍රමණ පෙරේතයා කන්නෙ.

සාදු! සාදු!! සාදු!!!

නව වෙනි ගූථඛාදක ප්‍රේත වස්තුවයි.

4.10.

791. ඔයාලගේ ඇගේ නූල් පොටක් නෑ. හරිම විරූපියි. කෙට්ටුයි. නහරවැල් පෑදිලා තියෙනවා. ඉලඇට ඉලිප්පිලා තියෙනවා. කෙට්ටු සිරුරක්. මෙතැන ඉන්න ඔය පිරිස කවුද?

792. අනේ ස්වාමීනි, අපි මේ දුකේ වැටිල ඉන්නෙ. අපි යමලෝකෙ උපන් පෙරේතයෝ. අපගේ අතින් පව්කම් කෙරිල තමයි මනුස්ස ලෝකෙන් පෙරේත ලෝකෙට ගියේ.

793. ඔයාලා විසින් කයෙන් වචනයෙන් මනසින් මොන වගේ පවක්ද කර ගත්තෙ? මොන වගේ කර්මයක විපාකයක් නිසාද මිනිස් ලෝකෙන් පෙරේත ලෝකෙට ආවෙ?

794. ශ්‍රමණබ්‍රාහ්මණ ආදී පින්තොටවල් වළක්වලා නොතිබෙද්දිත් අපි ඔවුන්ට දන් නොදීපු නිසා අඩමසක් තිස්සේ පිපාසයෙන් ඇවිද ඇවිද යනවා. දන්පැන්වලට දෙන්න දේවල් තිබෙද්දිත් තමන්ට පිහිට වෙන පින්කම් අපි කරගත්තෙ නෑ.

795. අපට හරියට පිපාසෙ හැදෙනවා. එතකොට අපි නදියට යනවා. අපට නදිය පෙනෙන්නෙ වතුර සිඳී ගිය වැලිතලාවක් වගේ. රස්නේ වැඩි නිසා අපි ගස් සෙවණට යනවා. එතකොට ඒ අව්ව ගහ යටට එනවා.

796. හුළඟ හමන කොට මහා ගිනි රස්නෙකින් ඒ හුළඟ හමන්නෙ අපිව පුච්චගෙනයි. අනේ ස්වාමීනි, අපට මේ දුක ලැබෙන්ට සුදුසුයි. අපි ඔයිටත් වඩා පව් කරල තියෙනවා.

797. අපි බඩගින්දර උහුලගන්න බැරිව ආහාර ටිකක් කන්ට ආසාවෙන් බොහෝ යොදුන් ගණන් දුර යනවා. අපිට ලැබෙන්නෙ නෑ. අන්තිමේදි නවතිනවා. අයියෝ! අපේ මේ පින් නැතිකමමයි.

798. අපි කෑම් බීම් නැතිකම නිසා ම පීඩා විඳිනවා. සිහිසන් නැතිව ඉන්නෙ. බිරාන්ත වෙලා අපිව බිම ඇඳගෙන වැටෙනවා. උඩු අතටත් වැටෙනවා. යටිකුරුවත් වැටෙනවා.

799. ඒ ගිය ගිය තැන පීඩාව නිසාම බිම ඇඳගෙන වැටෙනවා. එතකොට අපි වේදනාවෙන් ඔළුවට පපුවටත් ගහ ගන්නවා. අයියෝ! අපේ මේ පින් නැතිකමමයි.

800. ස්වාමීනි, මේ විඳින දුකටත් එයිටත් වඩා පව්කාර දුක් විඳින්ටත් අපි සුදුසුයි. දානමානවලට දෙන්ට තරම් අපට වස්තුව තිබිලත් තමන්ට පිහිටක් ලැබෙන පින් කර ගත්තෙ නෑ.

801. ඒ අපි මේ පෙරේත ලෝකෙන් චුත වෙලා ආයෙමත් මනුස්ස ජීවිතයක් ලැබුවට පස්සෙ සම්මාදම් ඉල්ලන අයගේ අදහස් තේරුම් ගන්නවා. සිල්වත් වෙනවා. බොහෝ කුසල් රැස් කරනවා.

සාදු! සාදු!! සාදු!!!

දස වෙනි ගණ ප්‍රේත වස්තුවයි.

4.11.

802. දැන් ඔබ තිරිසතුන්ව දැකල තියෙනවා. තිරිසන් අපායත් දැකල තියෙනවා. පෙරේතයන්, අසුරයන් දැකල තියෙනවා. ඒ වගේම දෙවියන්, මිනිසුන් දැකල තියෙනවා. තම තමන්ගෙ කර්ම විපාක තමන්ම දැකල තියෙනවා. මං දැන් ඔබ කවුරුත් නොදුටු පාටලීපුත්‍ර නගරයටයි එක්කරගෙන යන්නෙ. එහෙ ගිහිල්ලා පින්දහම් කරන්න.

803. පින්වත් යක්ෂය, ඔබ මගේ යහපත් කැමැති කෙනෙක්. පින්වත් දෙවිය, ඔබ මට හිත කැමති කෙනෙක්. මං ඔබේ වචනය කරනවා. ඔබ මගේ ආචාර්යවරයා වෙන්න.

804. මං තිරිසතුන්ව දැකල තියෙනවා. තිරිසන් අපායත් දැකල තියෙනවා. පෙරේතයන්, අසුරයන් දැකල තියෙනවා. ඒ වගේම දෙවියන්, මිනිසුන් දැකල තියෙනවා. තම තමන්ගෙ කර්ම විපාක තමන්ම දැකල තියෙනවා. මං බොහෝම පින් කරගන්න ඕන.

සාදු! සාදු!! සාදු!!!

එකොළොස්වෙනි පාටලීපුත්ත ප්‍රේත වස්තුවයි.

4.12.

805. ඔබේ මේ පොකුණ නම් හරිම ලස්සනයි. සමයි. ලස්සනට ඉවුර තියෙනවා. ගොඩාක් වතුර පිරිල තියෙනවා. හොඳට මල් පිපිල තියෙනවා. බඹර රංචු හැම තැනම ඉන්නවා. මේ සිත්කළු වූ පොකුණ ඔබට ලැබුනෙ කොහොමද?

806. ඔබේ මේ අඹ වනයත් හරිම ලස්සනයි. හැම ඍතුවකම ගෙඩි හට ගන්නවා. හොඳට මල් පිපිල තියෙනවා. බඹර රංචු හැම තැනම ඉන්නවා. මේ සිත්කළු වූ උයන ඔබට ලැබුනෙ කොහොමද?

807. මගේ දුව දානයක් දුන්න නෙව. ඒ පිනෙන් තමා අඹයි, වතුරයි, කැඳයි, මේ සිත්කළු සීතල සෙවණයි මට ලැබුනේ.

808. මෙලොවදීම දැක්ක හැකි මේ විදිහේ කර්මයන් දකිනු මැනැව. දානයේත්, ඉන්ද්‍රිය දමනයෙත්, සීල සංවරයෙත් විපාක දකිනු මැනැව. මං ස්වාමි කුලයේ දාසියක් වෙලා හිටියේ පස්සෙ ඒ ගෙදරම ලේලිය වුනා. දැන් ඒ ගෙදරම අධිපති වුනා.

සාදු! සාදු!! සාදු!!!

දොළොස්වෙනි පොක්ඛරණී ප්‍රේත වස්තුවයි.

4.13.

809. දන් දෙන්නේ යම් දෙයක් නම් විපාක වශයෙන් ලැබෙන්නේ ඒකම නොවෙයි. දානෙමයි දිය යුත්තේ. දන් දීල මොලොව පරලොව දෙකේම දුක ඉක්මවනවා. ඒ දානයෙන් තමයි දෙලොව (මිනිස් ලොව, දෙව් ලොව) ම යන්නෙ. ඒ නිසා උත්සාහ කරන්ට ඕන. ප්‍රමාද වෙන්ට එපා.

සාදු! සාදු!! සාදු!!!

දහතුන්වෙනි අම්බරුක්ඛප්‍රේත වස්තුවයි.

4.14.

810. අපි හොඳිනුත් නරකිනුත් දේපලවස්තුව රැස් කළා. දැන් ඒවා වෙන උදවියයි පරිභෝග කරන්නෙ. අපි දුකට පත් වුනා විතරයි.

සාදු! සාදු!! සාදු!!!

දහහතර වෙනි භෝගසංහරණ ප්‍රේත වස්තුවයි.

4.15.

811. නිරයේ පැහෙන්ට අරගෙන දැන් මුළුමණින්ම අවුරුදු හැට දාහක් සම්පූර්ණ වුනා. කවදානම් මේ දුක් අවසන් වේවිද?

812. නිදුකාණනි, මේ දුකේ ඉවරයක් නෑනේ. අවසානයක් කොහොන්ද ලැබෙන්නෙ? පේන තෙක්මානෙ මේ දුකේ ඉවරයක් නෑ. මාත් ඔබත් ඔය විදිහට තමයි පව් රැස් කරගෙන තියෙන්නෙ.

813. භෝග සම්පත් තිබෙද්දි අපි දුන්නෙ නෑ. අපි ගත කළේ පිරිහුණු ජීවිතයක්. දානමානවලට ඕනෑ තරම් වස්තුව තිබෙද්දිත් තමන්ට පිහිට පිණිස පින් කර ගත්තෙ නෑ.

814. ඒ මං මේ පෙරේත ලෝකෙන් චුත වෙලා ආයෙමත් මනුස්ස ජීවිතයක් ලැබුවට පස්සෙ සම්මාදම් ඉල්ලන අයගේ අදහස් තේරුම් ගන්නවා. සිල්වත් වෙනවා. බොහෝ කුසල් රැස් කරනවා.

සාදු! සාදු!! සාදු!!!

පහළොස්වෙනි සෙට්ඨිපුත්ත ප්‍රේත වස්තුවයි.

4.16.

815. මොකද මේ පිස්සු හැදිල වගේ? බිරාන්ත වෙච්ච සතෙක් වගේ දුවන්නෙ ඇයි? නිසැකයෙන්ම පව් කෙරිල තියෙනවා. ඔබ මහ හඬින් කෑ ගහන්නෙ මොකද?

816. අනේ ස්වාමීනි, මං පෙරේතයෙක්. දුකට පත්වෙලයි ඉන්නෙ. පෙරේත ලෝකෙ ඉපදිලයි ඉන්නෙ.

817. හැම පැත්තෙන්ම යකඩ කුළු ගෙඩි හැට දාහක් ඇවිදින් මගේ ඔළුවට වදිනවා. එතකොට ඒ යකඩ කුළු ගෙඩි මගේ හිස් මුදුන චප්ප කරනවා.

818. ඔබ විසින් කයෙන් වචනයෙන් මනසින් මොන වගේ පවක්ද කර ගත්තෙ? මොන වගේ කර්මයක විපාකයක් නිසාද මේ වගේ දුකකට පත් වුනේ?

819. හැම පැත්තෙන්ම යකඩ කුළු ගෙඩි හැට දාහක් ඇවිදින් ඔබේ ඔළුවට වදිනවා. එතකොට ඒ යකඩ කුළු ගෙඩි ඔබේ හිස් මුදුන චප්ප කරනවා.

820. වඩන ලද ශ්‍රද්ධාදී ඉඳුරන් තියෙන සුනෙත්ත පසේ බුදුරජාණන් වහන්සේව මං දැක්කා. උන්වහන්සේ කිසි බියකින් තොරව රුක් සෙවණේ භාවනා කරමින් හිටියේ.

821. මං අත මිටි මොළොවල උන්වහන්සේගේ හිස මතට පහර දීල හිස පැළුවා. ඒ කර්ම විපාකයෙන් තමයි මේ දුක මං විඳින්නෙ.

822. හැම පැත්තෙන්ම යකඩ කුළු ගෙඩි හැට දාහක් ඇවිදින් මගේ ඔළුවට වදිනවා. එතකොට ඒ යකඩ කුළු ගෙඩි මගේ හිස් මුදුන චප්ප කරනවා.

823. හැම පැත්තෙන්ම යකඩ කුළු ගෙඩි හැට දාහක් ඇවිදින් ඔබේ ඔළුවට වදිනවා නම්, එතකොට ඒ යකඩ කුළු ගෙඩි ඔබේ හිස් මුදුන චප්ප කරනවා නම්, නින්දිත පුරුෂය මේක ඔබට සිද්ධ වෙන්නෙ තමන්ගෙ ක්‍රියාවට අනුරූපවයි.

සාදු! සාදු!! සාදු!!!

දහසය වෙනි සට්ඨිකූට ප්‍රේත වස්තුවයි.

හතරවෙනි මහා වර්ගය නිමා විය.

- එහි පිළිවෙල උද්දානයයි:

අම්බසක්ඛර ප්‍රේත වස්තුව, සේරිස්සක ප්‍රේත වස්තුව, පිංගල ප්‍රේත වස්තුව, රේවතී ප්‍රේත වස්තුව, උච්ඡුඛාදක ප්‍රේත වස්තුව, කුමාර ප්‍රේත වස්තු දෙක, ගූථඛාදක ප්‍රේත වස්තු දෙක, ගණ ප්‍රේත වස්තුව, පාටලී ප්‍රේත වස්තුව, පොක්ඛරණී ප්‍රේත වස්තුව, අම්බරුක්ඛ ප්‍රේත වස්තුව, භෝග සංහාර ප්‍රේත වස්තුව, සෙට්ඨිපුත්ත ප්‍රේත වස්තුව, සට්ඨිකූට ප්‍රේත වස්තුව කියල ප්‍රේත වස්තු දහසයක් ගැන කියවෙනවා.

ඛුද්දක නිකායට අයත් ප්‍රේත වස්තු පාළි නිමා විය.

දසබලසේලප්පභවා නිබ්බානමහාසමුද්දපරියන්තා
අට්ඨංග මග්ගසලිලා ජිනවචනනදී චිරං වහතූති

දසබලයන් වහන්සේ නමැති ශෛලමය පර්වතයෙන් පැන නැගී
අමා මහා නිවන නම් වූ මහා සාගරය අවසන් කොට ඇති
ආර්ය අෂ්ටාංගික මාර්ගය නම් වූ සිහිල් දිය දහරින් හෙබි
උතුම් ශ්‍රී මුඛ බුද්ධ වචන ගංගාව (ලෝ සතුන්ගේ සසර දුක නිවාලමින්)
බොහෝ කල් ගලාබස්නා සේක්වා !

(සළායතන සංයුත්තය - උද්දාන ගාථා)

සාදු! සාදු!! සාදු!!!

නමෝ තස්ස භගවතෝ අරහතෝ සම්මාසම්බුද්ධස්ස
ඒ භාග්‍යවත් අරහත් සම්මා සම්බුදුරජාණන් වහන්සේට නමස්කාර වේවා!

මේ උතුම් ගෞතම බුදු සසුනේදීම මේ ආශ්චර්යවත් ශ්‍රී සද්ධර්මය මැනැවින් උගෙන තම තමන්ගේ නුවණ මෙහෙයවා ධර්මයෙහි හැසිරීමෙන් ආර්ය ශ්‍රාවකයන් බවට පත්ව සතර අපා දුකෙන් සදහටම මිදෙනු කැමැති ලංකාවාසී සැදූහැවත් නුවණැතියන් හට වඩාත් හොඳින් තේරුම් ගැනීම පිණිස මහත් ශ්‍රද්ධාවෙන් යුතුව ඛුද්දක නිකායෙහි විමාන වත්ථු පාළි - ප්‍රේත වත්ථු පාළි ග්‍රන්ථරත්නය සිංහල භාෂාවට පරිවර්තනය කිරීමෙන් ලත් සකල විපුල පුණ්‍ය සම්භාර ධර්මයන් පින් කැමැති සියල්ලෝම සතුටින් අනුමෝදන් වෙත්වා! අප සියලු දෙනාටම වහ වහා උතුම් චතුරාර්ය සත්‍ය ධර්මය සත්‍ය ඥාණ වශයෙන්ද, කෘත්‍ය ඥාණ වශයෙන්ද, කෘත ඥාණ වශයෙන්ද අවබෝධ වීම පිණිස ඒකාන්තයෙන්ම මේ පුණ්‍ය වාසනාව උපකාර වේවා!

සාදු! සාදු!! සාදු!!!

නමෝ තස්ස භගවතෝ අරහතෝ සම්මාසම්බුද්ධස්ස

www.ingramcontent.com/pod-product-compliance
Lightning Source LLC
Chambersburg PA
CBHW081012040426
42444CB00014B/3180
9789550614455